일반화된 마르크스주의 개론
개정판

공감개론신서 1

일반화된 마르크스주의 개론
개정판

윤소영 지음

공감

공감개론신서 1
일반화된 마르크스주의 개론
개정판
윤소영 지음

개정판인쇄일 2008년 7월 25일
개정판발행일 2008년 7월 31일

도서출판 공감
발행인 이범수
출판등록 22-1006 (1996. 5. 14.)
서울시 마포구 망원동 421-34 상진파크 b02호
전화 323-8124 / 팩스 323-8126
전자우편 alba21@naver.com

ISBN 978-89-86939-37-8 03320
값 18,000원

초판 서문

 이 책은 2005년 7월 18일, 20일, 25일, 27일 나흘간 서울대학교 총학생회가 주최한 마르크스주의 여름학교에서의 강의와 11월 6일 대구의 신자유주의반대평등을향한민중행동이 주최한 신자유주의적 금융세계화에 대한 강의를 녹취한 것이다.
 서울대학교 총학생회가 주최한 마르크스주의 여름학교에서 한 세 번의 강의를 녹취한 것이 이 책의 1강 '마르크스주의의 위기에서 마르크스주의의 일반화로', 2강 '역사과학으로서 경제학 비판', 4강 '인권의 정치로서 이데올로기 비판'이다. '대안세계화운동과 사회운동적 마르크스주의'라는 주제의 마지막 강의는 『역사적 마르크스주의: 이념과 운동』(공감, 2004)을 요약하는 것이므로 생략했는데, 다만 새로 추가된 몇몇 부분은 5강 '종합토론'에 포함했다. 20시간이 넘는 여름학교에 참여한 70여 명의 학생들과 여름학교를 조직해준 정화 총학생회장, 안종석 정책국장, 그리고 그 밖의 여러 임원들에게 감사드린다.
 3강 '역사동역학과 역사적 자본주의 분석'은 대구 민중행동이 주최한 신자유주의적 금융세계화에 대한 강의를 녹취한 것이다. 10시간에 가까운 강의와 토론에 참여하신 30여 명의 활동가들과 이런 기회를 마련해주신 노태맹 선생, 서장수 사무국장께 감사드린다.

부록으로 실린 뒤메닐과 레비의 「마르크스주의 경제학의 현재성」(사회진보연대 『사회운동』, 2005년 10월)은 폴리의 「노동가치 이론의 최근 동향」(『자본주의의 위기와 역사적 마르크스주의』, 공감, 2001)과 함께 마르크스의 경제학 비판을 좀 더 심층적으로 연구하는 데 필수적인 자료라고 할 수 있다. 뒤메닐과 레비의 또 다른 논문으로 「자본주의의 시기구분: 기술, 제도, 생산관계」(『사회진보연대』, 2002년 6월, 7-8월)가 있고, 그 밖의 논문들도 대부분 영역되어 있다 (http://www.jourdan.ens.fr/levy/).

2005년 8월 17일은 박현채 선생이 돌아가신 지 10년째 되는 날이다. 아직도 박 선생을 기억하고 있는 분은 인터넷 신문 『코리아포커스』(http://www.coreafocus.com)에서 선생께서 유고로 남기신 자서전 초고와 친지들의 회고록을 찾아볼 수 있을 것이다. 또 9월 24일에는 정운영 선생이 갑자기 돌아가셨다. 경애하던 두 분 선배의 영전에 삼가 이 책을 바친다. 브레히트의 『갈릴레이의 생애』에 나오는 다음 구절이 헌사로 적절하리라: "진리는 우리가 관철해내는 그만큼만 관철된다. 이성의 승리는 이성적 인간의 승리일 따름이기 때문이다."(8장) "단 한 사람이라도 떨쳐 일어나 아니오라고 외친다면, 그만큼 이긴 것이다!"(13장)

2006년 2월
윤 소 영

차 례

초판 서문 · 5

1강 마르크스주의의 위기에서 마르크스주의의 일반화로 · 13

마르크스주의의 위기 ·· 14
전후 남한에서 마르크스주의의 소멸 ·· 19
박정희 정부와 부마항쟁 ·· 24
신군부와 광주항쟁 ·· 30
1980년대 남한 마르크스주의의 부활 ·· 33
1990년대 남한 마르크스주의의 위기 ·· 37
1992년 대선과 김영삼 정부 ·· 40
민주노총 건설과 트로츠키주의의 부상 ···································· 43
1997년 대선과 김대중 정부 ·· 47
민주노동당 창당과 네그리주의의 대두 ···································· 52
2002년 대선과 노무현 정부 ·· 54
민주노총과 민주노동당의 한계 ·· 57
남한 페미니즘의 주류화 ·· 58
요약과 정리 ·· 60
『현실과 과학』, 서울사회과학연구소, 『이론』, 과천연구실 ····· 62
마르크스주의의 일반화 ·· 66
역사적 마르크스주의 ·· 72

2강 역사과학으로서 경제학 비판 · 77

루카치와 알튀세르 ·· 77
경제학과 경제학 비판 ·· 80
알튀세르적인 경제학 비판 ···································· 84
발리바르의 경제학 비판 ······································· 89
브뤼노프의 경제학 비판 ······································· 93
뒤메닐의 미국경제 분석 ······································· 97
아리기의 역사적 자본주의 분석 ··························· 101
경제학 비판의 그로스만적 전통 ··························· 104
경제학 비판의 대상과 방법 ································· 106
뉴튼의 역학 ··· 110
과학적 일반화 ·· 112
과학적 모형 ··· 114
동역학과 미분방정식 ·· 117
동역학적 법칙으로서 행성운동법칙 ······················ 121
로크의 현대철학 ··· 126
베토벤의 세계음악 ·· 129
마르크스의 역사과학 ·· 131
화폐와 가치법칙 ··· 135
노동력과 잉여가치법칙 ······································· 139
자본의 추상화, 노동의 구체성 ····························· 141
자본생산성 하락의 법칙과 이윤율 하락의 법칙 ····· 144
금융화와 궁핍화 ··· 148
자본주의적 축적의 엔트로피법칙과 네겐트로피 ····· 149
자본주의적 이행과 공산주의적 이행 ····················· 152
이자율과 환율의 운동 ··· 154

3강 역사동역학과 역사적 자본주의 분석 · 159

자본주의의 시기구분 ·· 159
20세기 미국경제 개관 ·· 161
자본생산성 궤도와 이윤율 궤도 ···································· 165
자본성장률과 경제성장률 ·· 169
고정자본의 로지스틱 성장모형 ···································· 172
일반화된 성장모형 ·· 178
이윤율과 고정자본의 관계 ·· 180
고정자본 궤도 ··· 182
신자유주의와 금융화 ·· 186
경기순환의 메커니즘 ·· 189
구조적 위기와 순환적 위기 ·· 191
법인자본주의의 형성 ·· 194
철도 건설과 교통·통신혁명 ·· 196
철강·석유산업에서 독점자본의 출현 ·························· 199
지주회사와 법인혁명 ·· 202
자동차산업에서 관리자혁명과 산업혁명 ···················· 206
뉴딜과 케인즈혁명 ·· 214
독일경제의 경우 ··· 221
일본경제의 경우 ··· 228
신자유주의적 금융세계화 ·· 231
정책개혁·지배구조개혁·구조조정 ································ 235
화폐동맹으로서 유럽연합 ··· 238
신경제와 정보·통신기술 ··· 241
중국경제의 개혁·개방의 한계 ······································ 244
미국경제의 이중적자와 달러 발권이익 ······················ 248

4강 인권의 정치로서 이데올로기 비판 · 253

소외론과 이데올로기론 ·· 253
알튀세르를 어떻게 읽을 것인가? ···································· 255
구조주의의 계보 ·· 258
이론적 반인간주의와 인간학 비판 ·································· 260
사회과학적 인간학 비판 ··· 262
마르크스적 인간학 비판 ··· 265
포스트구조주의란 무엇인가? ·· 268
구조주의와 포스트구조주의의 논쟁 ································ 271
프랑스 스피노자학 ··· 273
발리바르의 스피노자론 ··· 276
스피노자의 인간학 ·· 278
스피노자의 아포리아 ·· 281
상징의 가상화로서 이데올로기 일반 ······························ 283
착취의 모순과 이데올로기적 반역의 해후 ····················· 287
혁명적 비극성 ··· 289
시민이라는 주체 ·· 294
봉기와 구성 ··· 296
자유=평등 명제 ··· 298
이데올로기 비판으로서 공산주의 ··································· 301
시민적 공산주의와 마르크스주의 ··································· 305
아나키즘과 노조주의 ·· 307
지적 차이 ·· 309
비판적 지식인과 시민교육 ·· 311
성적 차이의 페미니즘 ··· 313
차이의 철학에 대하여 ··· 315

5강 종합토론 · 319

NL과 PD 319
신식민지국가독점자본주의론과 PD론 326
독점강화·종속심화 명제 330
노동자운동과 신자유주의적 금융세계화 분석 335
잉그라오 좌파와 공산주의재건당 338
네그리주의 비판 346
유럽연합헌법조약 논쟁 350
기독교적 공산주의와 페미니즘 356
가족과 성매매 361

개정판 후기 · 365

『일반화된 마르크스주의 개론』비판에 대한 반비판 · 389

'과천연구실 세미나' 개관 · 397

1강 마르크스주의의 위기에서 마르크스주의의 일반화로

총학생회에서 처음 강의를 부탁할 때는 마르크스주의의 역사에 대해서 궁금해하는 것 같아서 『역사적 마르크스주의: 이념과 운동』(공감, 2004)을 중심으로 진행해볼까 생각했었습니다. 그런데 총학이 욕심을 부려서 이론에 대해서도 설명해주면 좋겠다고 하더군요. 사실 별도로 설명하고 있지는 않지만 『역사적 마르크스주의』에서도 역사적 맥락에 맞춰서 이론적 논쟁들을 정리하고 있기는 합니다. 그럼에도 불구하고 마르크스주의의 역사, 특히 이념과 운동의 역사가 대상이기 때문에 이론에 대해서 그렇게 체계적으로 설명하고 있지는 못합니다.

그래서 본말이 전도된 느낌이 들기도 하는데, 처음 생각과는 달리 이론에 대한 설명을 대폭 보강했습니다. 『역사적 마르크스주의』만 가지고도 네 번에 강의를 한다는 것은 어림없는 일이지요. 지난 5월에 고려대학교 대학원 총학생회의 요청으로 『역사적 마르크스주의』에 대한 강의를 했는데 여섯 번도 모자랐거든요. 그렇지만 이번 강의에서 역사는 대폭 축약해서 한 번만 하고 나머지 두 번은 이론에 대해서 설명해보겠습니다. 또 순서도 이론을 먼저 하고 역사는 뒤로 돌리겠습니다.

여러분 중에 90학번대는 별로 없을 것이고 대체로 90학번대 후반이나 00학번대가 아닐까 생각되는데, 총학에서 또 부탁하기를 남한의 역사에 대해서도 잘 모르기 때문에 그것에 대해서도 정리하는 기회를 가졌으면 좋겠다는 것이었습니다. 그래서 오늘은 전반적인 동기 부여를 위해서 8·15 또는 6·25 이후 남한에서 마르크스주의와 노동자운동이 어떻게 전개되고 또 이번에 강의하려는 주제들이 그런 50여 년의 역사 속에서 어떤 의미를 갖는가에 대해서 정리해보도록 하겠습니다.

막상 오늘 강의를 준비해보니까 뭐 너덧 시간 안에 끝낼 수 있는 것은 아니겠더군요. 1시간에 10여 년씩 정리한다는 것은 아무래도 어려울 것 같지만, 하여튼 주마간산 식으로 한번 해보겠습니다. 그리고 어차피 저도 모르는 부분이 많겠고, 또 제가 안다고 해도 시간이 부족해서 생략해야 하는 부분도 있을 것입니다. 여러분이 적극적으로 질문을 제기해주시고 경우에 따라서는 이견도 제시해주신다면 토론과정에서 좀 더 보충해보겠습니다.

오늘 강의의 2/3 정도는 이런 역사적 맥락을 설명해야 할 것 같고, 나머지 1/3 정도는 이번 강의의 주제가 너무도 광범위하기 때문에 검토할 주제가 대강 어떤 것인가를 나열하는 식으로 진행해보도록 하겠습니다. 오늘 강의의 제목은 '마르크스주의의 위기에서 마르크스주의의 일반화로'라는 것입니다. 강의의 2/3 정도는 마르크스주의의 위기가 어떤 의미인가에 대해서 설명할 것이고, 나머지 1/3 정도는 이번 강의의 전체 주제인 마르크스주의의 일반화에 대해서 간단하게 설명해보겠습니다.

마르크스주의 위기

마르크스주의 위기에 대한 논의가 어떤 맥락에서 제기되었는지 이미 아시는 분도 있겠지만, 대부분은 마르크스주의의 위기에 대해서 별로 들어보지 못한 상태라고 전제하고 아주 기본적인 것부터 설명해보겠습니다. 마르크스주의의 역사에서 마르크스주의의 위기가 공공연하게 인정되었던 것은 대체로 1970년대 말이라고 할 수 있습니다. 그렇지만 마르크스주의의 위기가 1970년대 말에 폭발했다고 해도 그런 위기의 조짐은 1950년대 말까지 소급하는 것이라고 할 수 있습니다.

1950년대 말에 마르크스주의의 위기가 폭발할 조짐을 보이게 된 계기는 무엇이었을까요. 계기는 일상적인 용어가 아니라 얼마간 철학적인 용어인데, 굳이 이런 표현을 택한 이유가 있습니다. 앞으로 설명하려는 사건이 마르크스주의의 위기의 원인은 아니었기 때문이지요. 마르크스주의의 위기의 원인을 설명하기 위해서는 1950년대 말이 아니라 훨씬 더 소급해야 하므로, 이런 의미에서 1950년대 말의 현상은 단순한 계기였을 따름이라고 한 것입니다.

어쨌든 1950년대 말에 마르크스주의의 위기가 폭발할 조짐을 보인 몇 가지 상징적인 사건이 있었습니다. 그 중 하나가 1956년에 소련공산당 서기장인 흐루시초프가 전임 서기장이던 스탈린을 비판했던 것입니다. 이것이 마르크스주의의 위기의 첫 번째 계기라고 할 수 있습니다. 요즘은 스탈린을 마르크스주의자 취급도 안 하지만, 1950년대까지는 국제공산주의운동의 영도자였습니다. 흐루시초프도 스탈린 비판이 초래할 엄청난 충격을 감안하여 소련공산당의 최고위급 간부들만 모아 놓고 비밀 보고의 형식으로 비판했지요. 그 내용은 두 가지인데, 먼저 스탈린이 개인숭배를 강제했다는 것이고, 덧붙여서 사회주의적 합법성을 침해했다는 것입니다.

요컨대 흐루시초프의 스탈린 비판은 형식적으로 볼 때 비공개적 비판이라는 한계를 갖는 것이었고 또 내용적으로 볼 때 정곡을 찌르지는 못한 것이었습니다. 그럼에도 불구하고 스탈린 비판의 충격은 곧 국제적으로 파급되었습니다. 스탈린 비판에 대한 찬반을 둘러싸고 국제공산주의운동이 분열되었던 것이지요. 이런 분열의 가장 대표적인 사례가 바로 중국공산당과 소련공산당 사이에서 벌어진 중·소논쟁이었습니다. 이것이 마르크스주의의 위기의 두 번째 계기라고 할 수 있습니다.

마르크스주의의 위기의 원인이라기보다는 계기에 가까웠던 이런 두 가지 사건, 즉 스탈린 비판과 국제공산주의운동의 분열을 통해서 마르크스주의의 위기가 폭발할 조짐을 보였던 것입니다. 즉 최초의 마르크스주의의 위기는 스탈린주의의 위기라는 형태를 띠었다고 할 수 있지요. 이런 상황에서 여러 가지 대응이 나타났는데, 그 중 가장 대표적인 것이 신좌파의 출현이었다고 할 수 있습니다. 따라서 마르크스주의의 역사에서 1960-70년대는 스탈린주의의 위기에 대한 대안을 모색하려는 신좌파와 그런 대안을 수용하지 않으려는 구좌파 사이에서 일대 논쟁이 벌어졌던 그런 시기라고 할 수 있습니다.

신좌파에 대해서 간단하게 설명해보도록 하지요. 앞으로 자세하게 설명하겠지만, 남한에서 좌파의 역사는 상당히 기구한 역정을 거쳐 전개되어 왔습니다. 사실 오늘도 마찬가지겠지만, 1980-90년대 남한에서 마르크스주의를 둘러싸고 한창 논쟁이 전개될 때조차도 기본적인 개념조차 제대로 인식되지 못한 측면이 많았습니다. 그래서 남한에서는 신좌파라는 개념 자체에 대해서도 상당히 오해하고 있는데, 보통 신좌파를 급진주의와 혼동하고 있지요.

그러나 급진주의는 스탈린주의의 위기가 결국 마르크스주의 자체의 위기이기 때문에 스탈린주의뿐만 아니라 또한 마르크스주의도 폐기해야 한다는 그런 입장이라고 할 수 있습니다. 즉 급진주의는 반마르크스주의는 아니라고 해도 비마르크스주의가 분명하다는 것입니다. 그 다음에 급진주의의 또 다른 특징은 신사회운동인데, 그것은 마르크스주의를 특징짓는 노동자운동과 구별되는 것이지요. 신사회운동을 대표하는 것은 환경·생태운동이나 반전·평화운동, 또 어떤 측면에서는 여성운동·페미니즘이라고 할 수 있습니다.

그러나 제 생각으로 신좌파와 급진주의를 혼동하는 것은 역사적으로 별 근거가 없는 오해일 따름입니다. 즉 스탈린주의의 위기라는 형태로 폭발한 마르크스주의의 위기에 대해서 마르크스주의나 노동자운동을 폐기하려는 태도만 있었던 것은 아니기 때문이지요. 달리 말하자면 마르크스주의는 마르크스주의대로 또 노동자운동은 노동자운동대로 그런 위기에 대해서 자기비판하는 그런 태도도 있었다는 것입니다. 그래서 보통 남한에서 생각하는 것과는 달리 구좌파 이외의 형태로 마르크스주의는 존재할 수 없다든지 신좌파는 급진주의와 동일하다고 오해하는 것은 잘못이라는 말입니다.

저는 비판적 마르크스주의가 신좌파의 가장 중요한 조류였다고 생각합니다. 비판적 마르크스주의로서 신좌파의 가장 큰 특징은 스탈린주의가 마르크스주의를 왜곡시켰다는 비판과 관련됩니다. 즉 진정한 마르크스주의는 스탈린주의가 아니라 레닌주의이기 때문에 레닌주의를 복원함으로써 스탈린주의의 위기를 극복할 수 있다는 것이지요. 그런 신좌파를 크게 두 가지로 나눌 수 있는데, 이론적 시도와 정치적 시도가 그것입니다. 이론적 시도를 가리켜서 보통 서구 마르크스주의라고 부르고, 정치적 시도를 가리켜서 보통 유로 공산주의라고 부릅니다.

이번 강의는 이론적 시도로서 서구 마르크스주의나 정치적 시도로서 유로 공산주의가 어떤 역사적 의미를 가지고 있었는가를 설명하려는 것이지요. 앞으로 자세하게 설명하겠지만, 서구 마르크스주의를 대표하는 이론가들은 여러 명이 있습니다. 그렇지만 서구 마르크스주의를 완성한 사람이 알튀세르라는 데 대해서는 대체로 견해가 일치합니다. 이번 강의에서는 알튀세르의 문제제기에서 출발해서 그것을 어떻게 더 발전시킬 수 있는가에 대해서 설명해보도록 하겠습니다.

알튀세르는 프랑스를 대표하는 마르크스주의 이론가였을 뿐만 아니라 또한 프랑스공산당원이기도 했습니다. 그러나 프랑스공산당은 서구 공산당 중에서 가장 스탈린주의적인 정당이었기 때문에, 알튀세르의 비판적 마르크스주의는 프랑스공산당에서 현실적 준거를 발견할 수 없었습니다. 나중에 페미니즘과 관련해서도 설명하겠지만, 2차 세계전쟁 이후 마르크스주의 이론이나 페미니즘 이론은 주로 프랑스에서 발전했는데, 그러나 그것이 정치적으로 실현된 것은 대체로 이탈리아에서입니다.

알튀세르가 프랑스공산당에서 모색했던 마르크스주의 이론에 적합한 정치는 오히려 이탈리아공산당에서 찾아볼 수 있습니다. 프랑스공산당의 스탈린주의적 실천을 특징짓는 것 중 하나는 분파 형성을 금지했던 것입니다. 그러나 이탈리아공산당에서는 프랑스공산당과 달리 다양한 분파가 활발하게 형성되었는데, 그런 좌파를 지도했던 사람이 종종 알튀세르와 비견되는 잉그라오입니다. 그래서 이탈리아공산당 좌파를 가리켜서 잉그라오 좌파라고 부르기도 하는 것이지요.

알튀세르의 서구 마르크스주의와 잉그라오 좌파의 유로 공산주의에 의해서 스탈린주의의 위기가 해결되었다고 한다면, 이번에 강의할 내용도 이렇게 복잡할 필요가 없었을 것입니다. 그러나 알튀세르나 잉그라오 좌파의 시도는 결국 실패하고 맙니다. 왜 실패했는가에 대해서는 앞으로 설명할 것이고, 하여튼 실패하고 맙니다. 그러면서 처음에 지적했던 것처럼, 1970년대 말이 되면 레닌주의의 위기라는 형태로 마르크스주의의 위기가 폭발하게 됩니다.

게다가 이런 마르크스주의의 위기를 공개적으로 선언한 사람이 다름 아닌 알튀세르였습니다. 그가 1977년 이탈리아 베네치아에서 아주 중요한 강연을 했는데, 제목이 「마침내 마르크스주의의 위기가 폭발했다!」였습니다. 게다가 그는 마르크스주의의 위기의 원인이 훨씬 더 근본적인 것이라는 사실을 지적했지요. 알튀세르의 선언의 본질적인 측면은 스탈린의 마르크스주의뿐만 아니라 또한 레닌의 마르크스주의조차도 위기에 봉착했다는 것이고, 이것은 결국 마르크스의 마르크스주의에 원인이 있기 때문이라는 것입니다. 앞에서 지적했던 것처럼 스탈린주의의 위기나 레닌주의의 위기는 마르크스주의의 위기의 하나의 계기에 불과했다는 말이지요.

그러나 마침내 마르크스주의의 위기가 폭발했다고 해서 마르크스주의가 소멸한다는 것은 아니고, 오히려 마르크스주의의 위기가 마르크스주의의 쇄신의 기회가 될 수 있다는 것이 알튀세르의 결론이었습니다. 바로 이것이 오늘 강의의 두 번째 주제인 마르크스주의의 일반화를 위한 시도라고 할 수 있겠지요. 물론 1980-90년대는 마르크스주의의 위기가 심화되어 가는 상황이었습니다. 그러나 그럼에도 불구하고 그런 위기의 심화 속에서도 알튀세르의 유언에 따라서 마르크스주의를 재건해보려는 여러 가지 새로운 시도들이 나타난다고 할 수 있습니다.

전후 남한에서 마르크스주의의 소멸

이런 설명은 사실 『역사적 마르크스주의』를 보시면 다 나오는 것입니다. 문제는 이런 설명을 남한의 상황에 비추어 좀 더 부연하는 것인데, 오늘 강의의 2/3 정도는 주로 이런 부연 설명에 할애해 보겠습니다. 올 가을쯤 한국방송공사(KBS)에서 광복 60주년을 기념하여 남한 지식인의 역사를 정리해보겠다고 하던데, 담당 피디가 저에게도 출연을 요청했지만 대번에 거절했지요. 제대로 할 리가 없다고 생각했기 때문입니다. 나중에 방영될 때 제 설명과 비교하여 평가해보세요.

마르크스주의의 위기에 대한 인식은 빠르면 1950년대 말 늦어도 1970년대 말에 보편적으로 확산되었다고 할 수 있지만, 남한에서는 그렇지 못했습니다. 즉 마르크스주의의 위기에 대한 인식에서 상당한 정도의 시차가 존재했다는 말입니다. 게다가 위기의 원인이 마르크스 자신까지 소급된다는 인식도 전혀 없었습니다. 남한에서는 마르크스주의의 위기가 아주 특수한 형태로 전개되는 측면이 있었기 때문이지요. 따라서 남한 자본주의나 노동자운동의 어떤 특징 때문에 마르크스주의의 위기를 인식하는 데 그런 시차가 발생했고 더군다나 마르크스주의의 위기가 그런 특수한 형태로 전개되었는가를 설명해야 할 것입니다.

크게 세 단락 정도로 나누어 설명할 수 있을 것인데, 첫째 단락은 8·15-6·25 이후 1970년대까지의 상황, 둘째 단락은 부마항쟁 및 광주항쟁 이후 1980년대까지의 상황, 마지막 셋째 단락은 1990년대 이후의 상황을 설명해보겠습니다. 물론 일제 강점기까지 소급해서 설명할 수도 있겠지만, 제가 잘 모르는 부분도 많고 또 굳이 그렇게까지 소급할 필요는 없다는 것이 제 생각입니다.

첫째 단락은 1945년부터 1953년까지의 시기에서 출발합니다. 보통 1945년 일제의 패망부터 1948년 남·북한 단독정부 수립까지를 해방정국이라고 부릅니다. 또 1948년부터 1950년까지는 커밍스가 지적한 것처럼 1950-53년의 내전을 준비하던 시기로 볼 수 있습니다. 그래서 1945년부터 1953년까지는 해방정국과 한국전쟁을 포함하는 시기라고 할 수 있는데, 해방정국도 그렇고 한국전쟁도 그렇고 아주 공개적인 계급투쟁의 시기였다고 할 수 있습니다. 물론 이런 계급투쟁은 승리자도 패배자도 없는 상황 속에서 분단의 고착화로 귀결되었습니다.

공개적인 계급투쟁이 분단의 고착화로 귀결되었기 때문에 1950년대 남한에서는 마르크스주의가 생존할 수 있는 조건이 소멸되었던 것이지요. 요즘 문민화 덕분에 과거에는 생각할 수도 없었던 그런 다큐멘터리나 드라마도 많이 나오는데, 특히 1950년대를 회고할 때는 항상 조봉암의 진보당에 주목하지요. 그러나 마르크스주의의 범위를 아무리 확대한다고 해도 진보당은 마르크스주의와 아무런 상관도 없었습니다. 조봉암의 진보주의는 일종의 급진적 자유주의였다고 할 수 있습니다. 진보당이 그렇게 폭압적으로 탄압되었던 것은 당시 이승만 정부의 성격이 그만큼 반동적이고 보수주의적이었기 때문이지요.

그러다가 1960년에 4·19 학생의거가 발생했고 곧 이어 1961년에 5·16 쿠데타가 발생했습니다. 그리고 4·19와 5·16을 계기로 해서 1950년대적인 상황이 얼마간 변화하게 되었지요. 그런 1960년대적인 상황을 상징하는 것이 1964년에 발생한 인민혁명당(인혁당) 사건이었습니다. 물론 인혁당은 당조직을 건설하는 단계에서 탄압을 받게 되었지만, 그러나 1945-53년 이후 최초로 남한에서 토착 마르크스주의가 부활하는 계기였다고 할 수 있습니다.

그 후의 당조직 사건들은 인혁당 사건과 성격을 달리 하는데, 대체로 북한의 지도 아래 당조직을 건설하려고 시도했기 때문입니다. 특히 1972년 이른바 7·4 남북공동성명을 계기로 그런 경향이 더욱 강화되었다고 할 수 있겠습니다. 이번 강의에서 분단 문제에 대해서는 자세하게 설명할 수 없겠지만, 그것이 남한 노동자운동의 발전에 끼친 영향은 결코 무시할 수 없습니다. 7·4 공동성명을 올바르게 이해하기 위해서는 북한이 1960년대까지의 남한 혁명론을 폐기하고 대신 남·북한 평화공존론을 채택했다는 사실에 주목해야만 합니다.

말하자면 평화공존론이 채택된 이후 남한의 혁명세력은 사회주의조국으로서 북한을 보위하는 역할로 그 지위가 변화되었다는 것입니다. 바로 그런 이유 때문에 남한에서는 반드시 마르크스주의적인 정당이 있을 필요는 없고, 평화공존을 지향하는 진보주의적인 정당만 있으면 충분하다는 것이었지요. 반면 당건설 단계에서 말살되고 말았지만 인혁당은 남한에서의 혁명 이후 북한과의 연대를 통해서 분단을 극복하고 통일을 실현하려고 했다고 할 수 있지요.

인혁당과 여러 가지 측면에서 구별되는 새로운 시도는 통일혁명당(통혁당) 사건에서 시작되었습니다. 물론 1968년에 발생한 통혁당 사건은 7·4 공동성명 이전이기 때문에 과도기적인 성격을 가졌다고 하는 것이 좋겠지요. 통혁당도 당건설 단계에서 와해되었지만, 그럼에도 불구하고 유사한 시도가 몇 차례에 더 계속되었습니다. 두 번째 시도는 요즘 매스컴에도 많이 나오는 1974년의 인혁당재건위원회 사건이었고, 마지막 세 번째 시도는 1979년 10·26 직전에 발생한 남조선민족해방전선(남민전) 사건이었지요.

요컨대 조금 인위적인 구별이지만, 인혁당의 경험과 통혁당·인혁당재건위·남민전의 경험에 차이가 있었다는 말입니다. 이것은 사실 한국민족민주전선(한민전)의 공식 입장이기도 합니다. 북한은 통혁당 사건이 발생한 다음 해인 1969년에 평양에서 통혁당이 창건되었다고 주장합니다. 1968년에 파괴된 통혁당은 서울시와 전라남도 임자도의 창당준비위원회였을 따름이라는 것이지요. 1985년에 통혁당을 개편한 한민전은 인혁당의 경험을 완전히 무시하고 있습니다.

말이 나온 김에 한두 마디만 더 하겠습니다. 요즘 인혁당재건위 사건이 새삼 논란이 되고 있는데, 국가인권위원회가 결국 조작이라는 판정을 내렸다는 것은 잘 아실 것입니다. 그렇지만 돌아가신 분들이 과연 국가인권위의 그런 판정에 고마워 하실지 저로서는 잘 모르겠습니다. 물론 인혁당·통혁당·남민전과 달리 당건설을 구상하는 단계에서 탄압을 받았기 때문에 인혁당재건위는 실체가 별로 없었다고 할 수는 있겠지요.

국가인권위에서는 인혁당조차 조작되었다고 주장하고 싶어하지만, 이것은 전혀 잘못입니다. 인혁당의 주동자 중 한 분이 바로 박현채 선생이셨는데, 제가 그 분과 개인적인 인연이 있어서 인혁당에 대해서 조금은 알고 있기 때문입니다. 박 선생은 이미 돌아가신 분이기 때문에 여러분은 이름조차 들어본 적이 없을지도 모르겠는데, 실은 여러분도 이미 잘 아시는 분입니다.

박 선생이 널리 알려지게 된 계기는 조정래 씨의『태백산맥』때문입니다.『태백산맥』1, 2권은 나름대로 신선하기도 했지만, 그 후로는 지루해져서 사실 저도 읽지는 않았습니다. 조정래 씨는 길게 늘여 쓰는 버릇이 있는데, 그렇지만 그럴수록 자신의 역량으로는 도저히 마무리할 도리가 없더라는 것입니다. 그러다가 우연한 계기로 박 선생을 알게 되어 그 분의 경험담을 듣고 감동을 받았던 모양이에요.『태백산맥』9, 10권의 실질적인 주인공이라고 할 수 있는 소년 빨치산 조원제가 바로 박 선생이십니다.

박 선생은 1934년 전남 화순에서 태어나셨는데, 친가와 외가 모두 지주였답니다. 그렇지만 박 선생 집안은 이승만과 김구의 우익

계열에 반대하여 박헌영과 여운형을 지지하던 좌익 계열이기도 했지요. 광주서중(광주제일고등학교) 4학년이던 박 선생은 1950년 9·28 이후 입산하시는데, 소년돌격중대의 문화부중대장으로 문맹퇴치 및 교양·이념교육을 담당하셨다고 합니다.

지나가는 말이지만, 박 선생이 다니시던 광주서중은 좌우 대립이 극심했는데, 박 선생이 좌익의 리더였다면 우익의 리더는 김대중 정부에서 중용된 장재식 씨와 그의 형 장충식 씨였다고 합니다. 요즘 진보주의적 경제학자로 평가되는 장하성 교수는 장충식 씨의 장남이고, 장하준 교수는 장재식 씨의 장남입니다. 또 올해 초 여성부 장관으로 발탁된 장하진 교수는 장충식 씨의 장녀입니다.

제가 직접 들은 바에 의하면, 박 선생이 하산하신 계기는 이렇습니다. 1951년 1·4 이후 전남도당은 전쟁이 끝나면 박 선생을 김일성대학교 경제학과로 진학시키기로 결정했답니다. 그러나 1951년 하반기부터 휴전협상이 진행되면서 군·경의 대공세가 시작되자 경남도당과 달리 전남도당은 결사항전을 결의했는데, 이것이 『태백산맥』 마지막에서 염상진이 말하는 '역사투쟁'이었지요. 이 말씀을 하시면서 박 선생은 늘 안타까워 하셨는데, 이런 결의 때문에 영남에 비해 호남에서는 좌익의 씨가 마르게 되었기 때문이에요.

이런 상황에서 1952년 여름 어느 날 박 선생을 동생처럼 아끼던 이태식 대장이 박 선생을 부르더니 "나는 좋은 세상을 두 번씩이나 보았으니 여기서 죽어도 좋지만, 너는 살아남아서 공부해야 한다"고 하면서 등을 떠밀더라는 것입니다. 광주(백아산·무등산)지구 유격대장인 이태식은 『태백산맥』에 실명으로 나오는데, 머슴 출신의 구빨치, 즉 6·25 이전부터 단정 수립에 반대하여 빨치산 활동을 한 베테랑이었다지요. 남한 경찰의 부패와 부모님의 재력 덕택에 면책을 받은 박 선생은 1954년 2학기에 전주고등학교 3학년으로 편입하여 1955년에 서울대학교 상과대학 경제학과에 입학하셨지요.

박 선생께 인혁당이나 인혁당재건위에 대해서도 조금 들은 바가 있는데, 한 마디로 인혁당은 물론이고 인혁당재건위조차 조작이란 어불성설입니다. 이미 지적한 것처럼 전후 남한에서 토착 마르크스주의가 부활하는 그런 최초의 계기가 바로 인혁당이었던 것입니다. 물론 인혁당 사건 이후 박 선생은 일체의 정치적 활동을 마다하시고 주로 이론적 활동만 하시게 되고 그런 연유로 인혁당재건위에도 참여하시지는 않았지만, 박 선생이 그렇게 하신 덕분에 남한의 토착 마르크스주의가 1980년대까지 명맥을 이을 수 있었던 것이지요.

다시 본론으로 돌아가지요. 1970년대에는 인혁당이나 통혁당·남민전 같은 지식인 운동과 구별되는 완전히 새로운 운동이 등장하기도 했습니다. 여러분도 잘 아시는 대로, 1970년 전태일 열사의 분신 이후 민주노조운동이 전개되었던 것입니다. 그러나 민주노조운동은 인혁당이나 통혁당·남민전 같은 지식인운동과 결합하지는 못했습니다. 즉 민주노조운동은 자생적인 노동자운동이었던 셈이지요. 전태일 열사의 분신 직후에 결성되었던 청계피복노조를 발단으로 해서 민주노조운동은 동일방직노조 등등을 거쳐서 1970년대 말에 아주 중요한 역할을 하게 되는 YH무역노조로 이어졌습니다.

박정희 정부와 부마항쟁

이제 둘째 단락으로 넘어가도록 하지요. 남한에서 마르크스주의가 본격적으로 전개된 것은 1980년대인데, 그런 1980년대를 여는 상징적인 두 가지 사건이 있었습니다. 하나는 1979년 10월 16일에 부산과 마산에서 발생한 부마항쟁이었고, 또 하나는 1980년 5월 18일의 광주항쟁이었지요. 그런데 그 후의 과정을 제대로 인식하고 더군다나 1990년대 또는 2000년대의 변화된 상황에서 1980년대의 경험을 올바르게 이해하기 위해서는 부마항쟁과 광주항쟁의 성격에 대해서 반성해볼 필요가 있습니다.

그래서 조금 늘어지는 감이 있지만, 박정희 시대부터 설명해보도록 하겠습니다. 1960-70년대 박정희 정부의 가장 중요한 특징은 발전주의였다고 할 수 있습니다. 그런데 박정희 정부의 발전주의는 당시 세계적 추세와는 상당히 다른 특수성을 가졌습니다. 그 중 하나가 수출을 통한 발전, 즉 수출지향적 산업화라는 것이었습니다. 그런데 그렇게 하기 위해서 필요한 자본이 국내에는 없었기 때문에 외국자본에 의존해야 한다는 것이었지요. 그래서 수출지향적 산업화는 동시에 외자의존적 산업화이기도 했습니다.

그러나 당시에는 아시아도 그렇고 라틴 아메리카도 그렇고 대부분의 발전도상국은 외자에 의존하는 것이 아니라 내자를 동원했습니다. 그러면서 수출이 아니라 내수를 중심으로 산업화를 추진했지요. 즉 박정희 정부의 외자의존적이고 수출지향적인 산업화는 내자동원적이고 내수지향적인 산업화라는 보편적인 유형과 상당한 차이가 있었다고 할 수 있습니다. 이런 특수한 발전주의는 남한이 정치·군사적으로는 미국에 종속되어 있었고 경제적으로는 일본에 종속되어 있었다는 사실을 반영하는 것입니다.

그래서 뭐 길게 설명할 수는 없지만, 4·19가 좌절하고 5·16이 발생한 배경도 미국의 동아시아 전략을 생략하고는 도저히 설명할 수 없다는 것이에요. 그 다음에 미국이 동아시아에서 가장 믿을 수 있는 전략적 동맹자가 바로 일본이었는데, 일본의 경제성장을 위해서는 남한이라는 후배지의 통합이 필요했던 것이지요. 후배지는 식민지나 종속국을 가리키는 외교적 용어입니다. 그런 맥락에서 박정희 정부의 외자의존적이고 수출지향적인 아주 특수한 방식의 산업화가 출현했다는 말이지요.

1960년대에 이런 특수한 발전주의를 채택한 나라는 일본의 식민지였던 남한과 대만밖에 없었습니다. 그런데 남한과 대만 사이에도 약간의 차이가 있었지요. 남한에서는 1970년대가 되면서 재벌을 중심으로 하는 중화학공업이 육성되었습니다. 대만에도 물론 중화학공업이 존재했지만, 그러나 국가가 주도하는 것이었지요. 그런데 1970년대에 들어와 박정희 정부는 외자의존적·수출지향적 산업화와는 별도로 재벌중심적 중화학공업화를 추진했습니다.

그러나 1979년에 이 모든 것이 더 이상 지속가능하지 않은 그런 상황이 발생하게 되었습니다. 말하자면 1979년은 박정희 정부의 발전주의가 최대의 위기에 봉착했던 그런 해입니다. 우선 경제위기가 발생했는데, 그 이유는 수익성이 악화되었기 때문입니다. 경제학적으로 좀 더 엄밀하게 말하자면 이윤율이 급락했다는 말이지요. 나중에 자세하게 설명하겠지만, 이윤율이 급락한 이유는 고정자본의 규모가 거대해졌기 때문입니다.

쉽게 말하자면 외자의존적이고 수출지향적인 산업화는 중소기업으로도 가능했던 것입니다. 예를 들어 대만의 자본이 대체로 중소기업인 이유가 바로 여기에 있었습니다. 그런데 중화학공업화는 그럴 수가 없었지요. 그래서 중화학공업을 하려면 대만처럼 국가가 주도하든지 남한처럼 재벌이 육성되어야 했던 것이에요. 그리고 재벌중심적인 중화학공업화의 일차적인 결과가 바로 이윤율의 급락에 따른 경제위기였다는 말입니다.

박정희 정부의 위기에는 국제경제적인 요인도 있었는데, 그것이 바로 외채위기였습니다. 우선 무역수지의 적자가 발생했지요. 아시다시피 무역수지란 수출과 수입의 차액을 가리키는 경제학적 용어입니다. 그런데 중화학공업이라는 것은 공장을 지으면 그 다음 해부터 수출을 할 수 있는 그런 것이 아니었습니다. 그래서 계속해서 수입은 늘어나고 수출은 안 되는 그런 상황이었지요. 즉 이윤율의 급락과 마찬가지로 무역적자의 일차적인 원인도 재벌의 중화학공업이었다고 할 수 있습니다.

무역수지에서 적자가 발생하면 그것을 보충하기 위해서 자본수지에서는 흑자가 발생해야 합니다. 즉 외자를 도입해야 한다는 말이지요. 그렇지 않아도 수출지향적 산업화가 외자의존적이었는데, 중화학공업화로 인해 외채가 더욱 급증했던 것입니다. 즉 외채누적이 발생했던 것입니다. 그런데 당시 국제경제적인 상황이 급변하여 이른바 '3고'라는 현상이 발생하면서 외채누적이 위채위기로 폭발하게 되었던 것이지요.

신자유주의 시대 이후 국제경제를 특징짓는 세 가지 가격변수가 모두 상승했다는 말입니다. 그 중 하나가 이자율인데, 이자율이 상승함에 따라서 외채 이자를 상환하는 것이 그만큼 더 부담스러워졌지요. 게다가 달러의 가치가 상승했습니다. 경제학에서는 관습적으로 어떤 화폐의 가치가 상승할 때 환율이 하락한다고 말합니다. 그래서 상식적으로는 오해할 수도 있는데, 달러의 환율이 하락하면서 달러의 가치는 상승했지요. 이것도 외채 원리금의 상환을 곤란하게 만들었습니다.

마지막은 국제경제적인 의미와 함께 지정학적인 의미도 갖는 훨씬 더 복잡한 가격변수인데, 바로 유가입니다. 이자율과 달러가치의 상승은 초기 레이건 정부의 신자유주의적 경제정책의 핵심이었지만, 유가의 상승은 이란의 이슬람혁명과 이라크와의 전쟁의 결과였지요. 어쨌든 유가의 상승도 무역적자를 악화시켜서 결국 외채누적을 가속화시켰다고 할 수 있겠습니다. 하여튼 이자율, 달러가치, 유가의 상승이라는 삼각파도가 1979년에 남한경제를 난파시키는 데 일조한 외채위기의 원인이었다고 할 수 있습니다.

1979년에 들어와 박정희 정부도 이제까지의 발전주의가 더 이상 지속가능하지 않다는 사실을 깨닫게 되었지요. 그래서 그 때까지 추진해 왔던 경제정책을 개혁하려는 시도가 나타났습니다. 그것이 바로 1979년 4월에 실시된 경제안정화종합시책이라는 남한 최초의 정책개혁이었습니다. 달리 말하자면 박정희 정부가 신자유주의적 경제정책으로의 이행을 시도했다는 것이지요.

신자유주의적 경제정책을 거시경제적 측면과 미시경제적 측면으로 나누어서 설명할 수 있겠습니다. 거시경제적 측면이 바로 안정화라는 것인데, 그것을 대표하는 것이 바로 물가안정입니다. 요즘은 물가가 4-5%만 상승해도 야단이지만, 당시에는 20-30% 상승하는 것이 보통이었습니다. 나중에 전두환 정부가 유행시킨 표현에 따르면 한 자리 수 물가라는 것이 거시경제적 안정화의 핵심입니다. 그리고 미시경제적 측면이 바로 구조조정이고 구조조정의 핵심이 정리해고 또는 임금삭감이지요.

나중에 자세하게 설명하겠지만, 신자유주의적 정책개혁이 나타나는 원인은 이윤율의 하락에 따른 미국경제의 구조적 변화라고 할 수 있는데, 그것이 바로 금융화입니다. 금융화에는 두 가지가 있는데, 하나는 1970년대부터 진행되는 은행을 중심으로 하는 금융화입니다. 은행이 중개하는 대부자본의 수입이 이자인데, 물가가 상승하면 이자의 실질가치가 감소하겠지요. 그렇기 때문에 물가안정이 중요한 것입니다.

그런데 1980년대를 거치면서 은행 중심의 금융화에서 주식시장 중심의 금융화로 이행하게 됩니다. 이 때도 역시 물가안정은 중요합니다. 그렇지만 또 한 가지가 추가적으로 필요하게 됩니다. 즉 이자율의 상승은 은행에게 유리하지만 주식시장에게는 불리하기 때문이지요. 그렇기 때문에 레이건 정부 후기부터 이자율이 상대적으로 하락하는 것이에요. 그 후 거시경제적 안정화에는 물가안정에 이자율 인하가 추가됩니다.

그런데 문제는 이자율 인하가 주식시장과 함께 부동산시장을 부양할 수도 있다는 데 있지요. 1980년대 후반 일본경제도 마찬가지고 2000년대 미국경제나 남한경제도 마찬가지인데, 주식투기와 부동산투기는 같이 가기 마련이에요. 이자율을 하락시킨 다음 부동산투기는 막고 주식투기는 터놓는다는 것은 말처럼 쉬운 일이 아니지요. 게다가 정부의 정책이 부동산투기를 조장하기도 합니다. 김대중 정부의 아파트분양가 자율화나 노무현 정부의 국가균형개발계획이 전국적으로 부동산투기를 조장한다는 말이지요.

어쨌든 금융화 때문에 거시경제적 안정화가 나타나고, 그 효과가 바로 미시경제적 구조조정이라고 할 수 있습니다. 나중에 자세하게 설명하겠지만, 남한에서도 1997-98년 경제위기·외환위기 이후에 구조조정이 실시되면서 정리해고나 임금삭감이 강제되지요. 그러나 구조조정이라는 효과를 가져온 원인은 안정화 또는 좀 더 정확하게 말하자면 금융화입니다. 따라서 금융화나 안정화라는 원인을 그대로 놔둔 채 구조조정이라는 효과를 완화시킬 수 있다는 것은 본말을 전도시키는 셈이지요.

다시 본론으로 돌아가자면, 1979년 4월의 경제안정화종합시책은 미시경제적 구조조정을 위한 전제조건으로서 거시경제적 안정화를 시도하는 것이었습니다. 그러나 본격적인 구조조정이 시작되기도 전에 안정화 자체가 남한경제 전체를 뒤흔들어 놓게 되었지요. 주마간산 식으로 설명하자면, 중화학공업화의 중심지는 두 곳이었습니다. 하나가 울산과 포항이었고, 또 하나가 창원이었지요. 울산 하면 떠오르는 것이 자동차, 조선, 석유화학이었고, 포항 하면 철강이었지요. 울산과 포항을 중심으로 하는 중화학공업은 포철을 예외로 한다면 재벌에 의해 추진되었습니다. 반면 창원은 기계공업의 중심이었는데, 그것은 군수산업이기도 했지요.

이미 지적한 것처럼 자동차 등등도 물론 당장 수익성이 있는 것은 아닙니다. 하지만 언젠가는 수익성이 있기 마련입니다. 그런데 군수산업은 본래 수익성이 없는 것입니다. 따라서 경제안정화종합시책에 아직 본격적인 구조조정이 포함되어 있지는 않았지만, 군수산업은 일차적인 구조조정의 대상이 되었지요. 어제 『제5공화국』이라는 드라마를 보니까 미국이 박정희 정부가 시도한 자주국방에 대해서 불쾌한 생각을 가지고 있었다던데, 아마 군수산업의 구조조정에 대한 압력이 있었던 것 같습니다.

그렇기 때문에 창원에서 마산과 부산으로 이어지는 경남 남해안 지역에서 최초의 신자유주의적 정책개혁의 가장 중요한 압력이 나타날 수밖에 없었다고 할 수 있겠지요. 따라서 부마항쟁의 성격이 무엇이었는가라는 질문에 대해서 저는 단연코 이렇게 말할 수 있다고 생각합니다. 즉 부마항쟁은 분명 박정희 정부에 대한 저항이었지만, 단지 그것에 그치는 것이 아니라 의식했든 의식하지 못했든 간에 신자유주의적 정책개혁에 대한 최초의 투쟁이기도 했다고 말입니다.

신군부와 광주항쟁

물론 1979년에는 부마항쟁 이외에도 다양한 투쟁이 전개되었습니다. 가장 대표적인 것이 YH무역노조의 투쟁이었습니다. 여성노동자들이 야당 당사에서 농성투쟁을 전개하면서 민주노조운동이 또한 중요한 쟁점으로 떠오르게 되었지요. 그런데 민주노조운동과 부마항쟁 같은 전국적인 투쟁을 진압하는 방식을 둘러싸고서 집권세력 내부에서 갈등이 나타나게 되었습니다. 여러분도 잘 아시는 것처럼, 그런 갈등이 아주 기괴한 형태로 폭발하게 되었지요. 즉 10월 26일에 김재규 중앙정보부장이 박정희 대통령과 자신의 경쟁자인 차지철 경호실장을 사살했던 것입니다.

지나가는 말이지만, 10·26 사건의 내막은 한 세대는 더 지나야 제대로 밝혀질 것이라고 생각되는데, 그러나 적어도 집권세력 내부의 갈등이 문제였다는 것은 분명합니다. 어떤 사람은 김재규 씨가 민주화를 위해서 투쟁한 열사였다고 주장하는데, 김재규 씨 자신이나 그와 아주 특별한 관계에 있었던 장준하 씨 주변의 재야 인사들은 그렇게 강변할 수도 있겠지요. 그렇지만 저는 10·26 사건은 단지 쿠데타였을 따름이라고 생각합니다.

그런 쿠데타에 반대하는 또 다른 쿠데타가 발생했는데, 그것이 바로 12·12 사건입니다. 그런 역쿠데타가 성공하면서 전두환 장군과 노태우 장군을 중심으로 하는 이른바 신군부가 등장했습니다. 신군부가 집권세력 내부에서 헤게모니를 확립했던 것이 5월 17일에 시행된 비상계엄전국확대조치였지요. 그리고 바로 그 다음날인 5월 18일에 광주항쟁이 시작되었습니다. 신군부의 사명이 박정희 정부 말기의 신자유주의적 정책개혁을 완수하는 것이었다면, 부마항쟁을 계승하는 광주항쟁도 신자유주의적 정책개혁에 대한 최초의 항쟁이었다는 말입니다.

아직까지도 신군부의 성격이 무엇인가에 대해서 잘 모르고 있는 것 같습니다. 전두환 씨가 잔인하고 탐욕스러운 악마였을 따름일까요. 저도 『제5 공화국』을 계속 보고 있는데, 토요일 치는 세미나 때문에 못보고 일요일 치만 보고 있지요. 그러다가 얼마 전에 신문에서 전두환을사랑하는모임(전사모)이 조직되었다는 충격적인 소식을 들었습니다. 그러나 전사모 같은 미친 사람들이 아니라도 해도 전두환 씨는 곧 복권될 것 같습니다. 그것은 『제5 공화국』이 전두환 씨를 미화했기 때문이 아니라 신군부를 비판하는 방식이 잘못되었기 때문입니다.

신군부가 박정희 정부를 계승했다는 것은 외형적으로는 맞는 말입니다. 김재규 중앙정보부장의 쿠데타를 진압한 역쿠데타였으니까 박정희 정부를 계승했다고 할 수 있겠지요. 그렇지만 신군부의 성격은 박정희 정부와 전혀 반대입니다. 즉 신군부는 발전주의를 계승한 것이 아니라 신자유주의적 정책개혁을 계승한 것입니다. 『제5 공화국』의 주요 등장인물 중에 신현확 씨가 있는데, 그 사람이 바로 신군부의 대부였습니다. 그리고 경제안정화종합시책은 신현확 씨와 그의 참모들의 작품이었지요. 드라마에서 유일하게 전두환 장군을 야단칠 수 있었던 사람이 신현확 씨인 이유가 그런 데 있었던 것이에요.

물론 신군부는 경제안정화종합시책을 계승하는 데 그치지 않고 그것을 체계화시켰습니다. 즉 안정화뿐만 아니라 또한 구조조정까지 추진한 것이 신군부였지요. 그래서 1979년 4월에 시작된 신자유주의적 정책개혁이 1980년 5월부터 추동력을 얻게 되었다고 할 수 있지요. 그런 구조조정의 핵심은 울산과 포항의 중화학공업에서 수출지향적 성격을 강화시키는 것이었습니다. 그리고 창원에 있던 군수산업적 성격의 기계공업도 수출지향적 성격의 민수산업으로 전환시키는 것이었지요.

그래서 자동차, 조선, 석유화학, 철강, 기계가 남한경제의 5대 수출산업이 될 수 있었던 것입니다. 이미 설명한 대로 그런 산업들은 박정희 정부의 중화학공업화에서 출발했지만, 그러나 그것들을 수익성 있는 수출산업으로 전환시킨 것은 신군부였다는 말이지요. 게다가 신군부는 전화기를 기계식에서 전자식으로 바꾸면서 전자산업이 발전할 수 있는 호조건을 제공하기도 했습니다. 1970-80년대 남한경제를 상징하는 것이 현대나 대우의 중화학공업이라면, 1990년대와 2000년대를 상징하는 것이 바로 삼성의 전자산업이지요. 전자산업을 필두로 자동차, 조선, 석유화학, 철강, 기계가 현재 6대 수출 산업인데, 물론 전자산업의 비중이 압도적입니다.

그런데 신군부가 어떻게 그런 정책개혁을 실시할 수 있었을까요. 당연하지만 그것은 전두환 씨의 머리에서 나온 것이 아니었습니다. 방금 신현확 씨에게 주목했지만, 전두환 씨가 가장 믿었던 경제참모는 아웅산에서 폭사한 김재익 씨였습니다. 전두환 대통령의 경제학 가정교사라고 불리던 김재익 씨는 나중에 김영삼 정부에서 재경원 장관을 지낸 강경식 씨와 함께 신현확 씨의 뒤를 잇는 신자유주의의 전도사였지요. 당시만 하더라도 경제관료 중에서는 신자유주의에 대한 인식을 가진 사람이 별로 없었는데, 김재익 씨나 강경식 씨가 바로 그런 사람이었다고 할 수 있습니다.

그러나 신현확 씨나 김재익·강경식 씨가 무슨 경제학적인 혜안이 있었던 것은 아니겠지요. 하늘 아래 새로운 것은 별로 없습니다. 잘 몰라서 그렇지 라틴 아메리카에 신군부와 유사한 사례가 이미 있었는데, 그것이 바로 칠레의 피노체트 군사정부였습니다. 1973년에 아옌데의 사회당정부를 무력으로 전복시킨 피노체트 군사정부가 신자유주의적 정책개혁을 시도했던 최초의 사례라고 할 수 있습니다. 그리고 신군부가 두 번째 사례였던 것입니다.

요컨대, 부마항쟁과 광주항쟁의 성격에 대해서 저는 이렇게 규정할 수 있다고 생각합니다. 남한에서 신자유주의는 물론 1990년대에 본격적으로 전개되는 것이기는 하지만, 그 단초는 이미 1980년대에 출현했다는 것이고, 바로 부마항쟁과 광주항쟁이 그런 신자유주의에 대한 최초의 투쟁이었다는 것이지요. 따라서 신자유주의자들이 광주항쟁은 물론이고 부마항쟁에 대해서 발언할 권리는 없다는 것이 제 생각입니다.

올해가 광주항쟁 25주년인데, 노무현 대통령이나 박근혜 대표도 망월동에서 참배를 하더군요. 텔레비전을 보니까 노무현 대통령은 윤상원 열사를 노래한「임을 위한 행진곡」까지 직접 부르던데, 그러나 그럴 자격이 없다는 것이 제 생각입니다. 노무현 대통령은 신자유주의자이기 때문이지요. 사실 김대중 정부부터 광주항쟁은 정권을 창출하고 유지하는 수단이 되어버렸습니다. 더 이상 지역주의나 신자유주의에 이용당하지 않으려면 광주항쟁이 부마항쟁과 함께 신자유주의에 대한 최초의 투쟁이었음을 잊지 말아야겠지요.

1980년대 남한 마르크스주의의 부활

1980년대 중반에 와서 드디어 남한에서 마르크스주의가 부활하게 되는 계기가 출현했습니다. 마르크스주의의 부활을 상징하는 두 개의 사건이 있었는데, 모두 1985년에 발생한 것입니다. 우선 구로동맹파업이 그것입니다. 얼마 전에 『한겨레신문』에 20주년을 기념하자는 조그만 광고가 나왔더군요. 당시만 해도 아직 남한경제에서 중화학공업이 차지하는 비중은 그렇게 대단치 않았습니다. 오히려 부담을 주었다면 주었던 것이지요. 그래서 수출산업의 중심지는 아직까지도 전통적인 경인지역이었다고 할 수 있습니다. 그리고 경인지역을 대표하는 것이 바로 구로동 수출산업공단이었지요.

바로 이 구로 공단에서 전후 최초의 동맹파업이 일어났던 것입니다. 게다가 구로 동파에는 또 다른 역사적인 의미가 있었습니다. 이미 지적한 것처럼, 1970년대까지 민주노조운동은 민주노조운동대로 당건설운동은 당건설운동대로 서로 분리된 채로 전개되었다고 할 수 있습니다. 즉 노동자운동과 지식인운동이 결합할 수 없었던 것이지요. 그런데 구로 동파는 전후 최초로 노동자운동과 지식인운동이 결합하는 그런 사건이었고, 그 직후 서울노동운동연합(서노련)이 결성되었던 것입니다.

그런데 어떻게 지식인운동이 과거와 달리 노동자운동과 직접 결합할 수 있었을까요. 혹시 들어보신 적이 있는지 모르겠지만, 당시에는 농촌활동 말고도 공장활동이라는 것이 있었습니다. 요즘은 농활만 명맥이 남아 있고 공활은 다 소멸했지요. 공활의 역사는 1970년대까지 거슬러 올라갑니다. 전태일 열사의 희망이 노동법을 설명해줄 수 있는 대학생 친구를 갖는 것이었다는 사실이 알려지면서 공활이 시작되었던 것입니다.

제가 직접 알고 있는 최초의 사례가 지금은 한나라당에 가 있는 김문수 씨였습니다. 저보다 서울상대 3년 선배인 그는 1학년 여름방학 때 공활에 들어갔다가 아예 학교로 돌아오지 않은 경우였습니다. 노조활동을 하다가 만난 형수하고 결혼해서 애도 낳고 그렇게 살면서 민주노조운동을 했던 것이지요. 광주항쟁 이후 해고되어 몇 년 동안 관악구청 옆에서 조그만 사회과학서점을 운영하다가 구로동파를 계기로 서노련 결성에서 주동적 역할을 했지요.

김문수 씨의 사례에서도 드러나듯이 1970년대에는 지식인이 노동자운동에 투신한다고 해도 그것은 모두 개인적인 결단이었습니다. 그러나 부마항쟁과 광주항쟁 이후에는 완전히 상황이 달라졌지요. 그래서 학생운동을 정리하면서 조직적인 준비를 거쳐 공장으로 이전하는 사례가 많아졌습니다. 그렇게 해서 구로 동파와 서노련을 거쳐 1987년에 인천민주노동자연맹(인민노련)이 형성되었고, 노동자운동과 지식인운동이 직접 결합할 수 있었던 것이에요.

한 마디만 덧붙이자면, 인민노련의 핵심이던 주대환 씨나 노회찬 씨는 정운영 교수가 1968년에 조직한 한국사회연구회(한사) 출신입니다. 또 전태일을따르는민주노동연구소-사이버노동대학을 운영하고 있는 김승호 씨가 초기 한사 출신을 대표한다고 할 수 있지요. 본래 서울상대·문리대·법대·사범대에서 시작된 한사는 1973년부터는 고대와 이대까지 확대되어 1980년대 초반까지 활동하게 됩니다. 주대환 씨나 노회찬 씨는 후기 한사의 성원이었습니다.

1985년에는 중요한 사건이 또 하나 발생했습니다. 요즘은 아무도 안 읽는 그런 잡지이지만, 당시에는 나름대로 중요한 역할을 했던 『창작과 비평』에서 한국사회성격 논쟁이 전개되었던 것입니다. 구로 동파가 노동자운동과 지식인운동의 결합이라고 했는데, 그 때의 지식인은 엄밀하게 말하자면 활동가를 가리키는 것입니다. 한국사회성격 논쟁도 나름대로 노동자운동과 지식인운동의 결합을 의미했던 것인데, 이 때의 지식인은 연구자를 가리키는 것이지요.

한국사회성격 논쟁을 제기한 분이 바로 박현채 선생이셨습니다. 방금 지적했던 것처럼 박 선생은 인혁당 이후 이론 연구를 활발하게 전개하셨는데, 1973년에 고려대 경제학과 조용범 교수의 이름으로 발표된 마르크스주의 경제이론서인 『후진국경제론』과 1978년의 경제평론집 『민족경제론』에서 제시된 민족경제론이 그 핵심이었습니다. 1971년 3선 개헌으로 다시 대통령에 출마한 박정희와 대결하던 김대중 씨의 경제강령인 『대중경제 100문 100답』도 사실 박 선생이 집필하셨던 것입니다. 그런 민족경제론이 한 단계 변모하게 되는 계기가 바로 한국사회성격 논쟁이었지요.

1980년대에 들어와 대다수의 활동가나 연구자가 주목했던 것이 프랑크나 아민의 종속자본주의론이었는데, 그런 입장에서 민족경제론에 대한 비판이 제기되었지요. 그런데 박 선생이 종속자본주의론에 대해서 반비판하면서 민족경제론을 한 단계 발전시켜 신식민지국가독점자본주의론(신식국독자론)을 제기하셨던 것입니다. 그래서 구로 동파에 버금가는 또 하나의 사건이 한국사회성격 논쟁이었고 그 성과가 바로 신식국독자론이었다고 할 수 있습니다.

방금 올해가 광주항쟁 25주년이라고 했는데, 박 선생이 돌아가신지 10주기가 되기도 합니다. 그런데 박 선생은 재야학자이셨기 때문에 제대로 된 제자가 없었습니다. 박 선생의 업적이 제대로 평가되지 못하는 것도 이 때문이지요. 1987년 한국사회경제학회(한사경)를 조직할 때 제가 박 선생을 모시는 것이 당연하다고 주장했고, 박 선생도 기뻐하시면서 참여하겠다고 약속하셨지요. 그러나 안병직 교수와 그 제자들의 반대로 결국 박 선생을 모시는 데 실패하고 말았는데, 지금도 한스러울 따름입니다.

1988년에 박 선생은 한국사회과학연구소(한사연)와 인연을 맺게 되셨습니다. 그 그룹은 김대중 정부부터 관변으로 진출해서 노무현 정부에서는 집권세력의 핵심으로 진입하기도 했지요. 연구소는 이미 해체 상태이고 남의 사무실 한구석을 빌려쓰고 있답니다. 그런데 그런 그들이 박 선생을 재평가한답시고 신식국독자론은 오류였고 민족경제론을 복권시켜야 한다고 주장하기도 합니다. 그런데 본래의 민족경제론이 노무현 정부의 동북아경제허브론에는 아무래도 부적합하기 때문에 한 가지 규정을 추가하지요. 이른바 '개방적' 민족경제론이라는 것입니다. 결국 광주항쟁과 마찬가지로 박 선생의 평생의 업적도 그렇게 형해화되고 있다는 말입니다.

설명이 길어졌는데 빨리 마무리하도록 하겠습니다. 구로 동파나 한국사회성격 논쟁은 일회적인 사건으로 끝나지 않았습니다. 특히 1987년에 일련의 투쟁이 속개되었습니다. 그 중 가장 유명한 것은 역시 대통령 직선제 개헌을 쟁취하기 위한 6·10 시민항쟁이었지요. 그리고 6·10 시민항쟁으로 열려진 공간에서 7-9월 노동자대투쟁이 전개되었지요. 그런데 7-9월 노동자대투쟁은 1970년대 민주노조운동이나 1985년 구로 동파와는 달리 중화학공업을 중심으로 한 것으로, 이런 새로운 노동자운동은 조금 이따가 설명할 '3저 호황'과 긴밀하게 관련되는 것입니다.

6·10 시민항쟁의 결과로 직선제가 쟁취되었는데, 연말로 예정된 대통령 선거의 전술을 둘러싸고 논쟁이 제기되었습니다. 대다수의 활동가나 연구자는 비판적 지지(비지)인가 후보 단일화(후단)인가를 둘러싸고 분열되었지요. 비지는 상대적으로 진보적인 김대중 후보를 지지해야 한다는 것이었고, 후단은 상대적으로 대중적인 김영삼 후보를 지지해야 한다는 것이었습니다. 그러나 극소수의 입장이긴 했지만, 누가 대통령이 되는 것이 중요한 것이 아니라 대선이라는 정치적 공간에서 민중이 원하는 것이 무엇인가를 선전하고 선동할 수 있는 후보가 필요하다는 민중후보론도 있었습니다.

저는 민중후보론을 지지했습니다. 부마항쟁이나 광주항쟁, 구로동파나 한국사회성격 논쟁의 성과를 올바르게 계승하는 것이 민중후보론이라고 생각했기 때문입니다. 그리고 김대중 후보와 김영삼 후보의 분열 때문에 노태우 후보가 어부지리를 얻게 되자, 그런 생각을 PD(민중민주)로 더욱 체계화하게 되었습니다. 그리고 비지나후단은 한민전의 지도 아래 NL(민족해방)로 결집되었습니다. 한 마디로 말해서 PD가 레닌주의자였다면, NL은 주체사상파였지요. PD와 NL의 논쟁이 1987-88년 이후 한국사회성격 논쟁의 중심으로 부상했던 것은 이런 상황 때문입니다.

PD가 체계화되는 데 저도 물론 기여하긴 했지만, 그것은 본질적으로 집단적인 작업이었습니다. 그리고 활동가도 나름대로 기여하긴 했지만, 주로 연구자의 작업이었습니다. 여러분도 아실지 모르겠는데, 1988년에 PD를 체계화하기 위해서 창간된 잡지가 『현실과 과학』이었습니다. 그리고 1990년에 서울사회과학연구소(서사연)가 창립되었지요. 『현실과 과학』이나 서사연에서 PD가 체계화되면서 운동권과 여러 가지 복잡한 상호작용을 하게 되었습니다.

1990년대 남한 마르크스주의의 위기

따라서 적어도 1980년대 말이나 1990년대 초까지는 남한에서 마르크스주의의 위기를 인식할 수 있는 그런 상황이 아니었습니다. 오히려 마르크스주의가 부활하는 과정에서 PD인가 NL인가를 둘러싸고 논쟁을 하던 상황이었지요. 물론 저는 알튀세르의 마르크스주의 위기론에 대해서 알고 있었습니다. 그러나 당시에는 『현실과 과학』이나 서사연에서도 대부분 "선생님 말씀은 다 좋은데 알튀세르만은 안 되겠습니다"라고 할 정도였으니까요. 당시로서는 마르크스주의의 위기에 대해서 언급하는 것조차 쉽지 않았다는 말입니다.

그러나 PD가 체계화되는 것과 거의 동시에 마르크스주의의 위기를 부정할 수 없는 그런 객관적인 상황이 급격하게 전개되었습니다. 1989년부터 상황의 변화가 시작되었고, 1991년이 되면 그런 변화가 완료되었지요. 1989년과 1991년 사이에 소련이 붕괴해버렸던 것입니다. 그런 국가의 붕괴는 현대사에서 흔한 일은 아니었지요. 굳이 예를 들자면 나폴레옹 전쟁을 거치면서 신성로마제국이 붕괴한 것과 비견될 만한 일대 사건이었지요.

스탈린주의를 비판하기 위해서 레닌주의를 복권시킨다고 해도 사회주의의 현실적 준거는 소련이었다고 할 수 있습니다. 그런데 그런 준거가 소멸해버렸던 것이지요. 니체 식으로 말하자면, '현실이 신화가 되었다'고나 할까요. 서구에서는 적어도 1970년대 말부터 얼마간 마르크스주의의 위기에 대한 인식이 나타나고 있었으니까 충격이 덜할 수 있었겠지요. 그런데 마르크스주의를 부활시키는 과정에 있었던 남한에서는 충격이 실로 엄청날 수밖에 없었던 것입니다. 1993년에 뇌졸증으로 쓰러지신 박현채 선생이 결국 1995년에 온갖 합병증으로 돌아가신 원인도 이것이었을 것입니다.

서구와 비교할 때 남한에서 마르크스주의의 위기에 대한 인식은 이렇게 10년 정도의 시차가 있었을 뿐만 아니라 또한 마르크스주의의 위기 자체도 아주 특수한 양상으로 전개되었습니다. 그런 특수한 양상을 설명하기 위해서 이미 언급했던 알튀세르의 1977년 강연으로 다시 돌아가겠습니다. 그 강연에서 알튀세르는 마르크스주의의 위기에 대한 세 가지 대응 방식을 비교하고 있습니다.

간단하게 설명해보면, 처음 두 가지는 구좌파적인 태도라고 할 수 있겠습니다. 구좌파는 마르크스주의의 자기비판의 필요성을 기각하지요. 그런데 구좌파라고 해도 두 가지 태도를 구별할 수 있습니다. 하나는 정당 관료의 태도이고, 또 하나는 기층활동가의 태도입니다. 정당 관료의 태도는 스탈린주의가 됐든 레닌주의가 됐든 마르크스주의가 됐든 위기라는 것은 없다고 부정합니다. 모든 것이 부르주아지의 기만적 술책일 뿐이라는 것이지요. 그러나 매일 대중과 접촉하는 기층 활동가는 마르크스주의의 위기를 부정할 도리가 없습니다. 대신 침묵합니다. 언젠가 운동이 부활하면 위기도 해결될 것이기 때문이지요.

나머지 한 가지 방식이 바로 신좌파의 입장인데, 마르크스주의의 위기를 인식하고 자기비판을 통해서 쇄신을 시도하는 것입니다. 『역사적 마르크스주의』에 실려 있는 1992년 학술단체협의회(학단협) 전문심포지엄의 발제문에서 제가 남한에서 마르크스주의의 위기라는 문제를 제기하면서 원용한 모델은 바로 이런 것이었습니다. 저의 문제제기는 레닌주의를 통해서 스탈린주의의 위기를 극복하려는 『현실과 과학』이나 서사연의 시도에 한계가 있었음을 인정하는 자기비판이었던 셈이지요. 그러나 당연하게도 당시의 상황에서는 부정이나 침묵이라는 것이 일반적인 태도였습니다.

그런데 남한에서는 부정도 아니고 침묵도 아닌 특수한 구좌파적 태도가 등장했습니다. '젊었을 때 나는 이런 저런 잘못을 했다'는 식의 고백이 그것인데, 쉽게 말해서 공개적인 전향이지요. 최초의 고백은 요즘 뉴라이트 운동을 제기하고 있는 신지호 교수가 했던 것입니다. 그는 당시 최대의 PD 정파였던 인민노련 출신인데, 그 후 인민노련 내부에서 일련의 고백이 뒤를 이었습니다. 그런 고백이란 알튀세르로서는 전혀 예상치 못한 태도였지요. 남한에 고유한 그런 양상은 결국 1992년 말에 인민노련 전체가 공개적으로 전향한 데서 절정에 이르렀습니다.

그리고 또 다른 구좌파적 태도도 역시 알튀세르가 예상치 못했던 것인데, '나는 잘못한 것이 없다'는 식의 알리바이였습니다. 정말 기가 막히게 만드는 태도였지요. 쉽게 말하자면 소련의 붕괴는 스탈린주의의 위기이지 트로츠키주의의 위기는 아니고, 스탈린주의의 위기는 오히려 트로츠키주의가 부활할 수 있는 기회라는 말입니다. 어쨌든 간에 구좌파적 태도 중에서 부정이나 침묵은 일반적으로 이해할 수 있는 것이었지만, 그러나 고백이나 알리바이는 남한에 고유한 그런 양상이었다는 말입니다.

1992년 대선과 김영삼 정부

1980년대가 남한에서 마르크스주의가 부활하는 그런 시기였다고 한다면, 1990년대는 마르크스주의의 위기가 전개되는 그런 시기였다는 것이 제 생각입니다. 그러나 『역사적 마르크스주의』에서 저 스스로도 인정했던 것처럼 이런 제 생각이 보편적으로 수용되었던 것은 아니었지요. 이제 마르크스주의의 위기가 전개되는 특수한 양상과 관련해서 그 이유를 설명해보겠습니다. 이것이 마지막 셋째 단락의 주제입니다.

우선 1990년대 상황에서 마르크스주의자들의 변신 과정에 대해서 설명해보겠습니다. 도식적인 설명이겠지만, 알튀세르가 말하는 부정이나 침묵이라는 그런 태도뿐만 아니라 또한 서구에서는 보기 드문 고백이나 알리바이라는 태도도 나타났다고 했는데, 그런 모든 복잡한 현상의 원인에 대해서 한 마디로 이렇게 정리해볼 수 있다고 생각합니다. 아까 1987년 대선을 평가하는 과정에서 PD와 NL이 본격적으로 분화되었다고 했지만, 1990년대 운동권의 변모도 부르주아 정치일정에 의해서 규정되었다고 할 수 있다는 말입니다.

지나가는 말이지만, 저는 뭐 좀 극단적인 성격이 있어서 그렇게 부르주아 정치일정에 의해서 좌지우지되는 것을 도저히 못 참겠더군요. 그래서 지난번 대선 때는 일부러 과천연구실 MT를 그날로 잡아서 투표가 시작되는 새벽 6시에 서울을 떴었는데, 선관위에서 어떻게 알았는지 다음 대선부터는 놀러가서도 투표할 수 있도록 해주겠다고 하더군요. 농담으로 들어주세요.

1990년대 상황을 부르주아 정치일정에 따라서 세 번으로 나눠서 설명해보도록 하지요. 첫 번째 상황은 1992년 대선으로 김영삼 씨가 집권하면서 30여 년에 걸친 군사정부가 퇴진하고 문민정부가 등장하는 문민화입니다. 아까 부마항쟁과 광주항쟁의 성격을 인식하기 위해서는 박정희 시대의 발전주의와 전두환 시대의 신자유주의를 해명해야 한다고 했던 것처럼, 문민화의 성격을 인식하기 위해서는 1986년부터 1988년 사이에 출현한 이른바 '단군 이래 최대의 호황'을 해명해야 합니다.

이런 예상치 못한 호황의 원인에 대해서 1980년대 말, 1990년대 초에 논란이 아주 분분했습니다. 그러나 돌이켜 보면 그 원인은 아주 명확합니다. 그 중 가장 중요한 것이 바로 '3저'라는 것입니다. 방금 박정희 시대의 발전주의, 특히 재벌 중심의 중화학공업화를 파탄시키고 전두환 시대의 신자유주의적 정책개혁을 강제한 것이 '3고'라고 했는데, 이번에는 그 정반대의 상황이 나타났던 것이지요. 즉 '3고 불황'이 '3저 호황'으로 반전되었던 것입니다.

당시 일부 연구자 사이에서 이른바 중진국론이 등장했습니다. 남한이 드디어 후진국 단계를 탈피해서 선진국 단계로 이행하고 있다는 뜻이었지요. 그런데 역설적인 것은 중진국론을 제기한 이들이 과거 신식국독자론을 주장하던 이들이기도 했다는 것이지요. 박현채 선생의 신식국독자론을 이론화하면서 제가 제시했던 것이 독점강화·종속심화라는 명제였는데, 이에 반대하여 독점강화·종속완화라는 명제를 제시했던 이병천 교수가 대표적인 경우였습니다. 중진국론의 논거는 아주 허황한 것이었지만, 당시에는 인민노련을 비롯한 운동권에서도 굉장한 호응을 얻었지요.

그러나 3저 호황은 남한경제가 신자유주의적으로 재편되는 과정에서 나타난 일시적인 현상이었을 따름입니다. 국제경제적 상황의 변화에 따라서 3고 불황이 3저 호황으로 역전되었듯이 3저 호황도 지속가능한 것은 아니었기 때문입니다. 조금 이따가 자세하게 설명하겠지만, 3저 호황은 남한경제에게 약보다는 독이 되었다고 할 수 있습니다. 김영삼 정부 말기에 폭발한 경제위기와 외환위기가 바로 그 증거이지요. 3저 호황을 오해했던 중진국론으로는 그런 경제위기와 외환위기를 제대로 설명할 수 없을 것입니다.

같은 맥락에서 문민화란 선진국으로 이행하는 일련의 과정을 정치적으로 완성한다는 터무니없는 주장도 등장했습니다. 예를 들어 PD와 NL의 논쟁과는 전혀 다른 맥락에서 부르주아 민주주의 확립론이라든지 절차적 민주주의 확립론이 제기되었던 것이지요. 저는 부르주아 민주주의 또는 절차적 민주주의 확립론은 문민화의 성격에 대한 근거 없는 오해에서 비롯되었다고 생각합니다. 그리고 문민화의 성격에 대한 그런 오해는 신군부의 성격에 대한 오해의 연장이었다고 생각합니다.

남한 신군부의 성격이 칠레 피노체트 군사정부의 성격과 동일했던 것처럼 남한 문민화는 칠레 문민화와 일치하는 측면이 많습니다. 칠레는 라틴 아메리카에서 나름대로 부르주아 민주주의가 발전한 나라였습니다. 그래서 1970년에 아옌데의 사회당이 선거를 통해서 집권할 수 있었던 것이지요. 그러나 1973년 미국 정부와 토착 부르주아지의 사주를 받은 피노체트의 쿠데타를 통해서 전복되고 말았지요. 1980년대 후반에 들어와 사회당이 기민당과 연대하여 피노체트 군사정부와 문민화에 대해서 협상을 시작했습니다. 그래서 결국 1990년에 사회당과 기민당의 연립정부가 군사정부를 계승하게 되었던 것이지요.

따라서 문민화란 민중항쟁을 통한 민주화와는 아무런 상관도 없습니다. 일부 진보적인 지배엘리트와 일부 보수적인 지배엘리트가 일련의 협상을 통해서 군사정부를 문민정부로 이행시키는 것일 따름이지요. 문민화의 본질은 이른바 '협상된 이행'이라는 말입니다. 이 때문에 부르주아 민주주의 또는 절차적 민주주의 확립론은 문민화를 공고히 하려는 시도일 따름이고 오히려 민중항쟁을 통한 민주화를 저지하려는 시도이기도 하다는 말입니다.

남한의 사례를 보면, 김영삼 씨가 집권에 성공한 것은 결국 진보적인 야당세력이었던 김영삼 씨가 기존의 민정당이라는 집권세력 및 보수적인 야당세력이었던 김종필 씨와 연대한 이른바 3당 합당을 통해서입니다. 따라서 최초의 문민정부인 김영삼 정부는 진보적인 지배엘리트와 보수적인 지배엘리트의 연립정부였던 셈입니다. 남한의 문민화에서도 3당 합당이라는 협상된 이행의 메커니즘이 작동하고 있었다는 말이지요.

조금 이따가 자세하게 설명하겠지만, 김대중 씨가 집권에 성공한 것도 사실 마찬가지입니다. 김대중 씨의 집권도 진보적인 야당세력이었던 김대중 씨와 보수적인 야당세력이었던 김종필 씨의 연대가 아니라면 불가능했기 때문입니다. 물론 3당 합당과는 달리 김영삼 정부와 연대한 것은 아니었기에 이른바 '수평적' 정권교체이기는 했지요. 그러나 김대중 정부도 진보적인 지배엘리트와 보수적인 지배엘리트의 연립정부였다는 사실에는 변함이 없습니다.

마찬가지로 나중에 자세하게 설명하겠지만, 노무현 정부가 김영삼 정부나 김대중 정부와 구별되는 대목이 바로 이것입니다. 과거의 정부는 진보세력이 중심이면서도 보수세력과 연대하는 연립정부였는데, 노무현 정부의 가장 큰 특징은 정몽준 씨와의 후보단일화가 무산됨으로써 보수세력과의 연대를 실현할 수 없었다는 데 있습니다. 게다가 집권 이후 김대중 정부와의 연대까지 파기함으로써 이런 경향은 더욱 강화되었다고 할 수 있습니다.

협상된 이행을 통해서 성립한 문민정부는 본질적으로 신자유주의적 통치성을 확립하기 위한 메커니즘이라고 할 수 있습니다. 박정희 정부나 전두환·노태우 정부를 돌이켜 보면, 신자유주의적 정책개혁이 민중항쟁을 야기했다는 것을 알 수 있습니다. 이른바 정통성의 결여라는 것은 신자유주의적 통치성의 취약성을 의미하는 것이지요. 반면 연립정부도 그렇고 물론 단독정부도 그렇지만, 진보세력이 통치할 경우에는 신자유주의적 정책개혁에 대한 민중항쟁이 그만큼 곤란하게 된다고 할 수 있습니다. 정통성을 확립한 문민정부가 신자유주의적 통치성을 확립하기 위해서 더욱 적합한 것은 이 때문입니다.

민주노총 건설과 트로츠키주의의 부상

1992년 대선을 전후한 이런 상황 속에서 마르크스주의의 위기가 전개되었던 특수한 양상을 설명할 수 있습니다. 적어도 1987-88년 이후 운동권의 양대 세력이라고 할 수 있었던 PD는 PD대로 NL은 NL대로 변신을 모색하게 되었지요. 특히 PD의 최대 정파였던 인민노련이 일련의 고백을 통해서 변신을 모색하기 시작했는데, 저는 그것을 주류화라고 부르고 싶습니다. 요컨대 운동권이 제도권으로의 진입을 시도했기 때문입니다.

주류화라는 표현은 본래 페미니즘에서 사용하는 것이지요. 제도권으로부터 배제되어 있던 여성운동이 제도권으로 진입하려는 시도를 가리켜서 페미니즘에서는 주류화라고 부릅니다. 페미니즘에 관심이 있는 분은 이미 아시겠지만, 주류화라는 전략을 공식적으로 채택한 것이 1995년 북경에서 열린 세계여성대회였습니다. 저는 북경대회가 세계여성운동의 결집과 동시에 위기를 공식적으로 보여준 그런 대회라고 생각합니다.

하여튼 본래 페미니즘에서 사용하는 주류화라는 표현을 일반화해서 사용할 수도 있다는 것이고, 그 의미는 운동권이 제도권으로 진입하는 현상을 가리킨다는 것입니다. 또는 이렇게도 말할 수 있을 것입니다. 운동권이란 노동자운동과 결합했던 활동가라는 지식인 또는 연구자라는 지식인인데, 바로 그런 지식인이 지배엘리트로 변신한다는 말입니다.

지나가는 말이지만, 이회창 씨나 노무현 씨나 모두 지배엘리트입니다. 이회창 씨와 달리 노무현 씨는 가난한 집에서 태어나 상업고등학교를 나왔을 따름입니다. 그런데 1950-70년대 상고는 요즘 상고와는 전혀 달랐습니다. 가난한 수재들이 다녔던 상고는 웬만한 인문계 고등학교와는 비교가 안 되었거든요. 상고를 나온 노무현 씨가 사법고시에 붙을 수 있었던 이유가 있다는 말입니다. 예를 들어 서울상대 출신의 통혁당 활동가였던 신영복 선생은 노무현 씨의 부산상고 선배입니다.

그런데 1980년대라고 해서 모든 지식인들이 노동자운동과 결합했던 것은 아닙니다. 그들의 입장을 가리켜서 보통 CD(시민민주)라고 불렀습니다. 그러나 김세균 교수처럼 시민 개념을 그렇게 국한 시키는 것은 아주 큰 잘못입니다. 그래서 『현실과 과학』이나 서사연에서는 그들의 입장을 GD(일반민주)라고 부르기도 했지요. 그런 CD나 GD를 대표하던 지식인들로는 최장집 교수나 백낙청 교수를 들 수 있을 것입니다.

문민화가 진행되는 상황에서 CD나 GD가 화려하게 부활합니다. 1980년대에는 PD나 NL에 의해서 압도되었던 세력이 경실련이나 참여연대 같은 이른바 시민운동단체를 조직했던 것입니다. 그러나 시민운동단체도 시민이라는 개념을 크게 왜곡하는 것이기 때문에 비정부기구(NGO)라고 부르는 것이 좀 더 정확합니다. 시민운동단체 또는 비정부기구는 신자유주의적 통치성을 확립하는 데서 문민정부를 지원하고 보좌하는 기능을 하지요.

그러나 마르크스주의의 위기를 상징하는 가장 중요한 사건은 뭐니 뭐니 해도 1995년에 전국노동조합협의회(전노협)를 해체하고 민주노총을 건설한 것입니다. 그것은 인민노련 같은 운동권의 주류화와는 비교도 안 되는 노동자운동 자체의 주류화라고 할 수 있지요. 저는 전노협의 해체와 민주노총의 건설이라는 사건이야말로 남한 마르크스주의의 역사에서 앞으로 해명해야 할 가장 중요한 연구과제라고 생각합니다.

이미 설명한 것처럼 1980년대 노동자운동에서 가장 결정적인 두 가지 사건은 1985년 구로 동파와 1987년 노동자대투쟁이었습니다. 그리고 구로 동파와 노동자대투쟁을 직접적으로 계승한 것이 바로 1990년에 건설된 전노협이었지요. 그런데 전노협은 노조 연합체이면서도 상당 부분 사회운동적인 성격을 갖고 있었습니다. 그렇기 때문에 전노협이 1970-80년대 민주노조운동을 계승했다고 할 수 있다는 것이지요.

전노협의 건설이 상징하는 남한의 노동자운동이 세계노동자운동의 주목을 받았던 것은 바로 이런 이유 때문이었습니다. 서구 노동자운동의 위기에 대한 대안을 모색했던 마르크스주의자들이 남아

프리카공화국과 브라질을 비롯해서 남한의 노동자운동을 모델로 제시했는데, 이것이 바로 사회운동적 노조주의였습니다. 사회운동적 노조주의란 노동자운동을 쇄신하는 길은 노조가 실리주의적인 또는 코퍼러티즘적인 성격을 탈각하고 사회운동적인 성격을 회복하는 데 있다는 뜻이지요.

그러나 놀랍게도 남한에서는 전노협을 해체하고 민주노총을 건설해버렸습니다. 민주노총은 위기에 빠져버린 서구 노동자운동의 특징인 산업별노조를 건설하려는 것입니다. 참으로 역사의 아이러니가 아닐 수 없습니다. 물론 브라질도 그렇고 남아공도 그렇고 사회운동적 노조주의가 발전하는 과정에서 여러 가지 곤란이 제기되는 것은 부정할 수 없는데, 그러나 남한처럼 코퍼러티즘적인 또는 심지어 실리주의적인 산업별노조를 지향하는 것은 아닙니다.

산업별노조를 지향하는 민주노총은 노동자운동의 핵심적인 주체를 대공장노동자로 설정합니다. 대공장노동자가 노동귀족인가 아닌가라는 문제는 일단 괄호 안에 넣어 두기로 합시다. 그러나 대공장노동자를 중심으로 하는 민주노총이 코퍼러티즘이나 실리주의에 빠질 수밖에 없는 것은 당연하다고 할 수 있겠습니다. 민주노총의 전투적 코퍼러티즘 또는 실리주의에서 혁명정세의 도래를 예상했던 일부 지식인은 정말이지 근시안적이었다고 할 수밖에 없습니다.

그러나 인민노련 같은 운동권이나 민주노총의 주류화에 대해서 비판이 없었던 것은 아닙니다. 그런데 그런 비판이 알리바이라는 아주 특수한 양상으로 제기되었던 것이지요. 아마 일제 강점기까지 포함해서 마르크스주의의 역사 100년 동안에 트로츠키주의가 이렇게 주목되었던 적은 없었을 것입니다. 물론 새로이 부상한 트로츠키주의 안에도 아주 다양한 분파가 있습니다. 『역사적 마르크스주의』에서도 지적했지만 트로츠키주의의 특징은 교조주의와 종파주의이기 때문입니다.

남한에서 주목할 만한 트로츠키주의 그룹은 두 개 정도입니다. 하나는 제4 인터내셔널과 친화성을 갖는 그룹인데, 잘 아시는 대로 노동자의힘이 바로 그것입니다. 『역사적 마르크스주의』에서 이렇게 말하니까 노동자의힘에는 트로츠키주의자만 있는 것은 아니라고 항의하던데, 뭐 굳이 그렇다고 한다면 스탈린주의자도 없지는 않겠지요. 어쨌든 마르크스주의의 위기에 대해서 알리바이를 제시하거나 아니면 부정 또는 침묵하는 그런 그룹이 노동자의힘이라는 데는 변함이 없습니다.

또 하나의 트로츠키주의 그룹은 노동자의힘보다 훨씬 일관적이라고 할 수 있는데, 잘 아시다시피 국제사회주의 또는 다함께가 그것입니다. 남한에서 트로츠키주의의 부상이 주목할 만한 사건이라고 할 때 저는 노동자의힘보다는 다함께를 염두에 두고 있습니다. 이것도 『역사적 마르크스주의』에서 자세하게 설명한 것이지만, 국제사회주의는 영국의 토착 트로츠키주의입니다. 그러다가 소련이 붕괴한 다음 세력을 확장해나가기 시작하는데, 그리스와 남한이 대표적인 경우입니다. 당연한 일이지만 노동자의힘보다 다함께의 알리바이가 훨씬 확실하겠지요.

그래서 1990년대 초반에 마르크스주의의 위기에 대해서 진지하게 토론할 수도 있었고, 대량의 주류화를 저지할 수도 있었지만, 그러나 트로츠키주의의 부상이라는 예상치 못한 장애 때문에 그렇지 못했다는 것이 제 생각입니다. 주류화에 찬성하지 않았던 상당히 많은 사람들이 노동자의힘이나 다함께로 포섭되어버렸던 것이지요. 말하자면 마르크스주의의 위기를 인정할 필요도 없고 마르크스주의에 대해서 자기비판할 필요도 없는 그런 손쉬운 방법이 문제의 해결을 지연시켰다는 말이에요.

1997년 대선과 김대중 정부

1990년대를 특징짓는 두 번째 상황도 역시 1997년 대선이라는 부르주아 정치일정이었습니다. 호남이나 광주 출신으로서는 김대중 씨가 4수만에 집권에 성공한 실로 감동적인 순간이었지요. 그런 감동을 완전히 무시하자는 것은 아닙니다. 현실정치에서는 감정도 아주 중요한 요인이기 때문입니다. 그런데 감정이 이성을 완전히 압도해버린다면 정말 곤란하겠지요.

저는 김대중 씨가 집권에 성공했던 상황을 객관적으로 인식해야 한다고 생각합니다. 김영삼 정부와 김대중 정부는 모두 보수세력과의 연정이라는 공통점이 있었지만, 한 가지 중요한 차이점도 있었습니다. 김대중 정부가 강조했던 수평적 정권교체는 사실 별로 중요한 차이점이 아닙니다. 오히려 경제상황의 차이점에 주목해야 합니다. 김영삼 씨가 집권한 것은 3저 호황의 끝물이기는 했지만, 대부분 남한경제가 위기에 진입하고 있음을 인식하지 못했던 상황이었지요. 그러나 김대중 씨가 집권한 것은 남한경제의 위기가 이미 폭발해버린 상황이었습니다.

1979년의 위기와 1997년의 위기를 비교해보면, 이윤율이 급락하는 경제위기라는 것은 마찬가지입니다. 그러나 1979년의 위기는 외채위기를 동반했지만, 1997년의 위기는 외환위기를 동반했지요. 외채위기와 외환위기는 비슷비슷한 것이지만, 경제학적으로는 좀 더 엄밀하게 구별해야 하는 것입니다. 세 번째 강의에서 자세하게 설명하겠지만, 1970-80년대 금융세계화 초기 단계에서는 외채위기가 문제라면, 1990년대 이후 금융세계화가 본격적으로 전개되면서 외환위기가 문제가 되지요.

경제위기와 외환위기에 대해서 간단하게 설명해보겠습니다. 우선 1995년을 전후로 달러가치의 상승이 나타났습니다. 그 때가 바로 미국의 신경제나 정보·통신기술이 주목받기 시작한 시기였지요. 그런데 신군부의 구조조정 이후 수익성을 확보하기 시작한 재벌체제가 반도체 호황을 계기로 더욱 강화되었던 것도 바로 이 시기였습니다. 그런 상황에서 1996년 김영삼 정부는 선진국 클럽이라고 불리는 경제개발협력기구(OECD)에 가입했습니다. 선진국으로의 이행이라는 중진국론의 예상이 실현되는 것처럼 보이던 시기였지요.

그러나 신군부의 구조조정 이후 상승하던 남한경제의 이윤율은 3저 호황 이후 다시 하락하기 시작해서 1990년에 이미 1979-80년 수준에 이르렀습니다. 당시 중진국론자들은 경제위기란 이데올로기에 불과하다고 강변했지요. 그러나 1995년을 전후로 한 반도체 호황 이후 이윤율은 더욱 하락했습니다. 게다가 경제개발협력기구 가입을 위해서 김영삼 정부는 남한경제를 금융세계화로 편입시켰지요. 결국 1997년 경제위기·외환위기의 원인은 재벌체제와 금융세계화였다고 할 수 있다는 말입니다. 그리고 1997년 위기로 인해 중진국론은 완전히 파산하고 말았습니다.

남한경제의 위기가 폭발한 상황에서 김대중 씨가 드디어 집권에 성공했습니다. 게다가 김영삼 정부 말기는 김현철 씨의 부정·비리로 인해 이미 레임덕 상황이었지요. 그래서 당선자 시절부터 김대중 씨는 이미 실질적인 대통령이었다고 할 수 있습니다. 그는 위기를 극복한다는 명분 하에 일종의 비상대권을 행사했습니다. 달리 말하자면 1979년 위기 직후처럼 계엄상태는 아니었지만, 1997년 위기 직후도 실은 비상상태였다는 것이지요. 김영삼 대통령이 경제개발협력기구 가입을 통해서 실행하려고 했던 신자유주의적 정책개혁에 김대중 대통령이 성공했던 것은 그런 비상대권 때문입니다.

그래서 김대중 정부의 성격에 대해서 오해하면 안 된다는 것이에요. 신자유주의적 정책개혁이라는 측면에서 본다면 김대중 정부는 김영삼 정부와 본질적으로 동일했습니다. 다만 김영삼 정부는 실패했고 김대중 정부는 성공했을 따름이지요. 그리고 당연히 그것이 자랑거리가 될 수는 없습니다. 호남이나 광주에서 어떻게 생각하든 두 정부 사이에는 본질적인 차이가 없었다는 말입니다.

좀 더 심하게 말하자면 김대중 정부와 신군부 사이에 도대체 무슨 본질적인 차이가 있는지 저로서는 잘 모르겠습니다. 그래서 아까 설명했던 것처럼 신군부의 성격을 제대로 인식해야 한다는 것이지요. 호남이나 광주에서 어떻게 생각하든 김대중 정부는 김영삼 정부와 마찬가지로 신군부를 계승한 것입니다. 김대중 씨의 집권은 광주항쟁과 아무런 관련이 없습니다. 윤상원 선배를 비롯한 수많은 열사들이 김대중 씨를 대통령으로 만들기 위해서 도청에서 산화했던 것은 결코 아니기 때문이지요.

바로 이런 한계 때문에 김대중 정부가 포퓰리즘에 의존했던 것입니다. 포퓰리즘을 보통 인민주의라고 번역하는데, 인민주의에 의해서 인민이라는 개념이 왜곡된다는 뜻이지요. 저널리즘에서 사용하는 인기영합주의라는 번역어는 별로 근거가 없는 것입니다. 어쨌든 그런 점에서 김영삼 정부와 김대중 정부의 차이점을 지적할 수 있겠지요. 김영삼 정부가 자유주의에 가까웠다면 김대중 정부는 인민주의에 가까웠습니다. 물론 인민주의는 노무현 정부에서 본격화된다고 할 수 있습니다.

조금 전에 문민화가 신자유주의적 통치성이라고 했지요. 문민화에 인민주의까지 가미하면 신자유주의적 통치성은 더욱 효과적이겠지요. 김영삼 정부가 실패한 신자유주의적 정책개혁에 김대중 정부가 성공한 데는 그런 이유도 있었던 것입니다. 김대중 정부의 선례가 바로 1990년대 아르헨티나의 메넴 정부였습니다. 그런데 10년 만에 아르헨티나경제가 파산하면서 2001년에 아르헨티나소라고 불리는 민중봉기가 발생했지요. 김대중 정부와 노무현 정부 10년을 거치면서 남한경제도 아르헨티나경제와 비슷하게 되겠지요.

김대중 정부가 자행한 인민주의적 기만으로는 두 가지를 들 수 있겠습니다. 한 가지는 이른바 '국제통화기금(IMF) 조기졸업'이라는 것이었지요. 조기졸업의 가장 중요한 메커니즘은 주식투기, 특히 코스닥투기였습니다. 모르긴 몰라도 김대중 정부의 수많은 부정·비리는 그것과 무관하지 않을 것입니다. 주식투기만큼은 아니겠지만, 신용카드 남발도 조기졸업에 기여했겠지요. 그리고 2000년에 주식시장이 붕괴하자 아파트분양가 자율화를 통해서 부동산투기가 조장되었던 것입니다.

2000년 『한겨레신문』에 가리사니라는 칼럼을 쓰면서 저는 남한경제가 장기불황으로 진입할 가능성이 크다고 주장했었지요. 그랬더니,『한겨레신문』독자들도 참 독특하더라고요, 이메일로 막 욕지거리를 해대더군요. 그러나 제 예상이 맞았습니다. 노무현 정부 이후에는 남한경제의 장기불황을 누구도 부정하지 않습니다. 노무현 정부는 김대중 정부의 실정의 덤터기를 쓴 셈이지요.

그 다음에 또 하나가 2000년 남북정상회담이었습니다. 아까 7·4 남북공동성명을 계기로 해서 남한에서 토착적인 마르크스주의가 쇠퇴하면서 친북한적인 마르크스주의가 출현했다고 했지요. 공동성명의 효과는 그것에 그치는 것이 아니었습니다. 우선 남한에서 유신독재가 성립했습니다. 1971년 3선 개헌을 강행한 박정희가 1972년 공동성명 직후에 이른바 10월 유신을 선언했던 것입니다. 북한에서도 이른바 주체사상이 등장하면서 부자간 권력승계가 공식화되었지요. 즉 공동성명은 남한은 남한대로 북한은 북한대로 정권을 영속화하기 위한 수단이었다는 말입니다.

정상회담이라는 것도 똑같습니다. 김정일 정부가 위기에 처한 북한경제를 유지하기 위해서 정상회담과 남북교류를 필요로 했다는 것은 두말 할 나위도 없습니다. 또 김대중 정부의 업적으로 내세울 것도 정상회담과 남북교류밖에는 없습니다. 노무현 정부가 출범한 직후부터 남한경제가 장기불황에 진입했다는 것이 분명해지자 국제통화기금 조기졸업이란 인민주의적 기만에 불과했음이 그대로 폭로되었지요. 이제 김대중 정부가 자신의 업적으로 끝까지 물고 늘어질 수밖에 없는 것은 정상회담과 남북교류뿐입니다.

그러나 정상회담을 성사시킨 햇볕정책은 김대중 정부가 수립한 것이 결코 아닙니다. 햇볕정책의 원본인 포용정책은 1995년에 미국 국방부가 제시한 동아시아정책, 특히 중국정책이었기 때문입니다. 그리고 정확하게 번역하자면 포용정책이 아니라 접촉정책이나 교류정책이라고 하는 것이 옳습니다. 1997년 대선 직전에 미국 외교관계협의회가 포용정책을 한반도에 응용한 것이 말하자면 햇볕정책이었지요. 노무현 정부가 햇볕정책에서 후퇴한 것은 클린턴 정부가 부시 정부로 교체되면서 포용정책이 수정되었기 때문입니다.

요컨대 국제통화기금 조기졸업은 물론이고 햇볕정책조차도 인민주의적 기만에 불과했다는 것입니다. 김영삼 정부도 그렇고 신군부나 박정희 정부도 물론 그렇고 억압은 몰라도 기만은 없었습니다. 저는 이것이 아주 심각한 문제라고 생각하는데, 인민주의적 기만으로 인해서 정치는 실종되고 반(反)정치가 출현할 위험이 있기 때문입니다. 이 문제에 대해서는 인민주의적 기만이 본격화되는 노무현 정부와 관련해서 좀 더 자세하게 설명하겠습니다.

제가 김대중 정부를 너무 폄하한다고 생각하실지도 모르겠지만, 저도 나름대로 개인적인 이유가 있습니다. 아까도 말씀 드렸듯이 저는 모든 선거에 불참하는 것을 원칙으로 하고 있지만, 사실 1987년에 꼭 한번 투표한 적이 있거든요. 민중후보였던 백기완 선생이 독단적으로 후단을 추진하다가 실패한 다음 또다시 독단적으로 민중후보 사퇴를 선언하자 그를 지지했던 많은 사람들이 김대중 씨에게 투표하거나 아니면 기권했지요. 제가 알기로는 박현채 선생도 김대중 씨를 비판적으로 지지하셨지요. 저로서는 김대중 씨의 변신을 용서할 수 없는데, 아마 박 선생도 마찬가지셨겠지요.

민주노동당 창당과 네그리주의의 대두

1997년을 전후한 상황에 대해서 설명한 셈인데, 그런 상황에서 마르크스주의의 위기는 어떻게 전개되었고 그것에 대한 대응은 무엇이었는지를 설명해보도록 하지요. 1997년 위기와 대선부터 민주노총의 위기가 시작되었는데, 그 계기는 민주노총이 이른바 노·사·정 협상을 수용했다는 것입니다. 사실 그것은 민주노총의 코퍼러티즘적 또는 실리주의적 본질에서 볼 때 당연한 것이었지요. 그러나 1970년대 이후 남한 노동자운동의 전통에서 볼 때는 중대한 배신행위이기도 했지요. 민주노총이 전노협을 제대로 계승한 것인가에 대한 의문이 공공연히 제기되기 시작했던 것은 이 때문입니다.

그런데 이미 설명했듯이 마르크스주의의 위기에 대해서 주류화라는 방식으로 대응하는 것이 기본노선으로 전제되어 있었기 때문에 민주노총의 위기를 돌파하는 방식은 주류화의 심화일 수밖에 없었지요. 그것을 상징하는 사건이 바로 2000년 민주노동당의 창당이었습니다. 『역사적 마르크스주의』에서 민주노총이나 민주노동당을 직접 거론하지는 않았어도 쉽게 짐작할 수 있는 그런 대목인데, 결국 민주노총의 건설이나 민주노동당의 창당은 남한 노동자운동이 영국이나 독일의 노동자운동을 모방한다는 것을 의미합니다.

민주노동당 창당에 이르는 일련의 과정에서는 인민노련이 한 역할이 결정적이었다고 할 수 있습니다. 남한에서 마르크스주의의 위기가 시작된 1992년을 전후로 해서 민중후보 전술을 민중정당 또는 진보정당 건설로 전환하자는 논의가 시작되었는데, 그 중심에 있던 것이 인민노련이었기 때문입니다. 그리고 이미 지적했듯이 인민노련이 일련의 고백을 통해서 변신을 시도한 것도 이런 전환 때문이었지요. 얼마 전에 문화방송(MBC)에서 인민노련에 대한 3부작 다큐멘터리를 방영하던데, 나중에라도 인터넷으로 찾아보세요.

1992년에 박현채 선생이 PD와 NL의 분열을 비판하신 적이 있었습니다. 『역사적 마르크스주의』에서도 지적한 것처럼, 저도 박 선생처럼 PD와 NL의 대립을 지양하자는 뜻에서 NLPD가 옳다고 주장했었지요. 게다가 박 선생이 PD와 NL의 분열을 비판하신 것은 PD가 독자적으로 진보정당 건설을 시도하는 맥락과 관련되어 있었습니다. 박 선생과는 조금 다른 맥락에서 저도 민중후보 전술을 진보정당 건설로 전환하는 데 반대했었지요.

아까 PD나 NL이 주류화 전략을 채택한 데 대해서 예상치 못했던 트로츠키주의적인 비판이 제기되었다고 했는데, 이번 상황에서도 역시 예상치 못했던 또 다른 비판이 등장했지요. 바로 네그리주의의 대두입니다. 네그리주의는 비마르크스주의적인 신좌파라고 할 수 있는데, 아까 지적한 대로 급진주의 또는 좀 더 정확하게 말하자면 아나키즘이라고 할 수 있겠습니다. 네그리주의의 역사에 대해서는 『역사적 마르크스주의』에서 자세하게 설명하고 있으니까 나중에라도 읽어보세요.

그런데 트로츠키주의와 비교해 볼 때 네그리주의는 더욱 특수한 현상이었습니다. 굳이 말하자면 고백과 알리바이의 결합이었다고나 할까요. 네그리주의자들은 1990년대 초반까지 대체로 골수 스탈린주의자들이었습니다. 어떤 사람은 골수 스탈린주의자였다가 국제사회주의를 거쳐 네그리주의로 전향했지요. 또 어떤 사람은 골수 스탈린주의자였다가 포스트모더니즘을 거쳐 네그리주의로 전향했습니다. 따라서 네그리주의의 대두가 남한 마르크스주의의 위기의 가장 특수한 양상이었다고 할 수 있겠습니다.

2002년 대선과 노무현 정부

이제 마지막 세 번째 상황으로 1990년대를 마무리짓는 2002년 대선에 대해서 설명해보겠습니다. 사실 김영삼 씨나 김대중 씨는 한번쯤 대통령을 할 자격이 있다고 할 수도 있겠지요. 40대부터 그렇게 하고 싶어했고, 또 솔직히 박정희 씨나 전두환 씨보다 못할 것이 뭐가 있겠습니까. 더더군다나 노태우 씨도 할 수 있는 것이 남한의 대통령인데 말입니다. 사실 이런 것이 김영삼 씨나 김대중 씨에 대해서 일반 시민들이 가졌던 정서라고 할 수 있습니다.

그런데 2002년 대선에서는 정말이지 뜻밖의 인물이 대통령으로 당선되었던 것이지요. 저는 이회창 씨가 당선되어서 김대중 정부의 실정을 몽땅 뒤집어쓰거나, 노골적인 정책개혁을 시도해서 일반 시민들이 신자유주의가 뭔지 깨닫게 해줄 것이라고 생각했습니다. 노무현 씨가 당선될 것이라고는 진짜 꿈에도 생각하지 못했지요. 그럴 줄 알았으면 진작 잘 보여둘 걸⋯. 물론 농담입니다.

제가 노무현 씨를 직접 만난 것은 1988년인가 1989년이었는데, 민주사회를위한변호사모임(민변)에서 한국사회성격 논쟁에 대한 강의를 부탁했었거든요. 그 때는 1987년 노동자대투쟁 이후 울산·마창의 대공장에서 노동자운동이 본격적으로 태동하던 상황이었습니다. 민변도 나름대로 노동자운동에 기여했다고 할 수 있는데, 노무현 씨가 대표적인 경우였지요. 그런데 워낙 나서길 좋아하는 그가 제게 질문 겸 반론을 제기했는데, 물론 헛소리였습니다. 제가 그에게서 받은 첫인상은 콤플렉스가 너무 강하다는 것이었지요.

그랬는데 그런 노무현 씨가 집권에 성공하면서 정치의 파행은 한 단계 더욱 심화되고 있다고 할 수 있습니다. 사실 노무현 정부가 비틀거리는 데는 김대중 정부의 실정을 뒤치다꺼리한다는 요인이 크다고 할 수 있습니다. 그러나 노무현 대통령 개인의 기질이나 그를 추종하는 이른바 386세대의 기질 때문에 인민주의적 정치가 본격적으로 전개되기도 하는 것이지요.

방금 지적했듯이 노무현 씨는 한 마디로 독불장군입니다. 그래서 김영삼 씨나 김대중 씨처럼 보수세력과의 연정을 수용할 수 없습니다. 자신을 대통령으로 당선시켜준 민주당을 깨고 나올 정도라면 더 할 말이 없겠지요. 뭐 여러 가지 해석이 가능할 것인데, 저는 자신의 진보성을 부각시키기 위한 전략이라고 생각해요. 그런 데다가 장기불황의 시작이나 북·미관계의 악화 속에서 인민주의적 정치가 한 단계 더욱 심화됩니다.

인민주의에 대해서는 지난 반 년 동안 과천연구실에서 작업을 해서 곧 책으로 나올 예정인데, 여기서 간단하게 설명해보겠습니다 [『인민주의 비판』, 공감, 2005]. 신자유주의 시대가 되면 남한뿐만 아니라 또한 세계적으로도 정치 자체가 위기에 빠지게 됩니다. 특히 정치가 이미지화되는데, 가장 중요한 수단이 바로 텔레비전이나 인터넷 같은 미디어입니다. 즉 정치의 이미지화 또는 미디어화라는 것이지요. 예를 들면 클린턴이나 블레어의 정치가 모두 그렇습니다. 그러나 그들을 인민주의자라고 하지는 않지요.

인민주의적 정치에는 추가적인 요소가 있습니다. 미디어를 통한 이미지화가 형식이라고 한다면, 그 내용으로 감정을 동원한다는 것이지요. 텔레비전에 나와서 기타를 치면서 「상록수」를 부르고 또 눈물도 보일 수 있는 사람은 노무현 씨밖에 없습니다. 이회창 씨는 죽어도 그렇게 할 수 없을 것입니다. 따라서 인민주의적 정치는 감정의 정치이기도 합니다. 게다가 그런 감정은 적과 친구를 구별하는 한풀이의 감정이지요. 따라서 감정의 정치는 곧 니체가 말하는 원한의 정치이기도 한 것입니다.

그런데 하늘 아래 새로운 것은 별로 없습니다. 김대중 정부가 아르헨티나의 메넴 정부와 비슷한 것처럼 노무현 정부는 이탈리아의 베를루스코니 정부와 거의 동일합니다. 예를 들면 정당보다는 팬클럽에 의존하고, 그것을 조직하는 방법도 인터넷에 의존하는 것이 그렇습니다. 조금 전에 인용한 과천연구실의 작업은 메넴과 베를루스코니의 인민주의적 정치를 통해서 김대중 정부와 노무현 정부의 성격을 우회적으로나마 해명해보려는 시도라고 할 수 있지요. 곧 책이 나올 테니까 한번 읽어보세요.

어떻게 보면 노무현 정부는 별로 한 일이 없습니다. 탄핵받은 것과 수도이전을 시도한 것 말고 뭐 내세울 만한 것이 없습니다. 그런데 탄핵도 그렇고 수도이전도 그렇고 원한의 정치일 따름입니다. 그런 쟁점이 제기되면 어떤 이성적 토론도 불가능해지고 다만 감정의 대립만이 난무할 따름이기 때문이지요. 게다가 두 사안 모두 헌법재판소가 최종적인 판단을 내렸다는 것도 의미심장한 일입니다. 이미 김대중 정부부터 국회가 들러리로 전락하기는 했지만, 헌법재판소가 이렇게 부각된 것은 노무현 정부부터라고 할 수 있지요.

4대 개혁입법도 마찬가지라는 생각이 들어요. 예를 들어 반공법을 형법으로 대체한다는 것이 민변 말고 누구에게 그리 중요한 쟁점이겠습니까. 1980년대에 줄곧 제기되었던 것은 반공법을 폐지하라는 주장이었습니다. 과거사법 제정도 마찬가지인데, 이미 사망했거나 소수자일 따름인 친일파를 척결한다는 것이 무슨 의미가 있는지 잘 모르겠습니다. 1980년대에 줄곧 제기되었던 것은 반미였지 반일이 아니었습니다. 그밖에 언론개혁법 제정이나 사립학교법 개정은 그야말로 정권재창출이라는 정치적인 목적이 있는 것이지요.

요즘 노무현 정부가 연정에 대한 구상을 제기하고 있지요. 이미 지적한 것처럼 보수세력과의 연정을 거부한 것이 노무현 정부의 특징인데, 그것에 대한 자기비판일까요. 그렇다면 민주당과의 재합당이 시도될지도 모르겠군요. 그러나 탄핵국면을 조장한 것이 여소야대를 역전시키기 위한 일종의 고육책이었음을 상기한다면, 연정 구상도 역시 개헌을 목표로 하는 또 다른 고육책일지도 모르겠다는 생각이 드는군요.

민주노총과 민주노동당의 한계

그런 상황에서 민주노총은 계속 표류하고 있습니다. 노·사·정 합의 이후 위기가 지속되면서 이른바 국민파와 중앙파·현장파의 이합집산 속에서 지도부가 교체되고 있을 따름이지요. 민주노총의 아킬레스건은 역시 비정규직 문제입니다. 대공장노동자를 중심으로 건설된 민주노총이 이 문제를 쉽게 해결할 수는 없겠지요. 정규직과 비정규직의 분할과 경쟁은 노무현 정부가 민주노총을 공격할 수 있는 호재가 되기도 합니다. 게다가 이른바 기획수사로 인해 민주노총 간부의 부정·비리도 간간이 폭로되고 있지요.

그러다 보니 민주노동당의 사정도 쉽지만은 않습니다. 물론 2004년 총선에서 10명의 의원을 배출하면서 기염을 토하기도 했지요. 인민노련에서 제가 가장 신뢰했던 활동가는 사실 주대환 씨보다는 노회찬 씨였습니다. 그래서 물론 투표는 안 했지만, 노회찬 씨가 당선되었으면 좋겠다는 생각에서 밤을 지새우며 개표를 지켜보기도 했지요. 결국 새벽에 노회찬 씨가 당선된 것을 보고 잤는데, 참 잘됐다고 생각했어요.

그런데 제가 사람을 잘못 본 것 같아요. 옛날에도 노회찬 씨가 운동권을 비하하는 발언을 많이 하기는 했지만, 요즘에는 민주노동당이 아직 '운동권 동창회'에서 벗어나지 못했다고 비판하던데, 제가 볼 때 이것은 아주 의미심장하다고 할 수 있습니다. 민주노동당이 노동자운동과의 관련을 청산하고 국민정당으로 변신하지 못했다는 비판으로 해석할 수 있기 때문입니다. 어쩌면 노회찬 씨가 남한의 블레어가 될지도 모르겠다는 생각이 듭니다.

민주노동당은 2012년에 집권하겠다고 공언하고 있는데, 블레어의 새 노동당처럼 노동자운동과의 단절에 성공한다면 그럴 수도 있을 것입니다. 세 번째 강의에서 자세하게 설명하겠지만, 저는 2012년이나 2013년에 미국경제와 세계경제의 붕괴가 시작될 것이라고 생각하고 있지요. 그리고 물론 이미 장기불황에 빠져 있는 남한경제도 그 때쯤 붕괴되기 시작하겠지요. 그런 상황에서 어쩌면 민주노동당 정부가 불가피할지도 모르겠습니다.

남한 페미니즘의 주류화

1990년대에 대한 설명을 마무리하면서 페미니즘에 대해서도 한두 마디만 하겠습니다. 이미 지적한 것처럼, 1995년 북경대회 이후 페미니즘의 주류화가 세계적인 추세가 되면서 남한의 페미니즘도 주류화되었지요. 김대중 정부가 여성특별위원회를 거쳐 여성부를 신설하면서 페미니즘이 제도권으로 편입되었는데, 특히 노무현 정부에 와서는 페미니스트들이 대거 지배엘리트로 진입하고 있습니다. 그래서 박근혜 씨에게 맞설 수 있는 엘리트 여성이 차기 대권 주자가 될지도 모르지요.

저는 남한 페미니즘의 주류화에는 페미니즘 자체에 대한 오해도 크게 작용했다고 생각합니다. 예를 들자면, 페미니스트임을 드러내기 위해서 성을 두 개 쓰는 것은 아주 멍청한 짓입니다. 앞에 있는 성은 아버지 성이고 뒤에 있는 성은 어머니 성이라고 하지만, 사실 어머니 성은 외할아버지 성이거든요. 결국 친할아버지 성을 앞에

쓰고 외할아버지 성을 뒤에 쓴다는 말이에요. 그러나 19세기 유토피아 페미니즘 이래 페미니즘에서는 성을 안 쓰는 것이 전통입니다. 모든 성은 다 부계의 성이기 때문이지요.

또 한 가지 예는 페미니즘을 여성주의로 번역하는 것입니다. 여성주의라는 표현이 요즘 유행이더군요. 그러나 페미니즘은 여성주의가 아닙니다. 마치 마르크스주의가 노동자주의가 아닌 것과 마찬가지이지요. 마르크스주의는 노동자적인 관점에서 출발해서 사회 전체의 문제를 해결하려는 사상이지 노동자만의 문제를 해결하기 위한 사상이 아닙니다. 페미니즘도 여성만의 문제를 해결하는 것은 아니고, 남성과 여성 전체의 문제를 해결하려는 사상이지요. 다만 그렇게 하기 위해서는 여성적인 관점에 입각해야 하는 것입니다.

어쨌든 이런 단순한 예에서도 그대로 드러나는 페미니즘에 대한 잘못된 인식 때문에 주류화가 시도된다는 것이 제 생각입니다. 그리고 주류화의 효과가 진짜 엉뚱하게 나타난다고 할 수 있지요. 페미니즘의 숙원 사업의 하나가 호주제 폐지였습니다. 저도 물론 호주제는 폐지되어야 한다고 생각합니다. 그런데 노무현 정부에 들어와서 호주제를 폐지한 것까지는 좋은데, 동시에 가족을 강화하려는 시도가 나타난다는 것이 문제입니다.

그러나 페미니즘의 본질은 가족을 약화시키는 데 있습니다. 가족을 강화하면서 여성이 해방될 수는 없기 때문이에요. 여성부가 가족을 강화하기 위한 몇 가지 정책을 제시하는데, 가장 논란이 되는 것이 고령화·저출산에 대비하는 정책이지요. 그러면서 지난 6월에는 여성부의 이름도 아예 여성·가족부로 바꾸지요. 그것도 아주 어처구니없는 이름입니다. 어떻게 여성·가족부입니까, 여성·반(反)가족부라면 몰라도….

또 조금 민감한 주제이지만, 성매매방지법이라는 시대착오적인 법을 비판하지 않을 수 없습니다.『역사적 마르크스주의』에서 자세하게 설명했지만, 성매매여성은 그런 법을 지지하지 않습니다. 서구에서는 1980년대 이후 성매매여성 스스로 성노동자라는 개념을 사용해왔고, 또 1990년대 이후 일부 페미니스트도 그 개념을 수용해왔습니다. 성노동자라는 개념은 성매매여성이 자신을 노동자로 인식하면서 그에 합당한 권리를 주장하기 위한 것이지요. 이것에 대해서 페미니스트가 왈가왈부하는 것은 말이 안 되는 짓입니다.

성매매방지법은 형법입니다. 그런 법으로 성매매라는 문제를 해결할 수 없다는 것은 20세기 역사가 증명하는 그대로입니다. 그래서 성매매여성 스스로 해결할 테니까 대신 그럴 수 있는 조건을 제공해달라고 주장하는 것이지요. 그 조건이라는 것은 성매매여성에게 고유한 권리가 아니라 모든 노동자에게 적용되는 노동권이나 계약권 같은 민법상의 권리일 따름이에요.

그러나 주류화된 페미니스트는 포주의 협박이나 기만 때문에 성매매여성이 그런 주장을 한다고 매도하지요. 이것이야말로 페미니스트가 이미 지배엘리트가 되었다는 증거입니다. 말하자면 노동자 대중의 목소리를 더 이상 못 듣는 것이지요. 게다가 페미니스트의 목적이 가족의 약화가 아니라 강화로 변질되었다는 증거이기도 합니다. 『역사적 마르크스주의』에서 자세하게 설명했지만, 성매매와 가족은 동전의 앞뒷면일 따름입니다. 게다가 울스톤크라프트의 말처럼 성매매여성의 처지가 부인보다 '못할 것은 없고 오히려 더 정직하다'(no worse, more honest)고 할 수도 있겠지요.

요약과 정리

지금까지의 설명을 간단하게 요약하면서 정리해보겠습니다. 우선 마르크스주의의 위기가 공공연하게 선언되었던 것은 1970년대 말이라는 사실에 주목해야 합니다. 1977년에 서구 마르크스주의를 대표하던 알튀세르가 마침내 마르크스주의의 위기가 폭발했다고 선언한 것입니다. 더더군다나 그는 위기에 빠진 마르크스주의가 스탈린이나 레닌의 마르크스주의가 아니라 마르크스 자신의 마르크스주의라고 주장했지요. 이런 의미에서 마르크스주의의 위기가 이번 강의의 화두라고 할 수 있겠습니다.

그런데 1980년대까지 남한에서는 마르크스주의의 위기가 쟁점이 될 수 있었던 상황이 아니었습니다. 1980년대를 특징지었던 것은 마르크스주의의 위기가 아니라 마르크스주의의 부활이었다고 할 수 있기 때문이지요. 그러다가 1990년대부터 소련을 비롯한 현실사회주의의 붕괴를 계기로 해서 남한에서도 마르크스주의의 위기가 인식되기 시작했습니다. 그래서 불가피하게 10년 정도의 시차가 있을 수밖에 없었다는 말이지요.

게다가 남한에서는 마르크스주의의 위기에 대한 반응이 아주 특수한 양상으로 나타났습니다. 우선 알튀세르가 주목한 부정이나 침묵보다는 고백이나 알리바이라는 태도가 두드러졌지요. 게다가 부르주아 정치일정이 압도적인 규정력을 발휘하기도 했습니다. 그런 상황에서 마르크스주의의 위기에 대한 인식이 심화될 수 없었다는 것은 너무도 당연한 일입니다.

먼저 PD든 NL이든 운동권의 핵심 세력이 고백을 통해서 주류화를 시도했습니다. 즉 지배엘리트로의 변신을 모색했다는 말입니다. 민주노총이나 민주노동당의 문제는 그런 맥락에서 제대로 인식할 수 있을 것입니다. 제가 민주노총이나 민주노동당을 해체해야 한다고 주장하는 것은 물론 아닙니다. 다만 당면한 위기를 극복하기 위해서는 주류화를 포기해야 한다는 말입니다.

그 다음에 알리바이를 제시하는 경우도 있었는데, 트로츠키주의의 부상이 그것입니다. 저는 스탈린주의가 혼재되어 있는 노동자의 힘보다는 다함께가 훨씬 더 일관성 있는 트로츠키주의라고 생각합니다. 또 알리바이를 통해서 고백하는 참으로 기이한 경우도 있었습니다. 스탈린주의가 네그리주의로 변신한 것이 그것입니다. 마지막으로 페미니즘도 주류화를 시도하면서 가족의 약화가 아니라 강화를 자신의 목적으로 채택했다고 할 수 있겠습니다.

그러나 마르크스주의의 위기를 인식하려는 시도가 전혀 없었던 것은 아닙니다. 이것은 사실 제 자신의 시도였기 때문에 조금 민망스럽지만, 그래도 객관적인 사실이니까 어쩔 수 없습니다. 예를 들어 재일교포 윤건차 교수의 『현대한국의 사상흐름: 지식인과 그 사상, 1980-90년대』(당대, 2000)를 참조하세요. 1991년부터 이미 『현실과 과학』이나 서사연도 그런 시도를 했지만, 역시 체계적인 시도는 1992년에 창간한 『이론』이나 1994년에 출범한 과천연구실부터였지요. 이런 맥락에서 마르크스주의의 위기를 계기로 마르크스주의를 전화시키자 또는 일반화시키자라는 제안을 했던 것입니다.

그러나 1997-98년 경제위기·외환위기까지 제 제안에 동의하는 운동권은 전혀 없었습니다. 민주노총이나 민주노동당, 아니면 노동자의힘이나 다함께가 운동권을 장악했기 때문이지요. 그러나 그 후로는 제 제안이 점차 주목받기 시작했는데, 그래서 2003년에 사회진보연대에서 『역사적 마르크스주의』에 대한 강의를 했던 것이지요. 이번에 서울대 총학생회가 제게 강의를 부탁한 것도 같은 맥락이라는 생각이 듭니다. 1990년대 이후 고대에서는 『알튀세르를 위한 강의』나 『알튀세르의 현재성』 같은 강의를 몇 차례 한 적이 있었지만, 서울대에서는 이번이 처음이거든요.

『현실과 과학』, 서사연, 『이론』, 과천연구실

여러분은 어떠실지 몰라도 80학번대 후반이나 90학번대 초중반은 『현실과 과학』이나 서사연이 『이론』이나 과천연구실과 어떤 관계인지 궁금한 점이 많을 것입니다. 남한 마르크스주의의 역사에 대한 증언을 남긴다는 뜻에서 제가 알고 있는 몇 가지 사실을 처음으로 밝혀두겠습니다. 물론 다른 사람들의 기억이 저와 똑같지는 않을 것입니다. 이 점을 감안하면서 들어주시면 좋겠습니다.

이미 말씀드렸듯이 『현실과 과학』이 창간된 것은 1988년이었습니다. 사실 1987년부터 저와 박태호(이진경) 씨, 고훈석 씨, 서관모 교수가 비공개 세미나를 했었는데, 여기서 체계화된 신식국독자론과 PD론이 『현실과 과학』을 통해서 발표되었던 것이지요. 이 세미나는 제가 1986년에 발표한 「한국사회성격 해명에 있어서 올바른 이론적 입장의 확정을 위하여」라는 워킹페이퍼가 발단이 되어 박태호 씨의 제안으로 시작되었던 것입니다.

제 워킹페이퍼는 한신대학교 경상학부 한신경제과학연구소의 월례세미나를 위해서 썼던 것인데, 이 글이 제가 남한사회에서 마르크스주의 연구자로 알려지게 된 계기가 되었지요. 박현채 선생이 어떻게 이 글에 대해서 아시고 1985년 『창작과 비평』 논쟁의 후속편인 『창비 1987』의 좌담에 저를 추천하셨던 것입니다. 사실 그 때까지 저는 박 선생을 뵐 기회가 없었는데, 어느 날 직접 전화를 거셔서 "네가 나가야겠다"고 말씀하셨지요.

박태호 씨, 고훈석 씨, 서관모 교수는 모두 서울대 사회학과 김진균 교수의 상도연구실과 그것을 모태로 한 산업사회연구회(산사연)의 핵심 성원들이었습니다. 사실 저는 1986년부터 이병천, 김형기, 김기원, 정성진 교수와 함께 비공개 세미나를 해왔었지요. 이 세미나도 역시 제 워킹페이퍼가 발단이 되어 이병천 교수의 제안으로 시작되었습니다. 그리고 이 세미나가 모태가 되어 1987년부터 경제학과 변형윤 교수의 학현연구실에서 몇 개의 공개 세미나가 조직되었고 곧이어 한국사회경제학회(한사경)가 창립되었던 것이지요.

그러나 1988년부터 박현채 선생에 대한 평가나 신식국독자론 및 PD론을 둘러싸고 이병천 교수가 제게 이견을 제기하기 시작했는데, 그런 차이는 1988년 제1회 학단협 연합심포지엄에서 최초로 공개되었지요. 당시에는 잘 몰랐었는데, 나중에 알고 보니까 인민노련의 주동자였던 주대환 씨가 이병천 교수의 매제더군요. 결국 저와 이병천 교수의 논쟁은 『현실과 과학』과 인민노련 사이의 논쟁이었던 셈이지요.

그런 상황에서 박태호 씨가 제게 새로운 연구소를 제안했습니다. 그래서 1990년에 『현실과 과학』의 입장에 동의하는 경제학·사회학

·정치학·국사학 전공의 대학원생들과 함께 서사연이 창립되었던 것입니다. 김진균 교수를 소장으로 모시고 제가 서관모 교수와 함께 연구소의 운영을 전담하기로 했지요. 박태호 씨는 인민노련에 대항하는 노동계급에 참여하기로 했고, 고훈석 씨는 『현실과 과학』을 출판하던 새길을 계속 운영하기로 했습니다.

그러나 서사연이 창립된 직후부터 이미 현실사회주의가 붕괴하기 시작했지요. 1991년에 나온 『현실과 과학』 10호에 알튀세르를 추모하는 특집이 실렸었는데, 특히 마르크스주의 위기론을 둘러싸고 서사연의 사회·정치팀에서 문제제기가 있었습니다. 그래서 그해 여름부터 알튀세르와 발리바르의 마르크스주의 위기론을 주제로 서사연 전체 세미나가 진행되었고, 이 세미나의 성과를 연말에 학단협 연합심포지엄에서 발표하기로 약정했었지요.

그러나 알튀세르·발리바르 세미나를 진행하던 중에 서사연이 치안본부 남영동 대공분실과 국군기무사의 침탈을 받게 되었습니다. 부끄러운 일이지만, 서사연 안에 프락치가 있었던 것을 아무도 눈치 채지 못했었지요. 그러나 서사연 사건 중에도 마르크스주의 위기 세미나는 계속 진행되었고, 그 성과는 1992년 『이론』 창간호와 학단협 전문심포지엄에서 발표되었습니다. 당시의 발제와 토론은 『역사적 마르크스주의』에 실려 있으니까 참조하세요.

서사연 사건이 발생하자 소장인 김진균 교수의 강력한 요구로 『현실과 과학』을 폐간할 수밖에 없었습니다. 게다가 구속 수사를 받던 5명의 연구원 중 권현정 씨를 제외한 4명이 전향서를 제출하고 항소를 포기했지요. 그런 상황에서 저는 서관모, 김세균 교수와 함께 교수들의 동인지 형식으로 『이론』을 창간하기로 합의했습니다. 『이론』은 마르크스주의의 위기에 대응하는 동시에 『현실과 과학』을 지양하는 그런 의미가 있었던 셈입니다.

1992년에 『이론』이 창간되면서 1993년에 서사연도 공식적으로 해산되었습니다. 그 후 박태호 씨와 서관모 교수를 중심으로 운영되던 새로운 서사연과 고훈석 씨의 새길은 푸코와 들뢰즈를 전파하는 데 진력하게 되었습니다. 저는 새 서사연이나 새길이 아니었으면 남한에서 포스트구조주의로의 전향이 그렇게 유행하지는 않았으리라고 생각합니다. 새 서사연은 우여곡절 끝에 1990년대 말에 해산되었고 새길도 그 때쯤 파산했지요.

『이론』이 당면한 가장 큰 곤란은 출판사를 구하기가 점점 어려워졌다는 것입니다. 제가 편집에 참여한 창간호부터 10호까지 3년 동안 3개의 출판사를 거칠 정도였지요. 정운영 교수에 이어 제가 편집장을 맡았던 1994년에는 동인이던 강내희 교수가 운영하는 문화과학사가 세 번째 출판사가 되었습니다. 그러나 문화과학사마저 더 이상『이론』을 출판해줄 수 없다는 통보를 받고 저는 편집장에서 물러날 수밖에 없었습니다. 그러면서 서관모 교수가 편집장을 맡게 되었고 출판사도 새길로 옮겨가게 되었지요.

그 후 저는『이론』동인에서 탈퇴하고 과천연구실에만 전념하게 되었는데, 여기에는 좀 더 복잡한 문제가 있었습니다.『이론』창간 직후 김세균 교수를 중심으로 구좌파적 성향의 일부 동인이 한국노동이론정책연구소(한노정연)에 참여했고, 그것을 모태로 나중에 노동자의힘이 조직되었지요. 게다가 김세균 교수는 새 서사연까지 동인의 범위를 확대하자고 제안하기도 했지요. 서관모 교수가 편집장을 맡은 다음『이론』이 변질되기 시작한 데는 그런 사정이 있었습니다.『이론』은 우여곡절 끝에 1997년에 폐간되고 말았습니다.

과천연구실은 서사연이 해산되면서 제가『이론』동인이던 김수행 교수에게 제안한 새 연구소에서 비롯되었습니다. 한신대 경상학부의 한신경제과학연구소를 재건하자는 뜻이었지요. 새 연구소에는 『이론』동인이던 정운영, 김기원, 정성진 교수와 나중에 가입한 김성구 교수도 참여할 예정이었지요. 그러나 1년의 준비를 거쳐 새 연구소의 창립이 구체화되는 단계에서 김수행 교수가 거부 의사를 밝혔고 다른 교수들도 적극적인 의사가 없음이 드러났습니다. 그래서 결국 저 혼자 과천연구실을 시작하게 되었던 것입니다.

과천연구실은 1994년에 출범했으니까 벌써 만 11년이 되었군요.

처음에는 서사연 경제팀을 중심으로 경제학을 전공하는 80학번대 대학원생들로 시작했지만, 지금은 주로 사회학이나 정치학을 전공하는 90학번대 대학원생들이 참여하고 있습니다. 알튀세르는 철학에서 마르크스주의자가 된다는 것이 쉬운 일인가라고 자문했지만, 제 생각으로는 경제학에서 마르크스주의자가 된다는 것이 훨씬 더 어려운 일인 것 같습니다.

마지막으로 과천연구실이 『진보평론』이나 맑스 코뮤날레에 참여하지 않는 이유에 대해서 한두 마디만 해두겠습니다. 얼마 전에 보니까 『진보평론』을 출판하는 한노정연의 사이트에 『이론』도 함께 올려놓았더군요. 요즘 『이론』을 찾아보기 힘드니까 굳이 반대할 필요는 없겠지만, 그러나 『이론』이 『진보평론』이나 한노정연과 무슨 관련이 있는 것은 전혀 아닙니다. 『진보평론』과 한노정연에 김세균 교수를 비롯해서 『이론』 동인의 일부가 참여하고 있는 것은 사실이지만, 그러나 그들은 명망가 역할을 담당하는 것 같습니다. 또 맑스 코뮤날레는 『진보평론』과 한노정연의 명망가들이 제안한 것이지만, 주로 트로츠키주의자나 네그리주의자의 활동 공간인 것 같습니다.

생각해보면 아시겠지만, 과천연구실이 『진보평론』이나 맑스 코뮤날레에 참여하지 않는 이유는 자명한 것이지요. 농반진반으로 말하자면, 『이론』과 과천연구실은 마르크스주의를 지향하고 『진보평론』과 맑스 코뮤날레는 맑스주의를 지향하고 있지요. 물론 맑스가 아니라 마르크스가 옳습니다. 마르크스의 발음은 [marks]이거든요. 마르크스는 마르쿠스(Markus)에서 온 것인데, 이것은 예수의 제자인 마가의 이름을 라틴어로 표기한 것으로 망치라는 뜻입니다.

마르크스주의의 일반화

이제 이번 강의의 전체적인 윤곽에 대해서 설명해보겠습니다. 과천연구실의 입장은 마르크스주의의 위기를 인식함으로써 그것을 해결할 수 있다는 『이론』의 입장을 계승하는 것입니다. 처음에는 마르크스주의의 전화라는 용어를 사용했는데, 오해의 여지가 많은 것 같아서 곧 마르크스주의의 일반화라는 용어를 사용하기 시작했지요. 마르크스주의의 전화 또는 일반화가 이번 강의의 전체적인 주제입니다.

오늘 남은 시간에는 앞으로 설명할 주제에 대해서 간단하게 소개해보도록 하겠습니다. 앞에서 설명한 것과 연관짓기 위해서 알튀세르의 1977년 강연에서 시작하는 것이 좋겠습니다. 이 강연에서 알튀세르는 마침내 마르크스주의의 위기가 폭발했다고 선언하면서 그런 위기의 원인을 적시합니다. 이미 지적한 것처럼 스탈린이나 레닌의 마르크스주의가 아니라 마르크스 자신의 마르크스주의에 모순 또는 한계가 있기 때문이라는 것이지요.

마르크스 자신의 마르크스주의의 한계를 크게 두 가지로 나눠서 설명해보도록 하겠습니다. 첫 번째는 마르크스의 가장 중요한 저작인 『자본』의 내재적 한계인데, 알튀세르는 그것을 『자본』의 곤란이라고 부릅니다. 두 번째는 『자본』의 내재적 한계가 아니라 외재적 한계이기 때문에 알튀세르는 『자본』의 곤란이라기보다는 공백이라고 부릅니다. 이런 두 가지 한계를 극복하려는 시도를 발리바르를 따라서 마르크스주의의 일반화라고 부를 수 있을 것입니다.

앞으로 자세하게 설명하겠지만, 『'자본'을 읽자』로 대표되는 초기 알튀세르의 가장 중요한 이론적 기여는 『자본』을 경제학 비판 또는 역사과학으로 해석한 것입니다. 경제학 비판이 『자본』의 부정적인 의미를 부각시키는 것이라고 한다면, 『자본』의 긍정적인 의미는 역사과학이라고 할 수 있겠지요. 경제학 비판 또는 역사과학으로서 『자본』에 곤란이 있다고 하면서 알튀세르가 지적한 것은 특히 논리와 역사의 관계입니다. 그런데 논리와 역사의 관계는 곧 변증법의 문제이기도 하지요.

『자본』의 곤란이란 경제학 비판이나 역사과학을 복권시키려는 알튀세르의 최초의 시도가 갖는 곤란을 지적하는 것이기도 합니다.

이런 최초의 시도에 대해서 다양한 자기비판이 제기되는데, 가장 중요한 사례가 알튀세르의 가장 대표적인 제자인 발리바르의 경우입니다. 발리바르가 채택한 새로운 이론적 입장은 이탈리아에 고유한 신좌파였던 오페라이스모와 친화성을 갖는 것이기도 하지요.

『역사적 마르크스주의』에서 자세하게 설명했듯이, 1960년대에 오페라이스모를 지도한 사람은 판지에리와 트론티이지요. 1970년대에 들어와서 오페라이스모는 네그리의 지도 아래 아우토노미아로 변모합니다. 판지에리나 트론티의 가장 중요한 이론적 기여는 자본에 의한 노동의 포섭이라는 개념을 강조한 데 있습니다. 그러나 네그리는 그것을 자본에 의한 사회의 포섭으로 확대·해석하지요. 그런데 노동을 사회로 확대·해석함으로써 아주 중요한 차이가 발생합니다. 자본에 의한 노동의 포섭은 마르크스의 개념이지만, 자본에 의한 사회의 포섭은 푸코의 규율사회나 들뢰즈의 통제사회 개념과 친화성을 갖기 때문입니다.

발리바르는 오페라이스모와 마찬가지로 자본에 의한 노동의 포섭을 『자본』의 핵심 개념으로 설정합니다. 그러나 발리바르는 오페라이스모와 달리 경제법칙론을 부정하지 않지요. 브뤼노프가 강조하는 것처럼 바로 이 점에서 발리바르의 경제학 비판과 오페라이스모의 반(反)경제학이 구별되는 것입니다. 발리바르의 경제학 비판을 요약하는 것이 자본의 추상화와 노동의 구체성이라는 명제인데, 이것을 통해서 논리와 역사의 관계 또는 변증법이 제기하는 곤란이 어떻게 극복되는가는 앞으로 자세하게 설명할 것입니다.

발리바르의 시도를 한 단계 더 발전시킨 사람이 바로 브뤼노프인데, 그녀는 『자본』을 아주 새로운 방식으로 해석합니다. 보통 『자본론』이라고 하지만, 실은 『자본』이라고 해야 맞지요. 『자본』은 자본에 대한 이론이 아니라 전혀 다른 어떤 것에 대한 이론이기 때문입니다. 브뤼노프는 『자본』이 상품 일반과 구별되는 특수 상품으로서 화폐와 노동력에 대한 이론이라고 해석합니다. 나중에 자세하게 설명하겠지만, 발리바르의 자본의 추상화와 노동의 구체성이라는 명제나 브뤼노프의 특수 상품론이 『'자본'을 읽자』에 대한 가장 중요한 자기비판이라고 할 수 있습니다.

이런 자기비판은 이후에도 지속되는데, 제가 특히 관심을 갖는 것은 자본주의에 대한 역사적 분석입니다. 발리바르는 월러스틴이 쓴 책의 제목을 빌려와서 역사적 자본주의 분석이라고 부르기도 합니다. 발리바르가 경제학 비판과 경제법칙론을 연결시킨다고 했는데, 경제법칙론의 관점에서 역사적 자본주의 분석을 시도하는 대표적인 사례가 뒤메닐입니다. 그런데 뒤메닐의 분석에는 몇 가지 한계가 있기 때문에 저는 아리기의 분석으로 보충해야 한다고 생각합니다. 월러스틴의 동료인 아리기는 국제적으로 잘 알려져 있지는 않지만 그보다 훨씬 더 이론적이지요.

마지막으로 한 가지만 지적하자면, 발리바르, 브뤼노프, 뒤메닐, 아리기를 이렇게 결합하려는 저의 시도는 마르크스주의의 역사에서 억압되어 왔던 하나의 이론적 계보를 복권시키려는 것이기도 합니다. 저는 그것을 그로스만적 계보라고 부르고 싶습니다. 사실 『자본』의 핵심이 경제학 비판임을 주장하면서 경제법칙론의 관점에서 역사적 자본주의 분석을 시도한 최초의 마르크스주의자가 바로 그로스만이지요.

그래서 두 번째 강의에서는 『자본』에 대한 알튀세르적 해석과 그런 해석의 곤란을 해결하려는 발리바르와 브뤼노프의 자기비판에서 출발하여 뒤메닐과 아리기의 역사적 자본주의 분석을 소개해 보겠습니다. 그리고 이렇게 재구성된 그로스만적 계보의 현재성을 증명하기 위해서 현재 가장 중요한 이론적 쟁점이 되고 있는 신자유주의적 금융세계화에 대한 논리적이고 역사적인 분석을 시도해 보겠습니다. 이것이 세 번째 강의의 주제입니다.

그 다음에 알튀세르가 말하는 『자본』의 공백이란 『자본』에 국가와 정당의 이론, 한 마디로 말하자면 정치학이 없다는 사실을 지적하는 것입니다. 그러나 이것이 그람시처럼 모종의 정치학으로 『자본』을 보충해야 한다는 뜻은 아니지요. 발리바르나 브뤼노프에 따르면 경제학 비판 자체가 이미 『자본』의 정치학입니다. 그러나 경제학 비판은 정치학으로서 아직 부족하기 때문에 결국 경제학 비판에 적합한 이데올로기 비판이 필요한 것이지요. 이것이 네 번째 강의의 주제입니다.

알튀세르는 프로이트의 정신분석학을 원용하여 이데올로기의 일반 이론을 제시하려고 시도합니다. 즉 알튀세르의 마르크스주의는 프로이트-마르크스주의라고 할 수 있지요. 그러나 알튀세르의 이런 시도가 실패하면서 발리바르는 스피노자를 통해서 이데올로기의 일반 이론을 구성하는데, 이런 그의 시도를 스피노자-마르크스주의라고 부를 수 있겠지요. 발리바르는 스피노자의 철학적 인간학에서 이데올로기의 일반 이론을 발견하려고 시도합니다.

프로이트에 대해서도 마찬가지겠지만, 스피노자를 둘러싸고 해석의 문제가 발생합니다. 특히 스피노자를 구조주의자로 해석해야 하는가 아니면 포스트구조주의자로 해석해야 하는가가 아주 중요한 쟁점으로 제기되지요. 나중에 자세하게 설명하겠지만, 발리바르가 스피노자를 구조주의자로 해석하려는 입장이라면, 들뢰즈나 네그리는 스피노자를 포스트구조주의자로 해석하려는 입장입니다.

그러나 이데올로기의 일반 이론은 아직 이데올로기 비판이 아닙니다. 철학적 인간학에 대한 비판이 필요한데, 발리바르는 이것을 인권의 정치라고 부릅니다. 그러니까 이데올로기 비판은 철학적 인간학이라는 이데올로기의 일반 이론과 철학적 인간학에 대한 비판으로서 인권의 정치로 구성된다고 할 수 있습니다. 한 마디로 말해서 발리바르는 철학적 인간학과 인권의 정치라는 관점에서 이데올로기를 비판하려고 시도한다는 것이지요.

이데올로기 비판으로서 인권의 정치에 대한 설명에 한 가지만 추가해보겠습니다. 발리바르 자신은 본격적으로 시도하지 않지만, 인권의 정치를 페미니즘으로 확장해볼 수 있습니다. 경제학 비판에서 페미니즘으로 넘어가는 맥락이 보통 생활임금이라고 부르는 가족임금에 대한 비판이라고 한다면, 인권의 정치에서 페미니즘으로 넘어가는 맥락은 여성권이라는 관점에서 제기되는 가족 그 자체에 대한 비판입니다.

게다가 이데올로기의 일반 이론은 역사 분석과도 결합되어야 합니다. 알튀세르가 이데올로기의 일반 이론과 역사 분석을 시도한 유명한 논문이 「이데올로기와 이데올로기적 국가장치」입니다. 이것은 본래 한 권의 책인데, 그 중에서 몇 장만 발췌해서 논문의 형식으로 발표한 것이지요. 이 논문의 뒷부분에서는 프로이트를 원용하여 이데올로기의 일반 이론을 제시하고 앞부분에서는 이데올로기적 국가장치를 중심으로 역사 분석을 시도하지요.

이데올로기적 국가장치라는 개념은 알튀세르가 만들어낸 독창적인 개념입니다. 사실 마르크스주의자들이 연구한 국가장치는 군대·경찰·관료제 같은 억압적 국가장치였는데, 특히 레닌의 국가론이 대표적인 경우입니다. 이런 레닌의 국가론을 확대하려고 시도했던 것이 그람시의 헤게모니론인데, 그러나 그것은 국가장치론이 아니라 국가권력론일 따름이지요. 알튀세르는 그람시와는 다른 측면에서 레닌의 국가론을 확대하려고 시도한 것입니다.

알튀세르가 분석하는 이데올로기적 국가장치의 핵심은 학교와 가족입니다. 따라서 이데올로기의 역사 분석은 가족과 학교에 대한 분석이라고 할 수 있지요. 뒤메닐이나 아리기가 분석하는 역사적 자본주의는 자본과 국가의 형태에 주목하는데, 여기에 가족과 학교의 형태 또는 그것들을 통해서 재생산되는 이데올로기 형태가 추가되는 것이라고 할 수 있겠습니다.

발리바르는 이데올로기 형태와 관련하여 특히 민족 형태에 주목하고 있지요. 자본과 국가의 형태에 적합한 이데올로기 형태가 바로 민족 형태이기 때문입니다. 학교는 민족의 언어적 동일성을 재생산하고 가족은 종족적 동일성을 재생산하지요. 이런 언어적이고 종족적인 동일성에서 출발해서 민족의 다양한 동일성들이 전개되는 것입니다. 그러나 이번 강의에서는 학교와 가족 같은 이데올로기의 역사 분석까지 설명할 여유는 없을 것 같습니다.

역사적 마르크스주의

『자본』의 곤란과 공백에 대한 설명은 알튀세르의 1977년 강연과 직접적으로 관련되는 것입니다. 마지막으로 설명할 유로 공산주의에 대한 자기비판은 이 강연의 맥락에서 간접적으로 짐작할 수 있는 것이지요. 알튀세르가 마르크스주의의 위기가 마침내 폭발했다고 선언한 것은 레닌주의를 통해서 스탈린주의를 극복하려고 시도한 서구 마르크스주의뿐만 아니라 또한 유로 공산주의의 위기를 공개적으로 인정한 것이기도 하기 때문입니다.

유로 공산주의에 대한 설명은 알튀세르와 친화성을 갖는 이탈리아공산당의 잉그라오 좌파부터 시작하는 것이 좋겠습니다. 잉그라오 좌파에서 특히 주목해야 할 두 사람이 있습니다. 한 사람은 경제학자이면서 이탈리아제1노총(CGIL) 활동가인 트렌틴인데, 1970년대 초에 그는 평의회 노조주의를 제기하지요. 또 한 사람은 로산다인데, 당시 그녀는 마오주의를 매개로 해서 평의회 마르크스주의를 제기하지요. 그래서 잉그라오 좌파를 통해서 평의회 마르크스주의적인 계보를 복권시켜볼 수 있다는 말입니다.

사실 이것이 『역사적 마르크스주의』의 기본적인 문제의식인데, 스탈린주의의 위기를 레닌주의로 극복할 수 없다면 레닌주의에 대한 대안을 모색해볼 수 있다는 것입니다. 그리고 레닌주의와 로자주의의 대립을 지양하려는 평의회 마르크스주의가 그런 대안이 될 수 있다는 것이지요. 방금 그로스만적인 경제학 비판의 계보에 대해서 설명했지만, 그것과 친화성을 갖는 것이 바로 평의회 마르크스주의적인 계보이기도 합니다.

물론 잉그라오 좌파의 기원이나 계보보다는 그 현재성이 더 중요한 문제라고 할 수 있습니다. 그래서 제가 1990년대 초에 워터먼이 제기한 사회운동적 노조주의가 트렌틴의 평의회 노조주의를 계승한다는 사실을 강조하는 것이지요. 그리고 2000년대에 들어와서는 훨씬 더 일반화된 맥락에서 신자유주의를 비판하는 대안세계화운동이 전개되고 있고, 그것을 추동하는 가장 중요한 세력의 하나가 잉그라오 좌파의 후예인 공산주의재건당이라는 것입니다.

저는 공산주의재건당이나 사회운동적 노조주의가 대안세계화운동에 기여하는 역할에 주목함으로써 마르크스주의의 일반화에 적합한 이념과 운동을 모색해볼 수 있다고 생각합니다. 아까 민주노조운동이나 전노협의 경험을 부정하고 민주노총과 민주노동당을 건설한 것이 남한 마르크스주의의 위기의 특수한 양상이라고 했는데, 이런 저의 주장을 대안세계화운동과 관련된 공산주의재건당이나 사회운동적 노조주의의 경험과 관련해서 좀 더 구체화해볼 수 있다는 말입니다.

1980-90년대에 전개된 마르크스주의의 위기가 역전될 수 있다는 가능성을 상징적으로 보여준 것이 1999년 말에 시애틀에서 벌어진 세계무역기구(WTO) 반대투쟁과 그런 투쟁의 성과 위에서 2001년 초에 출범한 세계사회포럼(WSF)이지요. 세계사회포럼의 구성에서 가장 중요한 역할을 한 것이 프랑스의 아탁입니다. 또 세계사회포럼이 브라질의 포르투 알레그레에서 개최되면서 브라질노총과 무토지농민운동도 중요한 역할을 하지요. 물론 태국에 본부를 두고 있는 글로벌 사우스나 캐나다 퀘벡에서 시작된 세계여성행진도 나름대로 중요한 역할을 합니다. 이 다섯 개 단체가 세계사회포럼의 주축인 셈이지요.

아탁에 대해서 좀 더 설명해보겠습니다. 아탁(ATTAC)은 금융거래과세시민연합의 약자인데, 1997-98년 동아시아 경제위기를 계기로 지식인과 시민운동이 결합한 성과라고 할 수 있습니다. 아탁은 브뤼노프나 뒤메닐 같은 알튀세르 계열의 마르크스주의자도 참여하고 혁명적공산주의자동맹의 트로츠키주의자도 참여하는 대안세계화를 위한 시민운동단체입니다. 그러나 아탁의 가장 중요한 특징은 시민운동단체이면서 동시에 시민교육단체라는 데 있지요.

대안세계화운동은 대안지역화운동으로 구체화되기도 하는데, 그 계기가 바로 2002년 말부터 시작된 유럽사회포럼(ESF)입니다. 유럽사회포럼의 구성에서도 아탁이 결정적인 역할을 합니다. 그리고 유럽사회포럼 1차 대회가 이탈리아의 피렌체에서 열린 데서 알 수 있듯이 공산주의재건당도 중요한 역할을 하지요. 그래서 제가 대안세계화운동이나 대안지역화운동이라는 맥락에서 아탁이나 공산주의재건당에 주목해야 한다고 주장하는 것이에요.

『역사적 마르크스주의』에서 자세하게 설명한 것처럼, 1991년에 이탈리아공산당이 좌파민주당으로 변신하면서 공산주의재건당(PRC)이 창당됩니다. 현재 공산주의재건당을 대표하는 사람은 베르티노티입니다. 잉그라오 자신은 좌파민주당에도 공산주의재건당에도 참여하지 않다가 올해 공산주의재건당에 입당했다고 합니다. 공산주의재건당의 다수파는 당연히 이탈리아공산당에서 유래하는데, 그 안에도 주류파와 비주류파가 있지요. 주류파인 베르티노티 그룹이 잉그라오 좌파를 계승하는 신좌파라면, 코수타 그룹과 사키 그룹이 대표하는 비주류파는 스탈린주의적인 구좌파입니다.

공산주의재건당에는 이탈리아공산당 외부의 정파도 소수파로 참여하는데, 그것도 신좌파와 구좌파로 구성됩니다. 신좌파를 대표하는 것이 제4 인터내셔널의 마이탄 그룹이고, 구좌파를 대표하는 것이 다양한 트로츠키주의 그룹과 마오주의 그룹의 선거연합인 프롤레타리아 민주주의입니다. 『역사적 마르크스주의』에서는 마이탄 그룹도 프롤레타리아 민주주의에 속한다고 했는데, 다른 자료를 보니까 그렇지 않은 모양이에요. 마이탄 그룹은 독자적인 트로츠키주의 그룹이라고 합니다. 그리고 국제사회주의를 표방하는 클리프 그룹도 공산주의재건당에 참여하는데, 그러나 아직 대의원이 한 명도 없을 정도로 세력은 변변치 않은 모양입니다.

공산주의재건당의 역사에서 가장 중요한 사건은 2002년의 5차 당대회입니다. 여기서 베르티노티 그룹과 마이탄 그룹이 연대하는데, 대안세계화운동을 계기로 다수파가 신좌파적으로 재구성되는 셈이지요. 그 후 사키 그룹은 다수파에서 배제되고, 코수타 그룹은 이미 그 전에 탈당합니다. 베르티노티 그룹과 마이탄 그룹의 연대를 가리켜서 제가 정당적 마르크스주의의 사회운동적 마르크스주의로의 변모라고 부르는 것이지요. 동시에 이탈리아제1노총에서도 사회운동적 노조주의를 지향하는 요소가 부활합니다.

2004년에 공산주의재건당은 독일공산당의 후신인 민주사회당이나 프랑스공산당과 함께 유럽좌파당(ELP)을 창당하는데, 초대 총재로는 베르티노티가 추대되지요. 그런데 유럽좌파당을 구상하는 단계에서 참가 범위에 대한 논란이 있었던 것 같습니다. 결국 사민당이나 제4 인터내셔널을 비롯한 트로츠키주의 그룹은 배제하고 구공산당 계열만 포괄하여 유럽좌파당이 창당되지요. 또 아직 불확실하긴 하지만 공산주의재건당 자체를 확대하려는 시도도 있는 것 같은데, 예를 들어 프랑스나 영국에 지부가 설치되는 것 같아요.

유럽좌파당이 제4 인터내셔널을 배제한 데다가 2001년에 재집권한 베를루스코니 정부의 인민주의적 반정치의 위험성에 대한 이견이 발생하면서 작년과 올해 베르티노티 그룹과 마이탄 그룹 사이에서 긴장이 조성되기도 하지요. 그러나 마이탄 자신은 베르티노티를 상당히 신뢰한 것 같아요. 작년에 죽은 마이탄이 세 명의 유언집행자 중 한 사람으로 베르티노티를 지명하거든요. 그리고 베르티노티도 마이탄 그룹을 배제하고 다수파를 재구성할 생각은 없는 것 같아요. 그래서 물론 두고볼 문제이지만, 베르티노티 그룹과 마이탄 그룹 사이의 긴장은 곧 해소될 것 같습니다.

마지막으로 베르티노티에 대해서 간단하게 설명해보겠습니다. 사실 베르티노티의 이력에 대해서는 별로 알려진 것이 없는데, 최근에 어떤 자료를 보니까 여러 가지로 트렌틴의 계승자라고 할 수 있는 그런 사람이더군요. 베르티노티도 잉그라오 좌파 출신이고 제1노총 활동가 출신입니다. 그런데 워낙 탁월한 지도자이기 때문에 카리스마 그 자체라고 합니다. 그래서 만일 베르티노티가 없다면 공산주의재건당도 없을 정도로 공산주의재건당이 베르티노티 개인에게 의존하는 부분이 너무 크다는 비판이 제기되기도 하지요.

베르티노티가 2000년에 『불멸의 사상』이라는 제목으로 인터뷰

형식의 단행본을 한 권 출판하는데, 여기서 공산주의의 재건을 위한 두 가지 조건을 강조하고 있습니다. 한 가지 조건은 평의회 노조주의의 경험에서 출발해야 한다는 것이고, 또 한 가지 조건은 경제학 비판과 인권의 정치에 근거해야 한다는 것이지요. 이런 측면에서 볼 때 베르티노티가 지도하는 공산주의재건당을 통해서 알튀세르와 잉그라오 좌파 사이의 연관이 복원되는 것이 아닌가라고 추측할 수 있을 것입니다. [이탈리아의 최근 상황에 대해서는 윤소영, 『일반화된 마르크스주의와 대안좌파』, 공감, 2008; 『일반화된 마르크스주의와 대안노조』, 공감, 2008을 참조하시오.]

오늘 강의는 여기서 마치기로 하고, 교재에 대해서 한두 마디만 하겠습니다. 처음에도 말했던 것처럼 본래 제 생각은 『역사적 마르크스주의』에 대해서 강의하려는 것이었는데, 총학이 마르크스주의의 일반화에 대해서도 강의를 해달라고 요청해서 경제학 비판과 이데올로기 비판에 대한 강의가 추가된 것입니다. 경제학 비판을 설명한 것이 『마르크스의 '경제학 비판'』(공감, 2001; 개정판, 2005)과 『이윤율의 경제학과 신자유주의 비판』(공감, 2001)이고, 이데올로기 비판을 설명한 것이 『알튀세르를 위한 강의: '마르크스주의의 일반화'를 위하여』(공감, 1996)와 『알튀세르의 현재성: 마르크스, 프로이트, 스피노자』(공감, 1996)입니다. [내년 초에 『알튀세르를 위하여』(공감개론신서 2)로 출판할 예정인 『알튀세르를 위한 강의』와 『알튀세르의 현재성』의 개정판을 참조하시오.]

그러나 한두 번의 강의에서 이 책들의 내용을 전부 설명한다는 것은 쉬운 일이 아닙니다. 그래서 이 책들은 부교재로 간주하고 이번 강의에서는 『역사적 마르크스주의』에 나와 있는 내용과 연결시킬 수 있는 경제학 비판과 이데올로기 비판의 개요에 대해서만 설명하도록 하겠습니다. 이 정도만 이해하셔도 나중에 혼자 『역사적 마르크스주의』를 읽으실 때 도움이 될 것이기 때문입니다. 이런 의미에서 이번 강의는 『역사적 마르크스주의』에 대한 강의와 짝이 된다고 할 수 있겠습니다.

2강 역사과학으로서 경제학 비판

루카치와 알튀세르

오늘은 『마르크스의 '경제학 비판'』의 주요 논지를 설명하려고 합니다. 그런데 『마르크스의 '경제학 비판'』은 알튀세르와 발리바르를 따라서 『자본』을 해석하는 것이기 때문에 본론으로 들어가기 전에 알튀세르와 발리바르에 대한 설명이 필요하겠지요. 또 『마르크스의 '경제학 비판'』은 강의록이기 때문에 여러분이 혼자서도 충분히 읽으실 수 있을 것입니다. 따라서 오늘 강의의 1/3 정도는 알튀세르와 발리바르의 경제학 비판에 할애할까 합니다.

첫 번째 강의에서 알튀세르가 서구 마르크스주의를 대표한다고 했지만, 사실 서구 마르크스주의의 역사는 그 전부터 상당히 오랜 기간 동안 지속되어온 것입니다. 따라서 좀 더 정확하게 말하자면, 알튀세르는 서구 마르크스주의의 마지막 대표자인 셈이지요. 알튀세르에 의해서 서구 마르크스주의의 역사적 순환이 완료되었음을 상징하는 것이 1965년에 출판된 그의 첫 번째 저서 『마르크스를 위하여』입니다.

이 책이 알튀세르의 대표작이라고 할 수 있는데, 그가 나이 오십이 다되어 그 동안의 작업을 한 권의 책으로 정리했기 때문이지요.

게다가 이 책은 수려한 문장으로도 유명합니다. 알튀세르는 마르크스주의에서 아주 유명한 문장가이기도 합니다. 마르크스 자신도 그렇고 알튀세르의 제자인 발리바르도 그렇고 마르크스주의자들은 대체로 악문으로 유명하지요. 그러나 알튀세르는 자신만의 스타일을 가지고 있어서 그것에 대한 논문이 나올 정도였습니다.

알튀세르가 서구 마르크스주의의 순환의 도달점을 상징한다고 한다면, 그 출발점은 루카치라고 할 수 있습니다. 루카치의 가장 대표적인 저서가 1923년에 발표된 『역사와 계급의식』이지요. 그래서 서구 마르크스주의는 적어도 반 세기에 걸친 일련의 과정을 통해서 발전했다고 할 수 있지요. 루카치와 알튀세르를 비교함으로써 경제학 비판이나 이데올로기 비판의 이론적 쟁점을 좀 더 체계적으로 정리해볼 수 있습니다.

루카치와 알튀세르 사이에서 제기되는 가장 커다란 쟁점은 헤겔에 대한 평가, 즉 헤겔 철학의 핵심인 변증법에 대한 평가라고 할 수 있습니다. 『역사와 계급의식』에서 루카치는 헤겔의 변증법을 통해서 마르크스주의를 해석하려고 시도하지요. 지난번 강의에서 서구 마르크스주의가 소련 마르크스주의를 비판하려는 것이라고 했는데, 소련 마르크스주의는 가능한 대로 헤겔의 변증법을 축소하려고 시도합니다.

알튀세르의 『마르크스를 위하여』가 서구 마르크스주의의 도달점이라고 하는 것은 그가 소련 마르크스주의와 서구 마르크스주의 사이의 논쟁의 지반을 일정한 방식으로 변경시키기 때문입니다. 알튀세르도 소련 마르크스주의를 비판하기는 마찬가지입니다. 그러나 동시에 마르크스의 변증법을 헤겔의 변증법과 구별해야 한다고 강조하지요. 여기서 관념변증법과 구별되는 유물변증법이라는 쟁점이 제기되는 것입니다.

루카치와 알튀세르의 비교는 오늘 강의의 주제와도 직결되는 것입니다. 루카치적인 서구 마르크스주의를 발전시킨 것이 프랑크푸르트 학파라고 할 수 있습니다. 루카치 자신에게도 물론 그런 요소가 있긴 하지만, 특히 프랑크푸르트 학파에 의해서 이른바 비판사회학이 형성되지요. 반면 루카치와는 다른 방식으로 소련 마르크스주의를 비판하는 알튀세르적인 서구 마르크스주의는 경제학 비판을 강조하지요.

사실 경제학 비판은 마르크스의 주저인 『자본』의 부제이기도 합니다. 뿐만 아니라 마르크스는 초기부터 말기까지 아주 일관되게 자신의 작업을 경제학 비판으로 특징지어 왔지요. 따라서 마르크스주의의 본질이 경제학 비판이라는 것은 너무나도 당연한 것이었지만, 알튀세르 이전에 그런 인식을 가졌던 마르크스주의자가 거의 없었다는 것은 역설입니다. 소련 마르크스주의는 물론이고 루카치나 프랑크푸르트 학파의 서구 마르크스주의도 경제학 비판에 대해서는 마찬가지로 맹목이었지요.

루카치와 알튀세르 사이의 이런 쟁점과 짝이 되는 것이 이데올로기 비판이라는 쟁점인데, 이것에 대해서는 네 번째 강의에서 자세하게 설명할 것입니다. 루카치 자신도 그렇고 프랑크푸르트 학파도 그렇고 이데올로기 비판 대신 소외론을 제시합니다. 소외론은 의식과 주체라는 관념을 중심으로 구성되는 철학적 이론입니다. 쉽게 말하자면 노동자는 잘못된 허위의식을 버리고 진정한 계급의식을 되찾아야 한다는 것이지요. 그렇게 해서 노동자는 소외를 극복하고 역사의 주체가 될 수 있다는 말입니다.

반면 알튀세르에 의하면 한 종류의 의식을 다른 종류의 의식으로 대체한다고 해서 이데올로기를 비판할 수 있는 것은 아닙니다. 노동자를 지배하는 것은 의식이 아니기 때문이지요. 또는 노동자의 의식과 존재가 필연적으로 불일치할 수밖에 없기 때문이지요. 허위의식이든 계급의식이든 모든 의식은 존재와 일치할 수 없습니다. 1990년대의 이른바 X세대를 상징하는 광고 카피처럼 자기 자신이 누군지 알 수 있는 사람은 없다는 말이지요.

알튀세르는 의식을 결정하는 또 다른 무엇인가가 있다고 주장하는데, 그것이 바로 마르크스의 존재이고 프로이트의 무의식이며 스피노자의 비의식이지요. 따라서 존재이든 무의식이든 비의식이든 그런 이데올로기가 의식을 결정하기 때문에 이데올로기를 비판함으로써 존재 또는 무의식 또는 비의식을 변화시켜야 의식이 변화한다는 말입니다. 루카치가 역사의 주체에 대해서 말한다면, 알튀세르는 역사 속에서의 주체화에 대해서 말한다고 할 수 있겠지요.

한 마디만 덧붙이겠습니다. 루카치는 허위의식을 버리고 계급의식을 되찾는 것을 매개해주는 것이 전위당이라고 주장합니다. 따라서 그의 소외론은 전위당을 통해서 노동자가 소외를 극복하고 역사의 주체로 형성된다는 조직화·의식화 모델이기도 한 것이지요. 그리고 『역사적 마르크스주의』에서 이미 자세하게 설명했듯이, 알튀세르의 이데올로기 비판은 이런 조직화·의식화 모델을 비판하려는 것입니다.

경제학과 경제학 비판

하여튼 경제학 비판에 대한 설명을 시작해보겠습니다. 알튀세르적인 경제학 비판을 대표하는 것은 『마르크스를 위하여』와 함께 1965년에 출판된 『'자본'을 읽자』입니다. 『마르크스를 위하여』가 알튀세르의 개인 저작이라면, 『'자본'을 읽자』는 알튀세르와 그 제자들의 공동 작업입니다. 이 책을 통해서 비판사회학으로서 『자본』이 아니라 경제학 비판으로서 『자본』이 복권되는 것이지요.

『'자본'을 읽자』에서 알튀세르가 헤겔주의에 대한 비판으로 제시한 것이 바로 구조주의입니다. 물론 구조주의가 꼭 마르크스주의에만 적용되는 것은 아닌데, 이것에 대해서는 네 번째 강의에서 자세하게 설명하도록 하겠습니다. 일단 오늘 강의에서는 알튀세르가 말하는 구조가 관계를 뜻한다는 것만 아셔도 됩니다. 경제학 비판에서 그런 관계를 대표하는 것이 생산관계라면, 이데올로기 비판에서 그것은 교통관계이지요.

그래서 생산관계 개념을 갖고 구조주의에 대해서 설명해보도록 하겠습니다. 생산관계라는 구조가 의식을 결정하는데, 그런 의식을 가진 개인이나 집단이 바로 주체이지요. 생산관계의 효과로서 자본가나 노동자가 형성된다는 말입니다. 그래서 생산관계라는 구조가 원인이라면, 자본가나 노동자라는 주체는 그 효과라고 할 수 있는데, 알튀세르가 말하는 구조인과율 또는 구조인과성은 바로 이런 뜻이지요.

그런데 지난번 강의에서도 지적했듯이 습관적으로 『자본론』이라고 부르는 것은 큰 잘못입니다. 김수행 교수가 번역한 『자본론』은 제목도 잘못 번역했고 경제학 비판이라는 부제도 누락했지요. 또 김 교수의 번역은 중역은 피해야 한다는 번역의 기본원칙을 무시하고 영역본을 대본으로 했기 때문에 아주 부정확한 것입니다. 게다가 알 만한 사람은 다 아는 공공연한 비밀이긴 하지만, 처음에 나온 1권은 김 교수가 직접 번역한 것이 아니라 전석담 선생이 번역한 북한판을 출판사에서 윤문한 것이었지요.

어쨌든 『자본』이 자본론이라면, 그것은 자본에 대한 이론이라는 뜻인데, 앞으로 자세하게 설명할 것처럼 『자본』에서 마르크스가 전개하는 이론은 자본에 대한 것이 아니에요. 브뤼노프가 강조하는 것처럼 『자본』은 자본이 아니라 임노동에 대한 이론이기 때문입니다. 그렇기 때문에 『자본』의 제목이 자본론일 수는 없고 또 경제학 비판이라는 부제를 생략할 수도 없다는 말이지요.

『마르크스의 '경제학 비판'』에서 자세하게 설명했지만, 『자본』이 자본론이 아니라는 사실은 『자본』의 플란이 변경되었다는 사실과도 관련됩니다. 본래 마르크스는 자본 다음에 임노동에 대한 저작을 계획했었지만, 『자본』을 집필하는 과정에서 그것을 변경했거든요. 마르크스가 플란을 변경한 것은 사실 너무도 당연한 일이에요. 자본을 비판하기 위해서는 임노동에 대한 이론을 전개하는 것이 불가피하기 때문입니다. 발리바르는 이렇게 임노동의 관점에서 자본을 비판적으로 분석하는 것을 『자본』의 정치학으로 해석합니다.

그리고 방금 지적한 것처럼 마르크스는 초기부터 일관되게 자신의 과제를 경제학 비판으로 설정했습니다. 『자본』의 플란 자체가 경제학 비판을 위한 플란이었지요. 그래서 플란이 변경된 후에도 『자본』에 경제학 비판이라는 부제를 붙였던 것입니다. 따라서 『자본』을 해석할 때 그것이 자본론이 아니고 임노동의 관점에서 자본을 비판적으로 분석한 것임을 잊어서는 안 된다는 말이지요.

말이 나온 김에 경제학이라는 용어의 번역에 대해서도 한두 마디 해보겠습니다. 경제학의 명칭은 본래 'political economy'였습니다. 영어뿐만 아니라 또한 불어로도 비슷했지요. 그러나 이것을 직역해서 정치경제학이라고 번역해서는 안 되고 그냥 경제학이라고 번역하는 것이 옳습니다. 경제학의 명칭에 'political'이라는 형용사가 붙는 이유는 정치와 아무런 상관이 없기 때문입니다.

고등학교에서도 배우셨을지 모르겠지만, 'economy'의 어원은 그리스어 'oikos'와 'nomos'이지요. 그리스어는 철자대로 발음하면 되는데, 다만 처음의 'o'는 발음하지 않습니다. 그래서 'oikos'는 이코스이고 'nomos'는 노모스이지요. 참고로, 'Oidipus'를 오이디푸스라고 표기하는 것이 유행이지만, 그리스어 발음대로 이디푸스라고 하거나 독일어 발음대로 외디푸스(Oedipus)라고 하는 것이 옳겠습니다. 어쨌든 이코스는 집이고 노모스는 법이라는 뜻입니다. 이코스는 특히 경제적인 의미에서의 집을 가리킵니다. 즉 경제활동의 단위로서 집인데, 경제학에서는 이것을 보통 가계라고 부르지요.

가계는 가족과 전혀 다른 것입니다. 대가족이든 핵가족이든 가족을 구성하는 원리는 혈통이고, 가계의 원리는 경제이지요. 그리스나 로마 시대의 가계에서 경제, 특히 생산의 주체는 노예였습니다. 따라서 가계는 가족과 아무런 관련도 없었지요. 물론 여성도 생산에 종사하기는 했지만, 노예를 보조하는 역할에 머물렀지요. 반면 남성의 영역은 이코스가 아니라 폴리스였고, 그의 활동은 생산이 아니라 정치였습니다. 그리스어로 생산을 포이에시스라고 하고 정치를 프락시스라고 합니다.

그래서 이코스와 노모스를 합성해서 만들어진 'economy'의 의미는 본래 가계의 경제를 규제하는 법이라는 것이었지요. 말하자면 일종의 가정경제라고 할 수 있다는 말이지요. 그렇다면 이제 경제학이 형성되는 과정에서 'political'이라는 형용사를 붙였던 이유를 쉽게 아실 수 있을 것입니다. 즉 가정경제가 아니라 국가경제를 가리키기 위해서 그랬던 것입니다.

'political'이 영국이나 프랑스에서 일반적으로 사용했던 형용사라면, 독일에서는 'national'이라는 형용사가 애용되었습니다. 영국이나 프랑스에서 발전한 고전파 경제학이 기본적으로 세계경제를 지향했다면, 후진적이던 독일에서는 민족경제의 건설을 지향했기 때문이지요. 그래서 고등학교에서 배우셨는지 모르겠지만, 리스트에게서 비롯되는 역사학파라는 독일 식 경제학에서는 'national'이라는 형용사를 사용했던 것입니다.

가정경제의 비중, 말하자면 농업경제의 비중이 산업경제보다 컸을 때는 'political'이라는 형용사가 필요했을 것입니다. 그렇지만 산업혁명이 확산되면서 가정경제는 점차 쇠퇴했고, 20세기에 들어와서는 농업경제도 더 이상 가정경제가 아니지요. 한 마디로 말해서 가계는 생산이 아니라 소비의 단위가 되고, 이 때문에 가계와 가족이 동일시되는 것이지요. 그래서 19세기 후반부터 'political'이라는 형용사가 점차 생략되었던 것입니다.

그런데 영어나 불어에서 'economy'는 현실로서의 경제와 이론으로서의 경제를 동시에 의미하기 때문에 약간 혼란스럽습니다. 사전을 한번 찾아보세요. 'economy'에는 경제학이라는 뜻도 있습니다. 19세기 후반부터 'political'이라는 형용사를 생략하면서 현실로서의 경제와 구분해서 이론으로서의 경제를 가리켜서 'economics'라고 부르기 시작했던 것은 이 때문입니다.

'economics'는 'economic'이라는 형용사에 's'를 붙인 것인데, 경제학의 명칭이 그렇게 정해진 데도 이유가 있었지요. 경제학은 물리학과 동일한 이론적 성격을 가지고 있었기 때문인데, 아시다시피 물리학의 명칭은 'physics'이지요. 반면 보통 사회과학이라고 불리는 학문은 물리학이 아니라 생물학과 비슷합니다. 예를 들어 사회학이나 심리학은 'biology'처럼 'sociology'나 'psychology'라고 불리지요. '-logy'라는 접미사는 과학이라는 의미보다는 일반적인 의미에서의 학문이라는 뜻이에요.

과학과 학문 일반은 구별되어야 합니다. 나중에 다시 설명하겠지만, 영어나 불어 같은 로망스어와 달리 독어에는 'science'에 해당하는 단어가 없습니다. 과학이라는 뜻의 'science'는 지식을 가리키는 라틴어에서 온 단어인데, 로마의 지배를 받았던 영국이나 프랑스와 달리 독일에는 그런 단어가 없고 대신 'Wissenschaft'라는 단어가 있습니다. 그런데 'Wissenschaft'는 과학뿐만 아니라 또한 학문 일반도 가리키는 것이지요.

알튀세르적인 경제학 비판

알튀세르의 가장 중요한 기여는 마르크스주의에서 억압되어온 경제학 비판을 복권시킨 것입니다. 『자본』을 경제학으로 해석해온 소련 마르크스주의나 비판사회학으로 해석해온 루카치와 프랑크푸르트 학파와 달리 알튀세르는 『자본』을 경제학 비판으로 해석합니다. 이런 의미에서 소련 마르크스주의나 루카치와 프랑크푸르트 학파에 의해서 억압되어온 경제학 비판을 복권시키려고 시도한 것이 알튀세르의 가장 커다란 기여라는 말이지요.

그런 시도와 기여를 상징하는 것이 『'자본'을 읽자』였다는 것은 방금 말씀드린 대로입니다. 『'자본'을 읽자』는 파리고등사범학교 철학과에서 열린 알튀세르의 연례세미나의 성과물이었지요. 고등사범은 옛날 서울대학교 문리과대학 같은 것입니다. 고등사범에는 문학부와 이학부가 있는데, 문학부는 주로 철학이나 역사학이나 문학을 전공하고 이학부는 주로 물리학이나 생물학이나 수학을 전공하지요. 1960-70년대가 프랑스 마르크스주의의 전성기라고 할 수 있는데, 이것은 역시 알튀세르가 대표하던 철학과 때문이었습니다.

알튀세르는 철학과에 소속되어 있었지만, 오랫동안 교무처장으로서 고등사범을 운영해온 상당한 권력자이기도 했지요. 그래서 정신분석학회에서 제명당한 라캉도 알튀세르의 덕을 본 것이었지요. 그래서 할 얘기인지는 모르겠지만, 그에게 아부했던 사람이 한둘이 아니었다고 합니다. 제일 유명한 사례는 부르디외였는데, 그는 겉으로는 소박하게 생겼지만 속으로는 보통 약삭빠른 사람이 아니었다고 합니다. 발리바르가 그를 싫어하는 데는 그런 이유가 있지요.

『'자본'을 읽자』 이전에도 몇 차례의 세미나가 있었습니다. 우선 1961-62년 첫 번째 세미나의 주제는 청년 마르크스였는데, 흐루시초프의 스탈린 비판 이후 마르크스의 '1844년 원고'가 루카치적 서구 마르크스주의의 기원으로 주목되었기 때문이지요. 그 후 알튀세르는 구조주의에 대한 몇 차례의 세미나를 통해서 루카치적 서구 마르크스주의에 대한 대안을 모색하게 되었습니다. 1962-63년 두 번째 세미나의 주제는 레비-스트로스와 푸코 또는 구조주의의 기원, 1963-64년 세 번째 세미나의 주제는 라캉과 정신분석학, 1964-65년 네 번째 세미나의 주제는 마르크스의 『자본』이었지요.

1964-65년 세미나의 발제문을 정리하고 보충한 『'자본'을 읽자』는 두 권으로 구성되어 있습니다. 첫 번째 권의 첫 번째 논문은 알튀세르가 쓴 장문의 서문 「『자본』에서 마르크스의 철학으로」입니다. 두 번째 논문은 랑시에르의 「비판의 개념과 경제학 비판: '1844년 원고'에서 『자본』으로」인데, '1844년 원고'의 소외론과 『자본』의 경제학 비판을 방법의 차원에서 비교한 것이지요. 마지막 세 번째 논문은 마슈레의 「『자본』의 서술 과정에 대하여」인데, 변증법과 논리학의 관계가 그 주제입니다.

두 번째 권도 마찬가지로 세 편의 논문으로 구성되는데, 첫 번째 논문이 알튀세르의 발제문인 「『자본』의 대상」입니다. 첫 번째 권의 주제가 『자본』의 방법이라면, 두 번째 권의 주제는 『자본』의 대상이라고 할 수 있겠지요. 특히 랑시에르의 논문이 경제학 비판의 방법에 대한 것이라면, 알튀세르의 논문은 경제학 비판의 대상에 대한 것입니다.

나머지 두 편의 논문은 경제학 비판의 대상에 대해서 부연 설명하는 것입니다. 두 번째 논문은 발리바르의 「역사유물론의 기본개념에 대하여」인데, 여기서 역사유물론에 대한 체계적인 설명이 시도되고 있지요. 이런 시도는 소련 마르크스주의에 대해서 아주 중요한 비판을 제기하는 것인데, 발리바르는 생산양식과 사회구성체, 재생산과 이행 같은 역사유물론의 기본개념을 『자본』의 맥락에 따라서 구조주의적으로 재해석합니다.

소련 마르크스주의에서 생산양식은 생산관계와 생산력의 결합인데, 생산관계는 인간과 인간의 관계이고 생산력은 인간과 자연의 관계라고 정의되고 있었지요. 그 다음에 사회구성체는 토대와 상부구조의 결합으로 정의되었습니다. 가장 논란이 되었던 문제는 바로 토대와 생산양식의 관계였지요. 소련에서는 생산관계만이 토대를 구성하고 생산력은 토대와 아무런 상관이 없다고 정의되었습니다. 생산력은 생산관계와 달리 역사적이고 계급적인 의미가 없다는 것이었지요.

그러나 스탈린주의가 소련 마르크스주의를 지배하기 전에는 생산양식 전체가 토대라는 것이 정설이었습니다. 즉 토대에는 생산관계뿐만 아니라 또한 생산력도 포함되었고, 따라서 생산관계와 생산력이 모두 계급적이고 역사적인 의미를 갖는다는 것이었지요. 기계제대공업을 발전시킨 스탈린주의적인 중화학공업화가 사회주의적인 성격이 아니라 자본주의적인 성격을 갖는다는 비판이 제기되던 것은 이 때문입니다. 발리바르의 논문은 이런 비판을 복권시키는 의미를 갖는 것입니다.

마지막 세 번째 논문은 에스타블레의 「『자본』의 구성에 대한 설명」인데, 여기서 경제학 비판으로서『자본』의 개념적 구조가 전체적으로 정리됩니다. 1980년대 초에 제가『'자본'을 읽자』에서 가장

깊은 인상을 받았던 것이 바로 발리바르와 에스타블레의 논문이었습니다. 나중에 설명하겠지만 『자본』을 둘러싼 가장 중요한 경제학적 논쟁 중에 전형 문제라는 것이 있는데, 그런 논쟁을 해결할 수 있는 개념적 구조를 제공한 것이 에스타블레의 논문이지요.

그런데 에스타블레는 실제로 세미나에 참석했던 것은 아니라고 합니다. 마슈레나 랑시에르도 그렇고 에스타블레도 그렇고 발리바르보다 몇 년 선배여서 이미 고등사범을 졸업한 상태였지요. 고등사범은 프랑스 고유의 학제인 그랑제콜의 하나인데, 고등사범을 졸업하면 군대에 가는 대신 교사가 되지요. 에스타블레는 알제리에서 교사생활을 하는 중이었는지 세미나에 참석하지는 못했지만, 다른 발제문을 읽고 나서 『'자본'을 읽자』의 결론격인 논문을 썼지요.

에스타블레가 사후에 논문을 쓰게 된 데는 이유가 있었습니다. 원래 세미나에서 『자본』의 구성에 대해서 발제한 것은 마르크스주의 인류학자 고들리에였습니다. 고들리에의 발제문은 이미 발표된 세 편의 논문이었는데, 그는 이것들을 1966년에 『경제학에서 합리성과 비합리성』이라는 논문집으로 발표할 계획을 갖고 있었다고 합니다. 그래서 『자본』의 구성에 대한 논문이 필요하게 되었고, 에스타블레가 그 집필을 맡았던 것이지요.

말이 나온 김에 알튀세르의 제자들에 대해서도 한두 마디만 해두겠습니다. 이 세미나에 참석했던 마슈레, 랑시에르, 에스타블레, 모두가 알튀세르의 대표적인 제자들이지만, 역시 가장 중요한 제자는 발리바르라고 해야 할 것입니다. 당시 발리바르의 나이가 스물셋이었는데, 그 후 사십 년 동안 줄곧 마르크스주의를 위해서 기여해왔습니다. 발리바르가 없는 알튀세르적 마르크스주의는 상상하기 쉽지 않을 것입니다.

알튀세르도 발리바르도 모두 천재라고 할 수 있겠지만, 그것이 좋은 것인지는 잘 모르겠습니다. 어떤 중국 기사가 "이창호가 아니라 이세돌이 천재다"라고 하자, 이창호가 "천재가 좋은 것인가…"라고 자문했다고 하지요. 어쨌든 알튀세르나 발리바르가 비상한 이론가임에는 틀림이 없습니다. 그러나 두 사람이 조금 다른 면도 있어요. 알튀세르는 남이 생각치 못한 것을 생각해내는 이론가라면, 발리바르는 남이 생각해낸 것을 종합하는 이론가 같아요.

그런데 알튀세르의 제자 중에 잘 알려지지 않은 사람이 하나 더 있었는데, 그가 바로 세미나를 전체적으로 관리했던 뒤루이지요. 알튀세르나 발리바르는 자신들보다 훨씬 뛰어난 이론가가 뒤루라고 평가하곤 합니다. 그런데 뒤루는 전혀 글을 쓰지 않습니다. 제가 본 유일한 것이 1997년에 출판된 발리바르의 『대중의 공포』라는 논문집에 대한 서평인데, 여기서 발리바르를 랑시에르나 바디우와 비교하고 있지요. 도대체 무얼 하고 사는지, 조금 무책임한 것 아닌가 하는 생각까지 드는 사람이 바로 뒤루입니다.

그 다음에 알튀세르의 제자는 아니었지만, 베틀렘과 브뤼노프가 『자본』 세미나에 참석했습니다. 그리고 당시 학생이던 뒤메닐도 있었습니다. 특히 알튀세르보다도 연상이었고 이미 국제적으로 명성이 높았던 마르크스주의 경제학자 베틀렘은 알튀세르의 세미나에 영향을 받아서 자신의 입장을 변경하게 되지요. 그래서 발리바르의 도움을 받아서 1970년에 소련사회주의를 비판하는 『경제계산과 소유형태』를 발표하게 됩니다. 브뤼노프와 뒤메닐에 대해서는 조금 이따가 자세하게 설명할 것입니다.

참고로 뒤메닐이 다니던 고등상업학교도 그랑제콜인데, 그것은 옛날 서울대학교 상과대학과 비슷한 것이지요. 서울대학교로 편입되기 전에 서울상대의 명칭이 고등상업학교였습니다. 미군정이 국립대 설치를 강행했던 이유 중 하나는 고상의 좌익을 소탕하려는 것이었는데, 최초로 『자본』을 국역한 전석담 선생이 고상 교수였지요. 그러다가 박정희 정부가 관악산으로 캠퍼스를 이전하면서 서울상대는 해체되었고, 경영학과는 경영대학으로, 경제학과와 국제경제학과는 신설된 사회과학대학 경제학부로 전환된 것이지요.

어쨌든 『'자본'을 읽자』는 프랑스에서뿐만 아니라 또한 국제적인 차원에서도 마르크스주의 경제학이나 사회과학에 대해서 엄청난 반향을 일으키게 됩니다. 사실 어떻게 보면 1960-70년대의 마르크스주의자는 모두 알튀세르의 제자라고 할 수 있습니다. 심지어 트로츠키주의자 중에서도 알튀세르에게 영향을 받은 경우가 많은데, 예를 들어 영국의 경우 앤더슨이나 캘리니코스가 그렇습니다.

발리바르의 경제학 비판

그런데 1968년에 『'자본'을 읽자』 재판을 출판하면서 알튀세르가 랑시에르, 마슈레, 에스타블레의 논문 세 편을 삭제하고 서문과 자신과 발리바르의 논문 세 편만 포함시켰지요. 사실 초판에서 가장 논란이 되었던 것이 랑시에르의 논문이었습니다. 알튀세르 이전에 프랑스 마르크스주의를 지배하던 사람은 루카치적인 소외론을 실존주의적으로 해석한 사르트르였지요. 알튀세르의 구조주의적 마르크스주의와 사르트르의 실존주의적 마르크스주의 사이에서 전개된 논쟁에서 랑시에르의 논문이 큰 물의를 빚었다고 합니다.

그런 과정에서 상처를 받은 랑시에르는 알튀세르로부터 이탈하여 마오주의로 경도되었지요. 1968년을 전후해서 알튀세르가 협공당하게 되는데, 한쪽에는 프랑스공산당의 스탈린주의자들이 있었고, 다른 한쪽에는 자신의 제자들이던 마오주의자들이 있었지요. 스탈린주의자들이 볼 때 알튀세르는 은밀한 마오주의자였고, 마오주의자들이 볼 때는 여전히 스탈린주의자였습니다. 스탈린주의자들의 비판은 무시했던 알튀세르도 마오주의자들의 비판에는 상당히 신경을 썼던 것 같습니다.

알튀세르에 대한 마오주의적 비판을 대표했던 사람으로는 랑시에르 말고도 바디우가 있었습니다. 바디우는 고등사범 출신이기는 했지만 알튀세르의 제자가 아니라 사르트르의 제자였다고 할 수 있지요. 그는 1967년에 『비평』이라는 잡지에 『마르크스를 위하여』와 『'자본'을 읽자』에 대한 장문의 서평을 썼는데, 그 제목이 「변증법적 유물론의 (재)출발」이었지요. 그 후 사르트르 진영에서 알튀세르 진영으로 옮겨온 바디우는 나름대로 중요한 역할을 하다가 1968년 이후 다시 마오주의 진영으로 옮겨갔습니다.

『'자본'을 읽자』의 번역본의 텍스트가 된 것은 대부분 재판이었습니다. 초판을 번역한 경우는 거의 없는 것 같습니다. 그러나 랑시에르의 논문은 영어판이 있지요. 알튀세르의 영향력이 국제적으로 확산되었다고 했는데, 1970년대 초반에 영국에서 순수한 알튀세르주의를 지향하는『이론적 실천』이라는 그룹이 형성되었고, 그 잡지에 랑시에르의 논문이 번역되었거든요. 그러나 마슈레와 에스타블레의 논문은 영어로 번역되지 않았습니다.

말이 나온 김에 불어 공부에 대해서도 한 마디만 하겠습니다. 저도 삼십이 다되어 알튀세르와 발리바르를 공부하다 보니까 불어를 모르고서는 안 되겠더군요. 사실 마르크스도 오십이 다되어 러시아어를 배웠다고 하지요. 물론 제가 불어를 제대로 배운 것은 아니었고 말하자면 어깨너머로 배운 셈이었습니다. 제 방법은『완전불어』로 문법 공부를 대충하고 아무 자습서나 골라 독해 공부를 하는 것이었습니다. 불어는 단어나 문법이 영어와 아주 비슷해서 생각처럼 그렇게 어렵지 않습니다.

랑시에르와 마슈레, 특히 에스타블레의 논문이 빠진『'자본'을 읽자』 재판은 불완전한 것이었지요. 그래서 어떤 식으로든 보충이 필요했는데, 그것을 한 사람이 바로 발리바르였습니다. 고등사범을 졸업하고 알제리와 파리에서 몇 년 동안 교사생활을 한 발리바르는 1970년대에 들어와서 본격적인 이론 작업을 시작했지요. 그 성과물이 1974년에 출판된『역사유물론 5연구』라는 논문집이었는데, 이 책도 영역본은 없지요.

사실 발리바르의 이 책을 읽기 위해서 불어 공부를 시작했던 것입니다. 좀 전에 불어 문법과 독해를 공부하는 방법에 대해서 말씀드렸지만, 그 다음에는 좋은 책을 선택해서 직접 번역해봐야 합니다. 발리바르 책의 영역본은 없지만 대신 일역본이 있는데, 사전을 찾아 번역을 해가면서 중간에 막히면 일역본을 참조하고 그랬었지요. 그래서 두세 달만에 불어 공부를 대충 끝낼 수 있었는데, 제가 어학에 특별한 재능이 있는 것은 아니니까 여러분도 충분히 하실 수 있을 것입니다.

『역사유물론 5연구』는 『'자본'을 읽자』 재판을 보충할 뿐만 아니라 또한 『'자본'을 읽자』 초판에 대한 자기비판의 의미도 있었습니다. 이 책의 핵심은 「잉여가치와 사회계급」이라는 논문인데, 여기서 발리바르는 트론티의 오페라이스모처럼 자본에 의한 노동의 포섭이라는 개념을 강조합니다. 이것이 네그리의 아우토미아가 강조하는 자본에 의한 사회의 포섭과 전혀 다른 개념이라는 사실은 이미 지적한 대로입니다. 자본에 의한 노동의 포섭은 마르크스의 개념이지만, 자본에 의한 사회의 포섭은 푸코와 들뢰즈의 개념이거든요.

발리바르는 자본에 의한 노동의 포섭이라는 개념을 자본의 추상화와 노동의 구체성이라는 개념으로 발전시킵니다. 알튀세르가 지적한 『자본』의 곤란으로서 논리와 역사의 관계나 변증법의 문제를 자본의 추상화와 노동의 구체성이라는 개념으로 해결할 수 있습니다. 저는 자본의 추상화와 노동의 구체성이라는 개념이 경제학 비판의 핵심을 요약한다고 생각하는데, 사실 이것이 제가 1986년에 쓴 박사논문 『에티엔 발리바르의 '정치경제학 비판': 소개와 평주』(한울, 1987)와 워킹페이퍼 「유물변증법에 대한 에티엔 발리바르의 테제: 소개」(한신경제과학연구소, 1986)의 주제였지요.

앞으로 자세하게 설명하겠지만, 자본의 추상화와 노동의 구체성이라는 개념은 경제학 비판과 경제법칙론이 양립할 수 있음을 시사하는 것이기도 합니다. 반면 트론티나 네그리에게는 경제법칙론이 없습니다. 그래서 브뤼노프가 트론티나 네그리를 반경제학, 즉 경제학 비판이 아니라 경제학에 대한 반대 또는 거부라고 비판하는 것이지요. 발리바르와 트론티나 네그리 사이에는 친화성이 아니라 이단점이 있다는 말입니다.

가장 대표적인 예가 이윤율 하락을 둘러싼 논쟁인데, 마르크스가

『자본』에서 강조하는 대로 그 원인은 노동을 절약하기 위해서 고정자본을 소비하는 기술진보의 편향성에 있고, 그것을 설명하는 것이 자본에 의한 노동의 포섭이라는 개념이에요. 그러나 트론티는 이윤율 하락의 원인을 노동거부와 임금투쟁에서 발견합니다. 네그리도 그것을 수용하는데, 다만 노동자와 임금 개념이 확대되지요. 자본에 의해서 포섭된 사회의 모든 성원이 노동자이기 때문입니다. 공장노동자뿐만 아니라 또한 학생이나 가정주부도 사회노동자이고 따라서 사회임금을 요구할 수 있다는 말이지요.

트론티나 네그리가 주창하는 반경제학의 전거가 되는 것은 마르크스의 '1857-58년 원고'입니다. 이 원고를 보통 '그룬트리세'라고 부르는데, 독어를 잘 모르면 기초라는 뜻으로 오해할 수도 있지만 실은 개요라는 뜻이에요. 그래서 이 원고를 '경제학 비판 개요'라고 부르기도 합니다. 트론티나 네그리는 『자본』의 경제주의를 비판한다는 구실로 '1857-58년 원고'를 특권화하지만, '1857-58년 원고'를 그들과는 전혀 다른 방식으로 해석할 수도 있지요.

아까 루카치와 프랑크푸르트 학파의 비판사회학에 대해서 언급했지만, 서독의 68세대가 그런 전통에 대한 자기비판을 시도했습니다. 가장 중요한 논점은 비판사회학에 결여되었던 경제학 비판을 복권시킨 것인데, 그 때 결정적인 역할을 한 사람이 독립적인 트로츠키주의자 로스돌스키이지요. 로스돌스키도 트론티나 네그리처럼 '1857-58년 원고'를 특권화하지만, 그러나 그들과는 전혀 다른 방식으로 해석합니다.

트론티나 네그리는 '1857-58년 원고'에 산재해 있는 혁명적 공문구에 주목합니다. 사실 '1857-58년 원고'에는 임박한 공황에 대한 기대 때문에 별로 근거가 없는 혁명적 공문구가 많이 들어 있지요. 반면 로스돌스키는 변증법적 서술 형태에 관심을 갖습니다. '1857-58년 원고'를 집필할 당시 누가 마르크스에게 헤겔의 『대논리학』을 선물했다고 하지요. 그래서 혁명적 공문구와 동시에 변증법적 범주나 논리가 많이 들어 있는 것입니다.

브뤼노프의 경제학 비판

조금 길어졌는데, 알튀세르와 발리바르의 경제학 비판에 대해서 설명한 셈입니다. 말하자면 알튀세르와 그의 제자들이 『'자본'을 읽자』에서 경제학 비판을 복권시켰고, 발리바르가 『역사유물론 5연구』에서 트론티나 네그리 또는 로스돌스키와는 다른 방식으로 경제학 비판을 발전시켰다는 것이지요. 이제 알튀세르의 제자는 아니지만, 그의 세미나에 참석해서 영향을 받았던 사람들의 기여에 대해서도 설명해보겠습니다.

우선 프랑스를 대표하는 여성 마르크스주의 경제학자 브뤼노프에게 주목해야 합니다. 브뤼노프는 많은 책을 썼지만, 가장 핵심적인 것은 역시 1976년에 출판된 『국가와 자본』입니다. 이 책은 국역본이 있지만, 오역 투성이인 영역본을 대본으로 해서 중역한 것이기 때문에 거의 읽을 수 없는 상태입니다. 그래서 서구 마르크스주의를 공부하려면 불어를 알아야 한다는 것이지요. 아까 속성이나마 불어 문법과 독해를 공부할 수 있는 방법을 가르쳐드린 이유를 아시겠지요.

1980년대 초에 제가 마르크스주의에 대한 공부를 막 시작할 때 발리바르에게 가장 알튀세르적인 경제학자가 누구냐고 질문했더니 브뤼노프를 소개해주면서 『국가와 자본』을 꼭 읽어보라고 추천하더군요. 그렇지만 1986년에 「에티엔 발리바르의 '정치경제학 비판'」을 쓰면서 브뤼노프까지 검토하지는 못했지요. 이런 한계를 보충하기 위해서 1994년에 「쉬잔 브뤼노프의 신자유주의 비판」을 썼는데, 그 강의록은 『알튀세르를 위한 강의』에 실려 있습니다.

『국가와 자본』은 브뤼노프의 국가박사논문입니다. 프랑스에는 일반대학과 그랑제콜이라는 두 가지 대학이 있듯이 박사학위도 일반대학박사와 국가박사 두 가지가 있습니다. 일반대학이나 일반대학

박사는 미국 식 제도와 비슷하지요. 이미 설명한 대로 국립서울대학교가 설치됨으로써 남한에서도 미국 식 제도가 도입되지만, 1970년대까지는 국가박사와 비슷한 구제박사가 유지되고 있지요. 국가박사나 구제박사는 업적학위라고 불리기도 하는데, 나름대로 경력을 쌓은 학자가 제출한 그 동안의 업적 또는 그것을 기초로 한 새로운 업적에 대해서 수여되기 때문입니다. 반면 일반대학박사나 신제박사는 시험 잘 보고 레포트 잘 쓰면 주는 미국 식 학위이지요.

『국가와 자본』의 요지는 『자본』의 핵심 개념이 자본이 아닌 다른 어떤 것이라는 주장입니다. 이것이 바로 상품 일반과 구별되는 특수 상품으로서 화폐와 노동력이지요. 그리고 상품 일반뿐만 아니라 또한 화폐도 노동력을 인식하기 위한 전제조건이라고 할 수 있으니까 결국 노동력이 『자본』의 핵심 개념이라는 말이지요. 상품 일반과 노동력이라는 특수 상품을 구별하는 브뤼노프의 경제학 비판은 자본의 추상화와 노동의 구체성을 대조하는 발리바르의 경제학 비판을 확장하는 것이기도 합니다.

그런데 노동력이나 화폐가 특수 상품이라는 사실은 브뤼노프만 강조하는 것이 아닙니다. 사실 사회학자나 역사학자에게는 브뤼노프의 『국가와 자본』보다는 폴라니의 『대전환』이 훨씬 더 익숙할 것입니다. 폴라니는 경제인류학적 관점에서 영국 헤게모니와 미국 헤게모니를 비교하면서 특수 상품으로서 노동력과 화폐에 주목하지요. 그러나 그런 경제인류학적 묘사는 경제학 비판과 결합할 때만 의미를 가질 수 있습니다. 브뤼노프를 폴라니로 대체할 수는 없다는 말입니다.

왜 그런가를 설명해보겠습니다. 노동력과 화폐가 특수 상품이라는 사실은 상품 일반과 달리 경제적인 방식으로 재생산되지 않기 때문입니다. 즉 자본의 재생산에 필수적인 노동력과 화폐를 재생산하기 위해서는 국가가 개입해야 합니다. 지난번에 설명했던 것처럼 『자본』의 공백 중 하나는 국가에 대한 이론이 없다는 것이고 그래서 알튀세르가 억압적 국가장치에 이데올로기적 국가장치를 추가했던 것이지요. 브뤼노프는 억압적 국가장치와 이데올로기적 국가장치에 경제적 국가장치를 추가한 셈입니다.

사실 발리바르도 경제적 국가장치의 존재에 대해서 암시하기는 합니다. 자본에 의한 노동의 포섭이라는 개념을 발전시키면서 발리바르는 자본의 추상화와 노동의 구체성이라는 개념과 함께 노동과 국가의 결합이라는 개념을 제시합니다. 노동과 결합되는 국가가 곧 경제적 국가장치인 것이지요. 자본에 의해서 포섭되는 노동, 즉 자본의 추상화와 대조되는 구체적 노동이나 국가와 결합되는 노동은 사실 노동과정을 가리키는 것입니다.

그런데 브뤼노프는 노동과정뿐만 아니라 또한 노동력이 재생산되는 과정에도 주목하고 있기 때문에, 노동과정에 대한 발리바르의 분석을 노동력 재생산과정까지 확장시킨 것이 브뤼노프의 분석이라고 할 수 있지요. 그래서 발리바르의 경제학 비판과 브뤼노프의 경제학 비판을 종합해보면, 『자본』은 자본에 대한 이론이 아니라 노동과정 및 노동력 재생산과정에 대한 이론을 전개한다고 할 수 있습니다. 이 때문에 발리바르가 『자본』의 정치학은 곧 임노동의 정치학이라고 주장하는 것이지요.

그런데 브뤼노프의 경제학 비판은 발리바르의 경제학 비판을 확장하는 데 그치는 것이 아니라 한 단계 더 전진시키는 것입니다. 자본의 재생산에 필수적인 노동력의 재생산에 국가가 개입한다고 했지만, 그런 국가의 개입에는 특수한 방식들이 있기 때문입니다. 국가가 노동력의 재생산에 비경제적인 방식으로 개입할 수 있는데, 『자본』에서 분석되는 공장법이나 구빈법이 그런 사례라고 할 수 있습니다. 반면 국가가 경제적인 방식으로 개입하는 것이 경제정책이고, 그런 경제정책을 이론화하는 것이 바로 케인즈주의입니다.

브뤼노프를 제외한 다른 마르크스주의자들의 비판은 보통 케인즈주의가 부르주아 경제학이라는 데 머물지요. 그러나 그것은 마르크스적인 의미에서 경제학 비판이 아니에요. 케인즈는 리카도와 마찬가지로 철저한 부르주아였습니다. 리카도나 케인즈의 이론이 자본주의적 발전을 목적으로 하는 것이라는 점은 전혀 의심의 여지가 없지요. 따라서 케인즈주의가 부르주아 경제학이라는 것은 비판다운 비판이 아닌데, 마르크스는 리카도주의를 그런 식으로 비판하지 않았습니다.

요즘은 신자유주의에 대해서 조금만 비판해도 좌파주의적이라고 불리는 상황이지요. 그러나 신자유주의에 대한 진보주의적 비판을 대표하는 스티글리츠의 케인즈주의는 시대착오적인 것입니다. 리카도주의가 그러했듯이 케인즈주의는 자본주의의 특수한 역사적 단계에서만 타당하기 때문입니다. 제가 볼 때 신자유주의에 대한 대안으로 케인즈주의를 주장하는 진보주의자들은 케인즈주의의 역사성을 전혀 이해하지 못하고 있습니다. 그러나 리카도주의와 마찬가지로 케인즈주의에도 역사적 조건이 있음을 잊어서는 안 됩니다.

국가개입 일반과 경제정책을 구분하면서 리카도주의에 대한 비판와 비견되는 케인즈주의에 대한 비판을 제시한 것은 브뤼노프가 최초라고 할 수 있습니다. 경제정책을 이론화하는 케인즈주의를 현대경제학이라고 부릅니다. 케인즈주의는 단순한 개입주의가 아니라 경제적 방식의 개입주의로 특징지어지는 것이지요. 반면 고전경제학이라고 불리는 리카도주의에는 경제정책론이 존재하지 않습니다. 그러나 리카도주의는 단순한 자유방임주의가 아니라 때때로 비경제적 방식의 개입주의를 요구하는 것입니다.

정리해보자면, 브뤼노프는 비록 알튀세르의 제자는 아니었지만, 알튀세르적인 경제학 비판을 발전시키는 데 큰 기여를 했다고 할 수 있습니다. 브뤼노프의 경제학 비판은 발리바르의 경제학 비판을 확장하는 정도가 아니라 고전경제학에 대한 마르크스의 비판을 현대경제학에 대한 비판으로 완성하는 것이기 때문입니다. 따라서 경제학 비판에서 브뤼노프가 이룩한 업적은 알튀세르나 발리바르의 업적과 비견되는 것이라고 할 수 있겠지요.

뒤메닐의 미국경제 분석

알튀세르는 프랑스공산당이나 소련공산당의 공식 이론인 국가독점자본주의(국독자) 단계론이 미국경제의 성격을 인식하지 못한다고 비판하곤 했습니다. 이 때문에 발리바르는 국독자론을 단계론이 아니라 경향론으로 재구성하려고 시도하기도 했지요. 그렇지만 철학자였던 알튀세르나 발리바르가 미국경제를 분석했던 것은 아닙니다. 알튀세르적인 경제학 비판에 따라서 그런 분석을 시도했던 것은 아글리에타나 뒤메닐 같은 경제학자였지요.

물론 알튀세르적인 경제학 비판에 따라서 소련사회주의를 분석하려는 시도도 있었습니다. 어떻게 보면 미국자본주의에 대한 분석과 소련사회주의에 대한 분석은 짝이 되는 것이기도 했지요. 소련사회주의 분석을 주도했던 사람이 베틀렘이고, 그의 분석을 체계화한 사람이 그의 제자인 샤방스입니다. 그렇지만 베틀렘과 샤방스에 대한 설명은 이번 강의에서는 생략하도록 하겠습니다. 관심이 있으신 분은 『역사적 마르크스주의』를 참조하세요.

최초로 미국경제를 분석했던 것은 이공계 그랑제콜인 폴리테크닉을 졸업한 아글리에타였습니다. 그가 1976년에 발표한 『자본주의의 조절과 위기』는 조절이론을 통해서 미국경제를 분석합니다. 그러나 조절이론은 아글리에타의 개인작업이 아니라 베틀렘의 제자인 리피에츠나 케인즈주의자인 부아예 등과의 공동작업의 성과물이었지요. 게다가 그들의 공동작업에는 발리바르도 얼마간 기여했다고 합니다.

그 때까지 서구 마르크스주의에서 미국경제에 대한 분석을 대표한 것은 바란과 스위지의 독점자본주의론이었는데, 『역사적 마르크스주의』에서 지적했듯이 이것은 프랑크푸르트 학파의 계보에 속하는 것이었지요. 아글리에타·리피에츠·부아예의 조절이론은 알튀세르적인 관점에서 그것을 대체하는 의미를 갖는 것이었습니다. 그러나 조절이론에는 독점자본주의론과 공유하는 커다란 한계가 있었습니다. 즉 독점자본주의론이나 조절이론은 모두 과소소비에서 위기의 원인을 발견하는 것이었지요.

조절이론의 한계를 극복한 것이 경상계 그랑제콜인 고상을 졸업한 뒤메닐이었습니다. 뒤메닐이 1978년에 쓴 『'자본'의 경제법칙 개념』은 『자본』 해석에서 이윤율 하락을 복권시킵니다. 이 책은 알튀세르와 그의 제자들의 책을 출판해온 마스페로의 '이론' 총서로 발표됩니다. 게다가 제자들에게도 서문을 써준 적이 두세 번밖에 없었던 알튀세르가 뒤메닐에게 서문을 써주었지요. 여기서 알튀세르는 뒤메닐이 『'자본'을 읽자』에서 『역사유물론 5연구』까지의 경제학 비판을 한 단계 더 발전시켰다고 평가합니다. 알튀세르의 서문은 번역되어 있으니까 나중에라도 읽어보세요.

아까 발리바르나 브뤼노프의 경제학 비판과 트론티나 네그리의 반경제학 사이의 이단점이 이윤율 하락으로 대표되는 경제법칙론에 있다고 했는데, 이런 쟁점이 뒤메닐에게서 더욱 체계화된다고 할 수 있지요. 나중에 뒤메닐은 이런 경제법칙론을 '이윤율의 경제학'이라는 명제로 요약합니다. 이것은 아주 중요한 명제인데, 이윤율의 운동을 중심으로 『자본』의 경제법칙을 재구성할 수 있다고 주장하기 때문입니다. 거의 동시에 뒤메닐과 같은 입장을 제시한 폴 리는 1986년에 이윤율의 경제학을 교과서적으로 정리한 『'자본'의 이해』를 출판합니다.

지난 100년 동안 전개되어온 마르크스주의의 역사에서 철학 논쟁의 쟁점이 마르크스와 헤겔의 관계였다고 한다면, 경제학 논쟁의 쟁점은 마르크스와 리카도의 관계였지요. 투간 바라노프스키부터 스라파까지 모든 수정주의자들은 리카도를 복권시켜야 한다고 주장해왔는데, 그것을 스라파의 제자 가레냐니는 '잉여의 경제학'이라고 부릅니다. 좀 더 정확하게 말하자면, 잉여가치가 아니라 잉여생산물의 경제학이라는 말입니다.

그런데 수정주의자들이 주장하는 잉여의 경제학에 따르면 이윤율은 하락하는 것이 아니라 상승하는 것입니다. 그래서 카우츠키와 로자부터 바란과 스위지까지 마르크스주의자들은 경제위기의 원인으로서 이윤율 하락을 무시하고 대신 과소소비를 강조했던 것이지요. 뒤메닐과 폴리의 이윤율의 경제학은 알튀세르적인 경제학 비판에 따라서 잉여의 경제학을 체계적으로 비판하면서 경제법칙의 핵심으로서 이윤율 하락을 복권시키는 것입니다.

게다가 뒤메닐은 1993년에 출판된 『이윤율의 경제학』에서 알튀세르가 지적한 『자본』의 곤란인 논리와 역사의 관계를 체계적으로 설명합니다. 자본의 추상화와 노동의 구체성이라는 발리바르의 개념이나 상품 일반과 구별되는 특수 상품으로서 노동력이라는 브뤼노프의 개념도 물론 논리와 역사의 관계에 주목하지요. 그러나 뒤메닐은 이윤율 하락에 대한 반작용 요인을 통해서 논리와 역사의 관계를 더욱 체계적으로 설명하지요. 이윤율 하락이라는 경제법칙이 논리의 영역이라면, 그것에 대한 반작용 요인으로서 제도는 역사의 영역입니다.

예를 들어 1870년대부터 영국경제를 중심으로 하는 세계경제에서 이윤율이 하락하는 대불황이 발생했습니다. 이윤율 하락은 영국경제를 지지해왔던 제도로서 개인자본의 효율성이 한계에 도달했음을 가리키는 것입니다. 만일 자본주의가 개인자본을 대체하고 이윤율을 다시 상승시킬 수 있는 새로운 제도를 발명하지 못했다면, 적어도 1930년대의 새로운 대불황이 자본주의를 붕괴시켰을 것입니다. 그런 새로운 제도가 20세기 초 미국경제에서 출현한 법인자본, 즉 소유자와 관리자가 분리된 거대주식회사였습니다.

그런데 법인자본은 개인자본과 구별되는 고유한 불안정성을 갖고 있었지요. 개인자본의 불안정성은 경제학에서 보통 불비례라고 부르는 수요와 공급의 미시경제적 불균형에서 비롯되는 것이었습니다. 리카도를 따르는 투간 바라노프스키 같은 수정주의자들이 위기의 원인으로서 불비례를 강조한 것은 이 때문이었지요. 그러나 관리자에 의해서 조직화된 법인자본에서는 미시경제적 불안정성이 더 이상 문제가 되지 않았습니다. 대신 법인자본에서는 거시경제적 불안정성이 발생했는데, 이것에 대응하는 것이 케인즈주의적 경제정책이었지요.

　케인즈주의가 주목하는 거시경제적 불안정성의 하나가 기업의 투자 부족으로 인한 유효수요 부족인데, 그것을 해결하는 방법이 바로 소비 증가입니다. 그런 의미에서 케인즈주의도 과소소비설의 일종이라고 할 수 있지요. 그러나 마르크스주의가 시스몽디적 전통에 따라서 노동자의 소비 증가를 강조한다면, 케인즈주의는 맬서스적 전통에 따라서 정부의 소비 증가를 강조한다는 데 차이가 있지요. 케인즈가 말하는 '투자의 사회화'란 기업의 투자 부족을 보충하는 정부의 소비 증가를 가리키는 것입니다.

　그러나 더욱 근원적인 거시경제적 불안정성이 있는데, 그것이 바로 금융적 불안정성입니다. 방금 법인자본에서는 소유자와 관리자가 분리된다고 했는데, 소유자를 대표하는 것이 바로 금융이지요. 이른바 기업의 지배구조란 소유자와 관리자 또는 금융과 기업의 세력관계를 가리킵니다. 소유자와 금융이 관리자와 기업을 통제하는 지배구조를 가진 초기의 법인자본은 금융적 불안정성에 그대로 노출되어 있었는데, 그런 위험을 증명한 것이 바로 1929년의 대공황이었지요. 케인즈가 말하는 '금리생활자의 안락사'란 그런 지배구조를 역전시키기 위해서 소유자와 금융을 억압하자는 것이었습니다.

　아시다시피 투자의 사회화와 금리생활자의 안락사라는 케인즈의 제안을 실행한 것이 바로 로즈벨트의 뉴딜이었지요. 초기 뉴딜은 법인자본의 이익을 침해할 수도 있었는데, 케인즈가 공개서한을 통해서 뉴딜을 비판하면서 로즈벨트가 케인즈주의를 수용하게 되었지요. 그렇게 해서 적자재정을 통해서 부족한 유효수요를 보충하고 불안정성을 야기할 수 있는 금융을 통제함으로써 법인자본의 이익을 보장한다는 자유기업의 원리가 확립된 것입니다.

　그러나 로즈벨트가 케인즈주의의 모든 아이디어를 수용한 것은 아니었습니다. 케인즈는 평화주의자였지만, 로즈벨트는 아주 호전적인 군사주의자였지요. 사실 로즈벨트는 건국 이래 미국의 전통적인 외교노선이었던 고립주의를 국제주의로 전환시키려던 윌슨의 시도를 완성시켰습니다. 그래서 일본의 진주만 공습을 유도 내지는 방관하여 미국을 2차 세계전쟁에 참전시켰던 것이지요. 이 때문에 로즈벨트의 케인즈주의를 군사적 케인즈주의라고 부르기도 하는 것입니다.

어쨌든 알튀세르가 말하는 『자본』의 곤란으로서 논리와 역사의 관계를 이윤율의 하락이라는 경제법칙과 그것에 대한 반작용 요인으로서 제도 사이의 상호작용을 통해서 좀 더 체계적으로 설명할 수 있다는 것이지요. 이것에 대해서는 세 번째 강의에서 자세하게 설명하겠지만, 『신자유주의적 '금융 세계화'와 '워싱턴 콘센서스'』(공감, 1999)를 참조하실 수도 있겠습니다.

아리기의 역사적 자본주의 분석

미국경제에 대한 뒤메닐의 분석을 좀 더 장기적인 역사적 관점에서 보충할 수 있습니다. 여기서 저는 월러스틴의 세계체계론을 발전시킨 아리기의 역사적 자본주의 분석에 주목하고 싶습니다. 아리기는 월러스틴에 비해 국제적으로 잘 알려져 있지 않고, 게다가 많은 사람들이 두 사람의 이론을 혼동하기 때문에 간단하게 설명해 보겠습니다. 더 자세한 것은 『일반화된 마르크스주의와 역사적 자본주의 분석』(공감, 1998)을 참조하세요.

1994년에 출판된 아리기의 『장기 20세기』는 마르크스와 브로델을 결합하려는 시도입니다. 사실 이런 시도는 20여 년 동안의 연구를 완성하는 의미를 갖는 것이기도 하지요. 본래 아리기는 이윤율의 하락이 임금률의 상승에서 비롯된다는 이윤압박설에서 출발합니다. 그러다가 월러스틴의 장기파동설을 비판하면서 마르크스와 브로델을 결합하는 독자적인 축적체계론을 전개하지요. 저는 이런 아리기의 분석이 뒤메닐의 분석과 짝이 된다고 생각하는데, 이것에 대해서는 세 번째 강의에서 자세하게 설명하겠습니다.

여기서는 브로델을 중심으로 설명해보겠습니다. 브로델이 대표하는 아날 학파는 네 번째 강의에서 설명할 구조주의 운동과도 관련됩니다. 블로크와 페브르가 창시한 아날 학파는 전후에 브로델에 의해서 크게 발전합니다. 특히 브로델이 정치적 수완을 발휘하여 미국으로부터 대규모의 재정지원을 확보한 것이 결정적인 계기가 되었다고 합니다. 블로크·페브르 시대를 1기 아날 학파, 브로델 시대를 2기 아날 학파라고 부르는데, 1기와 2기의 공통적인 특징은 경제사 연구였습니다.

그러다가 1970년대에 들어와서 브로델의 제자인 라뒤리가 아날 학파를 대표하면서 경제사에서 문화사로 방향이 전환됩니다. 1990년대 남한에서 소개된 아날 학파는 주로 라뒤리의 3기 아날 학파라고 할 수 있지요. 아까 부르디외가 아주 권력지향적이고 계산적이라고 했지만, 라뒤리도 그에 못지 않은 사람이라고 합니다. 그래서 말년의 브로델은 아날 학파에서 점차 소외되는데, 그 때 월러스틴이 등장합니다. 월러스틴이 세계체계론을 발전시키면서 브로델을 복권시킨 것이지요.

사실 브로델 시대의 아날 학파에는 알튀세르적인 경제학 비판에 공감하는 마르크스주의 역사학자들도 많이 있었는데, 가장 대표적인 경우가 『이론』 10호에도 소개된 부아입니다. 1970년대 말에 부아는 발리바르와 함께 프랑스공산당의 스탈린주의를 비판한 알튀세르를 지지하려는 팜플렛을 쓰기도 했지요. 발리바르가 월러스틴의 세계체계론에 대해서 몇 가지 유보를 달면서도 호의적으로 평가하는 것에는 이런 배경이 있었던 것입니다. 월러스틴에 대한 발리바르의 논평도 번역되어 있으니까 나중에 읽어보세요.

그런데 월러스틴에 대한 발리바르의 비판에는 한 가지 부족한 것이 있습니다. 아날 학파의 경제사는 사실 경기순환론에서 출발하지요. 아날 학파의 핵심 개념 중에 콩종크튀르가 있는데, 이것은 본래 경기순환의 한 국면을 가리키는 경제학적 용어입니다. 특히 경기순환이 상승 국면에서 하락 국면으로 급변하는 것을 공황이라고 부르는데, 그 때는 국면 대신 정세라고 하는 것이 더 적절하겠지요. 콩종크튀르를 정세라고 번역하는 것이 옳지 않다고 주장하는 사회학자나 역사학자는 스스로 무지를 폭로하는 셈입니다.

월러스틴은 아날 학파의 경기순환론, 특히 장기파동설을 채택하는데, 그것은 본래 마르크스의 경제학 비판과 결합할 수 없는 것입니다. 투간 바라노프스키의 경기순환론을 발전시킨 콘드라티에프의 장기파동설은 사실 아무런 논리적이고 역사적인 근거가 없는 가설이기 때문입니다. 그래서 방금 지적했던 것처럼 아리기가 이윤율 하락설과 결합되는 축적체계론을 전개한 것이 타당한 것이지요. 물론 아리기는 뒤메닐처럼 정교한 논리를 제시하지는 않지만 두 사람 사이의 친화성은 아주 분명합니다.

나아가 아리기도 이윤율 하락에 대한 반작용 요인으로서 제도를 분석합니다. 그래서 뒤메닐과 거의 똑같은 방식으로 법인자본주의와 케인즈주의를 설명하는 것이지요. 다만 뒤메닐이 치밀한 논리적 분석을 제시한다면, 아리기는 광범위한 역사적 시각을 제시합니다. 예를 들어 뒤메닐은 미국자본주의만 분석하는데, 아리기는 영국자본주의에서 미국자본주의로의 이행을 설명하는 것이지요. 이 점에 대해서도 세 번째 강의에서 자세하게 설명하겠습니다.

게다가 아리기는 미국자본주의의 성격으로 법인자본주의와 케인즈주의뿐만 아니라 또한 초민족성을 분석하기도 하지요. 이런 분석은 사실 1978년에 출판된 아리기의 『제국주의의 기하학』으로 소급되는 것인데, 여기서 홉슨과 힐퍼딩에게서 유래하는 레닌의 제국주의론이 갖는 역사적 한계를 체계적으로 설명하고 있습니다. 1980년대 초에 저는 이 책을 읽고서 큰 감명을 받아 아리기에게 편지를 써보기도 했습니다.

지나치는 김에 초민족성이라는 용어에 대해서도 한 마디만 하겠습니다. 이것은 'trans-nationality'를 번역한 것인데, 보통 초국적성이라고 번역하지요. 그렇지만 이런 번역은 요령부득입니다. 예를 들어 초국적자본이 있다면 국적자본이라는 것도 있어야 마땅하겠지만, 그런 것은 없기 때문이지요. 민족자본이 있고 초민족자본이 있을 따름입니다. 아리기는 법인자본주의와 케인즈주의의 초국적성이 아니라 초민족성을 강조하는 것입니다.

초민족자본에 대해서 한두 가지만 설명을 보충하겠습니다. 아글리에타의 조절이론과 동시에 등장한 자본국제화론에 주목해야 합니다. 자본국제화론은 워낙 유명한 이론이기 때문에 아마 들어보신 적이 있을 텐데, 그것을 제시한 사람이 아까 나왔던 베틀렘의 계보에 속하는 팔루아입니다. 굳이 비교하자면, 아글리에타의 조절이론이 독점자본주의론을 대체하는 이론이라면, 팔루아의 자본국제화론은 제국주의론을 대체하는 이론입니다.

팔루아는 자본국제화가 세 단계를 거쳐서 발전한다고 설명합니다. 상품자본이 수출되는 것이 국제무역입니다. 그리고 화폐자본이 수출되는 것이 제국주의이고, 생산자본이 수출되는 것이 초민족자본주의라는 것이지요. 그러나 이런 설명은 큰 잘못입니다. 한 마디로 말해서 생산자본은 기계·설비와 노동력으로 구성되는 것입니다. 그런데 자본이 초민족될 때 화폐자본이 수출되거나 기계·설비라는 상품자본이 수출되는 것이지 노동력이 수출되는 것은 아니에요. 요컨대 생산자본은 수출될 수 없다는 말입니다.

경제학 비판의 그로스만적 전통

마지막으로 그로스만에 대해서도 간단하게 언급하겠습니다. 이제까지 『'자본'을 읽자』에서 제시된 알튀세르적인 경제학 비판에서 출발해서 발리바르와 브뤼노프, 뒤메닐과 아리기에 의해서 그것이 어떻게 발전해왔는가를 설명했습니다. 그런데 이런 설명은 100년에 걸친 마르크스주의 경제학의 논쟁사에서 억압되어온 하나의 전통을 복권시키는 것이기도 합니다. 『역사적 마르크스주의』에서 자세하게 설명한 것처럼 평의회 마르크스주의와 친화성을 갖는 그로스만이 그런 전통의 발단이라고 할 수 있습니다.

얼마 전에 과천연구실의 한 대학원생이 김수행 교수에게 이런 주제로 박사논문을 제출한 적이 있습니다. 그런데 이 주제에 대해서는 정운영 교수가 유일한 전공자인데, 웬일인지 김 교수가 정 교수를 기피했다고 합니다. 그러니까 논문지도가 제대로 될 리가 없었지요. 이번 강의에서 고상부터 서울상대까지 이어져온 마르크스주의 경제학의 전통을 강조했지만, 그런 전통이 단절된 것이 반드시 부르주아 경제학 탓인지 반성해야 할 것입니다. 제 생각으로는 안병직 교수에 이어서 김수행 교수도 만만찮은 기여를 했거든요. 진보경제학계의 '사회학과 정치학'은 정말 끔찍스럽습니다.

각설하고, 그로스만처럼 기구한 마르크스주의자도 별로 없었을 것 같아요. 프랑크푸르트 학파의 창립 멤버였지만 호르카이머에 의해서 철저히 소외되었던 사람이 그로스만이지요. 사람들이 그의 이름 철자조차 잘 모를 정도라면, 그가 얼마나 소외되었는지 짐작하실 수 있겠지요. 보통 'Grossmann'이라고 쓰는데, 그것은 위대한 인간이란 뜻으로 아주 멍청한 이름이지요. 실은 'Grossman'이 옳다고 합니다. 호르카이머 이후 루카치적인 비판사회학으로 경도된 프랑크푸르트 학파가 68세대의 비판을 받은 것은 자업자득이지요.

『자본』의 핵심이 경제학 비판이고 이 때문에 경제학 비판의 플란이 변경되었다는 사실을 최초로 강조한 마르크스주의 경제학자가 바로 그로스만입니다. 게다가 경제법칙의 핵심이 이윤율 하락이고 그것에 대한 반작용 요인으로서 제도가 자본주의의 역사를 설명한다고 주장한 것도 바로 그로스만입니다. 그래서 알튀세르적인 경제학 비판이 그로스만의 경제학 비판을 현대화시키려는 노력이라고 해석하는 것이 타당하다는 것이 제 생각이지요.

1929년에 출판된 그로스만의 강의록『자본주의 체계의 축적 및 붕괴의 법칙』은 600쪽이 넘는 방대한 분량이고 아직 영어나 불어로 번역되어 있지도 않지요. 그런데 다행히도 바나지라는 인도 마르크스주의자가 1/3 정도로 요약해놓은 영역본이 있으니까 아쉬운 대로 참조할 수 있을 것입니다. 2000년에 그로스만 50주기를 기념해서 쓴「이윤율의 경제학: 헨릭 그로스만을 위하여」가 『이윤율의 경제학과 신자유주의 비판』에 실려 있으니까 참조하세요. 제가 알고 있는 오스트레일리아 트로츠키주의자 쿤이 내년이나 내후년쯤 그로스만 전기를 출판할 예정이라고 합니다.

경제학 비판의 대상과 방법

이제부터 『마르크스의 '경제학 비판'』에 대해서 설명하겠습니다. 이 책의 목적은 경제학 비판의 그로스만적 전통 또는 발리바르와 브뤼노프, 뒤메닐과 아리기에 의해서 발전되는 알튀세르적 경제학 비판에 따라서 『자본』을 설명하는 것입니다. 그런데 강의록인 이 책은 여러분이 혼자서도 읽으실 수 있기 때문에, 오늘 강의는 논지를 전달하는 데 초점을 맞추겠습니다. 그리고 다음 강의에서는 그런 경제학 비판이 어떻게 신자유주의적 금융세계화에 대한 분석으로 구체화될 수 있는지를 설명하겠습니다.

크게 두 단락으로 나누어 절반은 1장을 설명하고 나머지 절반은 2장부터 5장까지를 설명하도록 하겠습니다. 서론격인 1장의 주제는 경제학 비판의 대상과 방법입니다. 알튀세르의 가장 중요한 유물론적 명제의 하나가 모든 과학은 자기 자신의 대상을 갖는다는 것입니다. 반면 철학은 그런 대상이 없지요. 게다가 과학의 대상은 고유한 이중성을 갖고 있어요. 마르크스가 1845년에 쓴 '포이어바흐에 대한 테제'는 이제까지 철학자들은 현실의 대상과 사고의 대상을 구별하지 못했다는 비판에서 출발합니다. 그러니까 현실의 대상과 사고의 대상을 혼동하는 관념론이었다고 비판하는 셈입니다.

독어에서는 현실의 대상과 사고의 대상을 가리키는 단어가 서로 다른데, 그것이 'Gegenstand'와 'Objekt'입니다. 'Objekt'는 영어의

'object'와 같은 단어입니다. 반면 'Gegenstand'는 'against'라는 뜻의 'gegen'과 'stand'라는 뜻의 'stehen'의 명사형을 합성한 것인데, 독어에만 있는 단어이지요. 현실의 대상이란 주체의 바깥에 서있는 것, 저기에 서있는 것, 즉 'Gegenstand'라는 것입니다. 로망스어와 비교해서 독어는 단순하다는 특징을 갖는데, 그래서 합성어가 아주 많습니다. 또 독어에서 명사는 항상 대문자로 시작됩니다.

현실의 대상과 사고의 대상이 다르다는 것은 엥겔스와 레닌이 말하는 유물론적 철학의 첫 번째 명제이기도 합니다. 두 번째 명제는 주체가 자신의 외부의 대상을 인식할 수 있다는 것이지요. 주체가 그렇게 할 수 있는 것은 바로 이성에 따라서 사고할 수 있기 때문인데, 그런 사고를 가리켜서 과학이라고 부르는 것입니다. 말하자면 합리적 사고를 통해서 현실의 대상을 과학적으로 인식할 수 있다는 것이 엥겔스와 레닌이 말하는 유물론적 철학의 두 번째 명제입니다.

알튀세르는 이런 유물론적 철학을 더욱 발전시킵니다. 현실의 대상을 인식하기 위한 수단으로서 합리적 사고의 대상은 항상 과학적 개념이라는 형태를 띤다는 것입니다. 이것이 바로 'concept'이지요. 요즘은 'concept'이라는 단어를 오·남용하여 오만 잡것을 다 가리키지만, 본래의 의미는 과학적 인식의 형태를 가리키지요. 'concept'과 구별되는 것이 바로 'notion'인데, 그것은 철학적 개념을 가리킵니다. 'concept'이 현실의 대상을 인식하기 위한 수단으로서 사고의 대상이라면, 'notion'은 현실의 대상이 없는 사고의 대상입니다.

방금 철학은 고유한 대상이 없다고 했는데, 이제 좀 더 정확하게 설명할 수 있겠지요. 철학은 과학과 달리 현실의 대상은 없지만, 그러나 사고의 대상은 있기 때문입니다. 존재니 뭐니 하는 철학적 개념은 현실의 대상이 아니라 사고의 대상일 따름입니다. 이 때문에 푸코 식으로 과학은 사물을 대상으로 하고 철학은 말을 대상으로 한다고 할 수 있겠지요. 또 들뢰즈가 과학적 사고와 달리 철학적 사고는 빛의 속도로 운동한다고 자랑하는 것도 이 때문입니다.

그런데 이론은 하나의 개념이 아니라 여러 개념들의 관계 속에서 구성되지요. 즉 이론이란 개념의 전개(development)를 통해서 구성된다는 말입니다. 알튀세르는 과학마다 개념이 전개되는 방법이 다르다고 주장합니다. 사고의 대상으로서 과학적 개념이 전개되는 방법은 각각의 과학에 특수하기 때문에 모든 과학에 적용될 수 있는 방법의 원리, 즉 실증주의 철학이 주장하는 과학적 방법론(methodology) 같은 것은 없다는 말입니다. 이 때문에 경제학 비판에 고유한 방법으로서 변증법이라는 문제가 제기되는 것이지요.

'1857-58년 원고'에 붙인 경제학 비판의 방법에 관한 서론에서 마르크스는 변증법의 핵심을 추상에서 구체로의 상승이라는 명제로 요약합니다. 쉽게 말하자면 추상화는 단순화라고 할 수 있습니다. 즉 추상은 단순한 규정이라는 뜻이지요. 자본주의의 가장 추상적인 규정, 가장 단순한 규정은 상품 일반이라는 개념입니다. 『자본』이 자본주의적 부는 상품의 집적으로 나타난다는 문장으로 시작되는 것은 이 때문이지요.

마르크스는 구체가 추상으로부터 상승된다고 했습니다. 그러나 그런 구체가 현실이 아니라 사고 속에서 구성되는 것이라는 점을 잊어서는 안 됩니다. 사고의 구체는 단순한 규정에 새로운 규정이 하나하나 추가되면서 구성되는 것이기 때문입니다. 즉 추상이 단순한 규정이라면, 구체는 복잡한 규정이지요. 상품 일반이라는 개념에 새로운 규정이 추가되어 특수 상품으로서 화폐나 노동력이라는 개념이 전개됩니다. 따라서 상품이 추상적 개념이라면 화폐나 노동력은 구체적 개념이지요. 마르크스적인 의미에서 추상과 구체는 이렇게 아주 특수한 것입니다.

네 번째 강의에서 자세하게 설명하겠지만, 1980년대에는 PD적인 음악운동도 아주 활발하게 전개되었습니다. 지난번 강의에서 『현실과 과학』과 서사연에 대해서 설명했지만, 사실 민중문화운동연합(민문연)의 노래패 새벽도 대단했었지요. 작곡자 문승현 씨와 이현관 씨, 작사자 김정환 시인, 가수 윤선애 씨 등을 중심으로 아주 훌

릉한 작품과 공연을 많이 생산했습니다. 그러나 1990년대 초 남한 마르크스주의의 위기 속에서 새벽도 결국 해체되고 말았는데, 생각할수록 정말 아쉬운 일이지요.

당시 PD적인 노래에 대한 통상적인 비판은 구체성이 부족하다는 것이었습니다. PD적인 가사는 노동자나 민중이 일하고 사는 일상과 괴리된 민주주의나 계급 같은 추상적 개념으로 가득 차 있다는 것이지요. 예를 들어 김호철 씨의 노래처럼 프레스에 잘려진 손이나 포장마차에서 소주 한 잔 같은 구체적 현실이 없다는 말입니다. 그러나 현실의 구체와 사고의 구체는 전혀 다른 것입니다. 달리 말하자면 PD적인 노래에 대한 비판은 대체로 사고의 구체를 현실의 구체와 혼동하는 관념론적 발상에서 비롯되었다는 말이지요.

어쨌든 변증법이 '1857-58년 원고'의 서론에 나오는 경제학 비판의 방법입니다. 그래서 이미 지적한 것처럼 '1857-58년 원고'에 변증법적 요소가 강한 것이지요. 그런데 추상에서 구체로 상승하면서 개념을 전개하는 변증법은 곧 논리로서 변증법을 가리키는 것입니다. 헤겔이 자신의 변증법을 체계화한 책의 제목을 『논리학』이라고 붙였던 것은 이 때문이지요. 따라서 헤겔의 관념변증법과 마르크스의 유물변증법의 관계라는 문제가 제기되기 마련입니다.

마르크스 자신도 이런 문제를 곧 깨닫습니다. 그래서 1859년에 출판한 『경제학 비판을 위하여: 1분책』의 원고에서 변증법은 자기 자신의 한계를 아는 한에서만 옳다고 지적합니다. 그 후 변증법은 계속 축소되어 마르크스 자신이 마지막으로 출판한 1873년의 『자본』 재판에서는 변증법이 거의 소멸됩니다. 『역사적 마르크스주의』에서 지적한 대로, 『자본』에서 변증법의 축소·소멸은 로스돌스키를 따라서 프랑크푸르트 학파를 비판한 서독 68세대가 1970년대 말에 도달했던 결론이기도 하지요.

알튀세르는 한 걸음 더 나아가서 변증법적 논리의 한계에 역사가 존재한다고 강조합니다. 방금 지적한 것처럼, 상품 일반에서 특수 상품으로서 화폐와 노동력으로 상승하는 과정은 순수하게 논리적인 도출 과정이 아니지요. 조금 이따가 설명하겠지만, 상품에서 화폐와 노동력으로 전개하는 과정에는 제도라는 역사적 계기가 개입하기 때문입니다. 따라서 알튀세르에게서 유물변증법은 논리와 역사를 결합하는 것입니다. 게다가 논리로서의 변증법에 대해서 역사로서의 변증법, 즉 역사변증법이 우위에 있다고 할 수 있습니다.

뉴튼의 역학

세 번째 강의와 연결시키기 위해서는 『마르크스의 '경제학 비판'』에 대한 설명을 「이윤율의 경제학: 헨릭 그로스만을 위하여」에 대한 설명으로 보충해야 합니다. 이미 지적한 대로 과학 일반이 아니라 다수의 과학이 존재하는 것이지요. 합리적으로 인식할 수 있는 특수한 현실의 대상의 수만큼 과학이 존재한다는 말입니다. 그러나 모든 과학의 원형은 물리과학입니다. 그 후 새로운 과학적 대상이 발견되면서 생명과학이 출현합니다. 생명과학의 기초가 되는 것이 다윈의 진화론이라면, 물리과학의 핵심은 누가 뭐라고 해도 역시 뉴튼의 역학입니다.

역학은 'mechanics'를 번역한 것인데, 철학에서는 기계론이라고 번역하는 것이 보통이지요. 그러나 그런 번역은 의도적인 오역이기도 합니다. 'mechanics'는 기계와 아무런 상관도 없기 때문이지요. 'mechanics'는 물리과학의 기본개념인 힘(force)을 대상으로 하기 때문입니다. 그래서 역학이라고 번역하는 것이 옳지요. 물론 역학을 응용해서 기계를 만들 수도 있는데, 그것은 'mechanics', 역학이 아니라, 'mechanical engineering', 기계공학이지요.

역학에 후속하는 것이 진화론이라고 했지만, 사실 이 대목은 경제학의 입장에서 억울한 점이 있어요. 진화론의 기원에 경제학이 있었기 때문입니다. 초기의 경제학은 17세기 중엽 영국 시민혁명의 시대에 태동합니다. 크롬웰의 참모이던 페티의 인구론이 바로 그것인데, 그는 정치산수라는 명칭을 사용했지요. 경제학과 진화론의 모태가 된 것이 페티의 정치산수 또는 인구론이에요.

나중에 경제학과 진화론은 분리되지만, 그럼에도 불구하고 그 경계선에서 생태학이라는 새로운 과학이 출현합니다. 생태학은 본질적으로 진화론의 일부이지만, 그러나 현재의 생태 문제는 진화론만으로는 분석될 수 없습니다. 자본주의에 대한 분석이 결합되어야 하기 때문입니다. 그래서 진화론과 경제학 또는 경제학 비판을 결합하는 생태학이 필요한 것이지요. 내년 초쯤『역사적 자본주의 분석과 생태론』이라는 책을 출판할 예정인데, 관심 있는 분은 한번 읽어보세요.

어쨌든 역학의 대상인 힘은 눈으로 볼 수는 없어도 분명 현실에 존재하는 것입니다. 그런 힘이 존재하는지 모르겠다는 사람은 15층에서 떨어져보면 알겠지요. 그 때 그를 죽게 만드는 것이 바로 중력이라는 보이지 않는 힘입니다. 인구도 마찬가지로 현실에 존재하는 것입니다. 진화론에서 인구는 어떤 생물종의 개체군을 가리키고, 경제학에서는 어떤 경제의 고정자본을 가리키지요. 역학의 대상은 물체에 작용하는 힘인데, 다윈이나 마르크스도 각자 특수한 의미에서의 힘을 발견했다고 할 수 있지요. 다윈적인 의미에서의 힘은 자연선택이고, 마르크스적인 의미에서의 힘은 착취에 기인하는 계급 모순이기 때문입니다.

『자본』의 과학성을 설명하기 위해서 이런 설명을 보충하는 것인데, 하여튼 역학이 가장 중요합니다. 중·고등학교 때 다 배웠을 것인데, 아마 수능 이후 다 잊어버리셨겠지요. 뉴튼의 과학혁명의 핵심이 역학이라는 것은 물체에 작용하는 힘이라는 현실의 대상에 대해서 최초로 사고했기 때문입니다. 뉴튼 이전에는 어느 누구도 현실의 대상에 대해서 사고한 적이 없었습니다. 신이나 인간 같은 철학적 대상은 현실의 대상이 없는 사고의 대상일 뿐입니다.

진화론이나 경제학이 역학과 구별되는 것은 물체에 작용하는 힘이 아니라 인구에 작용하는 힘을 대상으로 하기 때문입니다. 또 진화론과 경제학이 구별되는 것은 그것들이 대상으로 하는 인구가 개체군과 고정자본이기 때문입니다. 그러나 진화론이나 경제학이 역학과 양립할 수 없는 것은 아닙니다. 역학과 진화론과 경제학의 대상들 사이에는 어떤 관계가 있는데, 알튀세르의 철학을 과학적 현실주의로 발전시킨 바스카는 그런 관계를 출현적 구조(emerging structure)라고 부르지요.

과학적 일반화

보통 뉴튼의 역학을 고전역학, 아인슈타인의 역학을 현대역학이라고 부르지요. 이제 고전(classical)이나 현대(modern)라는 용어가 과학에서 어떻게 사용되는지 얼마간 감이 올 것입니다. 그러니까 리카도주의를 고전경제학이라고 부르고 케인즈주의를 현대경제학이라고 부르는 것과 마찬가지로, 뉴튼의 역학을 고전역학이라고 부르고 아인슈타인의 역학을 현대역학이라고 부른다는 말입니다.

그런데 과학에서 고전과 현대의 관계는 곧 일반화의 관계이기도 합니다. 과학의 일반화를 설명하기 위해서는 먼저 보편상수라는 개념을 이해해야 하는데, 쉽게 말해서 보편상수는 인과관계 또는 제약식을 의미하는 것입니다. 아인슈타인의 현대역학이 뉴튼의 고전역학을 일반화한다는 것은 새로운 제약식으로서 새로운 보편상수를 발견한다는 뜻이지요. 그런 의미에서 케인즈의 현대경제학이 리카도의 고전경제학을 일반화하는가는 아주 논쟁적인 주제입니다.

뉴튼의 고전역학에서 보편상수는 단 하나인데, 그것이 바로 중력상수 G입니다. 뉴튼의 고전역학을 지배하는 보편적 제약식을 상수로 표현한 것이 G라는 말이지요. 아인슈타인의 일반상대성론은 여기에 광속상수 c를 추가합니다. 일반상대성론은 중력장방정식이라고 불리는 하나의 방정식으로 표현되는데, 이 방정식에 $c=\infty$, 즉 $1/c=0$을 대입해서 아인슈타인의 체계를 뉴튼의 체계로 환원할 수 있지요.

고전역학과 마찬가지로 일반상대성론의 대상도 중력인데, 다만 특수상대성론을 전제합니다. 특수상대성론의 보편상수는 c이고, 중력장방정식에 $G=0$을 대입하면 일반상대성론이 특수상대성론으로 환원되지요. 즉 일반상대성론은 고전역학뿐만 아니라 또한 특수상대성론을 일반화하는 것이기도 합니다. 일반상대성론은 고전역학보다 중력의 작용을 훨씬 더 정확하게 분석할 수 있는데, 이것에 대해서는 조금 이따가 설명하겠습니다.

현대역학에 대해서 한 마디만 더 하겠습니다. 현대역학에는 일반상대성론만 있는 것은 아니고, 오히려 그것보다도 양자론이 훨씬 더 각광을 받고 있습니다. 사실 양자론도 아인슈타인의 특수상대성론에서 출발했지만, 아인슈타인 자신은 양자론보다 일반상대성론에 몰두했지요. 양자론은 c에다 h를 추가하는데, 이것이 플랑크가 발견한 새로운 보편상수인 양자상수입니다. 게다가 양자론은 전자기력 같은 새로운 힘을 대상으로 하는 것입니다. 전자기력을 양자론으로 설명하는 것이 바로 파인만의 양자전기동역학(QED)이지요.

그래서 결국 현대역학은 G와 c와 h라는 보편상수에 의해서 구성되는데, 이 세 가지 보편상수를 결합하는 이론은 아직 없습니다. 달리 말하자면 중력 같은 거시적 힘과 전자기력 같은 미시적 힘을 결합하는 이론은 아직 없습니다. 소칼이 비판하는 대로 포스트구조주의가 착취하려는 양자중력론 같은 것은 없다는 말이지요. 게다가 파인만은 그런 이론 자체가 불가능하다고 생각했다고 합니다. 고전역학이나 일반상대성론과 양자론 중에서 어떤 것이 더 일반적인가라는 질문은 제기될 수 없다는 말이지요.

이제 마르크스주의를 일반화한다는 것이 무엇인지 설명할 수 있습니다. 경제학 비판에서 보편상수는 단 하나입니다. 그것이 바로 계급적 착취이지요. 그러나 자본주의라는 현실의 대상을 그것만으로 설명할 수는 없습니다. 제 생각으로 제일 중요한 것은 이데올로기적 지배라는 보편상수를 추가하는 것입니다. 그래서 일반화된 마르크스주의의 핵심은 경제학 비판과 이데올로기 비판의 결합인데, 이것에 대해서는 네 번째 강의에서 자세하게 설명할 것입니다.

과학적 모형

『자본』의 과학성을 설명하기 위해서는 뉴튼의 과학혁명에서 출발해야 합니다. 그런데 역학은 물론이고 경제학이나 진화론조차 정성적(qualitative) 측면만 갖는 것이 아닙니다. 모든 과학은 정량적(quantitative) 측면도 갖고 있습니다. 방금 설명한 개념의 전개로서 이론이 과학의 정성적 측면입니다. 그리고 그런 이론을 수학적 법칙으로 표현하는 것이 정량적 측면입니다. 양을 다루는 유일한 과학인 수학을 통해서 이론이 법칙으로 표현된다는 말이지요.

아무리 역학이라고 해도 수학적인 법칙만 있는 것은 아닙니다. 역학의 이론도 개념들의 관계를 통해서 전개되기 때문이지요. 그리고 그런 이론을 표현하는 것이 수학적인 법칙이지요. 『마르크스의 '경제학 비판'』도 이런 식으로 구성되어 있습니다. 제가 설명을 자세하게 하는 스타일은 아니지만 그래도 서너 쪽은 말로 설명하고 나서 수식을 제시한다는 것이지요. 말로 쓴 부분이 이론이고 수식으로 쓴 부분이 법칙입니다.

사실 경제학에서 수학을 최초로 사용한 사람이 바로 마르크스입니다. 『자본』자체가 아주 수학적인 책이에요. 처음부터 끝까지 C, V, S 같은 기호가 나오지 않습니까. 리카도를 비롯해서 어떤 고전 경제학자도 그렇게 수학적 기호를 애용한 적이 없었어요. 『자본』을 최초로 완역한 나라가 러시아였는데, 검열관이 이 책은 너무 수학적이기 때문에 아무도 못 읽을 것이라는 이유로 출판을 허가했다는 별 웃기지도 않는 에피소드가 있을 정도이지요.

어쨌든 수학적으로 표현되는 법칙을 과학적 모형이라고 부르는데, 고전역학을 예로 들어 설명해보겠습니다. 이미 중학교 물상 시간에 배우셨겠지만, 고전역학의 출발점은 운동의 법칙입니다. 그래서 물상의 제1과가 힘과 운동인 것이지요. 아시는 대로 운동의 법칙은 관성법칙, 가속도법칙, 작용·반작용 또는 상호작용법칙, 세 가지입니다. 이 세 가지 운동의 법칙은 고전역학을 성립시키는 일종의 정의법칙입니다.

가장 대표적인 것이 가속도법칙인데, 그것을 다음과 같은 방정식으로 표시할 수 있지요.

$$f = ma.$$

여기서 f는 힘, m은 질량, a는 가속도를 표시하는 기호이지요. 즉 이 식은 뉴튼적인 의미에서 힘이 질량과 가속도의 곱으로 정의된다는 것을 의미합니다.

한 마디 덧붙이자면, 고전역학뿐만 아니라 또한 현대역학에서도 힘은 질량과 가속도의 곱으로 정의됩니다. 아인슈타인도 뉴튼과 똑같은 방식으로 힘을 정의한다는 말입니다. 다만 한 가지 달라지는 것이 있는데, 질량이 불변적이 아니라 가변적이라는 것이지요. 이것이 일반상대성론과 양자론의 기초인 특수상대성론입니다.

$$m = \frac{m_0}{\sqrt{1-(v/c)^2}}.$$

여기서 m_0는 물체의 정지질량, v는 물체의 속도, c는 광속상수이지요. 따라서 광속에 비해서 아주 작은 속도로 운동하는 보통 물체의 경우 $v/c \to 0$이므로 그 질량은 정지질량과 같지만, 광속으로 운동하는 원자의 경우 $v/c = 1$이므로 그 질량은 무한대가 되지요. 아인슈타인을 상징하는 다음과 같은 방정식이 원자력의 기본 원리를 설명하는 것입니다.

$$E = mc^2.$$

여기서 E는 에너지를 가리키지요.

그런데 가속도법칙은 사실 뉴튼이 발견한 법칙이 아니라 갈릴레이가 발견한 법칙입니다. 갈릴레이가 발견한 것이 관성법칙과 가속도법칙인데, 여기에 뉴튼이 상호작용법칙을 추가한 것이지요. 운동의 법칙만으로 구성되는 갈릴레이적인 역학을 운동학(kinematics)이라고 부릅니다. 이것도 중학교 때 다 배우셨던 것인데, 예를 들어 비탈에서 쇠공을 굴리면 어떻게 움직이고 대포를 쏘면 포탄이 어떻게 날아가는가를 분석하는 것이 운동학이에요. 물론 가장 유명한 예는 피사의 사탑에서 했다는 자유낙하실험인데, 그것을 통해서 갈릴레이는 중력가속도가 상수라는 사실을 발견하지요.

뉴튼의 가장 위대한 발견은 역시 중력법칙인데, 이것은 운동의 법칙이 아니라 힘의 법칙입니다. 아시다시피 뉴튼이 중력법칙을 발견한 데는 중요한 계기가 있었습니다. 갈릴레이가 지상의 물체의 운동에 관심을 가졌다면, 그와 같은 시대에 살았던 케플러는 천상의 물체의 운동에 몰두했습니다. 그런데 케플러가 발견한 타원법칙, 면적법칙, 주기법칙 같은 행성운동법칙은 수십 년에 걸친 브라헤의 관찰에 입각한 묘사였을 따름이지요. 그런 행성운동법칙을 수학적으로 증명하는 데 필요한 것이 바로 뉴튼의 중력법칙입니다.

태양의 주위를 운동하는 행성에 작용하는 중력은 두 천체의 질량에 비례하고 그 거리의 제곱에 반비례한다는 중력법칙을 방정식으로 표현하면 다음과 같습니다.

$$f = GM \frac{m}{r^2}.$$

여기서 f는 중력, m은 행성의 질량, r은 태양과의 거리를 나타내지요. 또 G는 중력상수, M은 마찬가지로 상수로 취급되는 태양의 질량이지요.

물론 중력법칙은 천상의 물체뿐만 아니라 또한 지상의 물체의 운동도 설명하는 것이지요. 예를 들어 중력가속도가 상수라는 갈릴레이의 발견은 뉴턴의 중력법칙으로 아주 간단하게 설명할 수 있습니다. 지표면의 물체에 작용하는 중력과 그 물체의 질량의 비율은 상수입니다.

$$\frac{f}{m} = GM\frac{1}{r^2} \approx \frac{GM}{R^2}.$$

여기서 M과 R은 상수로 취급되는 지구의 질량과 반지름이지요. 그런데 가속도법칙에서 중력가속도는 중력과 질량의 비율과 같기 때문에 상수가 되지요.

$$g = \frac{f}{m} \approx \frac{GM}{R^2}.$$

여기서 g가 중력가속도입니다.

동역학과 미분방정식

뉴턴은 가장 위대한 과학자이자 가장 위대한 수학자입니다. 뉴턴에게서 고전역학과 동시에 고전수학이 시작되기 때문입니다. 뉴턴이 발명한 고전수학의 기초가 새로운 계산법(calculus)으로서 미적분이지요. 고등학교 문과수학에서 미적분을 가르치기 시작한 것이 1960년대 후반인데, 요즘 다시 가르치지 않겠다고 하지요. 미적분을 안 배운 문과생에게 뉴턴은 물론이고 마르크스를 가르친다는 것은 거의 불가능할 것입니다.

현대역학에 대해서 설명했으니까 현대수학에 대해서도 잠깐 설명하겠습니다. 고전수학이 있으니까 당연히 현대수학도 있겠지요. 방금 케인즈의 현대경제학이 리카도의 고전경제학을 일반화하는 것인가를 둘러싸고 논쟁이 있다고 했는데, 고전수학과 현대수학의 관계에서도 비슷한 논쟁이 있습니다. 즉 현대경제학처럼 현대수학에도 무엇인가 역사적인 왜곡이 있다는 것이에요.

힐베르트 이후 부르바키 그룹의 형식주의에 의해서 지배되어온 현대수학에서 비주류로 취급되어온 것이 해석학(analysis)이라는 분야입니다. 사실 미적분은 미분방정식을 풀기 위한 수단인데, 미적분과 미분방정식을 보통 해석학이라고 부르지요. 조금 이따가 설명하겠지만, 가속도법칙과 중력법칙을 이용하여 행성운동법칙을 증명하려면 미적분을 이용하여 미분방정식을 풀어야 합니다. 현대수학에서 미분방정식을 발전시킨 사람이 힐베르트의 경쟁자이자 수학의 아인슈타인이라고 불리는 푸앵카레인데, 1920-30년대 소련 수학계에 의해서 보존되어온 푸앵카레를 1950-60년대 서구 수학계에서 복권시킨 사람이 스메일입니다.

뉴튼이 분석한 것이 태양과 지구 또는 지구와 달이라는 두 개의 천체의 운동이라면, 푸앵카레가 분석한 것은 세 개의 천체의 운동입니다. 이것이 고전역학과 고전해석학의 난제였던 '3체 문제'이지요. 1990년대 남한에서 소개되었던 카오스 수학의 기원도 바로 3체 문제에 대한 푸앵카레의 분석입니다. 카오스 수학은 포스트구조주의자가 오해하는 것과 달리 무질서 속의 질서, 복잡성 속의 단순성, 요컨대 눈에 보이지 않는 법칙성을 분석하지요. 소칼이 조롱하듯이 포스트구조주의자의 무지는 끝이 없는데, 파인만과 스메일의 말대로 양자론과 카오스 수학은 상식적으로만 역설이기 때문입니다.

미적분을 배우는 것은 미분방정식을 풀기 위해서입니다. "자연법칙은 미분방정식으로 표현된다"는 뉴튼의 말대로 미분방정식 없는 과학적 모형은 없습니다. 일반적으로 말해서 방정식은 미지수를 포함하는 식이고 그 미지수를 구하는 것을 방정식을 푼다고 하지요. 조금 이따가 설명하겠지만, 미분방정식은 미분이라는 말이 붙은 데서 알 수 있듯이 특수한 방정식입니다. 말하자면 미지수 대신 미지함수를 구해야 하는 방정식을 미분방정식이라고 부르지요.

라파르그의 증언에 따르면 마르크스가 "과학들이 발전할수록 수학의 영역으로 진입하는 경향이 있어 왔다네. 수학은 말하자면 과학들이 수렴하는 영역이지. 미적분[및 미분방정식]이라는 접근법을 얼마나 용이하게 응용할 수 있는가에 따라서 어떤 과학의 완성도를 판단할 수 있을 것일세"라고 말한 적이 있다고 합니다. 또 엥겔스에게 보낸 편지에서 마르크스는 "나는 공황의 기본법칙을 수학적으로 결정할 수 있을 것이라고 믿어 왔고 또 지금도 그렇게 믿고 있다네. 하지만 당장은 실현불가능한 일이기에 당분간 포기하기로 결정했다네"라고 말하기도 합니다.

미분방정식으로 표현되는 역학적 모형이 'dynamics'인데, 보통 동역학으로 번역합니다. 움직일 '동'(動)을 붙인 것은 시간에 따른 상태 또는 위치의 변화를 분석하는 모형이라는 뜻이지요. 갈릴레이의 역학적 모형인 운동학과 구별하여 뉴튼의 역학적 모형을 동역학이라고 부릅니다. 운동학은 가속도법칙 같은 운동의 법칙만으로 구성되는 반면, 동역학은 그밖에도 중력법칙 같은 힘의 법칙을 포함하지요. 결국 동역학이 과학적 모형의 핵심이라고 할 수 있습니다.

마지막으로 한 마디만 더 하자면, 뉴튼과 갈릴레이 이전에도 역학적 모형이 있었습니다. 그것이 'statics'인데, 보통 정역학으로 번역하지요. 운동상태가 아니라 정지상태의 역학이라는 뜻에서 조용할 '정'(靜)을 붙인 것이에요. 초등학교 때 배우셨던 지렛대나 도르레의 원리가 바로 정역학인데, 그 기원은 헬레니즘 시대의 아르키메데스까지 소급됩니다. 부력의 원리를 발견한 아르키메데스가 '유레카'라고 외쳤다는 것은 고대과학사의 아주 유명한 에피소드이지요. 유레카는 발견했다는 뜻입니다.

미분방정식을 풀려면 고등학교 문과수학만으로는 안 되고 이과수학을 배워야 하지만, 여기서는 문과수학 수준에서 미분방정식을 설명해보겠습니다. 가장 간단한 미분방정식은 다음과 같습니다.

$$\frac{dx}{dt} = v(x).$$

여기서 x는 t를 독립변수로 하는 미지함수입니다. 미분방정식의 좌변은 x를 t로 미분한 도함수입니다. 도함수는 시간 t에 따른 위치 x의 변화, 즉 속도라고 할 수 있겠지요. 따라서 우변은 속도함수 v입니다. 속도가 위치에만 종속되고 시간과 독립적이라고 가정하면, 속도함수는 $v(x)$가 되겠지요. $v(x)$가 1차 함수일 때, 즉 그 그래프가 직선일 때, 이 미분방정식을 선형 미분방정식이라고 부릅니다. 그렇지 않을 때가 비선형 미분방정식인데, 이것이 푸앵카레와 스메일의 카오스 수학의 대상이지요.

이 미분방정식을 풀기 위해서는 x는 x끼리 t는 t끼리 모아야 합니다.

$$\frac{1}{v(x)} dx = dt.$$

그런 다음 양변을 적분하는 것이지요. 먼저 우변을 적분하면 다음과 같습니다.

$$\int 1 \, dt = t.$$

1의 원함수는 당연히 t인데, 원함수 t를 변수 t로 미분하면 1이 되기 때문입니다. 편의상 적분상수는 무시하기로 합시다.

문제는 좌변을 적분하는 것인데, 이것은 고등학교 때 배우셨던 적분과는 아주 다른 것이지요. 함수를 적분해야 하는데, 이것이 바로 선적분이라는 것입니다. 함수를 그래프로 그리면 곡선이 되니까 곡선적분이라고 하는 것이 옳겠지만, 관습적으로 선적분이라고 부릅니다. 선적분이 바로 미분기하학의 기초이고, 미분기하학이 일반상대성론의 수학적 기법입니다.

그러나 다행스럽게도 마르크스를 이해하기 위해서는 선적분까지는 몰라도 됩니다. x를 함수가 아니라 변수로 생각하고 적분하면 되는데, 이것이 바로 뉴튼의 스승인 배로의 구적법이라는 것이지요.

$$\int \frac{1}{v(x)}\,dx = V(x).$$

여기서 $V(x)$는 $1/v(x)$의 원함수를 나타내는데, 원함수 $V(x)$를 변수 x로 미분하면 $1/v(x)$이 된다는 뜻이지요.

그런데 분수함수의 원함수가 반드시 분수함수는 아니기 때문에 $1/v(x)$의 원함수가 $1/V(x)$인 것은 아닙니다. 예를 들어 $\log x$를 x로 미분하면 $1/x$이 되기 때문에 $1/x$의 원함수는 $\log x$입니다. 문과수학에는 나오지 않는 공식이지만, 나중에 필요하니까 기억해두세요.

$$\frac{d\log x}{dx} = \frac{1}{x},$$
$$\int \frac{1}{x}\,dx = \log x.$$

어쨌든 미분방정식의 양변을 적분한 결과는 다음과 같습니다.

$$V(x) = t.$$

이제 역함수 V^{-1}를 이용하여 x를 t의 함수로 쓰면 됩니다.

$$x = V^{-1}(t).$$

미분방정식의 해 x의 그래프를 궤도(trajectory)라고 부릅니다.

동역학적 법칙으로서 행성운동법칙

가속도법칙과 중력법칙을 이용하여 행성운동법칙을 증명할 수 있다고 했는데, 그 아이디어만 간단하게 설명해보겠습니다. 사실 뉴튼은 아주 복잡한 기하학적 방법을 이용했는데, 미분방정식을 이용하여 행성운동법칙을 훨씬 간단하게 증명한 것은 유명한 수학자 오일러였습니다. 뉴튼의 기하학적 방법을 단순화한 독창적인 설명은 『파인만 강의: 태양 주위의 행성운동에 관하여』(한승, 2004)를 참조하실 수 있습니다.

먼저 가속도는 시간에 따른 속도의 변화이므로 t에 대한 x의 2계 도함수로 쓸 수 있지요.

$$a = \frac{dv}{dt} = \frac{d}{dt}\left(\frac{dx}{dt}\right) = \frac{d^2x}{dt^2}.$$

마지막 등식은 2계 도함수의 관습적인 표기법입니다. 예를 들어 이미 설명한 대로 자유낙하의 중력가속도는 상수 g입니다.

$$g = \frac{dv}{dt} = \frac{d^2x}{dt^2}.$$

그런데 속도를 미분한 것이 가속도이므로 가속도를 적분하면 속도가 되지요. 여기서 중학교 물상시간에 배우신 대로 자유낙하의 속도는 시간에 비례한다는 갈릴레이적 운동학의 기본법칙이 도출되는 것입니다.

$$v = \int g dt = gt + v_0 = gt.$$

적분상수 v_0는 초기속도이므로 0이라고 가정합니다. 또 속도를 적분하면 거리가 되므로, 자유낙하의 거리는 시간의 제곱에 비례합니다.

$$s = \int v dt = \int (gt)dt = \frac{1}{2}gt^2 + s_0 = \frac{1}{2}gt^2.$$

적분상수 s_0는 초기거리이므로 당연히 0이겠지요.

이제 가속도법칙 $f=ma$를 미분방정식으로 쓸 수 있습니다.

$$f = m\frac{d^2x}{dt^2}.$$

그런데 f는 행성에 작용하는 태양의 중력입니다.

$$f = -GM\frac{m}{r^2}.$$

행성의 관성력은 원심력으로 작용하는 반면, 태양의 중력은 구심력으로 작용하기 때문에 − 부호를 붙이는 것이지요.

따라서 다음과 같은 2계 미분방정식을 도출할 수 있지요.

$$\frac{d^2x}{dt^2} = -GM\frac{1}{r^2}.$$

x와 r이라는 두 개의 미지함수를 갖는 이 미분방정식을 풀기 위해서 오일러는 행성의 위치 x를 태양과의 거리 r로 변환합니다. 좀 더 정확하게 말하자면, 태양을 원점으로 설정하고 행성의 위치를 태양과의 거리 r과 태양과의 각도 θ로 표시하는데, 그런 (r, θ)를 극좌표라고 부르지요. 극좌표 변환은 이과수학이므로 과정은 생략하고 결과만 보겠습니다.

$$\frac{d^2u}{d\theta^2} = -u + \frac{GM}{k^2}.$$

여기서 u는 $1/r$이고, k는 극좌표로 변환하는 과정에서 나타나는 새로운 상수입니다. x 대신 u, t 대신 θ로 표현되는 이 새로운 2계 선형 미분방정식을 단순조화운동방정식이라고 부르는데, 이것을 풀어 행성운동법칙이라는 동역학적 법칙을 증명하려면 이과수학을 알아야 하므로 생략하기로 하겠습니다.

대신 고전역학의 기본방정식인 단순조화운동방정식의 의미에 대해서 가속도법칙을 이용하여 간단하게 설명해보겠습니다.

$$a = \frac{d^2 x}{dt^2} = \frac{f}{m}.$$

예를 들어 질량 m인 물체가 달려 있는 탄성계수 a인 스프링을 거리 x만큼 잡아당긴다고 합시다. 후크의 법칙에 따라서 스프링의 복원력은 $-ax$가 되는데, 여기서 $-$ 부호는 스프링을 잡아당기는 힘과 반대 방향을 의미합니다. 따라서 복원력 $-ax$를 질량 m으로 나눈 것이 가속도가 되지요.

$$\frac{d^2 x}{dt^2} = -\frac{a}{m} x.$$

즉 오일러가 도출한 2계 선형 미분방정식은 1차항의 계수가 -1이고 상수항이 GM/k^2인 단순조화운동방정식인 셈입니다.

이제 아인슈타인의 일반상대성론이 뉴튼의 중력법칙을 일반화한다는 의미를 좀 더 정확하게 설명할 수 있습니다. 중력장방정식의 해를 구하기 위해서는 특수한 가정을 추가해야만 하는데, 그런 특수해 중 가장 단순하고 가장 유명한 것이 슈바르츠쉴트의 해라는 것입니다. 슈바르츠쉴트의 해를 이용하여 행성운동법칙을 수정할 수 있는데, 행성은 빛보다 훨씬 느리게 운동하기 때문에 광속상수 c가 나타나지 않지요.

$$\frac{d^2 u}{d\theta^2} = -u + 3GM u^2 + \frac{GM}{k^2}.$$

즉 $-u$라는 1차항이 $3GM u^2$이라는 2차항에 의해서 수정되어 선형 미분방정식이 비선형 미분방정식으로 변형되는 것이에요. 이 때문에 일반상대성론은 수성의 운동에서 나타나는 아주 작은 오차를 정확하게 설명할 수 있는데, 이런 실험을 통해서 아인슈타인은 일반상대성론이 옳다고 확신했다고 합니다. 나아가 빛의 굴절이나 적색편이 같은 일반상대성론의 고전적 실험도 비슷한 방식으로 설명할 수 있지만 생략하겠습니다.

마지막으로 양자론에 대해서도 간단하게 설명해보겠습니다. 양자론의 출발점인 슈뢰딩어의 파동방정식은 1차항의 계수가 조금 복잡한 단순조화운동방정식일 따름입니다.

$$\frac{d^2\psi}{dx^2} = -2\left(\frac{\pi}{h}\right)^2 Em\psi.$$

여기서 ψ(프사이)는 파동함수, x는 전자의 위치, π는 원주율, h는 양자상수입니다. 전자의 총에너지 E도 상수인데, 위치에너지와 운동에너지의 합은 불변이라는 에너지 불변의 법칙 때문이지요. 전자의 질량 m을 상수로 취급하는 것은 슈뢰딩어의 파동방정식이 아직 특수상대성론을 고려하지 않기 때문인데, 이것은 광속상수 c가 나타나지 않는다는 사실에서도 알 수 있지요. 게다가 슈뢰딩어의 파동방정식은 아직 전자기력이라는 힘의 법칙을 고려하지 않는 운동의 법칙일 따름입니다.

여기서 설명할 수는 없지만, 바로 그런 이유로 특수상대성론과 전자기력을 고려하여 슈뢰딩어의 파동방정식을 디락의 파동방정식으로 변형해야 하는 것이지요. 경로적분법을 발명하여 디락의 파동방정식을 푼 것이 파인만의 양자전기동역학입니다. 그런데 슈뢰딩어의 파동방정식이 단순조화운동방정식일 따름이듯이 양자론의 미분방정식은 모두 비선형이 아니라 선형입니다. 반면 일반상대성론의 미분방정식은 모두 선형이 아니라 비선형입니다. 마찬가지로 여기서 설명할 수는 없지만, 포스트구조주의자가 오·남용하는 양자카오스론은 비선형 미분방정식을 선형 미분방정식으로 환원하려는 아주 논란이 많은 가설이지요.

로크의 현대철학

「이윤율의 경제학: 헨릭 그로스만을 위하여」에 대한 설명이 너무 길어졌는데, 다시 『마르크스의 '경제학 비판'』으로 돌아가겠습니다. 이제까지는 경제학 비판의 대상과 방법에 대한 설명을 심화시키기 위해서 뉴튼의 과학혁명에 대한 설명을 보충한 셈이지요. 뉴튼의 역학을 특징짓는 동역학이 과연 다윈의 진화론이나 마르크스의 역사과학에도 타당한 것인가에 대해서는 조금 이따가 자세하게 설명할 것입니다.

어쨌든 뉴튼의 과학혁명 이후 르네상스 시대의 인문학은 크게 변화합니다. 인문학은 'humanities'를 번역한 것인데, 말하자면 인간에 대한 이론 또는 담론이라는 뜻입니다. 서양 중세를 지배했던 것이 신에 대한 이론으로서 신학이었다면, 르네상스 시대는 그것에 대항하여 다양한 인문학을 부활시켰지요. 인문학을 보통 문·사·철이라고 부르는데, 문학과 역사학과 철학이 인문학을 구성하는 가장 중요한 분야이기 때문입니다.

그러나 르네상스 시대는 아직 중세를 완전히 탈피한 상태가 아니었기 때문에 인문학에도 고대적인 요소가 현대적인 요소와 공존하고 있었다고 할 수 있지요. 그래서 뉴튼의 과학혁명 이후 인문학이 크게 변모하게 되는데, 그것이 바로 계몽주의 시대의 인문학입니다. 계몽주의의 도래를 알리는 가장 중요한 논쟁이 고대인과 현대인의 논쟁이라는 것입니다. 여기서 고대인은 그리스와 로마 시대의 인문학를 모방하려는 르네상스 인문학자를 가리키는 것이고, 현대인은 뉴튼의 과학혁명을 모방하려는 계몽주의 인문학자를 가리키는 것이지요.

먼저 철학에 대해서 설명해보겠습니다. 계몽주의 이전의 철학은 한 마디로 말해서 일종의 절대지식이었습니다. 자기 자신의 대상이 없는 철학자는 모든 것에 대해서 안다고 자랑합니다. 그러나 과학자에게는 모르는 것이 훨씬 더 많지요. 과학자는 자기 자신의 대상에 대해서만 알고 다른 모든 것에 대해서는 모르기 때문입니다. 따라서 절대지식은 과학적인 의미에서의 지식이 아니지요. 플라톤의 고대철학이 대표적인 절대지식입니다. 사실 동양철학도 마찬가지인데, 예를 들어 김용옥 씨를 보세요. 저는 노무현 대통령과 김용옥 씨는 아주 닮은꼴이라고 생각합니다.

절대지식으로서 철학은 무엇보다도 형이상학 또는 존재론입니다. 여기서 존재는 가장 기본적이고 원초적인 '있음'(Being)을 가리키지요. 즉 존재 일반이라는 말입니다. 그러나 현실의 존재는 특수한 존재, 따라서 다수의 존재입니다. 존재 일반이라는 것은 없어요. 물질이면 물질, 생명이면 생명, 역사면 역사가 있는 것이지요. 그러니까 존재 일반은 현실의 대상이 없는 사고의 대상일 따름이라는 말이에요. 하이데거처럼 존재와 존재자, 즉 '있는 것(들)'(being(s))을 구별한다고 해도 별반 달라질 것은 없습니다.

그러나 뉴튼의 과학혁명 이후 철학은 서서히 변모하는데, 데카르트와 홉즈를 거쳐 로크에게 와서 현대철학이 최초로 그 모습을 드러냅니다. 로크의 철학은 더 이상 절대지식이 아니라 한정된 지식일 따름이지요. 철학은 우선 존재론이 아니라 과학에게 봉사하는 인식론입니다. 바스카가 강조하듯이 로크는 뉴튼에 대한 자신의 입장을 'underlabouring'으로 특징짓습니다. 이것은 사전에도 나오지 않는 단어인데, 대강 봉사라는 뜻이겠지요. 동시에 로크의 철학은 정치철학이라는 의미에서 윤리학이기도 합니다. 인식론이자 윤리학으로서 로크의 철학을 계승한 것이 칸트와 헤겔의 철학이지요.

네 번째 강의와 관련되는 주제이기 때문에, 로크 철학의 핵심 개념에 대해서 간단하게 설명해보겠습니다. 인식론의 기초도 그렇고 윤리학의 기초도 그렇고 로크의 대상은 'individual'인데, 더 이상 분할할(divide) 수 없는 최소의 단위라는 뜻입니다. 'individual'은 보통 개체 또는 개인이라고 번역하지요. 그런데 'individual'은 그리스어 'atomon'과 같은 뜻인 라틴어 'individuum'에서 온 말입니다. 'atomon'은 보통 원자라고 번역하지요. 로크는 뉴튼과 마찬가지로 개인주의자 또는 원자론자입니다.

물론 개인도 철학적 개념이므로 현실의 대상이 없는 사고의 대상입니다. '포이어바흐 테제'에서 마르크스가 인간적 본질은 개인이 아니라 곧 생산관계라고 비판한 것은 이 때문이지요. 그러나 마르크스의 비판은 절반만 타당합니다. 조금 이따가 설명하겠지만, 현실에 존재하는 것은 개인으로서 노동자가 아니라 대중으로서 노동자입니다. 즉 생산관계라는 원인의 효과로서 노동자는 아직 개인이 아니라 대중이지요. 그러나 대중으로서 노동자가 계급으로서 노동자로 형성될 때 권리의 주체로서 개인이라는 개념이 매개적인 역할을 합니다. 또 그런 권리의 주체로서 개인은 생산관계가 아니라 교통관계, 즉 이데올로기의 효과입니다. 따라서 개인에 대한 마르크스의 비판은 알튀세르가 지적한 대로 이데올로기 개념의 부재를 반증하는 것이기도 합니다.

마지막으로 스피노자에 대해서 한 마디만 하겠습니다. 로크로 대표되는 현대철학의 대상이 바로 개인이라고 했지요. 네그리가 말하는 '야만의 이례성'은 스피노자가 그런 현대철학의 주류에서 벗어나 있다는 사실을 상징적으로 표현해줍니다. 스피노자의 대상은 개인이 아니라 'singular'이기 때문이지요. 'singular'는 분할할 수 없을 뿐만 아니라 또한 유일하다(single)는 뜻을 갖습니다. 천상천하 유아독존, 유일자라는 말입니다. 헤겔 식으로 말하자면, 'individual'은 개인 또는 주체의 보편성을 강조하고, 'singular'는 그 특수성을 강조한다고 할 수 있겠지요. 어쨌든 마르크스가 생산관계의 관점에서 개인을 비판한다면, 스피노자는 유일자의 관점에서 개인을 비판한다고 할 수 있을 것입니다. 마르크스의 비판처럼 그런 스피노자의 비판도 일면적이지만, 그러나 마르크스와 달리 스피노자에게는 이데올로기 개념이 존재하지요. 이 문제에 대해서는 네 번째 강의에서 자세하게 설명하겠습니다. [철학에 대한 더 자세한 설명은 윤소영, 『일반화된 마르크스주의의 쟁점들』, 공감, 2007; 『일반화된 마르크스주의의 경계들』, 공감, 2007을 참조하시오.]

베토벤의 세계음악

인문학의 또 다른 영역은 문학입니다. 제가 잘 모르는 대목이니까 여기서는 인상적인 지적만 몇 가지 하겠습니다. 르네상스 시대를 대표하는 것은 철학이나 문학보다는 역시 예술, 특히 미술이라고 할 수 있겠습니다. 르네상스를 대표하는 것은 다 빈치라든가 미켈란젤로의 회화와 조각이었지요. 물론 마키아벨리도 있었고 단테도 있었지만, 역시 다 빈치와 미켈란젤로가 르네상스의 대표자였다고 할 수 있을 것입니다.

계몽주의 이후에 철학이 변모하면서 문학도 크게 발전하는데, 그 대표자는 역시 괴테입니다. 그런데 괴테의 문학은 요즘의 문학과는 별로 상관이 없습니다. 그의 문학은 교양문학에서 출발하여 세계문학으로 완성되지요. 예를 들어 『빌헬름 마이스터』가 고전적인 교양문학이라면, 『파우스트』는 세계문학의 전형입니다. 괴테 이후 세계문학의 전통은 멜빌이나 토마스 만으로 계승되지요. 교양문학과 세계문학에 대해서는 마르크스주의적인 경향의 문학평론가 모레티가 쓴 책이 두 권 있는데, 모두 번역되어 있습니다. 하지만 번역의 질에 대해서는 보증하지 못하겠군요.

지나가는 말이지만, 괴테 이후에 대중문학이나 민족문학이라는 새로운 형태의 문학이 등장하기도 하지요. 그것이 바로 알튀세르나 마슈레나 발리바르가 말하는 이데올로기로서 문학입니다. 옛날 백낙청 선생과 민족문학에 대해서 논쟁하면서 이 점을 가르쳐드리려고 애썼지만, 백 선생은 민족문학이 이데올로기라는 사실을 정말 이해하지 못하시더군요. 김대중 정부 이후 백 선생이 햇볕정책의 전도사를 자임하시는 것은 별로 놀랄 일도 아닙니다.

어쨌든 저는 괴테의 세계문학 그 자체가 아니라 그것을 한 단계 더 발전시킨 베토벤의 세계음악에 대해서 관심을 갖고 있습니다. 오늘 베토벤의 세계음악에 대해서 자세하게 설명할 수는 없는데, 제가 번역한 솔로몬의 『베토벤』(공감, 1997)을 한번 읽어보세요. 솔로몬은 프로이트-마르크스주의적인 경향의 음악평론가인데, 생존하는 최고의 베토벤 전문가로 평가받고 있습니다. 저로서는 상당한 노력을 들인 책인데, 별로 읽히지 않아서 조금 실망스럽습니다.

고전음악을 좋아하실지 모르겠는데, 저도 옛날에는 고전음악에 대한 편견이 아주 많았지요. 그래서 누가 고전음악을 좋아한다고 하면 프티-부르주아적 취향이라고 비난하곤 했는데, 1990년대를 지나면서 김정환 시인 덕분에 고전음악에 입문하게 되었지요. 마르크스주의자는 물론 이성적으로 사고해야 하지만, 그러나 스피노자적으로 말하자면 감정을 소멸시킬 수는 없습니다. 다만 감정을 치료할 수 있어야 하는데, 제 경험으로는 고전음악을 듣는 것이 한 가지 좋은 방법입니다.

그러나 고전음악이라고 해서 다 같은 것은 아니지요. 사실 바흐나 모차르트의 음악과 베토벤의 음악은 전혀 다른 것입니다. 바흐는 교회를 위해 종교음악을 작곡했고, 모차르트는 귀족을 위해 연회음악을 작곡했을 따름입니다. 물론 귀족에게 버림받은 모차르트도 죽기 얼마 전에는 개과천선하지요. 통상적인 지식인은 모차르트를 좋아하는 경우가 많지만, 그러나 마르크스주의자는 대부분 베토벤을 좋아합니다. 베토벤의 음악을 듣고 나서 레닌은 인간으로 태어난 것이 자랑스럽다고 고백하기도 합니다.

아까 PD적인 노래에 대해서 언급했지만, 그것과 관련해서 베토벤의 음악에 대해서도 한 마디만 하겠습니다. PD적인 노래가 베토벤의 전통을 계승하는 것이기 때문입니다. 베토벤은 음악을 통해서 문학의 한계를 뛰어넘었지만, 동시에 그의 음악은 문학과 결합하는 것이기도 합니다. 인류사에서 처음으로 음악과 문학을 결합한 것이 베토벤이라는 말이지요. 여기서 문학은 소설이 아니라 당연히 시를 가리킵니다. 모든 음악적인 위기와 정치적인 위기를 겪은 다음 베토벤이 깨달은 위대한 진리가 바로 이것입니다.

그래서 베토벤이 발명해낸 것이 바로 'Lied'라는 것인데, 보통 가곡이라고 번역하지요. 베토벤의 가곡은 그렇게 많지 않아서 한두

장의 음반에 다 실릴 정도입니다. 모두 주옥같지만, 역시 가장 중요한 것은 후기 베토벤의 첫 작품인 「멀리 있는 연인에게」이지요. 누구라도 이 곡을 들으면 어느 순간 가슴이 무너지고 눈물이 날 것입니다. 후기 베토벤의 이런 실험은 9번 교향곡 『기쁨의 노래』의 마지막 악장에서 반복됩니다. 저는 인터내셔널이 아니라 『기쁨의 노래』가 인류의 '라 마르세예즈'라고 불려야 마땅하다고 생각합니다.

왜 그런지는 잘 모르겠지만, 연말에는 전세계에서 『기쁨의 노래』를 듣습니다. 그런데 일본에서는 전국적으로 『기쁨의 노래』를 연주한다고 해요. 저는 그 얘기를 듣고 기가 꽉 죽었는데, 일반 시민들이 동네마다 조그만 오케스트라를 조직해서 연주를 한답니다. 일본이 아직도 탈아입구(脫亞入歐)의 집념에서 해방되지 못해서 그렇다고 생각할 수는 없습니다. 제 생각으로 베토벤의 음악은 서구만이 아니라 인류 전체의 문명입니다. 그래서 『기쁨의 노래』를 유럽연합만이 아니라 인류의 애국가라고 해야 한다는 것이지요. 더 자세한 설명은 제가 쓴 「베토벤에 관한 11개의 테제」(윤소영, 『마르크스의 '경제학 비판'과 소련 사회주의』, 공감, 2002)를 참조하세요.

마르크스의 역사과학

인문학을 가리켜서 문·사·철이라고 했지만, 계몽주의 이후 인문학의 변모에서 가장 중요한 것은 역시 역사에 대한 인식의 변화입니다. 르네상스 시대의 역사는 정치사 아니면 문화사였습니다. 계몽주의 시대 이후 역사는 넓은 의미에서 경제사로 변모하는데, 이것을 완성한 사람이 바로 마르크스라고 할 수 있겠지요. 아까 아날 학파 3기에 1·2기의 경제사가 퇴보하고 오히려 문화사가 발전한다고 했는데, 그런 현상은 아날 학파의 몰락을 상징하지요.

마르크스는 헤겔의 관념론적 역사철학을 전도시킴으로써 새로운 역사인식을 획득합니다. 마르크스는 그것을 유물론적 역사인식이라고 불렀는데, 보통 간단하게 역사유물론이라고 부르지요. 그런데 주의해야 할 것은 역사유물론이 새로운 역사철학이 아니라는 사실이에요. '포이어바흐 테제'와 마찬가지로 1845년에 쓴 『독일 이데올로기』에서 마르크스는 역사유물론이 역사철학이 아니라 역사과학이라는 점을 특히 강조하지요.

왜 그런가에 대해서 간단하게 설명해보겠습니다. 알튀세르나 발리바르가 지적하듯이 마르크스의 대상이 생산양식 일반이라면 역사유물론은 또 다른 역사철학일 따름입니다. 그런데 마르크스의 대상은 생산양식 일반이 아니라 어떤 특수한 역사적 시기에 존재하는 생산양식이지요. 즉 역사유물론은 역사적으로 특수한 생산양식으로서 자본주의를 분석하는 역사과학이라는 말입니다.

마르크스의 역사과학이 경제학 비판이라는 형식을 띠는 이유는 자본주의적 생산양식에 대한 이론이 이미 존재하기 때문입니다. 그것이 바로 고전경제학이고, 그런 고전경제학의 기원이 로크의 현대철학입니다. 물론 고전경제학은 페티의 인구론으로 소급되는 것이기도 하지요. 어쨌든 로크의 핵심 개념이 개인이라고 했는데, 개인의 본질은 소유이고 소유의 본질은 노동입니다. 따라서 로크는 노동의 인간학을 제시한 셈인데, 인간학에 대해서는 네 번째 강의에서 자세하게 설명할 것입니다.

로크가 소유의 본질로 설정한 노동을 체계적으로 분석한 것이 바로 스미스입니다. 스미스는 로크와 달리 노동을 철학적 개념이 아니라 과학적 개념으로 분석합니다. 특히 스미스는 노동 그 자체가 아니라 노동들 사이의 관계, 즉 분업을 분석하지요. 노동의 분업이라고 하는 사람도 있지만, '업'(業)이 노동을 뜻하므로 그냥 분업이라고 하는 것이 옳습니다. 어쨌든 노동의 인간학을 분업의 이론으로 발전시키면서 고전경제학이 출현한다고 할 수 있지요.

스미스의 고전경제학은 두 가지 방향으로 발전합니다. 먼저 경제학에서는 리카도에 의해서 고전경제학이 완성됩니다. 특히 리카도는 가치법칙이나 이윤율 하락의 법칙 같은 경제법칙을 체계화하는

데 기여하지요. 그리고 철학에서는 헤겔의 법철학으로 발전합니다. 헤겔의 법철학은 경제철학에서 출발하여 역사철학으로 완성되지요. 마르크스는 헤겔의 법철학에 대한 비판에서 출발하여 리카도의 고전경제학에 대한 비판에 도달합니다.

요컨대 자본주의적 생산양식을 분석하는 것이 곧 고전경제학을 비판하는 것이라는 말입니다. 이미 설명한 대로 행성운동법칙을 설명하려는 뉴튼의 동역학은 가속도법칙이라는 운동의 법칙과 중력법칙이라는 힘의 법칙으로 구성되는 것입니다. 마르크스의 경제학 비판도 마찬가지입니다. 가속도법칙이 가치법칙·잉여가치법칙이고 중력법칙이 자본생산성 하락의 법칙이라면, 행성운동법칙에 해당하는 것이 이윤율 하락의 법칙이라고 할 수 있기 때문입니다.

마르크스의 가치법칙이 가속도법칙과 마찬가지로 정의법칙이라는 사실을 최초로 강조한 사람이 바로 뒤메닐인데, 거의 동시에 폴리도 동일한 입장을 제시합니다. 뒤메닐과 폴리의 입장은 브뤼노프를 거쳐서 에스타블레로 소급한다고 할 수 있습니다. 리카도가 가치법칙을 경험법칙으로 해석한 반면, 마르크스는 가치법칙을 정의법칙으로 해석한다는 뒤메닐과 폴리의 입장은 가치의 생산가격으로의 전형이라는 문제를 최종적으로 해결하는 것이기도 합니다.

리카도가 당면했던 이론적 난제의 하나가 가치를 생산가격으로 전형하는 문제였는데, 그것이 고전경제학이 붕괴하는 데 크게 기여했다고 할 수 있지요. 고전경제학이 붕괴한 데는 물론 노동자운동의 출현이라는 정치적인 요인도 있었지만, 전형 문제라는 이론적인 요인도 있었다는 것이에요. 그러니까 스미스를 체계화한 리카도에 의해서 고전경제학의 아킬레스건이 드러난 셈이지요. 리카도의 전형 문제를 최초로 해결한 사람이 바로 마르크스입니다.

전형 문제에 대한 마르크스의 해답을 둘러싸고 수많은 논쟁이 벌어집니다. 그것이 『마르크스의 '경제학 비판'』 1장에서 간단하게 정리해둔 100년에 걸친 마르크스주의 경제학 논쟁사의 핵심적인 쟁점의 하나이지요. 가치법칙을 경험법칙이 아니라 정의법칙으로 해석함으로써 그런 논쟁을 종결지은 것이 바로 뒤메닐과 폴리입니다. 그들의 해석에 따라서 마르크스의 해답을 재구성하는 방식에 대해서는 『마르크스의 '경제학 비판'』을 참조하세요.

반면 이윤율 하락의 법칙은 행성운동법칙과 마찬가지로 경험법칙입니다. 마르크스를 포함하는 고전경제학적 전통에서는 이윤율이 하락함으로써 자본주의가 붕괴한다는 것이 통설이었습니다. 그래서 칼라일이 고전경제학을 우울한 학문이라고 불렀던 것이지요. 다만 그 원인에 대한 분석은 서로 달랐는데, 스미스가 세계시장의 제한에 따른 자본간 경쟁의 격화를 강조했다면, 리카도는 토지생산성의 하락에 따른 지대율 상승과 이윤율 압박을 강조했지요. 그러나 마르크스는 이윤율이 하락하는 원인으로서 세계시장의 제한이나 토지생산성의 하락 대신 자본생산성의 하락을 강조합니다.

여기서 마르크스의 동역학이 행성의 경우 같은 순환운동을 분석하는 뉴튼의 동역학과 완전히 동일한 것은 아니라는 사실에 주목해야 합니다. 마르크스를 포함하는 고전경제학적 전통은 자본축적과 경제성장을 분석하는 것이지요. 또 다윈의 진화론도 생물종의 분화에 따른 다양성의 성장을 분석하는 것이라고 할 수 있지요. 페티의 인구론이 경제학과 진화론으로 분리되면서도 성장운동에 대한 관심을 공유하고 있다는 말입니다. 물론 진화론과 경제학은 생태학이라는 지반을 공유하고 있기도 합니다.

어쨌든 자본이 축적되고 경제가 성장하는 과정에서 자본생산성이 하락하는데, 중력법칙과 마찬가지로 경험법칙인 자본생산성 하락의 법칙은 자본주의적 기술진보의 편향성을 표현합니다. 자본주의적 기술진보의 핵심은 노동을 절약하는 데 있고, 그 수단이 바로 고정자본의 소비라는 뜻이지요. 100년에 걸친 마르크스주의 경제학 논쟁사의 또 다른 핵심적인 쟁점이 이윤율 하락의 법칙인데, 편향적 기술진보에 따른 자본생산성의 하락 때문에 이윤율이 하락한다는 사실을 증명함으로써 그런 논쟁을 최종적으로 해결한 것도 역시 뒤메닐과 폴리입니다.

편향적 기술진보를 통해서 자본생산성 하락을 설명하려는 것이 『자본』 1권에서 제시되는 경제학 비판입니다. 마르크스는 수백 쪽에 걸쳐서 자본주의적 생산양식의 본질로서 잉여가치의 생산방법에 대해서 설명하고 있는데, 특히 고정자본을 소비함으로써 노동을 절약하는 편향적 기술진보를 상대적 잉여가치를 생산하는 방법이라고 부르고 있습니다. 발리바르가 강조하는 자본에 의한 노동의 포섭 또는 자본의 추상화와 노동의 구체성은 그런 논리적이고 역사적인 설명을 요약하는 개념입니다.

화폐와 가치법칙

『마르크스의 '경제학 비판'』은 2-4장에서 『자본』 1권의 경제학 비판에 대해서 설명하고 있습니다. 경제학 비판은 두 단계에 걸쳐서 전개되는데, 특수 상품으로서 화폐를 분석하는 경제학 비판이 있고 특수 상품으로서 노동력을 분석하는 경제학 비판이 있습니다. 이런 두 단계의 경제학 비판을 통해서 가치법칙과 잉여가치법칙을 도출함으로써 자본생산성 하락의 법칙과 이윤율 하락의 법칙을 설명하려는 것이 『'자본'을 읽자』 이후 발리바르, 브뤼노프, 뒤메닐로 이어지는 알튀세르적 경제학 비판의 핵심이라고 할 수 있습니다.

우선 첫 번째 경제학 비판에 대해서 설명해보겠습니다. 『자본』의 첫 번째 문장은 자본주의적 사회에서 부는 상품의 집적으로 나타난다는 것인데, 그래서 상품 일반을 자본주의적 부의 요소형태 또는 세포형태라고 부르는 것이지요. 그런데 마르크스는 왜 상품 일반에서 시작해야 하는가에 대해서는 더 이상 설명하지 않습니다. 철학적으로 말하자면, 마르크스가 상품 일반을 'posit'한다, 조정(措定)한다는 것이지요. 조정한다는 것은 전제 없이 긍정한다는 뜻입니다.

이렇게 자본주의적 부의 요소형태 또는 세포형태로 확인된 상품 일반에 대한 마르크스의 분석은 두 단계로 전개됩니다. 우선 고전경제학처럼 가치와 사용가치라는 두 측면으로 구성되는 상품 일반의 이중성이 확인되지요. 사용가치가 유용성을 뜻한다면, 가치는 교환가능성을 뜻합니다. 그런데 마르크스에 의하면 상품 일반의 이중성은 그것을 생산하는 노동의 이중성을 반영할 따름입니다. 즉 가치를 생산하는 것이 추상노동이라면, 사용가치를 생산하는 것은 구체노동이라는 말이지요.

그러나 이미 지적한 것처럼 마르크스의 목적은 상품 일반이 아니라 특수 상품을 분석하려는 것입니다. 그런 특수 상품이 바로 화폐와 노동력이지요. 마르크스가 비판하는 대로 상품 일반에만 주목하는 고전경제학은 화폐와 노동력을 분석하지 못합니다. 『자본』이 경제학이 아니라 경제학 비판이라는 것은 고전경제학과 달리 특수 상품을 분석하기 때문이에요.

화폐에 대한 마르크스의 분석도 두 단계로 전개됩니다. 먼저 상품의 교환을 통해서 전개되는 가치형태를 분석하는데, 『자본』 초판까지 강조되던 논리학으로서 변증법은 재판에서 대폭 축소되지요. 변증법적 논리학을 강조하든 축소하든, 마르크스가 가치형태론을 통해서 증명하려는 것은 상품 일반과 구별되는 특수 상품으로서 화폐의 사용가치가 바로 보편적 등가물이라는 명제입니다. 즉 화폐의 본질은 특수한 사용가치로서 보편적 등가물이라는 것이지요.

20세기의 화폐는 상품화폐가 아니라 신용화폐이기 때문에 마르크스의 화폐론을 기각해야 한다는 힐퍼딩의 비판은 브뤼노프가 반비판하듯이 터무니없는 것입니다. 마르크스의 화폐론의 핵심은 금화이든 아니면 지폐이든 화폐의 본질은 보편적 등가물이라는 것이고, 따라서 화폐와 신용은 구별되어야 한다는 것이기 때문입니다. 화폐와 신용을 혼동하는 힐퍼딩의 화폐론은 사실 마르크스의 화폐론이 아니라 케인즈의 화폐론과 친화성을 갖는 것이지요.

여기서 노동의 추상화와 사회화에 대해서 잠시 주목하기로 하지요. 마르크스는 유일하게 현실적인 노동은 구체노동밖에 없다고 강조합니다. 따라서 노동의 이중성은 상품의 교환을 통해서 노동의 구체적 측면이 사상(捨象)되는 과정, 즉 노동의 추상화를 설명하는 것이지요. 반면 보편적 등가물로서 화폐는 사적 노동이 사회적으로 인정되는 과정, 즉 노동의 사회화를 설명하는 것입니다. 이렇게 노동의 추상화를 전제로 해서 노동의 사회화를 설명한 사람이 바로 그로스만과 같은 시대에 살았던 루빈이지요.

『이론』 3호에서도 소개했듯이, 루빈처럼 노동의 추상화를 전제로 해서 노동의 사회화를 설명하는 것이 옳은가 아닌가에 대해서는 1970년대 프랑스 경제학계에서 논쟁이 아주 많았습니다. 『알튀세르를 위한 강의』에서는 이런 설명에 문제가 있다고 했는데, 좀 더 생각해보니까 루빈이 옳은 것 같아요. 그래서 『마르크스의 '경제학 비판'』에서는 그의 입장에 따라서 노동의 추상화와 노동의 사회화를 구별하고 있지요.

화폐의 본질을 분석하면서 마르크스가 짧막한 철학적 설명을 추가하는데, 이것이 바로 루카치가 제시한 물상화론의 원천인 물신숭배론입니다. 물신숭배론에서 상품 교환의 주체가 등장하는데, 그것은 본질적으로 상품의 법적 소유자이지요. 즉 물신숭배론도 주체의 형성을 설명하지만, 그러나 이런 주체는 법적 주체일 따름이라는 말입니다. 이 때문에 알튀세르나 발리바르가 물신숭배론이나 물상화론은 이데올로기론이 될 수 없다고 주장하는 것이지요. 네 번째 강의에서 자세하게 설명하겠지만, 이데올로기는 본질적으로 법이 아니라 정치와 관련되기 때문입니다.

마르크스의 화폐론은 화폐의 본질에 대한 분석에서 그치는 것이 아니라 화폐의 기능에 대한 분석으로 이어집니다. 화폐의 본질이 보편적 등가물임을 증명하는 가치형태론이 논리적 화폐론이라면, 중앙은행 같은 경제적 국가장치의 개입을 통해서 화폐의 기능을 설명하는 것이 역사적 화폐론이지요. 이렇게 마르크스의 화폐론은 논리와 역사를 결합하고 있습니다. 마르크스의 말대로 변증법적 논리는 그 자신의 한계 안에서만 타당하기 때문이지요.

화폐의 기능에 대한 설명의 핵심은 가치척도와 가격표준을 구별하는 것입니다. 가치척도라는 기능이 보편적 등가물이라는 본질에서 비롯되는 것이라면, 가격표준이라는 기능은 그렇지 않습니다. 가격표준으로 기능하는 화폐를 보통 본위화폐라고 부르는데, 여기서 표준이나 본위는 모두 'standard'를 번역한 것이지요. 본위제는 국가가 화폐의 명칭과 시세를 결정한다는 사실을 가리킵니다. 아까 자본의 재생산을 위해서는 국가가 항상 개입할 수밖에 없다고 했는데, 그 첫 번째 형태가 바로 본위제입니다. 그리고 그런 본위제에 대한 분석은 논리가 아니라 역사의 영역이라고 할 수 있지요.

이렇게 상품 일반에 대한 분석에서 시작하여 화폐라는 특수 상품에 대한 분석으로 진행하는 것이 바로 논리적이고 역사적인 개념의 전개로서 이론이지요. 그리고 이런 이론이 가치법칙이라는 형태로 일목요연하게 표현됩니다. 그러니까 상품 일반에서 시작해서 화폐라는 특수 상품을 분석하는 이유는 가치법칙을 도출하기 위해서라고 할 수도 있다는 것이지요.

가치법칙은 자본주의적 생산양식의 동역학을 구성하는 운동의 법칙에 해당합니다. 뒤메닐과 폴리가 새로이 해석하는 가치법칙은 국민소득과 가치의 비례관계를 의미하는 정의법칙이지요.

$$Y = \mu L.$$

여기서 Y는 본위화폐로 측정되는 국민소득, L은 노동시간으로 측정되는 가치입니다. 마르크스는 비례상수 μ(무)를 노동의 화폐적 표현이라고 부르지요. 그 역수 $1/\mu = L/Y$을 보통 화폐가치라고 부릅니다.

가치법칙을 받아들일 수 없다면, 마르크스주의자가 될 수 없습니다. 가장 대표적인 경우가 네그리 같은 아나키스트이지요. 차차 설명하겠지만 네그리는 어떤 의미에서도 마르크스주의자라고 할 수 없습니다. 마치 힘은 질량과 가속도의 곱이라는 정의를 받아들이지 않고 오히려 기를 힘이라고 생각하는 사람이 물리학자가 될 수 없고 기철학자일 따름인 것과 마찬가지인 셈이에요.

노동력과 잉여가치법칙

첫 번째 경제학 비판이 『자본』 1권의 서론이라면, 그 본론은 두 번째 경제학 비판입니다. 마르크스는 우선 상품순환과 자본순환을 비교하면서 화폐가 자본으로 변형되는 과정을 설명합니다. 상품순환은 화폐를 매개로 하는 상품의 유통인데, 이 때 화폐는 단지 화폐로서만 기능할 따름이지요.

상품 — 화폐 — 상품.

여기서 —은 유통과정을 가리킵니다. 반면 자본순환은 상품을 매개로 하는 화폐의 유통인데, 이 때 화폐는 자본이라는 새로운 기능을 수행하지요.

화폐자본 — 상품 — 화폐자본′.

여기서 ′은 잉여가치로 인한 가치증식을 가리킵니다.

이렇게 스스로 가치를 증식하는 '유통과정 속의 가치'가 자본 일반인데, 이 때문에 마르크스가 화폐자본 — 상품 — 화폐자본′을 '자본의 일반적 공식'이라고 부르는 것이지요. 그러나 가치법칙에 의하면 유통과정에서는 가치가 증식될 수 없기 때문에 그런 공식은 논리적으로 모순입니다. 따라서 자본의 일반적 공식은 경제학 비판이 본격적으로 개시되는 장소이기도 한 것입니다. 마르크스가 '여기가 로도스다, 여기서 뛰어라!'라는 이솝 우화의 경구를 인용하는 것은 이 때문이지요.

자본의 일반적 공식의 모순을 해결하는 것이 바로 산업자본이라는 특수 자본입니다. 산업자본은 화폐자본에서 출발하여 생산자본과 상품자본을 거쳐 화폐자본으로 복귀합니다.

화폐자본 — 상품 … 생산자본 … 상품자본′ — 화폐자본′.

여기서 …은 유통과정이 단절되고 생산과정이 개입된다는 것을 가리키지요. 또 상품은 기계와 설비, 원료와 부품 같은 생산수단뿐만 아니라 또한 노동력을 포함하는 것이지요. 그런 상품은 자본의 독자적인 형태가 아니라 생산자본의 구성요소일 따름입니다.

상품자본과 화폐자본에 포함되는 잉여가치를 생산함으로써 자본의 일반적 공식의 모순을 해결하는 것이 생산수단일 수는 없습니다. 다른 산업자본의 상품자본인 생산수단이 잉여가치의 원천이라면, 그것은 산업자본간의 부등가교환을 의미하기 때문이에요. 따라서 잉여가치의 원천은 노동력이라는 특수 상품일 수밖에 없습니다. 노동력의 사용가치가 바로 노동할 수 있는 인간의 육체적이고 정신적인 능력, 즉 가치를 형성할 뿐만 아니라 또한 가치를 증식할 수 있는 능력이기 때문이지요. 즉 가치와 잉여가치를 생산할 수 있는 특수한 사용가치가 노동력의 본질이라는 말입니다.

생산수단이라는 일반 상품과 마찬가지로 노동력이라는 특수 상품도 시장에서 교환됩니다. 뒤메닐과 폴리의 해석에 따르면 노동력에 대한 가격으로 지불되는 임금은 노동력가치의 화폐적 표현으로 정의되지요.

$$W = \mu V.$$

여기서 W는 임금, V는 노동력가치를 가리킵니다. 임금 또는 노동력가치는 자본가와 노동자간의 교환을 특징짓는 관습에 따라서 결정되는데, 이것을 마르크스는 '역사적·도덕적 요소'라고 부릅니다. 특히 노동조합은 노동시간 단축과 함께 가족임금 또는 그것이 화폐적으로 표현하는 노동력가치의 획득을 목적으로 하지요.

그러나 이렇게 결정되는 노동력가치가 노동력을 재생산하는 데 필요한 가치와 동일한 것은 아니라는 데 주목해야 합니다. 브뤼노프가 강조하는 대로 노동력은 화폐와 마찬가지로 국가에 의해서 재생산이 관리되어야 하는 특수 상품이에요. 노동력의 재생산에 가족 같은 이데올로기적 국가장치가 개입하는 까닭은 여기에 있습니다. 노동력의 재생산에 필요한 가치는 특히 가사노동과 임노동이라는 여성의 '이중의 부담'에 의해서 보충됩니다. 게다가 가족임금은 여성에 대한 차별을 정당화하는 구실이 되는데, 이런 의미에서 노동조합은 여성에 대한 억압을 전제로 한다고 할 수 있지요.

이제 잉여가치법칙을 도출할 수 있습니다. 먼저 가치에서 노동력 가치를 공제한 나머지가 잉여가치이고, 국민소득에서 임금을 공제한 나머지가 이윤입니다.

$$S = L - V,$$
$$\Pi = Y - W.$$

여기서 S는 잉여가치, Π(파이)는 이윤을 가리키지요. 따라서 이윤은 잉여가치에 비례하는데, 이것이 바로 잉여가치법칙입니다.

$$\Pi = Y - W = \mu L - \mu V = \mu(L - V) = \mu S,$$
$$\Pi = \mu S.$$

잉여가치법칙은 가치의 화폐적 표현이라는 국민소득의 정의와 노동력가치의 화폐적 표현이라는 임금의 정의에서 도출되는 것입니다. 따라서 잉여가치법칙도 가치법칙처럼 자본주의적 생산양식의 동역학을 구성하는 운동의 법칙이라고 할 수 있습니다.

자본의 추상화, 노동의 구체성

노동력에 대한 분석에 이어 마르크스는 상품…생산자본…상품자본'으로 표현되는 생산과정의 이중성을 분석합니다. 생산과정은 노동력과 생산수단을 소비하여 사용가치를 생산하는 노동과정인 동시에 가치와 잉여가치를 생산하는 가치증식과정이지요. 노동과정과 가치증식과정이 곧 사용가치의 생산과정과 가치·잉여가치의 생산과정이라는 생산과정의 두 측면인 셈입니다.

생산과정의 이중성에 기초하여 마르크스는 잉여가치의 생산방법을 분석하는데, 그 핵심은 잉여가치의 생산에 의해서 추동되는 자본주의적 생산력의 발전이지요. 자본주의적 생산관계가 노동력의 상품화로 특징지어지는 임노동관계라면, 자본주의적 생산력은 매뉴팩처를 지양하는 기계제대공업입니다. 마르크스는 매뉴팩처를 자본에 의한 노동의 형식적 포섭과 절대적 잉여가치의 생산, 기계제대공업을 자본에 의한 노동의 실질적 포섭과 상대적 잉여가치의 생산으로 특징짓는데, 이런 구별은 생산관계에 적합한 생산력이 존재하는가 아닌가를 기준으로 하는 것이에요.

방금 화폐를 통한 노동의 사회화에 대해서 설명했는데, 그런 노동의 사회화는 기계제대공업에 의해서 완성되는 것입니다. 자본주의적 생산양식에서 노동의 사회화는 화폐와 동시에 임노동을 매개로 해서 조직된다는 말이지요. 즉 시장을 통한 사회적 분업과 동시에 공장에서의 기술적 분업에 의해서 노동이 사회화되는 셈입니다. 시장을 통해서 사회적 노동으로 인정되는 사적 노동은 자본에 의해서 포섭된 임노동이기 때문이에요.

발리바르는 자본에 의한 노동의 포섭이라는 개념을 자본의 추상화와 노동의 구체성이라는 개념으로 발전시킵니다. 자본의 추상화는 자본의 운동이 추상노동이 생산하는 가치와 잉여가치로 표현된다는 뜻입니다. 달리 말하자면 자본의 추상화는 가치증식과정에 대한 논리적 분석을 가리킵니다. 반면 노동의 구체성은 노동과정에 대한 역사적 분석을 가리키지요. 자본가의 관리 아래서 노동자가 노동력을 지출하는 노동과정은 구체노동을 통해서 사용가치가 생산되는 과정이기 때문입니다.

바로 이것이 알튀세르나 발리바르의 경제학 비판에서 가장 중요한 논점이라고 할 수 있는데, 자본의 분석에서도 논리와 역사가 결합되기 때문이에요. 게다가 유일하게 현실적인 노동은 추상노동이 아니라 구체노동이니까 논리적 분석보다 역사적 분석이 우위에 있기 마련이지요. 세 번째 강의에서 자세하게 설명하겠지만, 자본의 분석에서 나타나는 논리와 역사의 결합은 역사동역학과 역사적 자본주의 분석으로 구체화되는 것입니다.

네 번째 강의와 관련되는 대목에 대해서도 설명해보겠습니다. 유일하게 현실적인 노동은 구체노동이라고 했는데, 이런 구체노동을 수행하는 노동자는 아직 대중일 따름입니다. 대중으로서 노동자가 계급으로서 노동자로 형성되기 위해서는 경제학 비판을 넘어서 이데올로기 비판이라는 문제가 제기되어야 합니다. 그래서 발리바르가 자본의 추상화와 노동의 구체성이라는 개념을 계급과 대중의 변증법이라는 개념으로 발전시킨다고 할 수 있습니다.

사실 『자본』에 나오는 노동자는 계급이 아니라 대중입니다. 물론 『자본』의 자본가도 대중이지요. 브뤼노프가 강조하는 대로 그런 자본가를 대중에서 계급으로 형성시키는 것이 바로 국가의 개입입니다. 그러나 국가의 개입에 의해서 노동자가 대중에서 계급으로 형성되는 것은 아니에요. 『역사적 마르크스주의』에서 자세하게 설명했듯이, 그런 점에서 사민주의자와 볼셰비키는 동일한 오류를 범했다고 할 수 있겠지요.

발리바르에 따르면, 노동자가 대중에서 계급으로 형성되기 위해서는 국가 개입이 아니라 오히려 이데올로기 비판이 필요합니다. 따라서 경제학 비판이 자연스럽게 이데올로기 비판으로 연결된다는 말이지요. 나중에 자세하게 설명하겠지만, 알튀세르 식으로 말하자면 공산주의적 이행 또는 혁명이란 곧 착취의 모순과 이데올로기적 반역의 결합입니다. 그리고 그것을 위해서 경제학 비판과 동시에 이데올로기 비판이 필요한 것이지요.

자본생산성 하락의 법칙과 이윤율 하락의 법칙

화폐라는 특수 상품의 분석에서 가치법칙이 도출되고 노동력이라는 특수 상품의 분석에서 잉여가치법칙이 도출되듯이, 잉여가치의 생산방법에 대한 분석에서 자본의 유기적 구성이 상승하고 이윤율이 하락한다는 법칙이 도출됩니다. 이것이 바로 마르크스가 자본주의적 축적의 일반적 법칙이라고 부르는 새로운 경제법칙이에요. 가치법칙과 잉여가치법칙이 자본주의적 생산양식의 운동의 법칙이고 자본의 유기적 구성이 상승하는 법칙이 힘의 법칙이라면, 이윤율이 하락하는 법칙은 동역학적 법칙이라고 할 수 있습니다.

먼저 자본의 유기적 구성이 상승하는 법칙을 설명해보겠습니다. 노동을 실질적으로 포섭하여 상대적 잉여가치를 생산하는 기계제 대공업에서 생산력의 발전은 노동을 절약하고 고정자본을 소비하는 편향적 기술진보로 표현되지요. 따라서 거대한 고정자본에 투자해야 하는 자금의 규모가 증가하기 마련인데, 예를 들어 비생산적인 상업자본이나 금융자본이 존재할 수 있는 근거는 그런 기술진보를 위한 자금의 조달에 기여한다는 데 있습니다.

마르크스는 자본의 기술구성이 상승할 때 자본의 가치구성도 상승하면 자본의 유기적 구성이 상승한다고 말하지요. 기술구성은 고정자본과 노동자의 비율, 즉 1인당 고정자본을 의미합니다.

$$\frac{K}{N} = \text{자본의 기술구성.}$$

여기서 K는 고정자본, N은 노동자의 수를 가리킵니다. 반면 가치구성은 고정자본과 임금의 비율이지요.

$$\frac{K}{W} = \text{자본의 가치구성.}$$

가치구성을 기술구성과 노동생산성의 비율로 표현할 수 있는데, 노동생산성은 국민소득과 노동자의 비율, 즉 1인당 국민소득을 의미합니다.

$$P_N = \frac{Y}{N} = 노동생산성.$$

따라서,

$$\frac{K}{W} = \frac{K/N}{W/N} = \frac{K/N}{(W/Y)(Y/N)} = \frac{1}{1-\pi}\frac{K/N}{P_N}.$$

여기서 $\pi = \Pi/Y$는 이윤분배율이고, $1-\pi = W/Y$는 임금분배율이지요. 따라서 이윤분배율과 임금분배율의 합은 항상 1입니다. 이윤분배율이 상수일 때, 기술구성이 상승함에 따라서 가치구성도 상승하려면, 기술구성이 노동생산성보다 빨리 상승해야 한다는 것은 쉽게 알 수 있습니다. 즉 이윤분배율이 상수일 때, 기술구성이 노동생산성보다 빨리 상승하는 것을 마르크스가 유기적 구성이 상승하는 법칙으로 표현한 것입니다.

자본의 유기적 구성이 상승하는 법칙을 자본생산성을 이용하여 좀 더 간편하게 표현할 수 있습니다.

$$P_K = \frac{Y}{K} = 자본생산성.$$

물론 자본생산성은 진정한 의미의 생산성이 아니라 단지 노동생산성과 기술구성의 비율을 가리키는 지표일 따름이지요.

$$P_K = \frac{Y}{K} = \frac{Y/N}{K/N} = \frac{P_N}{K/N}.$$

따라서 이윤분배율이 상수일 때, 자본생산성은 자본의 유기적 구성과 역의 관계에 있습니다.

$$P_K = \frac{P_N}{K/N} = \frac{1}{1-\pi} \frac{1}{K/W}.$$

즉 이윤분배율이 상수일 때, 자본의 유기적 구성이 상승하는 법칙은 자본생산성 하락의 법칙과 동일한 것입니다.

자본생산성 하락의 법칙이 도출되면 이윤율 하락의 법칙을 증명하는 것은 아주 쉽습니다. 이윤율은 이윤과 고정자본의 비율을 의미합니다.

$$r = \frac{\Pi}{K}.$$

여기서 r은 이윤율을 가리키지요. 즉 이윤분배율이 상수일 때, 이윤율은 자본생산성에 비례합니다.

$$r = \frac{\Pi}{K} = \frac{\Pi}{Y} \frac{Y}{K} = \pi\, P_K.$$

이윤분배율은 1보다 작은 양수이기 때문에 이윤율의 상한은 자본생산성이고, 따라서 자본생산성 하락의 법칙이 성립하면 이윤율 하락의 법칙은 당연히 성립하지요.

$$r(=\pi P_K)\downarrow\ <\ P_K\downarrow.$$

그러나 문제는 이윤율 하락의 법칙이 자본주의적 축적의 동역학적 법칙 그 자체가 아니라 그 일부일 따름이라는 것입니다. 이미 지적한 것처럼 자본주의적 축적의 동역학은 고정자본의 성장을 분석하는 것입니다. 그런데 이윤율과 고정자본의 성장 사이에는 다음과 같은 방정식이 성립하지요.

$$g_K = a\, r.$$

여기서 g_K는 고정자본의 성장률, a는 축적률, 즉 고정자본에 투자되는 이윤의 비율을 가리킵니다. 이 방정식을 포함해서 이윤율의 하락과 고정자본의 성장 사이의 관계에 대해서는 세 번째 강의에서 자세하게 설명하겠습니다.

마지막으로 이윤율이 자본생산성에 비례하듯이 임금률은 노동생산성에 비례한다는 데 주목할 수 있습니다. 임금률은 임금과 노동자의 비율, 즉 1인당 임금을 의미합니다.

$$w = \frac{W}{N}.$$

여기서 w는 임금률을 가리키지요. 따라서 임금률은 노동생산성에 비례합니다.

$$w = \frac{W}{N} = \frac{W}{Y}\frac{Y}{N} = (1-\pi)P_N.$$

이렇게 결정되는 임금률을 보통 생산성임금이라고 부르지요. 생산성임금을 요구하는 노동조합 때문에 임금분배율이 일정하게 유지된다는 것은 쉽게 알 수 있습니다.

$$1-\pi = \frac{w\uparrow}{P_N\uparrow}.$$

또한 이 때문에 이윤분배율이 상수라고 가정할 수 있는 것이지요.

신자유주의적인 효율성임금을 생산성임금과 혼동하면 안 되는데, 쉽게 말하자면 인과관계가 역전되기 때문이에요. 생산성임금은 노동생산성의 상승에 따라서 임금률이 인상된다는 뜻이고, 효율성임금은 임금률의 인상에 따라서 노동생산성이 상승한다는 뜻입니다. 효율성임금은 성과급을 극단화시키는 것인데, 그래서 경제학에서는 보통 보너스임금이라고도 부르지요. 흔히 말하는 연봉제가 바로 보너스임금제입니다. 따라서 효율성임금은 임금률의 개별화를 통해서 노동자간의 경쟁을 격화시킴으로써 노동생산성을 상승시킬 수 있다는 뜻입니다.

금융화와 궁핍화

자본생산성이 하락하고 이윤율이 하락하는 자본주의적 축적의 일반적 법칙을 분석한 다음, 마르크스는 그런 법칙의 두 가지 결과를 설명합니다. 자본의 과잉과 인구의 과잉이 바로 그것입니다. 과잉자본과 과잉인구가 공존한다는 것은 상식적으로만 역설이지요. 예를 들어 조업을 중단한 공장에 일자리를 찾는 노동자를 고용하면 될 것 같지만, 그것은 자본주의적 원리에 맞지 않는 일입니다. 공장을 다시 가동하면 이윤율은 더욱 하락할 것이기 때문이에요. 대신 자본가는 나름대로 합리적인 선택을 하는데, 그것이 바로 과잉자본을 금융에 투자하는 것입니다. 세 번째 강의에서 신자유주의의 본질이 금융화에 있다는 사실에 대해서 자세하게 설명할 것입니다.

과잉자본의 짝이 되는 과잉인구가 곧 실업과 그에 따른 궁핍화를 뜻하는 것입니다. 1990년대에 중진국론을 주창하면서 주류화를 추진했던 사람들이 요즘은 비정규직과 양극화가 문제라고 하는데, 그것은 사실 실업과 궁핍화가 문제라는 것과 같은 말입니다. 그러나 금융화에 대한 비판 없이 일자리를 창출하자는 제안은 방금 설명한 것처럼 자본주의적 원리에 맞지 않는 대안이지요. 금융화도 그렇고 실업과 궁핍화도 그렇고 모두 자본생산성이 하락하고 이윤율이 하락하는 자본주의적 축적의 일반적 법칙의 두 가지 결과일 따름이기 때문입니다.

자본의 과잉과 인구의 과잉은 자본의 추상화와 노동의 구체성의 또 다른 측면이기도 합니다. 발리바르는 여기까지 설명하고 있지는 않지만, 저는 이렇게 설명해볼 수 있다고 생각해요. 과잉자본의 금융화도 가치와 잉여가치의 측면에서 분석되는 자본의 운동이기 때문에 자본의 추상화라고 할 수 있습니다. 반면 과잉인구로 인한 실업과 궁핍화는 단지 비정규직과 양극화로 환원되지 않습니다. 마르크스가 강조한 대로 유동적·잠재적·정체적 실업자와 빈민·부랑자로 구성되는 넓은 의미에서의 실업은 다양한 형태의 궁핍을 증가시키는 것이기 때문입니다. 따라서 실업과 궁핍화라는 현실은 노동의 구체성에 해당한다고 할 수 있지요.

자본의 추상화와 노동의 구체성의 두 측면은 아주 대조적이라고 할 수 있겠습니다. 첫 번째 측면은 자본에 의한 노동의 포섭인 반면, 두 번째 측면은 자본에 의한 노동의 배제이기 때문이에요. 이런 의미에서 자본의 추상화와 노동의 구체성이 자본에 의한 노동의 포섭보다 더욱 일반적인 개념이라고 할 수 있겠지요. 발리바르의 이런 개념을 자본에 의한 사회의 포섭이라는 네그리의 개념과 비교해보면, 네그리가 자본에 의한 노동의 배제라는 현실을 아주 심각하게 오해하고 있음을 알 수 있지요. 그런 오해에서 도출되는 사회노동자라든지 사회임금이라는 개념이 현실적 타당성을 가질 수 없다는 것은 두말 할 나위도 없겠습니다.

자본주의적 축적의 엔트로피법칙과 네겐트로피

그로스만은 이윤율 하락의 법칙을 자본주의적 축적의 엔트로피법칙이라고 부르고 있습니다. 아시다시피 엔트로피법칙은 광학과 함께 고전역학의 난제 중 하나였던 열역학의 핵심입니다. 이미 설명한 것처럼 광속상수 c를 발견함으로써 뉴튼의 역학과 호이겐즈의 광학을 통일한 것이 아인슈타인의 특수상대성론과 일반상대성론이지요.

열역학의 첫 번째 법칙이 에너지 보존의 법칙이라면, 두 번째 법칙은 에너지 소산의 법칙입니다. 에너지의 소산을 에너지 형태의 변환으로 설명하는 클라우지우스는 그리스어로 변형을 뜻하는 엔트로피라는 용어를 사용합니다. 이 때문에 에너지 소산의 법칙을 엔트로피 증가의 법칙이라고도 부르지요. 예를 들어 증기기관은 열을 일로 변환하는 것인데, 열과 일은 형태가 다른 에너지이지요. 또 그런 에너지의 변형, 즉 엔트로피의 증가 때문에 영구적으로 작동하는 증기기관을 발명할 수는 없지요.

물론 그로스만이 엔트로피법칙에 대해서 자세하게 분석한 것은 아니지만, 저는 그의 시도가 아주 중요한 의미를 갖는다고 생각합니다. 이윤율 하락의 법칙이 엔트로피 증가의 법칙이라면, 그것에 대한 반작용 요인은 엔트로피를 감소시키는 네거티브 엔트로피 또는 좀 더 간단하게 네겐트로피라고 할 수 있습니다. 이윤율이 하락하는 자본주의적 축적의 엔트로피법칙과 그것에 반작용하는 제도적 요인이라는 네겐트로피의 상호작용을 통해서 자본주의의 역사를 설명할 수 있다는 것이 제 생각입니다.

일반적으로 말하자면, 엔트로피는 비가역성의 지표인 반면, 네겐트로피는 가역성의 지표이지요. 엔트로피와 네겐트로피, 비가역성과 가역성의 상호작용 때문에 왜 자본주의가 붕괴하지 않았는가를 설명할 수 있습니다. 예를 들어 19세기 영국자본주의가 어떻게 20세기 미국자본주의로 변형되었는가를 설명할 수 있다는 말이지요. 다음 강의에서 자세하게 설명하겠지만, 자본주의의 역사를 설명하려는 그로스만의 시도를 체계화한 것이 바로 뒤메닐입니다.

아까 마르크스와 다윈의 동역학이 뉴튼의 동역학과 구별된다고 했는데, 그것에 대해서도 설명해보겠습니다. 다윈의 동역학은 마르크스의 동역학과 마찬가지로 엔트로피법칙과 네겐트로피의 상호작용으로 구성된다고 할 수 있습니다. 결국 생명의 본질은 엔트로피법칙에 반작용하는 네겐트로피라는 것이에요. 그리고 이 때문에 진화라는 생명의 역사가 존재한다는 말입니다. 요컨대 마르크스와 다윈의 동역학은 역사를 설명하는 것인 반면, 뉴튼의 동역학에는 역사가 없다고 할 수 있겠지요.

뉴튼의 동역학은 순환모형이고 마르크스와 다윈의 동역학은 성장모형이라고도 했지요. 그러나 뉴튼에게도 성장이 있는데, 다만 마르크스나 다윈의 성장과는 다른 것이에요. 마르크스나 다윈의 성장은 한계를 갖는데, 그런 한계 때문에 역사가 존재하는 것입니다. 한계가 있는 성장을 보통 로지스틱(logistic) 성장이라고 부르는데, 라틴어에서 유래한 로지스틱은 계산법이라는 뜻입니다. 반면 뉴튼의 성장은 한계가 없는 성장인데, 그것을 보통 지수(exponential) 성장이라고 부르지요.

고정자본이나 생물종의 성장은 모두 로지스틱 성장입니다. 엔트로피법칙과 네겐트로피의 상호작용을 통해서 고정자본의 로지스틱 성장을 최초로 설명한 사람이 바로 그로스만입니다. 그로스만의 작업을 잘 몰랐던 것 같지만, 어쨌든 아리기도 자본주의적 축적의 기본모형을 로지스틱 성장으로 설정합니다. 이윤율 하락과 로지스틱 성장으로 구성되는 자본주의적 축적의 동역학에 대해서는 다음번 강의에서 자세하게 설명할 것입니다.

생물종의 로지스틱 성장을 최초로 분석한 사람은 고생물학자 셉코스키입니다. 마르크스주의 생물학자 굴드의 단속평형설이 종분화를 설명한다면, 셉코스키의 로지스틱 성장은 멸종을 설명하지요. 그의 3부작 "A Kinetic Model of Phanerozoic Taxonomic Diversity" (*Paleobiology*, 1978 No.3, 1979 No.3, 1984, No.2)를 참조하세요. 또 셉코스키의 로지스틱 성장에 대한 실증적 분석으로는 "Effects of Mass Extinctions on Biodiversity"(V. Courtillot and Y. Gaudemer, *Nature*, 9 May 1996)를 참조하세요. 다양한 멸종론에 대한 소개로는 리키와 르윈의 『제6의 멸종』(세종서적, 1996)이 있습니다.

마지막으로 카오스 수학에 대해서도 한 마디만 하겠습니다. 아까 현대수학을 설명하면서 1960년대에 스메일이 푸앵카레를 복권시켰고 여기서 카오스 수학이 비롯된다고 했지요. 그런데 그런 카오스 수학의 기본모형이 바로 로지스틱 성장입니다. 카오스 수학이 발전하는 가장 중요한 계기는 생태학자 메이가 제시한 다윈적 동역학인데, 그 핵심이 바로 로지스틱 성장이거든요. 마르크스적 동역학도 마찬가지로 로지스틱 성장을 핵심으로 하는 것이었지만, 아쉽게도 그런 기여를 하지는 못했지요.

자본주의적 이행과 공산주의적 이행

방금 뉴튼의 동역학과 마르크스와 다윈의 동역학이 어떻게 다른가에 대해서 설명했지만, 그렇다고 해서 마르크스의 역사과학과 다윈의 진화론이 똑같다는 말은 아닙니다. 역사과학과 진화론이 공유하는 것은 로지스틱 성장이라는 수학적 모형일 따름이고, 그 밖의 개념이나 이론은 서로 구별되는 것이 당연하겠지요. 그래서 이렇게 한번 설명해보겠습니다. 역사과학은 적대나 모순을 분석하는 것이지만, 진화론에는 적대나 모순 같은 것은 없다고 말입니다. 물론 역학에도 적대나 모순 같은 것은 없습니다.

큰 물고기가 작은 물고기를 잡아먹는 것은 자연적 권리인데, 스피노자는 이것을 코나투스(conatus)라고 부르지요. 코나투스는 자기 존재를 보존하려는 노력이라는 뜻의 라틴어입니다. 그러니까 자연에는 모순이 있을 수 없다는 말이지요. 그러나 사회의 본질은 모순입니다. 방금 엔트로피와 네겐트로피, 비가역성과 가역성의 상호작용 때문에 자본주의의 역사가 존재한다고 했지요. 그러나 똑같은 이유로 자본주의가 아닌 또 다른 역사도 존재할 수 있습니다. 그리고 이 두 역사의 관계가 바로 모순인 것입니다.

『역사적 마르크스주의』에서 자세하게 설명한 대로, 마르크스는 이윤율 하락을 설명하면서 이행의 두 가지 방식을 지적하고 있습니다. 하나는 부정적인 이행이고 또 다른 하나는 긍정적인 이행이지요. 부정적인 이행은 자본주의적인 이행을 가리킵니다. 새로운 자본주의적 제도의 반작용에 의해서 자본주의적 제도의 붕괴가 지연된다는 뜻입니다. 반면 긍정적인 이행은 금융화와 궁핍화를 계기로 해서 자본주의적 제도가 붕괴되고 평의회 같은 공산주의적 제도가 창설된다는 뜻입니다.

이것이 바로 진리의 순간입니다. 이윤율이 하락하고 금융화와 궁핍화가 진행되면서 공산주의적 이행과 자본주의적 이행이라는 두 개의 길이 열린다는 뜻이지요. 그리고 이런 진리의 순간에 노동자 운동의 내부에서 이탈자가 출현하는 것입니다. 예를 들자면 독일사민당이 1928년부터 1930년까지 집권한 것이나 또는 영국의 노동당이 1929년부터 1931년까지 집권한 것이 그런 사례입니다. 알고 그러는지 모르고 그러는지 민주노동당도 2012년에 집권하겠다고 공언하는데, 그렇게 된다면 또한 마찬가지일 것입니다.

하여튼 자본주의적 제도가 붕괴하는 상황에서 자본주의적인 방식으로 이행할 것인가 아니면 공산주의적인 방식으로 이행할 것인가를 둘러싸고 전개되는 모순 때문에 역사변증법이 작동한다고 할 수 있습니다. 이 때문에 마르크스의 변증법은 논리적이 아니라 오히려 역사적이라는 것이지요. 이미 설명한 대로 공산주의적 이행 또는 혁명을 위해서는 착취의 모순과 이데올로기적 반역의 결합을 통해서 노동자가 대중에서 계급으로 형성되어야 합니다. 이것에 대해서는 네 번째 강의에서 자세하게 설명하겠습니다.

방금 역사변증법과 관련하여 모순에 대해서 말했는데, 좀 더 자세하게 설명해보겠습니다. 헤겔의 변증법은 논리학이고 따라서 헤겔의 모순도 논리적 모순이지요. 형식 논리학과 구별되는 변증법적 논리학은 마르크스적인 것이 아니라 헤겔적인 것이라고 할 수 있습니다. 아까 마오주의로 전향한 알튀세르의 제자 중 한 사람인 바디우에 대해서 언급했지만, 그는 심지어 프롤레타리아적 수학을 제창하기도 했지요. 그러나 마르크스의 변증법은 형식 논리학과 대립하는 또 다른 논리학이 아니고 따라서 마르크스의 모순도 논리적 모순이 아닙니다.

논리적 모순은 한 마디로 말해서 A와 A가 아닌 것, 논리학의 기호로 $\overline{A}$ 사이의 관계입니다. 논리학에서 A와 $\overline{A}$는 양립할 수 없는 대립입니다. 마르크스의 모순은 그런 논리적 모순을 부정하는 것이 아닙니다. 아까 루카치 식의 헤겔 변증법을 비판하면서 알튀세르가 마르크스 변증법을 복권시킨다고 했는데, 그의 결론은 마르크스의 모순은 헤겔의 모순과 달리 논리적이 아니라 역사적이라는 것입니다. 즉 자본주의적 이행과 공산주의적 이행이라는 역사적 모순은 A와 $\overline{A}$가 아니라 A와 A와 전혀 다른 것, 즉 B 사이에서 성립하는 관계이지요.

아까 자본가와 노동자를 구별해서 자본가는 국가를 매개로 계급으로 형성되지만, 노동자가 계급으로 형성되기 위해서는 이데올로기 비판이 필요하다고 했지요. 즉 노동자와 자본가가 계급으로 형성되는 과정은 비대칭적이라는 말입니다. 따라서 노동자와 자본가 사이의 모순도 비대칭적인 것입니다. 계급투쟁은 서부영화에 나오는 것 같은 결투가 아닙니다. 예를 들자면,『오케이 목장의 결투』에 나오는 와이어트 어프 패거리나 목동 패거리는 둘 다 폭력배일 따름이지요. 그러나『역사적 마르크스주의』에서 이미 설명한 대로, 노동자의 계급투쟁은 자본가의 폭력에 대항하는 또 다른 폭력이 아니라 모든 폭력에 대한 비판입니다.

이자율과 환율의 운동

『마르크스의 '경제학 비판'』 2-4장이『자본』 1권의 대상인 잉여가치의 생산을 설명한다면, 5장은 2-3권의 대상인 잉여가치의 실현과 분배를 설명합니다. 2-3권의 중요성에 대해서는 논쟁이 많지만, 제 생각으로는 역시 1권에 비해서 부차적이라고 해야 할 것 같습니다. 게다가 1권의 분석은 2-3권의 분석과 독립적이라고 할 수 있지요. 그러나 2-3권이 불필요하다는 말은 아닌데, 여기서 몇 가지 경제학적 논쟁이 해결되고 또 몇 가지 새로운 경제법칙이 추가되기 때문입니다.

『자본』의 성립사에 대해서 간단하게 설명해보겠습니다. 로스돌스키나 네그리 때문에 '1857-58년 원고'가 특권화되고 있지만, 그로스만이 강조하는 것처럼 『자본』의 진정한 원고는 '1861-63년 원고'라고 해야 할 것입니다. 이 원고는 1권 및 3권의 원고뿐만 아니라 또한 『잉여가치학설사』 원고도 포함하고 있습니다. 1867년에 1권을 출판한 다음 1883년에 사망할 때까지 마르크스는 2권 원고와 '수학 원고'를 집필합니다. 그래서 엥겔스가 출판한 3권은 '1861-63년 원고'와 대동소이한 것이지요. 마르크스의 원고에서는 1권과 3권이 연속되어 있었고 오히려 2권이 나중에 집필되었다는 말입니다.

옛날 소련에서 나온 마르크스의 전기와 달리 사실 『자본』이 국제노동자운동에 의해서 환영받은 적은 별로 없습니다. 최초의 마르크스 전기를 쓴 메링의 말대로 1870년대의 마르크스는 낙담하여 '천천히 죽어가는 과정'(a slow death)이었다고 할 수 있습니다. 『역사적 마르크스주의』에서 자세하게 설명한 것처럼, 런던에 망명한 마르크스는 영국 노조주의에 의해서 소외되지요. 게다가 나중에는 독일 노동자운동에서도 영국 노조주의의 세례를 받은 베른슈타인이 수정주의·개량주의 논쟁을 제기하지요.

어쨌든 『자본』 3권에서 마르크스는 우선 리카도 고전경제학의 난제인 전형 문제를 해결하는데, 자세한 설명은 『마르크스의 '경제학 비판'』을 참조하세요. 대신 한 가지만 지적하자면, 전형 문제를 해결하기 위해서 마르크스는 중농주의자인 케네의 경제표를 재생산표식으로 발전시킵니다. 이것이 『자본』 2권의 과제이지요. 재생산표식이 전형 문제를 해결하기 위한 이론적 전제라는 사실을 해명한 사람은 에스타블레입니다. 그 후 전형 문제를 수학적으로 해결한 사람이 뒤메닐과 폴리이지요.

재생산표식 자체를 둘러싼 논쟁도 많은데, 경기순환의 과열 국면이 침체 국면으로 반전되는 공황을 쟁점으로 하는 것입니다. 공황의 원인이 과소소비인가 불비례인가라는 논쟁이 재생산표식을 둘러싸고 전개되기 때문이에요. 그러나 그로스만이 강조하는 것처럼,

공황의 궁극적 원인은 이윤율의 하락에 따른 자본축적의 한계입니다. 그래서『마르크스의 '경제학 비판'』에서 재생산표식을 수학적으로 분석해본 것입니다. 재생산표식도 동역학이긴 하지만, 그러나 그것은 로지스틱 성장이 아니라 지수 성장이에요. 쉽게 말해서 재생산표식으로는 자본축적이나 공황을 설명할 수 없다는 뜻이지요.

『자본』3권에서 마르크스는 새로운 경제법칙을 추가하는데, 그 중에서 가장 중요한 것은 금융과 관련됩니다. 브뤼노프 식으로 말하자면, 금융은 보편적 등가물로서 화폐에서 파생되지요. 즉 화폐적 금융론이라는 말입니다. 여기서 자세하게 설명할 수는 없지만, 화폐적 금융론의 최초의 개념이 바로 신용입니다. 신용카드라고 말할 때 그 신용인데, 이렇게 외상거래에서 발생하는 신용을 보통 상업신용이라고 부르지요. 상업신용이 발전한 것을 보통 은행신용이라고 부르는데, 은행신용에서 시작된 금융은 주식으로 완성되지요.

그런데 부르주아 경제학자뿐만 아니라 또한 대부분의 마르크스주의 경제학자도 브뤼노프의 견해를 받아들이지 않습니다. 그것은 사실 힐퍼딩의『금융자본』때문이에요. 그러나 브뤼노프가 비판하는 것처럼, 힐퍼딩은 화폐를 신용이나 금융과 혼동합니다. 그래서 금융적 화폐론이라고 비판하는 것이지요. 그것은 힐퍼딩에게 가치형태론이나 보편적 등가물 개념이 없기 때문입니다. 따라서 그로스만이 비판하는 것처럼, 힐퍼딩에게 경제학 비판이 없다고 비판할 수도 있는 것이지요.

화폐적 금융론에서 도출되는 새로운 경제법칙에 대해서 설명해 보겠습니다. 하나가 이자율의 운동이고 또 다른 하나가 환율의 운동입니다. 이자율의 운동에 대한 설명은 비교적 간단해요. 이자율은 대부자와 차입자의 세력관계에 따라서 운동하기 때문입니다. 즉 이자율의 운동을 지배하는 경제법칙은 없습니다. 대신 이자율의 운동은 주가의 운동에 영향을 미칩니다. 이자율이 하락하면 주가가 상승하고, 이자율이 상승하면 주가가 하락하지요. 나아가 주가를 자본성장률과 연결시켜주는 경제법칙이 있습니다. 이것을 최초로 발견한 사람은 케인즈이고, 나중에 수학적으로 도출해낸 사람은 그의 제자 칸과 케인즈주의 경제학자 토빈이지요.

주가총액과 고정자본의 비율로 정의되는 토빈의 q를 표현하는 다음과 같은 수식을 칸의 방정식이라고 부릅니다.

$$q = \frac{g_K - r}{g_K - i}.$$

여기서 i는 이자율입니다. 이 방정식을 도출하는 것은 어렵지 않지만 아주 번거로운데, 자세한 증명은 『이윤율의 경제학과 신자유주의 비판』을 참조하세요. 금융화가 진행되면 토빈의 q는 1보다 커집니다. 또 이자율이 하락하면서 이윤율이 상승하더라도 고정자본의 성장률은 회복되지 못하는데, 이 경우에는 이윤율이 아니라 오히려 이자율이 고정자본의 성장률을 결정하기 때문이지요.

$$q > 1 \Leftrightarrow g_K < i < r.$$

따라서 금융화가 진행되면서 고정자본의 성장률이 하락하는 이유는 이자율이 하락하는 데 있다는 말이에요. 이 부등식에 대한 증명도 『이윤율의 경제학과 신자유주의 비판』을 참조하세요.

훨씬 더 어려운 것은 환율의 운동에 대한 분석입니다. 사실 신자유주의를 설명할 때 가장 큰 문제가 바로 이 대목이에요. 이자율과 주가 정도는 쉽게 설명할 수 있지만, 환율은 설명하기가 아주 어렵습니다. 19세기 금본위제에서 환율의 운동은 얼마간 설명이 가능한데, 그러나 20세기 달러본위제에서 환율의 운동을 설명하는 만족스러운 이론은 아직까지 별로 없어요. 『마르크스의 '경제학 비판'』에서는 이탈리아 출신의 마르크스주의 경제학자 카르케디의 분석을 소개하고 있는데, 그는 환율의 운동을 생산력의 격차로 설명하고 있지요. 말하자면 생산력이 발전한 선진국의 환율은 하락하고, 생산력이 낙후된 후진국의 환율은 상승한다는 것이에요.

이미 지적한 것처럼 위기의 궁극적 원인은 이윤율의 하락입니다. 그러나 나중에 신자유주의와 관련해서 설명하겠지만, 위기에는 금융적인 측면도 있어요. 예를 들어 1929년의 대공황처럼 주가가 폭락할 수도 있고 또 은행이 파산할 수도 있습니다. 게다가 아직 금본위제를 유지하던 1929년에는 존재하지 않았던 위기가 하나 추가되는데, 그것이 바로 환율이 폭등하는 외환위기입니다. 국제경제학 교과서에서는 국제수지위기나 환율위기라고 부르는데, 저널리즘에서는 보통 외환위기라고 부릅니다. [경제학 비판에 대한 추가적인 설명은 윤소영, 『헤겔과 일반화된 마르크스주의』, 공감, 2007; 『일반화된 마르크스주의와 대안좌파』, 공감, 2008; 『일반화된 마르크스주의와 대안노조』, 공감, 2008을 참조하시오.]

미국경제를 예로 들자면, 앞으로 금융위기가 발생할 가능성이 아주 큽니다. 주가가 폭락할 가능성의 지표가 토빈의 q이지요. 미국의 경우 토빈의 q의 장기평균치는 0.65 정도라고 하는데, 1999년에는 그 두 배가 넘는 1.43 정도까지 상승합니다. 따라서 2002년부터 주가가 하락할 수밖에 없는데, 다만 아직까지 폭락이라고 할 정도는 아니지요. 그리고 달러의 환율이 폭등하여 외환위기가 발생할 가능성도 있습니다. 2002년부터 달러가 약세로 돌아서지만, 그러나 아직도 미국의 생산력에 비해서 강세라고 할 수 있지요. 다음 강의에서 자세하게 설명하겠지만, 2012-13년경 미국경제에서 이윤율과 주가가 폭락하고 환율이 폭등할 가능성은 아주 큽니다. [2007-08년 미국발 세계적 금융위기에 대한 분석은 윤소영, 『일반화된 마르크스주의와 대안좌파』, 위의 책을 참조하시오.]

3강 역사동역학과 역사적 자본주의 분석

자본주의의 시기구분

오늘 강의에서는 마르크스의 경제학 비판에 따라서 신자유주의 또는 금융세계화를 분석해보겠습니다. 강의를 준비하면서 2001년에 비데가 편집한 『현대 마르크스주의 사전』에 기고된 뒤메닐의 「마르크스주의 경제학의 현재성」(초판의 부록으로 실림)이라는 논문을 많이 참조했습니다. 『현대 마르크스주의 사전』은 1982년에 라비카가 편집했던 『마르크스주의 고증 사전』의 후속편이라고 할 수 있는데, 이 두 사전은 알튀세르적인 관점에서 마르크스주의의 역사를 정리할 때 필수적인 자료라고 할 수 있지요.

이미 설명한 대로, 발리바르와 브뤼노프부터 뒤메닐이나 아리기까지 이어지는 알튀세르적인 경제학 비판은 마르크스주의의 역사에서 나름대로 전통을 갖는 것입니다. 저는 특히 1910-20년대 고전적 마르크스주의 시대에 전개된 제국주의 또는 독점자본주의 논쟁으로 소급해서 그로스만을 복권시키려고 시도하고 있습니다. 그런 의미에서 「이윤율의 경제학: 헨릭 그로스만을 위하여」는 『마르크스의 '경제학 비판'』의 부록인 셈이지요.

그로스만이나 뒤메닐은 자본주의의 역사를 몇 개의 시기로 구분하면서 두 가지 기준을 제시하고 있습니다. 물론 아리기도 마찬가지입니다. 첫 번째 기준이 마르크스가 말하는 자본주의적 축적의 일반적 법칙으로서 이윤율 하락의 법칙입니다. 마르크스는 두 번째 기준에 대해서도 지적하고 있지만, 아직 분석이라기보다는 묘사의 수준에 머무르고 있지요. 그것이 바로 존 스튜어트 밀에게서 차용한 이윤율 하락에 대한 다양한 반작용 요인입니다.

자본을 축적할수록 이윤율이 하락한다면 자본주의는 언젠가 필연적으로 붕괴하겠지요. 그러나 이윤율의 하락에 반작용하여 이윤율을 상승시킬 수 있는 그런 요인이 있습니다. 그래서 이윤율의 하락으로 인해 자본주의가 붕괴되는 경향이 나타나기도 하지만, 이윤율을 상승시키는 반작용 요인 때문에 자본주의의 붕괴가 지연되기도 한다는 것이지요. 그런 반작용 요인이 바로 자본이나 국가의 형태인데, 그것을 간단하게 제도라고 부를 수 있을 것입니다.

시기구분의 두 가지 기준의 관계에 대해서 한 마디만 하자면, 제도라는 반작용 요인과 달리 이윤율 하락만 법칙이라고 부른다는 것입니다. 이윤율 하락을 법칙이라고 부르는 이유는 그 원인이 바로 기술진보이기 때문입니다. 봉건제나 노예제와 비교할 때 자본주의의 가장 본질적인 특징은 다름 아니라 기술진보이지요. 그런데 상식적으로 생각하면 하나의 커다란 역설이겠지만, 그런 기술진보의 결과로 이윤율이 하락한다는 것이에요. 어쨌든 제도라는 반작용 요인과 달리 기술진보에 따른 이윤율 하락만을 법칙이라고 부른다는 말입니다.

이렇게 해서 그로스만적인 경제학 비판의 전통에서 자본주의의 역사적 시기를 구분하는 두 가지 기준이 도출되는데, 문제는 이 두 가지 기준에 따라서 20세기 자본주의의 역사를 분석하고 또 그런 역사 속에서 신자유주의의 성격을 해명하는 것입니다. 그렇게 하기 위해서는 체계적으로 수집된 통계자료가 필요한데, 놀랍게도 미국 경제를 제외하고 그런 자료가 존재하는 경우가 별로 없습니다. 남한경제는 물론이고 유럽경제나 일본경제도 마찬가지입니다.

그래서 오늘 강의는 미국경제의 사례분석이기도 한데, 크게 두 부분으로 구성됩니다. 앞부분에서는 이윤율 하락과 자본축적을 분석할 수 있는 동역학에 대해서 간단하게 소개하고, 뒷부분에서는 자본과 국가의 형태 또는 제도에 대해서 설명하겠습니다. 첫 번째 부분은 뒤메닐의 표현대로 역사동역학이라고 부를 수 있고, 두 번째 부분은 월러스틴이나 아리기의 표현대로 역사적 자본주의 분석이라고 부를 수 있습니다. 그래서 오늘 강의의 제목이 역사동역학과 역사적 자본주의 분석이 된 것이지요.

남한경제에서 자본주의의 역사와 신자유주의의 성격에 대해서는 첫 번째 강의에서 대강 설명한 셈입니다. 사실 남한경제에 대한 사례분석은 체계적인 통계자료가 없기 때문에 아주 어렵습니다. 그나마 있는 자료를 이용하여 이런 분석을 시도한 것이 2000년에 『한겨레신문』의 가리사니에 실렸던 저의 칼럼 「신자유주의 비판」인데, 「이윤율의 경제학: 헨릭 그로스만을 위하여」와 함께 『이윤율의 경제학과 신자유주의 비판』에 실려 있으니까 관심이 있으신 분은 참조하세요.

20세기 미국경제 개관

20세기 미국경제를 개관하기 위해서 먼저 이윤율의 운동을 간단한 그래프로 그려보겠습니다. 좀 더 자세한 그래프는 인터넷에 올린 뒤메닐의 논문들을 참조하실 수 있는데, 가장 기본적인 논문이 "Profit Rates: Gravitation and Trends"와 "Neoliberal Dynamics - Imperial Dynamics"(http://www.jourdan.ens.fr/levy/)입니다. 1914년부터 1965년까지 이윤율이 상승하는 기간을 미국경제의 성장기라고 부를 수 있고, 1965년 이후 이윤율이 대체로 하락하는 기간을 불황기라고 부를 수 있겠습니다. 사실 성장기와 불황기라는 용어는 브뤼노프의 것이지요.

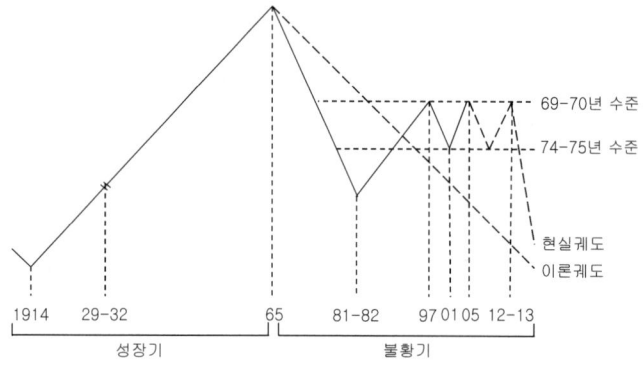

역사동역학의 핵심은 불황기에 대한 분석이기 때문에 이윤율이 하락하는 운동을 좀 더 자세하게 그려보았습니다. 실선으로 그려진 그래프가 이윤율의 현실궤도인데, 1965년부터 1981-82년까지 이윤율이 급속하게 하락하지요. 그러나 그 후 1997년까지 이윤율이 다시 상승합니다. 1997년은 아시다시피 남한을 비롯한 동아시아에서 경제위기와 외환위기가 발생한 해인데, 그런 위기가 미국경제를 비롯해서 세계경제에도 충격을 줍니다. 그래서 이윤율이 다시 하락하여 저점에 이른 것이 2001년인데, 특히 2000년에 신경제의 거품이 붕괴되면서 주식시장이 충격을 받고 그것이 실물경제에도 영향을 끼쳤던 것이지요. 그러나 그 후 이윤율이 다시 상승하여 2005년에는 1997년 수준을 회복할 것으로 예상된다고 합니다.

이윤율은 1997년과 2005년에 대체로 1969-70년 수준을 회복한다고 할 수 있습니다. 1969-70년 수준은 미국경제가 불황기에 본격적으로 진입하기 직전의 상황이라고 할 수 있지요. 미국경제가 심각한 불황기에 진입하기 시작한 것이 1974-75년이고, 1930년대 대불황 이후 최악의 상황은 1981-82년이지요. 그런데 1990년대 이후 이윤율은 1969-70년 수준과 1974-75년 수준 사이에서 운동하고 있음을 알 수 있습니다. 앞으로 전개될 상황에 대해서는 물론 아무도 알 수 없겠지만, 몇 년간은 이윤율이 비슷하게 운동할 것이라고 예상해보았습니다. 2005년 이후 이윤율의 현실궤도는 그런 예상에 따라서 점선으로 그려진 것이지요. 물론 이런 예상이 틀릴 수도 있겠지만, 그래도 큰 문제가 될 것은 없습니다.

문제는 2012-13년 이후의 상황에 대한 예상입니다. 저는 이윤율이 급속하게 하락하여 곧 1981-82년 수준 또는 그 이하로 폭락할 것이라고 예상하고 있지요. 2012-13년이 1990년대 이후 미국경제의 상대적 안정기가 종료되는 시점이라는 말입니다. 사실 이런 예상은 미국경제에 대한 뒤메닐의 분석과 저의 분석이 얼마간 달라지는 측면이기도 합니다. 뒤메닐은 이윤율의 운동을 분석하기 위해서 주로 통계학적이고 경험적인 방법을 사용합니다. 그러나 저는 좀 더 수학적이고 구조적인 방법을 사용해야 한다고 생각하는 것이지요. 사실 이런 차이는 물리학이나 생물학의 경우에서도 마찬가지로 발생하는 것입니다.

어쨌든 저는 1965년 이후 이윤율의 운동은 구조적으로 하락하는 경향을 갖는다고 생각하는데, 바로 이것이 실선인 현실궤도와 구별해야 하는 점선으로 그려진 이론궤도입니다. 나중에 이유를 설명하겠지만, 1965년 이후의 이론궤도는 1965년 이전의 이론궤도와 대칭임을 알 수 있지요. 그래서 1965년 이후의 이론궤도는 훨씬 복잡한 현실궤도와 달리 아주 단순합니다. 그리고 이런 이론궤도를 기준으로 1990년대 이후 이윤율이 상승하고 하락하는 운동을 설명하고 또 2012-13년 이후 이윤율이 또다시 급속하게 하락할 것이라고 예상할 수 있다는 것이지요.

이 대목에서 뒤메닐의 분석을 아리기의 분석으로 보충해야 한다는 것이 제 생각입니다. 아리기는 특히 불황기를 세분하고 있지요. 1965년부터 이윤율이 하락하지만 아직은 상당히 높은 수준을 유지합니다. 그러나 1969-70년부터 이윤율은 낮은 수준으로 하락하는데, 그래서 아리기는 1970년대부터 징후적 위기가 시작된다고 말하지요. 1981-82년부터 회복되기 시작한 이윤율은 1990년대에 와서

1974-75년 수준 이상으로 상승하는데, 이 시기가 바로 아리기가 말하는 벨 에포크입니다.

벨 에포크는 사실 20세기 초 영국경제를 설명하는 역사적 개념입니다. 1873-96년의 대불황 이후 시작된 경이로운 시기가 바로 벨 에포크이지요. 그래서 당시 영국인들은 영국경제가 붕괴하기는커녕 1850-60년대를 능가하는 제2의 전성기를 맞이한 것으로 착각했다고 합니다. 그러나 1929년 대공황으로 벨 에포크가 종료되고 1930년대 대불황이 시작됩니다. 따라서 불황기는 두 번의 대불황과 중간의 벨 에포크로 세분되는데, 첫 번째 대불황이 징후적 위기라면, 두 번째 대불황은 최종적 위기입니다.

뒤메닐의 분석과 아리기의 분석을 결합해서 신자유주의와 금융세계화를 미국경제의 벨 에포크로 특징지을 수 있다는 것이 제 생각입니다. 그리고 1969-70년 수준과 1974-75년 수준 사이에서 상승하고 하락하던 이윤율이 2012-13년 이후 급속하게 하락하면서 그런 벨 에포크가 종료되고 최종적 위기가 시작될 것이라고 예상하는 것이지요. 굳이 비교하자면 2012-13년은 1929년의 재판일 가능성이 높은데, 이윤율과 주가가 폭락하고 게다가 환율이 폭등할 것이기 때문입니다.

아리기 자신은 최종적 위기가 빠르면 2010년 늦으면 2020년에 발생할 것으로 예상하고 있지요. 벨 에포크라는 개념을 부정하는 뒤메닐은 당연히 최종적 위기의 시점을 설정하지 않는데, 이 점에 대해서는 오늘 강의의 마지막 부분에서 평가해보겠습니다. 반면 월러스틴은 최종적 위기의 시점을 2025년으로 설정하는데, 이미 지적한 것처럼 그가 채택하는 장기파동설은 논리적이고 역사적인 근거가 별로 없지요. 그래서 아리기처럼 2010년대라고 하든지 아니면 저처럼 2012-13년이라고 하는 것이 타당할 것 같습니다.

마지막으로 벨 에포크라는 용어의 유래에 대해서도 간단하게 설명해보겠습니다. 20세기 초의 벨 에포크는 에드워드 7세의 즉위로 시작되었는데, 그는 모후인 빅토리아 여왕의 오랜 재위기간 동안

문화·예술계 인사들과 각별한 관계를 맺어온 한량이었지요. 에드워드 7세가 즉위하자 그 덕을 보게된 문화·예술계 인사들이 이 시기를 가리켜서 불어로 벨 에포크라고 불렀는데, 이 말은 '좋은 시절'이라는 뜻입니다.

자본생산성 궤도와 이윤율 궤도

미국경제의 사례분석을 위한 역사동역학을 구성해보겠습니다. 마치 브라헤의 통계자료를 묘사할 따름인 케플러의 행성운동법칙을 증명하기 위해서는 뉴튼의 동역학이 필요한 것과 마찬가지라고 할 수 있겠지요. 뒤메닐이 사용하는 통계학적이고 경험적인 방법 대신 수학적이고 구조적인 방법이 필요하다고 했는데, 이윤율의 현실궤도를 설명하는 이론궤도는 사실 『자본』에서 도출되는 것입니다.

지난번 강의에서 자세하게 설명한 것처럼, 마르크스는 이윤율 하락의 법칙을 증명하기 위해서 자본생산성 하락의 법칙을 이용합니다. 기계제대공업을 특징짓는 편향적 기술진보를 표현하는 것이 바로 자본생산성 하락의 법칙이지요. 자본주의의 가장 본질적인 특징은 기술진보인데, 마르크스는 잉여가치의 생산방법에 대한 분석을 통해서 그것의 편향성을 증명합니다.

사실 부르주아 경제학은 기술진보를 제대로 설명하지 못하는데, 그래서 경제사학자 클래팜이 기술진보를 '빈 상자'(empty box)라고 불렀던 것이에요. 부르주아 경제학에서 기술진보는 내생적 요인이 아니라 외생적 요인으로 취급됩니다. 역설적인 일이지만, 자본주의를 이론적으로 옹호하려는 부르주아 경제학은 자본주의의 본질적인 특징인 기술진보를 설명하지 못합니다. 부르주아지의 힘은 역시 이론이 아니라 현실에 있는 것이지요. 자본의 힘이나 국가의 힘이지 절대로 이론의 힘은 아닙니다.

아시다시피 마르크스는 잉여가치를 생산하는 절대적 방법과 상대적 방법을 구별합니다. 절대적 잉여가치는 1인당 노동시간을 연장하거나 고용된 노동자의 수를 증가시키는 방법으로 생산되지요. 그러나 그런 절대적 방법에는 한계가 있을 수밖에 없기 때문에 상대적 방법이 동원되는데, 그것을 완성하는 것이 바로 기계제대공업입니다. 기계제대공업을 특징짓는 기술진보의 핵심은 고정자본의 소비를 통해서 노동을 절약하는 데 있는데, 그런 의미에서 편향적 기술진보라고 부르는 것이지요.

편향적 기술진보를 분석하는 뒤메닐의 논문이 "Technology and Distribution: Historical Trajectories à la Marx"(*ibid.*)인데, 이 논문에 대한 평가는 「이윤율의 경제학: 헨릭 그로스만을 위하여」를 참조하세요. 여기서는 복잡한 수학적 분석 대신 다음과 같은 그래프를 통해서 간단하게 설명해보겠습니다.

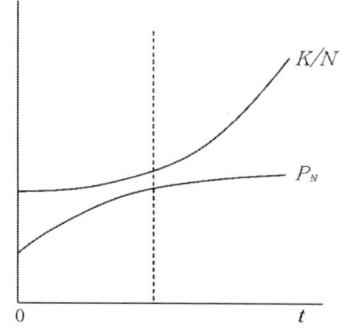

여기서 t는 시간입니다. 그리고 점선은 자본주의의 역사를 성장기와 불황기라는 두 시기로 구분할 수 있음을 가리키지요.

먼저 노동생산성 궤도를 설명하지요. 기술진보는 일차적으로 노동생산성의 상승을 뜻하는 것입니다. 그런데 노동생산성은 국민소득과 노동자의 비율, 즉 1인당 국민소득이에요.

$$P_N = \frac{Y}{N} = 노동생산성.$$

따라서 노동을 절약함으로써 노동생산성을 상승시킬 수 있습니다. 노동을 절약하는 방법에는 물론 1인당 노동시간을 단축하는 방법도 있지만, 여기서는 편의상 고용된 노동자의 수를 감소시키는 방법만을 고려합니다. 노동생산성 궤도를 보면, 성장기에 노동생산성이 급속하게 상승하다가 불황기에 완만하게 상승하는 것을 알 수 있습니다.

그런데 방금 설명한 것처럼, 노동을 절약하는 대신 고정자본을 소비해야 합니다. 즉 기술진보를 분석하기 위해서는 노동생산성의 배후에 있는 자본의 기술구성도 고려해야 한다는 말이지요.

$$\frac{K}{N} = 자본의\ 기술구성.$$

기술구성 궤도도 노동생산성 궤도처럼 지속적으로 상승합니다. 그러나 노동생산성과 반대로 기술구성은 성장기에 완만하게 상승하다가 불황기에 급속하게 상승하지요. 뒤메닐이 강조하듯이 불황기에 기술구성은 급속하게 상승하지만 노동생산성이 완만하게 상승한다는 사실은 기술진보의 곤란을 가리킵니다. 노동생산성 궤도와 기술구성 궤도의 모양에 대해서는 나중에 컨베이어 벨트와 관련해서 좀 더 자세하게 설명하겠습니다.

편향적 기술진보를 좀 더 간단하게 설명하는 것이 자본생산성인데, 그것은 국민소득과 고정자본의 비율을 가리키는 것입니다. 자본생산성은 자본이 생산적이라는 의미가 아니라 노동생산성과 기술구성의 비율을 가리키는 지표라는 의미입니다.

$$P_K = \frac{Y}{K} = \frac{Y/N}{K/N} = \frac{P_N}{K/N} = 자본생산성.$$

따라서 노동생산성 궤도를 기술구성 궤도로 나누면 자본생산성 궤도를 그릴 수 있습니다. 자본생산성 궤도는 1/2 정도였다가 1 가까이 상승한 다음 하락하여 또다시 1/2 정도가 되지요.

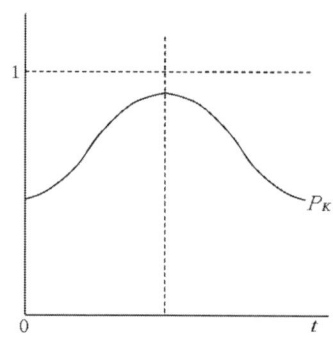

그러나 제가 그린 궤도는 좀 더 특수한데, 그것을 보통 종 모양(bell-type)의 궤도라고 부릅니다. 자본생산성 궤도를 종 모양으로 그린 이유에 대해서는 나중에 자세하게 설명하겠습니다. 일단 종 모양의 궤도는 물리학이나 생물학에서도 많이 사용되는 이론궤도라고 생각하시면 좋겠습니다.

이제 이윤과 고정자본의 비율인 이윤율을 이윤분배율과 자본생산성의 곱으로 표현할 수 있습니다.

$$r = \frac{\Pi}{K} = \frac{\Pi}{Y} \frac{Y}{K} = \pi\, P_K = \text{이윤율}.$$

지난번 강의에서 이미 설명한 대로, 노조의 경제투쟁 때문에 이윤분배율이 일정하게 유지된다고 할 수 있습니다. 게다가 뒤메닐이 분석한 미국경제나 제가 분석한 한국경제에서는 이윤분배율이 아주 완만하게 상승하고 하락한다는 사실을 확인할 수 있습니다. 미국경제에서 이윤분배율의 장기평균치는 0.35 정도이고, 남한경제에서는 0.6 정도입니다. 따라서 이윤분배율을 상수라고 생각한다면, 자본생산성 궤도를 비례적으로 축소하여 이윤율 궤도를 그릴 수 있습니다.

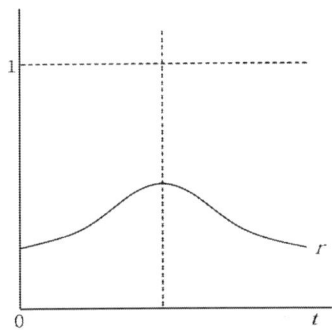

자본성장률과 경제성장률

이제까지는 지난번 강의를 복습한 셈입니다. 그런데 이미 지적한 것처럼 자본주의적 축적의 역사동역학을 완성하려면 이윤율의 하락에 대한 분석에 그치는 것이 아니라 고정자본의 로지스틱 성장을 분석해야 하지요. 앞으로 차차 설명하겠지만, 성장률이 일정한 경우를 지수 성장이라고 부르고, 성장률이 감속하는 경우를 로지스틱 성장이라고 부릅니다. 즉 고정자본의 로지스틱 성장을 분석하기 위해서는 먼저 고정자본의 성장률이라는 개념을 알아야 하지요.

좀 더 익숙한 경제성장률이라는 개념부터 설명해보겠습니다. t 년도의 경제성장률은 $t-1$년도에서 t년도까지 국민소득의 변화를 $t-1$년도의 국민소득으로 나눈 것입니다.

$$\frac{Y_t - Y_{t-1}}{Y_{t-1}} = t\text{년도의 } g_Y.$$

여기서 g_Y는 경제성장률을 가리키지요. 경제성장률은 보통 1년 단위로 측정하지만, 이론적으로는 매순간 경제성장률을 측정할 수 있다고 가정합니다.

$$\frac{dY/dt}{Y} = g_Y.$$

아시다시피 dY/dt는 Y의 순간변화율을 가리키는 것이지요. dY가 $Y_t - Y_{t-1}$, dt가 $t-(t-1)=1$에 대응하므로 두 가지 정의는 실질적으로 동일한 것입니다.

경제성장률이 국민소득의 성장률을 가리킨다면, 자본성장률은 고정자본의 성장률을 가리킵니다. 자본성장률을 정의하는 방법은 경제성장률의 경우와 완전히 동일합니다.

$$\frac{K_t - K_{t-1}}{K_{t-1}} = t년도의\ g_K,$$
$$\frac{dK/dt}{K} = g_K.$$

여기서 g_K는 자본성장률을 가리키지요. 나중에 설명할 것처럼 부르주아 경제학에서는 경제성장률에만 주목하고 있지만, 사실 경제성장률을 결정하는 것이 바로 자본성장률입니다.

이제 자본성장률과 이윤율 사이의 방정식을 설명해야 합니다.

$$g_K = \frac{dK/dt}{K} = a\,r.$$

여기서 a는 마르크스가 축적률이라고 부르는 상수인데, 고정자본에 투자되는 이윤의 비율로 정의됩니다. 케인즈주의적 경제성장론에 의해서 유명해진 이 방정식은 사실 마르크스의 재생산표식에서 도출되는 것입니다. 게다가 케인즈주의에서는 이윤율이 아니라 자본성장률을 독립변수로 오해하고 있지요.

이 방정식을 증명하는 것은 별로 어렵지 않은데, 고정자본의 변화율이 고정자본에 대한 투자와 같다는 것만 알면 됩니다.

$$\frac{dK}{dt} = I.$$

여기서 I는 고정자본에 대한 투자를 가리키지요. 그런데 축적률의 정의에서 고정자본에 대한 투자는 축적률과 이윤의 곱입니다.

$$I = a\Pi.$$

따라서,

$$g_K = \frac{dK/dt}{K} = \frac{I}{K} = \frac{a\Pi}{K} = a\,r.$$

미국경제에 대한 뒤메닐이 분석에 따르면, 축적률의 장기평균치는 0.1 정도라고 합니다. 남한경제의 경우는 축적률이 훨씬 더 높아서 1990년대에는 0.5를 초과하고 또 1997-98년 경제위기 직전에는 0.8까지 상승합니다. 미국경제보다 후진적인 데다가, 재벌에게 고유한 특징 때문이지요. 어쨌든 자본성장률은 이윤율에 비례하는데, 미국경제의 경우 1/10 정도가 된다는 것이에요. 그래서 자본성장률의 궤도는 아주 납작한 종 모양이라고 할 수 있겠지요.

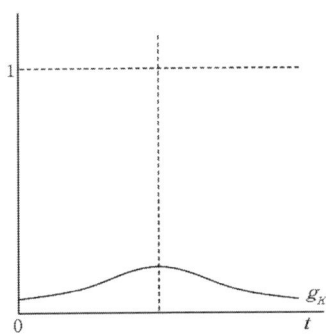

「이윤율의 경제학: 헨릭 그로스만을 위하여」에서 설명한 것처럼, 폴리는 축적률을 새로 정의하여 이 방정식을 변형합니다. 본래의

축적률은 이윤을 기준으로 측정한 것이지요.

$$a = \frac{\Pi - C}{\Pi} = \frac{I}{\Pi}.$$

여기서 C는 자본가의 소비를 가리키지요. 그러나 폴리는 고정자본과 이윤의 합, 즉 자본가의 부를 기준으로 축적률을 정의합니다.

$$a_F = \frac{K + (\Pi - C)}{K + \Pi} = \frac{K + I}{K + \Pi}.$$

따라서 다음과 같은 방정식이 도출됩니다.

$$(1 + g_K) = \frac{K + dK/dt}{K} = \frac{K + I}{K} = \frac{a_F(K + \Pi)}{K} = \frac{a_F(K + rK)}{K}$$
$$= a_F(1 + r).$$

보통 $(1 + g_K)$를 자본성장인수, $(1 + r)$을 이윤인수라고 부릅니다. 폴리는 자본성장률과 이윤율의 비례관계를 자본성장인수와 이윤인수의 비례관계로 변형한 셈이지요. 미국경제나 남한경제를 분석할 때 폴리의 방정식이 더 적합하지만, 편의상 본래의 방정식을 이용하겠습니다.

고정자본의 로지스틱 성장모형

이제 고정자본의 로지스틱 성장모형을 설명해보겠습니다. 「이윤율의 경제학: 헨릭 그로스만을 위하여」에서 자세하게 설명한 대로, 로지스틱 성장모형은 성장률이 감소함수인 미분방정식입니다.

$$g_K = \frac{dK/dt}{K} = g\left(1 - \frac{K}{\overline{K}}\right).$$

여기서 g와 $\overline{K}$는 상수이지요. 따라서 로지스틱 미분방정식은 가장 간단한 비선형 미분방정식입니다.

$$\frac{dK}{dt} = gK\left(1 - \frac{K}{\overline{K}}\right) = gK - \frac{g}{\overline{K}}K^2.$$

$\overline{K}$는 고정자본의 성장의 한계를 가리키는데, 생태학에서는 보통 수용능력(carrying capacity)이라고 부르지요. 사실 고정자본의 로지스틱 성장모형은 생태학에서 이용하는 개체군의 로지스틱 성장모형과 동일한 것입니다. 따라서 개체군의 로지스틱 성장모형을 통해서 고정자본의 로지스틱 성장모형을 설명해볼 수 있을 것입니다.

먼저 개체군의 성장률은 출생률과 사망률의 차이로 정의됩니다.

$$g_N = \frac{dN/dt}{N} = \beta - \delta.$$

여기서 N은 개체의 수, β는 출생률, δ는 사망률을 가리키지요. 출생률과 사망률은 생태학적으로 말하자면 네겐트로피의 증가와 엔트로피의 증가를 의미하고, 경제학적으로 말하자면 경제와 비경제, 수익증가와 수익감소를 의미합니다. 즉 로지스틱 성장모형은 생태적 개방체계 또는 경제적 개방체계에서 진화 또는 역사의 법칙을 표현하는 것입니다.

출생률과 사망률이 개체의 수에 의존하는 감소함수와 증가함수라고 가정하면, 개체군의 성장률은 다음과 같습니다.

$$\frac{dN/dt}{N} = (\beta_0 - \beta_1 N) - (\delta_0 + \delta_1 N) = (\beta_0 - \delta_0) - (\beta_1 + \delta_1)N.$$

여기서 $\beta_0, \beta_1, \delta_0, \delta_1$은 모두 양의 상수입니다. 또 $\beta_0 - \delta_0 = g$, $\beta_1 + \delta_1 = h$ 라고 하면,

$$\frac{dN/dt}{N} = g - hN = g\left(1 - \frac{h}{g}N\right).$$

$g/h = \overline{N}$라고 하면, 다음과 같은 로지스틱 성장모형이 도출되지요.

$$g_N = \frac{dN/dt}{N} = g\left(1 - \frac{N}{\overline{N}}\right).$$

이제 로지스틱 성장모형과 지수적 성장모형을 비교해보겠습니다. 두 성장모형의 기원은 모두 페티의 인구론인데, 지수적 성장모형이 맬서스의 인구론을 표현한다면, 로지스틱 성장모형은 그것을 비판하는 베어휠스트의 인구론을 표현하지요. 편의상 $\overline{K}=1$이라고 가정하면, 로지스틱 성장모형은 다음과 같이 변형됩니다.

$$\frac{dK/dt}{K} = g(1-K).$$

즉 로지스틱 성장모형은 성장률이 감소함수 $g(1-K)$인 경우입니다. 반면 지수적 성장모형은 성장률이 상수 g인 경우지요.

$$\frac{dK/dt}{K} = g.$$

로지스틱 성장모형과 지수적 성장모형을 다음과 같이 변형할 수 있습니다.

$$\frac{dK}{dt} = gK(1-K) = gK - gK^2,$$
$$\frac{dK}{dt} = gK.$$

로지스틱 성장모형을 지수적 성장모형과 구별해주는 $-gK^2$이라는 2차항을 생태학에서는 보통 마이너스 피드백이라고 부릅니다.

먼저 지수적 성장모형의 미분방정식을 풀어보겠습니다. 지난번 강의에서 설명한대로 K는 K대로, t는 t대로 모은 다음 배로의 구적법을 이용해야 합니다. 편의상 적분상수는 무시합니다.

$$\frac{1}{K} dK = g \, dt,$$

$$\int \frac{1}{K} dK = g \int dt.$$

우변은 당연히 gt가 되고 다음과 같은 미적분 공식에 의해서 좌변은 $\log K$가 되지요.

$$\frac{d \log K}{dK} = \frac{1}{K},$$

$$\int \frac{1}{K} dK = \log K.$$

따라서 적분의 결과는 다음과 같습니다.

$$\log K = gt + C.$$

여기서 C는 적분상수이지요. 이제 로그와 지수의 관계 $y = \log x \Leftrightarrow x = e^y$을 이용하여 K를 구할 수 있습니다.

$$K = e^{gt+C}.$$

여기서 $e \approx 2.72$는 로그의 밑수입니다. $t = 0$일 때 K 값을 K_0라고 하면, $\log K_0 = C$에서 $K_0 = e^C$이므로

$$K = e^{gt+C} = K_0 \, e^{gt}.$$

여기에 나오는 로그와 지수는 문과수학이 아니라 이과수학에 나오는 것입니다. 문과수학의 상용로그는 밑수가 10인데, 이과수학의

자연로그는 밑수가 e이지요. 자연지수라고 불리는 e는 물리학이나 생물학뿐만 아니라 또한 경제학에서도 널리 이용되는 해석학의 보편상수입니다. 그밖에도 수학의 보편상수로 산수의 단위원 1이나 항등원 0, 기하의 원주율 $\pi \approx 3.14$, 대수의 허수단위 $i=\sqrt{-1}$이 있지요. 이 모든 보편상수 사이에 존재하는 관계가 바로 세상에서 가장 아름다운 공식이라고 불리는 오일러 공식입니다.

$$e^{\pi i}+1=0.$$

오일러 공식을 증명하는 것은 별로 어렵지 않지만, 이과수학을 알아야 하기 때문에 생략하겠습니다.

로지스틱 성장모형의 미분방정식을 풀 때도 K는 K대로, t는 t대로 모은 다음 배로의 구적법으로 적분하면 됩니다.

$$\frac{1}{K(1-K)}dK = g\,dt,$$
$$\int \frac{1}{K(1-K)}dK = g\int dt.$$

우변은 지수적 성장모형과 마찬가지로 gt입니다. 좌변은 다음 식을 이용하면 됩니다.

$$\frac{1}{K(1-K)} = \frac{(1-K)+K}{K(1-K)} = \frac{1}{K} + \frac{1}{1-K}.$$

따라서 좌변은 다음과 같습니다.

$$\int \frac{1}{K(1-K)}dK = \int \frac{1}{K}dK + \int \frac{1}{1-K}dK = \log K - \log(1-K).$$

두 번째 항에 $-$ 부호가 붙는 것은 $\log(1-K)$를 K로 미분하면 $1/(1-K)$이 아니라 $-1/(1-K)$이 되기 때문입니다. 또 로그의 공식을 이용하면,

$$\log K - \log(1-K) = \log \frac{K}{1-K}.$$

따라서 적분의 결과는 다음과 같습니다.

$$\log \frac{K}{1-K} = gt + C.$$

여기서 C는 적분상수이지요.

이제 로그와 지수의 관계에서 K를 구할 수 있습니다.

$$\frac{K}{1-K} = e^{gt+C},$$
$$K = \frac{e^{gt+C}}{1+e^{gt+C}}.$$

$t=0$일 때 K 값을 K_0라고 하면,

$$\log \frac{K_0}{1-K_0} = C,$$
$$\frac{K_0}{1-K_0} = e^C.$$

따라서,

$$K = \frac{e^{gt+C}}{1+e^{gt+C}} = \frac{\frac{K_0}{1-K_0} e^{gt}}{1+\frac{K_0}{1-K_0} e^{gt}}$$
$$= \frac{K_0 e^{gt}}{(1-K_0)+K_0 e^{gt}}.$$

일반화된 성장모형

참고 삼아, 일반적인 성장모형에 대해서도 설명해보겠습니다.

$$\frac{dK}{dt} = g\,K^\alpha\,(1-K^\beta)^\gamma.$$

여기서 α는 양인 상수이고, β와 γ는 0이거나 양인 상수이지요. 이 상수들의 관계에 따라서 특수한 성장방정식이 도출됩니다. 특히 $(1-\alpha)+\beta(1-\gamma)=0$이라는 관계가 성립할 때 다음과 같은 성장방정식이 도출되지요.

$\alpha=1,\ \beta=0,\ \gamma=0$: 지수 성장방정식,
$\alpha=1,\ \beta=1,\ \gamma=1$: 로지스틱 성장방정식,
$\alpha=1,\ \beta\to 0,\ \gamma=1$: 곰페르츠 성장방정식.

새로 나온 곰페르츠 성장방정식은 로지스틱 성장방정식을 좀 더 일반화한 것이라고 할 수 있습니다.

$$\frac{dK}{dt} = g\,K(1-K^\beta).$$

즉 $1-K$ 대신 $1-K^\beta$이 나타나는 것이지요. 이 방정식을 다음과 같이 변형할 수 있습니다.

$$\frac{dK}{dt} = g\,\beta K\left(\frac{1-K^\beta}{\beta}\right).$$

여기서 증명하지는 않겠지만, $(1-K^\beta)/\beta$은 $\log 1/K$입니다.

$$\frac{dK}{dt} = g\,\beta K \log\frac{1}{K} = g\,\beta K(\log 1 - \log K).$$

즉 로지스틱 성장률은 $g(1-K)$이고, 곰페르츠 성장률은 $g\beta \log 1/K$ $= g\beta(\log 1 - \log K)$입니다. 물론 $\log 1 = 0$입니다.

곰페르츠 성장방정식을 푸는 방법은 로지스틱 성장방정식을 푸는 방법과 동일합니다.

$$\frac{1}{K}\frac{dK}{dt} = g\beta \log \frac{1}{K} = -g\beta \log K.$$

좌변은 $d\log K/dt$이므로 곰페르츠 성장방정식을 다음과 같이 변형할 수 있습니다.

$$\frac{d\log K}{dt} = -g\beta \log K,$$
$$\frac{1}{\log K} d\log K = -g\beta \, dt,$$
$$\int \frac{1}{\log K} d\log K = -g\beta \int dt.$$

$\log K$를 새로운 변수 x라고 생각하면, 좌변은 $\int (1/x)\, dx = \log x$ 가 됩니다.

$$\log x = \log(\log K) = -g\beta t + C,$$
$$\log K = e^{-g\beta t + C}.$$

$t=0$일 때 K 값을 K_0라고 하면,

$$\log K_0 = e^C.$$

따라서,

$$\log K = e^{-g\beta t + C} = \log K_0 \cdot e^{-g\beta t},$$
$$K = e^{\log K_0 \cdot e^{-g\beta t}}.$$

이윤율과 고정자본의 관계

K의 방정식을 알면 $r = g_K/a = g(1-K)/a$를 이용하여 r의 방정식을 구할 수 있습니다.

$$K = \frac{e^{gt+C}}{1+e^{gt+C}},$$
$$r = \frac{g}{a}(1-K) = \frac{g}{a}\frac{1}{1+e^{gt+C}}.$$

그런데 『마르크스의 '경제학 비판'』에서 자세하게 설명한 것처럼, 로지스틱 성장모형은 불황기에만 적용되는 것입니다. 따라서 성장기를 분석하기 위한 방법을 찾아야 하는데, 그것에 대해서 간단하게 설명해보겠습니다.

K의 방정식을 알면 $r = g_K/a$를 이용하여 r의 방정식을 구할 수 있듯이, r의 방정식을 알면 $g_K = ar$을 이용하여 K의 방정식을 구할 수 있겠지요.

$$g_K = \frac{dK/dt}{K} = ar,$$
$$\frac{1}{K}dK = ar\,dt.$$

배로의 구적법을 이용하면,

$$\int \frac{1}{K}dK = a\int r\,dt,$$
$$\log K = a\int r\,dt + C = a\int r\,dt.$$

『마르크스의 '경제학 비판'』에서 자세하게 설명한 것처럼, 적분상수 C는 0이 되기 때문이지요. 로그와 지수의 관계를 이용하면 K의 방정식을 구할 수 있습니다.

$$K = e^{a\int r\,dt}.$$

이제 r 궤도를 종 모양으로 가정하는 이유에 대해서 설명할 수 있습니다. 먼저 불황기의 r 궤도에 해당하는 r 방정식은 로지스틱 성장모형에서 구한 것과 동일합니다.

$$r = \frac{g}{a}\frac{1}{1+e^{gt+C}}.$$

또 r 방정식에서 구한 K 방정식도 로지스틱 성장모형의 경우와 동일한데, $a\int r\,dt$를 구하는 방법은 『마르크스의 '경제학 비판'』에서 자세하게 설명하고 있습니다.

$$K = e^{a\int r\,dt},$$
$$K = \frac{e^{gt+C}}{1+e^{gt+C}}.$$

그런데 종 모양이라는 가정에 따라서 성장기의 r 궤도는 불황기의 r 궤도와 좌우대칭입니다. 중학교 수학시간에 배운 것처럼, 좌우대칭이면 독립변수 t 대신 $-t$를 대입해도 종속변수 r이 같겠지요. 단 수학적 편의를 위해 성장기에서 불황기로 이행하는 시점을 원점으로 설정합니다. 성장기의 r 방정식은 다음과 같습니다.

$$r = \frac{g}{a}\frac{1}{1+e^{-gt+C}}.$$

성장기의 r 방정식에서 성장기의 K 방정식을 구할 수 있습니다.

$$K = e^{a\int r\,dt},$$
$$K = \frac{1+e^{gt-C}}{k}.$$

$a \int r dt$를 구하는 방법은 『마르크스의 '경제학 비판'』에서 자세하게 설명하고 있는데, k는 적분과정에서 나타난 새로운 상수라고 생각하시면 좋겠습니다. 요컨대 성장기의 K 방정식은 로지스틱 성장이 아니라 일종의 지수 성장입니다.

고정자본 궤도

K 방정식에 대한 이런 설명이 너무 복잡하다고 생각하실 수 있기 때문에 그래프를 이용해서 간단하게 설명해보겠습니다. 종 모양의 r 궤도에 대응하는 K 궤도는 다음과 같이 그려집니다.

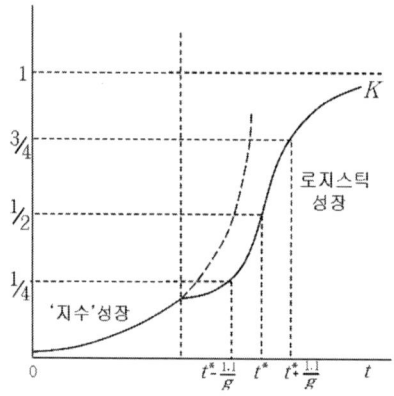

성장기의 K 궤도는 J자 모양입니다. 사실 J자 모양의 궤도는 지수 성장을 의미하지요. 그런데 성장기의 K 궤도는 J자 모양이면서도 지수 성장과는 조금 다릅니다. 지수 성장은 성장률이 일정하지만, g_K 궤도가 종 모양인 데서 알 수 있듯이 성장기의 K 궤도에서는 성장률이 상승하기 때문이에요. 그래서 그냥 지수 성장이라고 하지 않고 따옴표를 붙인 지수 성장이라고 한 것입니다.

반면 불황기의 K 궤도는 S자 모양입니다. 즉 g_K 궤도에서 알 수 있듯이 불황기에 진입하면서 갑자기 성장률이 감소하는 로지스틱 성장이 나타나는 것이지요. 불황기 K 궤도를 점선으로 연장된 성장기 K 궤도와 비교해보세요. S자 모양의 궤도는 고정자본의 성장에 한계가 있다는 것을 의미하는데, 생태학에서는 보통 그것을 수용능력이라고 부른다고 했지요. 경제학에서는 성장의 한계를 보통 정상상태라고 부르는데, 여기서 정상(定常)은 'normal'이 아니라 'stationary'를 번역한 것입니다.

편향적 기술진보에 따른 이윤율의 하락은 고정자본이 로지스틱 성장을 통해서 정상상태에 도달하는 과정을 분석하는 것입니다. 마르크스가 말하는 자본의 과잉이란 고정자본의 로지스틱 성장이 정상상태에 도달했음을 의미하는 것이지요. 반면 편향적 기술진보라는 개념이나 이윤율 하락이라는 법칙이 없는 부르주아 경제학에서는 고정자본이 지수 성장을 통해서 지속상태(steady state)를 유지한다고 주장하지요. 그러나 19세기 영국경제는 징후적 위기, 벨 에포크, 최종적 위기를 거쳐 붕괴하고 맙니다. 또 20세기 미국경제도 마찬가지일 것이라고 예상할 수 있습니다.

로지스틱 성장궤도에 대해서 좀 더 자세하게 설명해보겠습니다. 일반적으로 정상상태는 $\overline{K}$로 표시하지만, 여기서는 편의상 1이라고 가정했습니다. 먼저 불황기가 시작되는 시점의 고정자본이 1/4에 미달한다는 사실에 주목할 수 있지요. 이윤율이 하락하고 자본성장률이 하락함에도 불구하고 불황임을 실감하지 못하는 이유가 여기에 있습니다. 정상상태의 3/4을 초과하는 고정자본이 불황기에 축적되거든요.

로지스틱 성장궤도는 변곡점을 갖습니다. 처음에는 아래로 볼록한 모양이다가 변곡점을 지나면서 위로 볼록한 모양이 되면서 정상상태로 접근하게 되기 때문이지요. 게다가 로지스틱 성장궤도는 변곡점에 대해서 대칭인 S자 모양입니다. 반면 방금 로지스틱 성장궤도와 비교해서 설명한 곰페르츠 성장궤도도 변곡점을 갖기는 마찬가지이지만, 그러나 변곡점에 대해서 비대칭인 S자 모양이지요. 따라서 곰페르츠 성장궤도가 로지스틱 성장궤도보다 좀 더 일반적이라고 할 수 있다는 것입니다.

로지스틱 성장궤도의 변곡점에서 고정자본이 1/2이라는 사실을 이용하면 적분상수 C를 새로 구할 수 있지요.

$$\log \frac{K}{1-K} = gt + C.$$

변곡점의 K를 K^*라고 하면 $\log K^*/(1-K^*) = \log 1 = 0$이고, 변곡점의 t를 t^*라고 하면 $gt^* + C = 0$이므로 $C = -gt^*$이지요.

$$\log \frac{K}{1-K} = gt + C = g(t - t^*),$$

$$\frac{K}{1-K} = e^{g(t-t^*)}.$$

따라서 불황기의 K 방정식은 다음과 같습니다.

$$K = \frac{e^{g(t-t^*)}}{1 + e^{g(t-t^*)}}.$$

또 성장기의 K 방정식은 다음과 같은데, 원점을 변경한 것은 방금 지적한 대로 수학적 편의를 위해서이지요.

$$K = \frac{1 + e^{g(t+t^*)}}{(1 + e^{gt^*})^2}.$$

『마르크스의 '경제학 비판'』에서 사용하는 이 두 방정식은 사실 뒤메닐에게서 시사받은 것입니다.

이 방정식을 이용해서 로지스틱 성장궤도를 정확하게 설명할 수 있지요. 『마르크스의 '경제학 비판'』에서 자세하게 설명한 것처럼, 고정자본이 1/4, 1/2, 3/4에 도달하는 시점은 각각 $t^* - 1.1/g$, t^*,

$t^*+1.1/g$ 입니다. 예를 들어 미국경제의 경우 $t^*=1997$, $g=0.07$로 가정하면, $t^*-1.1/g=1981-82$, $t^*+1.1/g=2012-13$이 되지요. 로지스틱 성장궤도라는 이름은 그 모양이 이렇게 정확하게 계산되기 때문에 붙여진 것입니다. 이미 지적한 것처럼, 로지스틱은 계산법이라는 뜻의 라틴어이거든요.

따라서 벨 에포크는 다음과 같은 시기입니다.

$$t^* - \frac{1.1}{g} \leq t \leq t^* + \frac{1.1}{g}.$$

예를 들어 미국경제의 경우 벨 에포크는 1981-82년부터 2012-13년까지의 시기가 되는 것이지요. 벨 에포크를 성장기로 오해하는 것은 고정자본이 1/4에서 3/4으로 성장하는 데서 비롯되는 일종의 착시현상이라고 할 수 있지요. 그러나 고정자본의 절대치는 크게 성장하지만, 성장률은 지속적으로 하락하지요.

3저 호황을 계기로 남한경제가 중진국에 진입했다는 주장이 제기된 것도 바로 이런 착시현상 때문이었지요. 그러나 1980년대 이후 불황기가 시작된 남한경제는 이미 정상상태에 접근했다고 할 수 있습니다. 1997·98년 경제위기·외환위기 이후에 경기가 반짝 회복된 다음 다시 침체하는 것을 반복하는 것은 남한경제가 정상상태에 접근했음을 알려주는 것입니다. 저는 이미 2000년에 『한겨레신문』에 칼럼을 쓰면서 남한경제가 장기불황에 진입하고 있다고 경고한 바 있습니다.

민주노동당이 2012년 대선에서 집권할 수 있다고 공언하고 있는데, 그럴 수도 있다는 생각이 들어요. 1929년 대공황을 전후로 해서 영국 노동당이나 독일 사민당도 집권에 성공했거든요. 벨 에포크가 종료되고 최종적 위기가 시작되면서 자본주의의 위기를 관리하고 공산주의적 이행을 저지하는 것이 바로 코퍼러티즘과 사민주의입니다. 그러나 이번에도 그런 시도가 성공할 수 있다고 주장하는 것은 사실 별로 근거가 없습니다.

차차 설명하겠지만, 2010년대로 예상되는 최종적 위기는 훨씬 심각한 것이기 때문이지요. 지난번 최종적 위기는 영국자본주의에서 미국자본주의로의 이행으로 해결되었지만, 이번 최종적 위기는 그런 자본주의적 이행으로 해결될 가능성이 거의 없을 것 같습니다. 그래서 앞으로 2010년대가 몇 년 안 남았지만, 민주노동당처럼 허무맹랑한 공상만 하다가는 큰일 날 수 있는 그런 상황이라고 할 수 있겠습니다. 오늘부터라도 신발 끈 단단히 조여 매고 대비해야 할 것이라는 뜻에서 강조하는 말씀입니다.

신자유주의와 금융화

이윤율 하락의 법칙이나 고정자본의 로지스틱 성장모형 같은 자본주의적 축적의 역사동역학에 대해서 이렇게 복잡하게 분석하는 이유는 결국 1980년대부터 전개되고 있는 신자유주의에 대해서 좀 더 정확하게 설명하는 데 필요하기 때문입니다. 보통 신자유주의라고 하면 정리해고 같은 실업과 그에 따른 다양한 궁핍화를 연상하기 마련이지만, 이것은 사실 신자유주의의 원인에 대한 분석이 아니라 그 결과에 대한 묘사에 불과하지요.

사실 실업과 궁핍화는 자본주의적 축적의 필연적 결과인데, 그 궁극적 원인은 마르크스가 자본주의적 축적의 일반적 법칙이라고 부른 이윤율의 하락입니다. 그런데 이윤율의 하락이 왜 필연적으로 그런 결과를 초래하는가를 설명하기 위해서는 금융화의 메커니즘을 분석해야 합니다. 지난번 강의에서 이미 설명한 것처럼, 마르크스가 이윤율 하락의 두 가지 결과라고 부른 자본의 과잉과 인구의 과잉이 바로 금융화와 실업·궁핍화거든요.

금융화의 메커니즘을 분석하기 위해서 이윤율 하락의 법칙과 고정자본의 로지스틱 성장모형이 필요한 것입니다. 저는 2000년부터 몇 년째 이런 설명을 하고 있는데, 제 설명이 너무 정확하니까 오히려 좀처럼 믿기 어려워하는 것 같습니다. 그러나 그로스만이 강조한 것처럼, 수학적 모형의 정밀성은 개념과 이론의 과학성을 반영하는 것일 따름입니다. 쉽게 말하자면, 저의 분석은 마르크스가 『자본』에서 설명한 과학적 개념과 이론을 수학적 모형으로 재구성한 것에 불과한 것이지요.

『자본』에서 마르크스가 강조한 것처럼, 이윤율이 하락하고 고정자본이 정상상태에 접근하는 것이 자본주의가 붕괴하는 과정입니다. 1980년대 한국사회성격 논쟁에서도 쟁점이 되었지만, 붕괴론은 숙명론이고 어쩌고 하면서 중진국론이 대두되었던 것이지요. 그러나 자본주의적 축적에는 한계가 있고 이 때문에 자본주의는 필연적으로 붕괴한다는 것이 마르크스의 과학적 결론입니다. 그리고 그것은 뉴튼이 증명한 케플러의 행성운동법칙처럼 수학적 법칙으로 표현할 수 있지요.

그런데 문제가 조금 복잡해지는 대목이 있는데, 이윤율이 하락한다고 해서 자본주의가 막바로 붕괴하는 것은 아니기 때문입니다. 아리기 식으로 말하자면, 이윤율이 하락할 때 처음에는 징후적 위기가 전개되지만, 그러나 곧 벨 에포크가 출현합니다. 그런 벨 에포크의 핵심적인 메커니즘이 바로 금융화인데, 마르크스는 이윤율의 하락에 대한 자본가의 대응이 이윤량의 증대로 나타난다는 식으로 설명하고 있습니다.

이윤율은 이윤량과 고정자본의 비율이에요.

$$r = \frac{\Pi}{K}.$$

그런데 이윤율이 하락할 때 이윤량을 증가시키려면, 고정자본을 더욱 증가시키는 방법밖에 없습니다.

$$\Pi \uparrow = r \downarrow K \uparrow.$$

이미 설명한 것처럼 고정자본의 3/4 이상이 불황기에 축적되고, 특히 벨 에포크에 1/2이 축적된다는 사실은 이렇게 설명할 수 있는 것입니다.

고정자본을 증가시킴으로써 이윤량을 증가시키는 가장 대표적인 방법이 인수·합병(M&A)입니다. 불황기에는 편향적 기술진보로 인해서 자본생산성이 하락하고 또 그것에 따라서 이윤율이 하락하지요. 그래서 새롭게 고정자본에 투자하지 않고 다른 자본가의 고정자본을 인수·합병하는 수밖에 없어요. 지주회사를 통한 인수·합병이 금융화의 대표적인 메커니즘입니다. 조금 이따가 설명하겠지만, 미국경제에서 19세기 말, 20세기 초가 바로 인수·합병의 시대입니다. 그리고 1980년대부터 또 다른 인수·합병의 시대가 시작되지요.

마르크스는 축적을 두 가지로 구별합니다. 하나가 집적이고 또 다른 하나가 집중이지요. 집적은 이윤을 새로운 고정자본에 재투자하는 것인데, 성장기를 특징짓는 축적의 방식입니다. 반면 불황기를 특징짓는 축적의 방식인 집중은 인수·합병을 통해서 고정자본의 소유권을 이전시킬 따름이지요. 주식시장을 통해서 고정자본에 대한 소유권을 집중시키는 것이 바로 지주회사입니다.

그런데 고정자본의 로지스틱 성장모형을 이용해서 이윤량의 변화를 계산해보고, 저 자신도 사실 깜짝 놀랐습니다. 그러니까 다른 사람들이 못 미더워하는 것도 당연하다는 생각이 듭니다.『마르크스의 '경제학 비판'』에서 자세하게 설명한 것처럼, 성장기가 종료되고 불황기가 시작되면서 이윤율도 하락하기 시작하는데, 그러나 성장기에는 물론이고 불황기에도 이윤량은 감소하지 않습니다. 징후적 위기와 벨 에포크에도 이윤량은 계속 증가하지요.

게다가 벨 에포크에는 이윤율의 하락이 상승으로 반전되기도 합니다. 앞으로 자세하게 설명하겠지만, 지주회사를 통한 인수·합병은 이른바 자본의 지배구조를 개혁하는 것이기도 합니다. 즉 소유자의 권력이 복권되면서 관리자의 상대적 자율성이 크게 감소한다는 뜻이지요. 그리고 그런 지배구조의 개혁에 따라서 이른바 노동의 신축화가 시도되고 정리해고와 임금삭감이 발생하지요. 한계에 도달한 상대적 잉여가치의 생산을 보충하는 절대적 잉여가치의 생산이 이윤율을 회복시킨다는 말입니다.

이제 최종적 위기에 대해서도 좀 더 정확하게 설명할 수 있지요. 최종적 위기는 이윤율이 아주 낮을 뿐만 아니라 또한 고정자본도 정상상태에 접근했기 때문에 이윤량이 감소하는 그런 상황입니다. 이것이 바로 마르크스가 자본의 절대적 과잉축적이라고 부르는 상황입니다. 반면 이윤율은 하락하지만 고정자본이 크게 성장하여 이윤량이 증가하는 징후적 위기나 벨 에포크를 자본의 상대적 과잉축적이라고 부를 수 있겠습니다. 그런 최종적 위기를 붕괴라고 부르는 것은 당연한 일이에요. 이윤율이 아주 낮아지고 고정자본이 더 이상 성장하지 않기 때문에 이윤량도 감소하기 때문입니다.

경기순환의 메커니즘

뒤메닐은 역사동역학에 두 개의 동역학을 추가합니다. 첫 번째 동역학은 자본의 경쟁으로 인한 동역학입니다. 자본의 경쟁에도 두 가지가 있는데, 그것이 부문내 경쟁과 부문간 경쟁이지요. 『마르크스의 '경제학 비판'』에서 이미 설명한 것처럼, 초과이윤을 목적으로 하는 부문내 경쟁은 편향적 기술진보를 설명하는 것이기 때문에 사실 역사동역학의 일부라고 할 수 있지요. 마찬가지로 『마르크스의 '경제학 비판'』에서 설명한 것처럼, 일반이윤율을 통해서 가치를 생산가격으로 전형시키는 메커니즘이 바로 부문간 경쟁인데, 이것이 첫 번째로 추가되는 동역학입니다.

두 번째 동역학은 경기순환의 동역학입니다. 역사동역학에서는 고정자본과 자본성장률에만 주목했지만, 국민소득과 경제성장률도 중요한 경제변수입니다. 고정자본과 자본성장률을 분석하는 것이 자본축적론이라면, 국민소득과 경제성장률을 분석하는 것은 경기순환론입니다. 자본축적론이 장기적인 추세를 분석한다면, 경기순환론은 단기적인 변동을 분석하지요. 국민소득과 경제성장률의 궤도는 고정자본과 자본성장률의 궤도보다 훨씬 더 복잡합니다.

경기순환의 요인은 두 가지가 있습니다. 우선 실물경제적 요인이 있는데, 마르크스가 특히 강조하는 것은 노동력 시장의 조건에 따른 임금률의 변동입니다. 단기적으로 볼 때 임금률이 상승하면 이윤율이 하락하고, 임금률이 하락하면 이윤율이 상승합니다. 그런 배반관계를 최초로 발견한 것은 리카도인데, 마르크스는 그것을 경기순환에 대한 분석에 적용하지요. 노동력에 대한 수요가 증가하면 임금률이 상승하고 이윤율이 하락하지만, 곧 노동력 수요가 감소하여 임금률이 하락하고 이윤율이 상승한다는 것이 임금률의 변동에 따른 경기순환의 메커니즘입니다.

임금률의 변동에 따른 경기순환을 설명하는 것이 굳윈의 성장순환모형인데, 이것은 로지스틱 모형을 일반화하는 로트카와 볼테라의 모형을 응용한 것입니다. 로트카-볼테라-굳윈 모형은 수학적으로 너무 복잡해서 여기서 설명할 수는 없지만, 그러나 본질적으로 이미 설명한 단순조화운동방정식과 동일하지요. 마르크스의 자본축적론과 굳윈의 실물경제적 경기순환론의 결합에 대해서는 폴리의 *Unholy Trinity: Labor, Capital, and Land in the New Economy* (Routledge, 2003)를 참조하실 수 있습니다.

임금률 상승에 따른 이윤율 하락으로 경제위기를 설명하는 이론을 보통 이윤압박설이라고 부릅니다. 그러나 이윤압박설은 잘못된 이론이지요. 이미 설명한 것처럼 자본생산성 하락에 따른 이윤율 하락으로 경제위기를 설명하는 것이 옳기 때문입니다. 네그리의 경제위기론도 일종의 이윤압박설인데, 최근에 들어와 네그리와 논쟁하면서 아리기도 또다시 이윤압박설을 강조하고 있습니다. 그러다 보니까 이윤율 하락의 법칙이나 고정자본의 로지스틱 성장모형은 오히려 점점 무시되는 것 같습니다.

또 다른 실물경제적 요인은 맬서스와 케인즈가 강조하는 유효수요입니다. 유효수요는 구매력 있는 수요라는 뜻이에요. 유효수요가 감소하면 공장가동률이 하락하고 유효수요가 증가하면 공장가동률이 상승한다는 것이 유효수요의 변동에 따른 경기순환의 메커니즘입니다. 마르크스의 자본축적론과 케인즈의 실물경제적 경기순환론을 결합할 수도 있는데, 뒤메닐의 "Being Keynesian in the Short Term and Classical in the Long Term"(*ibid.*)을 참조하세요.

마지막으로 케인즈는 이자율이라는 금융적 요인도 강조합니다. 자본이 은행으로부터 투자자금을 차입하면 이윤의 일부를 이자로 지불해야 합니다. 이윤에서 이자를 공제한 나머지를 마르크스는 기업가이득이라고 부르지요. 따라서 이자율과 기업가이득률 사이에도 배반관계가 존재하는 것이에요. 또 지난번 강의에서 설명한 대로, 이자율은 주가를 통해서 토빈의 q에 영향을 줍니다. 마르크스의 자본축적론과 케인즈의 금융적 경기순환론의 결합에 대해서도 뒤메닐의 "Being Keynesian in the Short Term and Classical in the Long Term"(*ibid.*)을 참조하세요.

조금 이따가 자세하게 설명하겠지만, 20세기가 되면 자본은 점차 대규모화됩니다. 그리고 관리자혁명에 따라서 대자본을 관리하는 효율성이 향상됩니다. 개별자본 수준의 비례적 또는 미시경제적 불안정성은 감소한다는 말입니다. 그러나 케인즈가 강조하는 유효수요나 이자율 같은 요인 때문에 총자본 수준의 거시경제적 불안정성은 증가하지요. 이렇게 미시경제적 불안정성이 감소하는 대신 거시경제적 불안정성이 증가하는 현상을 뒤메닐은 경향적 불안정성이라고 부릅니다.

구조적 위기와 순환적 위기

이제 구조적 위기와 순환적 위기에 대해서 좀 더 정확하게 설명할 수 있습니다. 이윤율이 하락하면서 자본성장률이 하락하기 때문에 발생하는 위기를 보통 구조적 위기라고 부릅니다. 반면 경기순환에 따라서 경제성장률이 하락하고 때로는 경제성장률이 마이너스가 되면서 국민소득이 감소하기 때문에 발생하는 위기를 보통 순환적 위기라고 부르지요. 순환적 위기가 구조적 위기와 결합할 때 경제위기가 발생하지만, 그렇지 않을 때는 단지 경기후퇴가 발생할 따름이에요. 따라서 성장기에는 보통 경기후퇴가 발생하고 불황기에는 보통 경제위기가 발생한다고 할 수 있겠지요.

그러나 불황기에는 경제위기뿐만 아니라 또한 금융화로 인한 위기도 발생합니다. 우선 은행이 파산하고 주식시장이 붕괴하는 금융위기가 발생하지요. 또 신자유주의 이전에는 없었던 전혀 새로운 위기도 발생하는데, 그것이 바로 환율이 폭등하는 외환위기입니다. 1970년대 중반부터 1990년대 초반까지 영국·프랑스·이탈리아 같은 선진국에서 발생하던 외환위기는 1990년대 중반 이후 라틴 아메리카와 동아시아의 신흥공업국에서도 발생합니다. 1997-98년 남한경제의 위기가 바로 경제위기이고 금융위기이고 외환위기라는 삼중의 위기입니다.

그래서 『한겨레신문』의 칼럼에서 강조한 대로, 남한경제의 역사도 구조적 위기의 전개를 중심으로 분석할 수 있다는 말입니다. 최초의 구조적 위기는 1979-80년의 위기입니다. 부마항쟁과 광주항쟁, 10·26 쿠데타와 12·12 역쿠데타가 모두 그런 구조적 위기 속에서 발생했던 것이지요. 그런 상황에서 전두환 정부가 최초의 신자유주의적 정책개혁을 시도하면서 이윤율이 하락에서 상승으로 반전되는데, 1986-88년에 3저 호황이 발생하면서 이윤율이 정점에 도달합니다.

그러나 3저 호황 이후 재벌 체제가 강화되면서 이윤율은 지속적으로 하락합니다. 이윤율이 1979-80년 수준으로 하락한 것이 1990년인데, 당시 경제위기는 이데올로기에 불과하다는 어처구니없는 주장이 제기되었지요. 노동자운동을 탄압하기 위해서 국가와 자본가단체가 경제위기라는 이데올로기를 확산시킨다는 주장은 전혀 근거가 없는 것입니다. 게다가 1996년에 김영삼 정부가 경제개발협력기구 가입을 서두르면서 금융화와 세계화로의 편입을 강행하지요. 그런 상황에서 1997-98년에 삼중의 위기가 발생한 것입니다.

그런데 지난번 강의에서도 지적한 것처럼, 이런 삼중의 위기 중에서 가장 심각한 것이 환율이 폭등하는 외환위기입니다. 그러니까 외환위기 전에 1달러에 800원 정도 하던 환율이 갑자기 1200원 수준으로 폭등한 것입니다. 그러다 보니까 1만 달러의 1인당 국민소득이 갑자기 7천 달러로 감소한 것이에요. 외환위기는 미국경제나 일본경제와 비교했을 때 남한경제의 생산력이 열위에 있기 때문에 발생한다고 할 수 있습니다. 쉽게 말하자면 일본경제나 미국경제에 대한 남한경제의 생산력 격차가 확대되고 있기 때문에 환율이 어떤 시점에서 폭력적으로 조정된다는 말이지요.

요즘 환율이 다시 1000원 수준으로 하락하고 있지요. 그런데 그것이 생산력 격차가 축소되었기 때문일까요. 저는 그런 것은 아니라고 생각해요. 김대중 정부를 거치면서 남한경제는 금융화와 세계화에 더욱 깊숙이 포섭되었습니다. 삼성을 비롯해서 대부분의 자본은 외국계 기관투자가나 초민족자본에 의해서 실질적으로 통제되거나 심지어 인수·합병되는 상황이라고 할 수 있지요. 말하자면 그만큼 많은 외국계 초민족자본과 기관투자가가 남한경제에 진입해 있다는 말이에요. 그런데 달러로 주식을 매입할 수는 없으니까 원으로 환전하면서 환율이 하락하는 것이에요.

그래서 마치 김영삼 정부가 1만 달러 소득을 위해서 인위적인 고평가를 유지하다가 외환위기를 자초한 것처럼, 노무현 정부도 금융화와 세계화를 위해서 고평가를 방관하다가는 또 다른 외환위기에 속수무책일 수 있다는 말입니다. 1997-98년 위기 이후 이윤율은 거의 회복되지 않았으니까 경제위기가 지속되고 있다고 할 수 있습니다. 그런 상황에서 환율이 또다시 급격하게 조정된다면 외환위기와 금융위기가 재발할 가능성이 많다고 할 수 있지요.

부르주아 언론에서는 경기가 회복되는 시점이 언젠가라는 것에만 관심을 갖는데, 사실은 별로 의미 없는 짓이에요. 1997-98년 위기 이후 남한경제에서는 경기침체가 장기화되고 있는데, 그것을 가리켜서 보통 경제위기 또는 불황이라고 부르는 것입니다. 물론 경제위기나 불황 속에서도 경기가 잠시 회복될 수는 있는데, 그것을 보통 반짝 경기라고 부르지요. 제가 볼 때는 오히려 아주 낮은 이윤율 때문에 경제위기가 지속되는 상황에서 외국계 초민족자본이나 기관투자가의 영향력 때문에 금융위기나 외환위기가 재발될 가능성에 대해서 걱정해야 할 것입니다.

법인자본주의의 형성

이제까지 역사동역학을 통해서 신자유주의 시대가 바로 금융화에 의해서 추동되는 벨 에포크라는 사실을 설명한 셈입니다. 그런데 신자유주의의 본질은 물론 금융화에 있지만, 신자유주의를 그렇게만 설명할 수 있는 것은 아닙니다. 흔히 신자유주의 시대를 개혁의 시대라고 부르기도 하는데, 자본이나 국가를 특징짓는 모든 제도가 해체되기 때문이지요. 사실 신자유주의적 개혁의 모든 특징은 성장기의 제도가 불황기에 실질적으로 해체된다는 데 있다고 할 수 있습니다.

그래서 자본주의의 역사적 시기를 구분하는 두 번째 기준으로서 제도에 대한 설명이 필요한 것이지요. 제도라는 측면에서 신자유주의 시대를 설명해보면, 결국 성장기에 출현했던 모든 제도가 개혁의 대상이 된다는 것을 알 수 있어요. 불황기의 자본이 지배구조를 개혁한다면, 성장기를 특징짓는 지배구조가 무엇이었는지를 알아야 하겠지요. 또 불황기의 국가가 경제정책을 개혁한다면, 성장기의 경제정책이 본래 무엇이었는지를 알아야 하겠지요.

요컨대 신자유주의적 개혁을 설명하기 위해서는 성장기에 어떤 제도가 왜 출현했는가를 먼저 설명해야 한다는 것입니다. 19세기 말 이윤율이 하락할 때 그것에 반작용해서 이윤율을 다시 상승시킨 견인차가 바로 성장기의 제도입니다. 이제부터 미국경제사를 개관해볼 것인데, 역사동역학에 비해서 이해하기 훨씬 쉬운 그런 내용입니다. 이것을 월러스틴이나 아리기를 따라서 역사적 자본주의 분석이라고 부를 수 있지요.

그런데 김대중 정부와 노무현 정부 이후 신자유주의를 비판한다면서 미국 식 제도를 추종할 것이 아니라 독일 식 제도를 수용해야 한다거나 심지어 남한 식 제도를 고수해야 한다는 주장도 일각에서 제기되고 있지요. 그렇다면 미국 식 제도와 구별되는 독일 식 제도는 무엇이고, 남한 식 제도나 그 원류인 일본 식 제도는 무엇인가를 설명할 필요도 있겠지요. 그러나 차차 설명하겠지만, 신자유주의 아래 미국 식 제도와 독일 식 또는 일본 식 제도의 차이는 점차 소멸하고 있는 것이 현실입니다.

뒤메닐은 미국 식 제도를 가리켜서 관리자본주의라는 용어를 사용하지요. 경영(business administration)이나 관리(management)나 대체로 비슷한 의미입니다. 경영의 본질이 무엇인가에 대해서도 논쟁이 꽤 많은데, 대체로 페욜이 강조하는 관리가 통설이라고 할 수 있지요. 경영학은 당연히 미국의 토착 학문이지만, 경영학을 체계화하는 데는 페욜이라는 프랑스 학자가 큰 기여를 했거든요. 그래서 뒤메닐도 관리라는 측면을 강조해서 관리자본주의라는 용어를 사용하는 것 같습니다.

그러나 제 생각으로는 아리기가 사용하는 법인자본주의가 좀 더 포괄적일 것 같습니다. 법인은 'corporation'을 번역한 것인데, 쉽게 말하자면 주식회사라는 뜻이지요. 아시다시피 20세기의 자본은 거의 모두 주식회사라는 형태를 갖습니다. 그러나 아리기의 법인자본은 현대적인 방식으로 조직된 거대주식회사를 가리키지요. 그래서 뭐 그런다고 의미가 더 정확해지는 것은 물론 아니겠지만, 그냥 주식회사라고 하는 것보다는 법인자본이라고 번역하는 것이 더 좋겠다는 것이 제 생각입니다.

뒤메닐과 아리기의 역사적 자본주의 분석에 따르면, 법인자본주의는 세 단계를 거쳐 형성됩니다. 첫 번째 단계가 1890-1900년대 법인혁명인데, 지주회사에 의한 인수·합병을 통해서 거대주식회사가 출현하지요. 두 번째 단계는 1910-20년대 관리자혁명인데, 거대주식회사를 효율적으로 관리하는 여러 가지 방법이 발명됩니다. 마지막으로 세 번째 단계는 거대주식회사에 대한 지주회사의 지배를 억압하는 1930-40년대 케인즈혁명입니다. 그런 세 단계를 거쳐서 법인자본주의가 형성되는데, 그것이 법인자본주의 형성의 본사라고 할 수 있습니다.

그런데 법인자본주의가 형성되는 데는 상당한 정도 역사적 우연도 작용하고 있고 또 지정학적 요인의 작용도 무시할 수 없습니다. 영국이나 독일이 아니고 왜 하필 미국에서 법인자본주의가 형성되었는가를 설명하려면 역사적 우연이나 지정학적 요인도 고려해야 한다는 말입니다. 그래서 법인자본주의 형성의 전사에 대해서도 주목해야 하는데, 특히 1850-60년대 철도 건설과 1870-80년대 독점자본의 출현이 중요합니다. 1850년대부터 40여 년에 걸친 그런 전사를 배경으로 해서 1890년대부터 60여 년에 걸친 법인자본주의 형성의 본사가 전개된다는 말입니다.

철도 건설과 교통·통신혁명

법인자본주의의 전사에서 가장 중요한 것은 1850-60년대에 이루어진 철도 건설입니다. 나중에 설명하겠지만, 독일이나 일본에서도 마찬가지로 철도 건설부터 현대자본주의의 역사가 시작되지요. 그러나 미국에서 건설된 철도의 규모는 독일이나 일본의 경우와 전혀 다르지요. 쉽게 말해서 북미 대륙을 횡단하는 거대한 규모의 철도가 건설되기 때문입니다. 그리고 개별 자본가나 은행이 그런 거대한 자금을 조달할 수는 없으니까 주식회사가 발전하게 되지요.

아리기의 분석에 따르면, 19세기 영국경제에서는 주식회사가 거의 없었어요. 주식회사는 오히려 17세기 네덜란드경제를 특징짓는 것이었는데, 가장 대표적인 것이 동인도회사였지요. 물론 영국도 동인도회사를 갖고 있었지만, 중상주의에서 자유무역으로 이행하면서 동인도회사는 해체되고 개인자본이 지배적인 형태가 되었지요. 미국경제에서 부활한 주식회사는 말하자면 네덜란드경제를 특징짓던 주식회사의 격세유전이라고 할 수 있습니다. 그리고 그런 격세유전이 나타난 것은 역사적 우연 또는 지정학적 요인 때문이지요.

경제학에서는 보통 기업을 'firm'이라고 부릅니다. 그런데 그런 기업이 19세기 영국경제에서는 개인자본으로 설립되고 20세기 미국경제에서는 주식자본으로 설립되지요. 개인기업의 소유자 겸 관리자는 무한책임을 갖습니다. 따라서 개인기업은 일종의 모험사업 같은 것인데, 그래서 개인기업을 'enterprise'라고 부르기도 하는 것이지요. 반면 소유자와 관리자가 분리되는 주식회사에서 소유자는 배당금에 대한 권리만 갖는 대신 유한책임만 지고, 소유자를 대리하는 임금노동자가 관리자가 되지요. 그래서 주식회사를 본래 법인을 뜻하는 'corporation'이라고 부르는 것입니다.

철도 건설은 물론 그 자체로 경제적 의미를 갖는 것입니다. 철도 건설부터 교통·통신혁명이 개시되기 때문이지요. 이 시기에 미국에서는 철도와 기선을 중심으로 하는 교통혁명이 진행됩니다. 그 다음에 철도 건설과 동시에 통신혁명도 진행되는데, 서부 영화에서 보시는 것처럼 철도역에는 전신국이 같이 있기 마련입니다. 물론 통신혁명의 정점은 전화의 발명인데, 그것은 다음 시기인 1880년대에 출현하지요.

일반사적으로 볼 때, 이 시기의 가장 중요한 사건은 1861-65년의 남북전쟁입니다. 즉 북미 대륙이 통일되는 데는 교통·통신혁명뿐만 아니라 또한 남북전쟁도 결정적인 계기가 된다는 말이지요. 1620년에 메이플라워를 타고 뉴잉글랜드에 도착한 청교도들이 미국을 건국했다고 하지만, 1775-83년 독립전쟁 이전의 미국은 아직도 영국의 정주식민지에 불과했지요. 심지어 남북전쟁 이전의 미국도 우리가 아는 미국과는 전혀 다른 사회였지요.

또한 이 시기에 중부의 대평원에 자영농이 정착하기 시작하고, 곧 이어 목축업자가 등장하여 자영농과 경쟁하게 되지요. 종종 망각되는 사실이지만, 미국은 최강의 산업국 이전에 최강의 농업국이기도 합니다. 나아가 이 시기에는 캘리포니아에서 금광과 은광이 개발되기 시작합니다. 철도나 전신 같은 교통·통신혁명과 남북전쟁이 서부 개척을 가속화시킨 것은 두말 할 나위도 없겠습니다. 그러나 서부 개척기는 인디언이 멸종되는 그런 시기이기도 합니다. 서부 개척과 인디언 멸종이 가속화되는 것은 남북전쟁 직후부터 1880년대까지의 시기이지요.

여기서 산업혁명과 교통·통신혁명의 관계에 대해서 잠시 설명해 보겠습니다. 19세기 영국경제를 특징짓는 것은 1780년대 면직물산업에서 발생한 산업혁명입니다. 그런 면직물을 판매할 수 있는 세계시장을 확보하는 가장 중요한 수단이 바로 1850-60년대의 교통·통신혁명입니다. 즉 산업혁명은 면직물이라는 새로운 선도산업의 발명을 가리키고, 교통·통신혁명은 철도·해운·전신·전화를 매개로 하는 세계시장의 완성을 가리킵니다. 그래서 산업혁명과 그것에 후속하는 교통·통신혁명을 정확하게 구별해야 한다는 말입니다.

사실 1840-50년대에 영국이 청나라에게 전쟁을 도발한 것도 면직물시장을 확보하기 위해서이지요. 그런데 우습게도 면직물전쟁이 아니라 아편전쟁이 되고만 것이, 강제로 개항을 시키고 보니 중국산 면직물이 가격도 더 싸고 품질도 더 좋더라는 것이에요. 그래서 팔 수 있는 것이 아편밖에 없어서 아편전쟁이 된 것이랍니다. 또 마찬가지로 우습게도 아편을 팔려고 하니까 도대체 아편쟁이들이 어디 있는지 모르겠더라는 것이에요. 그래서 중국인 중간상을 고용하는데, 그것이 바로 매판입니다. 중국혁명 이후 동남아시아로 도피한 매판의 후예를 보통 화교라고 부르지요.

철강·석유산업에서 독점자본의 출현

1870-80년대에는 교통·통신혁명이 완성되는 동시에 새로운 현상이 출현합니다. 아시다시피 기차의 별명이 철마(鐵馬) 아닙니까. 그래서 철도 건설이 결국 철강산업의 발전을 의미하는 것이지요. 이 시기에 독점자본이 출현하는데, 그것을 대표하는 것이 바로 카네기 철강입니다. 철강산업에서 독점자본이 출현하는 것은 독일이나 일본도 마찬가지입니다. 그러나 미국에 고유한 독점자본도 있는데, 그것이 바로 록펠러의 스탠더드 오일이지요.

사실 미국 자본주의를 설명할 때 빼놓을 수 없는 것이 최초의 산유국이라는 것입니다. 1970년대부터 미국의 석유생산량이 점차 감소하면서 비로소 서아시아나 라틴 아메리카의 산유국이 부상되지요. 미국에서 석유가 발견된 것은 1850년대인데, 1870년대부터 본격적으로 석유산업이 발전합니다. 사실 록펠러의 스탠더드 오일은 카네기 철강보다 훨씬 강력한 독점자본입니다. 그리고 곧 설명할 것처럼 록펠러와 카네기의 운명이 엇갈리게 되는 것도 바로 그런 이유 때문이지요.

법인자본과 비교해서 독점자본을 설명해보겠습니다. 거대자본이 형성되는 과정에는 두 가지 방식이 있지요. 하나가 수평통합이라면, 또 다른 하나는 수직통합입니다. 독점자본을 특징짓는 것이 수평통합인데, 이것은 동일한 상품을 생산하는 자본간의 경쟁을 억제하는 여러 가지 제도를 가리키는 것입니다. 독일에서는 주로 카르텔이 형성되어 최저가격을 설정하거나 이윤의 공동분배를 실행하지요. 그러나 미국에서는 더욱 강력한 트러스트가 일반적인데, 그것은 카르텔과 달리 개별자본의 독립성을 인정하지 않습니다.

나중에 설명하겠지만, 1차 세계전쟁 이후 독일에서는 트러스트 단계를 뛰어 넘어 카르텔이 콘체른으로 발전하기도 합니다. 콘체른은 트러스트처럼 개별자본의 독립성을 인정하지 않는 정도가 아니라 완전히 하나의 자본으로 통합하는 것입니다. 그리고 이 시기 일본에서 출현하는 재벌은 콘체른의 특수한 형태라고 할 수 있지요. 카르텔, 트러스트, 콘체른, 재벌처럼 자본간 경쟁을 억제하는 수평통합이 바로 독점자본의 특징입니다.

미국에서도 독일이나 일본처럼 독점자본이 출현하지만, 그러나 나중에 법인자본의 특징이 되는 수직통합도 동시에 진전됩니다. 독점자본이 동일한 상품을 생산하는 자본끼리 결합하는 수평통합이라면, 수직통합은 그런 것이 아닙니다. 철강산업이나 석유산업이 대표적인 사례인데, 원료부터 중간생산물을 거쳐 완제품에 이르는 일련의 생산과정을 하나의 자본으로 통합하는 것이지요. 반면 독점자본은 원료나 중간생산물의 생산과정을 통합하지 않습니다.

게다가 수직통합은 생산과정에만 국한되는 것이 아니고, 예를 들어 투자자금의 조달도 포함하는 것입니다. 법인자본주의의 가장 큰 특징은 은행에 대한 의존도가 낮다는 것인데, 그래서 주로 주식시장이나 사내에 유보된 이윤을 통해서 투자자금을 조달하는 것이지요. 그것을 보통 간접금융과 구별해서 직접금융이라고 부릅니다. 게다가 나중에 설명할 것처럼 내구소비재산업에서는 수직통합에 상품의 판매, 즉 마케팅도 포함되지요.

미국에서도 초기에는 수평통합을 통해서 독점자본이 출현하지만, 그러나 동시에 법인자본을 특징짓는 수직통합의 출현에도 주목해야 한다는 말이지요. 카네기 철강이나 록펠러의 스탠더드 오일은 독점자본인 동시에 법인자본의 초기적 형태이기도 합니다. 『자본』에서 마르크스는 화폐자본과 상품자본이 생산자본으로부터 자립해서 산업자본과 구별되는 금융자본과 상업자본이 형성된다고 주장하는데, 그런 자립화 경향을 역전시키는 것이 바로 법인자본의 수직통합이라고 할 수 있습니다.

일반사적으로 볼 때, 1870-80년대는 남북전쟁에서 승리한 공화당의 일당독재가 시작되는 금박의 시대입니다. 겉으로는 반짝거리지만 실속이 없는 시대, 부정·부패에 물든 정치가와 카네기나 록펠러 같은 악덕자본가가 판치는 그런 시대라는 뜻이지요. 그러다 보니까

이 시기에 계급투쟁이 본격적으로 전개되는데, 그것이 바로 공화당의 보수주의와 자영농의 인민주의의 대결입니다.『인민주의 비판』(공감, 2005)이라는 책이 곧 출판될 예정이지만, 인민주의의 기원의 하나가 바로 미국의 자영농이지요.

그러나 인민주의적 도전이 좌절되면서 자영농은 새로운 농민으로 변모하게 됩니다. 사실 농민 문제는 마르크스주의 경제학의 난제 중 하나인데, 농업이 자본주의화되면서 농민이 농업자본가와 농업노동자로 분해된다는 것이 전통적인 이론이었습니다. 그러나 20세기의 역사를 보면 미국에서조차 농민이 그렇게 분해되지는 않는데, 인민주의의 도전이 좌절된 후 자영농이 새로운 농민으로 변모하기 때문입니다. 그것은 결국 농업이 자본주의화되는 특수한 방식이 있다는 뜻입니다.

자본은 노동자를 포섭하는 것과 마찬가지로 농민을 포섭합니다. 처음에는 형식적으로 포섭하는데, 예를 들어 잉여농산물을 시장에서 판매하는 자영농이 그런 경우이지요. 그러나 농민이 종자나 비료나 농기계 같은 생산수단을 시장에서 구입하면서 실질적 포섭이 진전됩니다. 그러다 보니까 농민도 무의식적으로 불변자본, 가변자본, 잉여가치를 계산하게 되는데, 그러나 잉여가치를 획득하기는커녕 가변자본도 제대로 보전하지 못하게 됩니다. 그런 상황을 자기 착취라고 부를 수 있겠지요. 자본에 의해서 실질적으로 포섭된 농민은 자기 착취당하는 프롤레타리아라고 할 수 있겠습니다.

이런 설명이 농민에게만 적용되는 것은 아닙니다. 대부분의 자영업자도 이런 식으로 설명할 수 있기 때문이에요. 예를 들어 덤프트럭 운전사나 동네식당 주인에 이르기까지 대부분의 자영업자는 농민과 마찬가지로 자본에 의해서 실질적으로 포섭되어 자기 착취당하는 프롤레타리아라는 말입니다. 농민이나 자영업자에 대한 이런 관점이 신자유주의에 대항하는 노동자운동의 변모를 모색할 때 여러 가지 시사점을 준다는 것이 제 생각입니다.

지주회사와 법인혁명

법인자본주의가 본격적으로 형성되는 첫 번째 단계가 1890년부터 1차 세계전쟁이 발발하는 1914년까지의 법인혁명입니다. 사실 1870-80년대는 대불황기인데, 나중에 자세하게 설명하겠지만, 이윤율이 지속적으로 하락하고 있기 때문이지요. 그런 이윤율의 하락에 대한 반작용으로 독점자본이 출현한 것입니다. 그러나 1890-1900년대에는 독점자본과 구별되는 법인자본이 출현하게 되지요. 자본의 소유와 관리가 분리되는 법인자본의 출현을 뒤메닐은 법인혁명이라고 부릅니다.

법인자본이 출현하는 결정적인 계기는 지주회사에 의한 인수·합병입니다. 대표적인 사례가 런던과 뉴욕의 금융시장에서 활동하던 미국계 투자은행 모건이 주도한 인수·합병인데, 말하자면 영국경제의 금융화가 미국경제의 법인혁명을 초래한 것이지요. 모건에 의해서 인수·합병된 기업들이 미국철강(U.S. Steel), 미국전신전화회사(AT&T), 제너럴일렉트릭(GE), 제너럴모터스(GM) 같이 20세기 미국경제와 세계경제를 선도하는 법인자본을 형성합니다.

우선 이전 시기 미국경제를 대표하던 카네기 철강이 인수·합병의 대상이 됩니다. 1901년에 모건은 카네기 철강과 그 경쟁업체들까지 인수·합병하는데, 여기서 미국철강이 탄생합니다. 1970년대 이후 미국철강은 일본제철과의 경쟁에서 패퇴하면서 1986년에는 급기야 텍사스석유와 합병되지요. 그래서 소설이나 영화로 나오기도 했지만, 미국경제에서의 산업공동화를 상징하는 대표적인 사건이 미국철강의 쇠퇴라고 할 수 있습니다.

모건에 의해서 또 다른 인수·합병의 대상이 된 것이 1880년대에 통신혁명을 완성한 벨이라는 전화회사이지요. 1906년에 모건이 통합한 벨과 그 경쟁업체들에서 미국전신전화회사가 출범하는데, 그것이 1970년대까지 미국경제와 세계경제에서 최고의 시가총액을 자랑하던 기업입니다. 그러나 미국전신전화회사는 1981년과 1993년 두 차례에 걸쳐 반독점법에 의해서 해체되고 말지요. 1890년에 제정된 반독점법에 대해서는 조금 이따가 설명할 것입니다.

그러나 훨씬 중요한 인수·합병의 사례는 가전회사인 제너럴일렉트릭입니다. 제너럴일렉트릭의 모태는 본래 발명왕 에디슨이 창업한 에디슨제너럴일렉트릭인데, 1892년에 모건이 에디슨과 그 경쟁사인 톰슨을 통합하여 제너럴일렉트릭이 탄생하지요. 제너럴일렉트릭은 1970년대까지 시가총액에서 미국전신전화회사나 제너럴모터스에게 뒤졌지만, 미국전신전화회사가 해체되고 제너럴모터스가 쇠퇴한 이후부터 2005년 현재까지 미국경제와 세계경제에서 시가총액이 가장 큰 기업입니다.

인수·합병의 또 다른 중요한 사례는 제너럴모터스인데, 이 경우는 조금 독특합니다. 제너럴모터스를 창업한 사람은 듀랜트인데, 그는 기업경영보다는 인수·합병에 관심이 더 많았던 것 같아요. 그러나 무리한 인수·합병으로 파산하면서, 1920년에 모건의 후원 아래 듀판트(뒤퐁)가 제너럴모터스를 인수하게 되지요. 그리고 듀판트가 발탁한 전문경영인이 다음 시기에 관리자혁명을 주도하게 되는 슬론입니다.

모건에 의한 인수·합병의 예외가 카네기 철강보다 훨씬 강력했던 록펠러의 스탠더드 오일입니다. 시티은행을 지배하던 스탠더드 오일은 이 시기에 트러스트에서 지주회사로 전환합니다. 그러나 스탠더드 오일은 악명 높은 독점자본이라는 대중적 인식 때문에 1911년 반독점법에 의해서 해체되고 맙니다. 미국계 석유메이저를 대표하는 엑손과 모빌은 스탠더드 오일에서 유래하는데, 1998년에 다시 합병하여 엑손-모빌이라는 세계 최대의 석유메이저가 되지요.

일반사적으로 보면, 이 시기는 금박의 시대를 역전시키는 개혁의 시대입니다. 농업을 토대로 한 인민주의가 쇠퇴하면서 법인자본주의에 적합한 진보주의가 등장하기 때문이지요. 남한의 상황과 비교해보자면, 1970-80년대 재야운동의 이념을 인민주의라고 부를 수 있는데, 1990년대 이후 재야운동이 주류화되면서 인민주의가 진보주의로 이념적 변신을 모색한다고 할 수 있지요. 남한의 재야운동은 꼭 100년 전 미국의 상황을 모방하려는 것 같습니다.

인민주의를 대체하는 진보주의의 특징을 크게 세 가지 정도로 정리할 수 있습니다. 인민주의 시대에 독점에 반대하는 사회운동이 전개되면서 1890년에 반독점법이 제정되는데, 발의자의 이름을 따서 셔먼법이라고 부르기도 하지요. 그러나 제정 직후 거의 사문화되었던 반독점법은 진보주의에 의해서 점차 부활되는데, 그것이 수평통합과 수직통합이 병존하던 상황에서 수직통합을 위주로 하는 상황으로 이행하는 계기가 됩니다.

다음에 법인혁명에 부응하려는 교육개혁이 출현하는데, 그런 이념이 바로 듀이와 제임스의 실용주의적 대중교육이지요. 법인자본주의의 부침과 대중교육의 부침의 관계에 관심이 있으시면 올해 초에 출판된 『대중교육: 역사·이론·쟁점』을 참조하세요. 그리고 다음 시기의 관리자혁명을 예고하는 테일러주의도 출현하는데, 이것에 대해서는 조금 이따가 자세하게 설명하겠습니다. 대중교육이나 테일러주의도 진보주의의 또 다른 특징이라고 할 수 있습니다.

참고 삼아, 진보주의와 자유주의의 관계에 대해서 좀 더 설명해보겠습니다. 독립전쟁 이후 남북전쟁까지 100년 정도의 시기를 미국의 건국 과정이라고 할 수 있는데, 미국을 건국한 사람은 사실 워싱턴이 아니라 제퍼슨이에요. 일개 장군에 불과한 워싱턴을 두 차례나 대통령으로 추대한 제퍼슨은 드디어 민주당을 창당하고 스스로 대통령이 됩니다. 그 후 남북전쟁까지 민주당의 일당독재가 전개되는데, 민주당의 이념이 바로 고전적 자유주의이지요.

그러나 미국과 영국의 고전적 자유주의에는 차이가 있어요. 아시다시피 영국의 산업혁명은 면직물산업을 중심으로 하는데, 독립한 다음에도 미국이 영국의 면화공급기지로 남아 있기 때문입니다. 흑인노예의 노동력을 착취하는 남부의 면화농장이 민주당의 경제적 기반이지요. 사실 제퍼슨 자신이 농장주이자 노예소유주입니다. 19

세기 중엽부터 고전적 자유주의의 그런 모순이 악화되지만, 그러나 민주당으로서는 그것을 해결할 도리가 없겠지요. 따라서 북부의 산업자본을 기반으로 하는 공화당의 도전이 출현하면서 남북전쟁이 발발한 것이에요.

지나가는 말이지만, 알고 그러는지 모르고 그러는지 노무현 대통령은 자신을 링컨과 비교한다고 하지요. 사실 1850년대에 창당한 공화당은 대선에서 민주당에게 번번이 패배합니다. 그래서 이번에도 결과는 뻔할 테니까 누구를 희생양으로 내보낼까 하다가 별 볼일 없는 링컨을 후보로 추대한 것이에요. 그런데 그 링컨이 당선된 것이고 남북전쟁을 승리로 이끈 것입니다.

남북전쟁 이후 민주당은 거의 집권하지 못합니다. 그런 민주당이 1890년대부터 쇄신을 시도하면서 내세운 새로운 이념이 바로 진보주의입니다. 인민주의가 농민운동의 급진적 이념이라면, 진보주의는 법인자본의 개혁적 이념이지요. 그리고 그런 이념을 표방하면서 1914년 1차 세계전쟁 직전에 대통령에 당선된 사람이 윌슨입니다. 윌슨 이후에는 다시 공화당이 집권하다가 1930년대 대불황이 전개되는 과정에서 로즈벨트가 집권하지요. 그러나 나중에 설명하겠지만, 로즈벨트의 이념은 진보주의에서 현대적 자유주의인 케인즈주의로 변모합니다.

결국 진보주의는 19세기의 고전적 자유주의가 20세기의 현대적 자유주의로 변모하는 과정에서 등장한 과도적 이념이라고 할 수 있다는 말입니다. 사실 영국에서도 그런 과도적 이념으로서 페이비언주의가 등장한다고 할 수 있습니다. 1990년대에 들어와서 주류화되고 있는 남한의 재야운동은 진보주의와 자유주의 사이에서 동요하고 있는 상황이지요. 게다가 김대중 정부와 노무현 정부 이후에는 새로이 부활한 인민주의도 확산되고 있는데, 그런 남한 식 인민주의에 대해서도 방금 인용한 『인민주의 비판』을 참조하세요.

자동차산업에서 관리자혁명과 산업혁명

그런데 법인혁명으로 출현한 법인자본이 아직 효율적으로 관리되는 것은 아닙니다. 그냥 인수·합병을 통해서 여러 기업을 모아놓은 것일 따름이에요. 그래서 여러 가지 비효율성이 발생하는데, 그런 문제를 해결한 사람이 듀판트가 발탁한 전문경영인 슬론입니다. 물론 테일러나 포드도 나름대로 기여를 하지요. 테일러와 포드를 거쳐 슬론이 완성한 법인자본의 효율적 관리가 바로 경영학의 대상입니다. 경제학도 그런 요소가 없지는 않지만, 특히 경영학은 상아탑이 아니라 기업 현장에서 나온 학문이지요.

테일러주의와 포드주의에 대해서 먼저 설명해보겠습니다. 과학적 노동관리라는 테일러의 진보주의적 구상을 현실화시킨 사람이 자동차 왕 포드입니다. 그런데 포드주의는 관리자혁명의 시작일 따름이고 법인자본을 특징짓는 수직통합을 완성한 것은 아니지요. 포드주의의 핵심은 컨베이어 벨트를 이용하는 이동조립공정 또는 일관작업공정에 있습니다. 아시다시피 자동차공장이나 가전제품공장은 그런 공정으로 특징지어지지요.

이미 설명한 대로 노동생산성을 상승시키기 위해서는 노동을 절약할 수밖에 없습니다.

$$\frac{Y}{N\downarrow} = 노동생산성 \uparrow.$$

그런데 노동을 절약하는 대신 고정자본을 소비해야 하기 때문에 자본의 기술구성이 급격하게 상승하는 것이지요.

$$\frac{K\uparrow}{N\downarrow} = 자본의\ 기술구성 \Uparrow.$$

따라서 자본생산성은 하락하기 마련입니다.

$$\frac{Y}{K\uparrow} = \frac{Y/N\uparrow}{K/N\Uparrow} = 자본생산성 \downarrow.$$

이제 노동생산성 및 기술구성 궤도, 따라서 자본생산성 궤도의 모양이 성장기와 불황기에 달라지는 이유를 설명할 수 있습니다. 그로스만 식으로 말하자면, 노동을 절약하는 대신 고정자본을 소비하는 편향적 기술진보에 따른 자본생산성의 하락이 바로 자본주의적 축적의 엔트로피법칙이에요. 그러나 엔트로피법칙만 있다면 자본주의적 축적은 붕괴하고 말겠지요. 그래서 자본주의적 축적의 네겐트로피가 조직되는 것입니다. 자본의 기술구성이 상승하는 속도를 감속시킴으로써 자본생산성을 상승시키려면 고정자본의 소비를 효율화해야 하는데, 그런 방법이 바로 컨베이어 벨트입니다.

$$\frac{K}{N\downarrow} = 자본의 기술구성 \uparrow.$$

게다가 컨베이어 벨트로 연결된 거대한 기계·설비를 효율적으로 소비하는 방법은 노동자에게 쉴 틈을 안 주는 것입니다. 『모던 타임즈』에서 채플린이 연기하듯이 노동자가 톱니바퀴에 끼어 들어갈 정도로 말이에요. 한 마디로 말하자면, 컨베이어 벨트는 노동강도를 강화함으로써 고정자본의 소비를 효율화하는 방법입니다. 『마르크스의 '경제학 비판'』에서 자세하게 설명한 대로, 노동강도의 강화를 통해서 상대적 잉여가치의 생산과 절대적 잉여가치의 생산이 결합되고 국민소득이 성장하는 것이지요.

$$\frac{Y\uparrow}{N\downarrow} = 노동생산성 \uparrow.$$

따라서 자본생산성은 상승하기 마련입니다.

$$\frac{Y\uparrow}{K} = \frac{Y/N\Uparrow}{K/N\uparrow} = 자본생산성 \uparrow.$$

아리기가 말하는 규모의 경제와 속도의 경제에 대해서도 잠시 설명해보겠습니다. 생산량이 증가할 때 평균적 생산비용이 감소하는 것을 규모의 경제라고 부르는데, 여기서 규모는 생산량이라는 뜻입니다. 평균비용이 최소가 되는 생산량이 최적규모이고, 최적규모를 결정하는 것이 바로 고정자본이지요. 따라서 규모의 경제를 향상시키기 위해서는 고정자본과 최적규모를 증가시켜야 합니다. 그러나 그런 과정에서 자본생산성이 하락하기 때문에 노동의 강도를 강화해야 하는 것이고, 그것이 바로 속도의 경제입니다.

스미스는 자본이 규모의 경제 때문에 대량생산을 지향하지만, 그러나 대량소비를 가능케 하는 시장은 제한되어 있다고 주장합니다. 즉 대량생산과 대량소비의 모순으로 인한 자본간 경쟁이 이윤율을 하락시킨다는 것인데, 최근 브레너가 그런 스미스의 이론을 복권시키려고 시도한 바 있지요. 그러나 이미 설명한 것처럼, 이윤율을 하락시키는 것은 자본간 경쟁이 아닙니다. 게다가 자본은 규모의 경제와 속도의 경제를 결합함으로써 이윤율을 상승시킬 수도 있지요.

테일러의 과학적 노동관리나 포드의 컨베이어 벨트는 모두 생산과정과 관련된 것인데, 그러나 수직통합은 생산과정에 국한된 것이 아니에요. 테일러주의나 포드주의는 법인자본만이 아니라 독일의 콘체른이나 일본의 재벌도 채택하는 것입니다. 따라서 법인자본의 특징을 설명하기 위해서는 테일러주의나 포드주의가 아니라 슬론주의를 설명해야 하는데, 슬론주의의 핵심은 수직통합을 완성하는 것입니다. 본래의 수직통합이 완제품의 생산과정과 원료나 부품의 생산과정을 통합한다면, 슬론주의의 수직통합은 생산과정과 유통과정의 통합까지 확장됩니다.

경영학에서는 생산과정을 라인이라고 부르는데, 아마 군대 식 용어 같아요. 쉽게 말하자면 전투조직이라는 뜻입니다. 라인은 엔지니어·테크니션 같은 기술직과 생산직으로 구성되지요. 테일러주의와 포드주의가 라인에만 주목한다면, 슬론주의는 라인뿐만 아니라 또한 그것을 지원하는 스탭에도 주목합니다. 그것도 군대 식 용어 같은데, 쉽게 말하자면 지원조직이라는 뜻이지요. 스탭을 구성하는 것이 관리직과 사무직입니다. 라인의 기능이 생산관리·노동관리, 스탭의 기능이 재무관리·회계관리·마케팅관리인데, 이런 다섯 가지 관리가 바로 경영학의 대상입니다.

법인자본의 재무관리·회계관리와 마케팅관리는 19세기 영국경제를 특징짓는 생산과정과 유통과정의 분리를 통합하는 것이지요. 이미 지적했듯이 영국을 모델로 하는 『자본』에서 마르크스는 산업자본이 생산수단과 노동력을 결합해서 상품자본을 생산하는 생산과정에 전문화한다고 가정합니다. 마르크스는 산업자본이 필요한 화폐자본을 조달하는 기능은 은행으로 자립화하고, 산업자본이 생산한 상품자본을 실현해서 화폐자본을 회수하는 기능은 상업자본으로 자립화한다고 가정하지요. 그러나 법인자본은 은행이나 상업자본이 담당하던 유통과정의 기능을 스탭의 기능인 재무관리·회계관리나 마케팅관리로 통합합니다.

법인자본을 설명할 때 보통 조직이 시장을 대체한다고 하는데, 그것은 특히 스탭이 은행과 상업자본을 대체한다는 사실을 가리키지요. 법인자본의 시장 지배는 콘체른이나 재벌과 달리 수평통합이 아니라 수직통합을 통해서 실현되는데, 그것을 독점적 진입장벽과 구별하여 보통 조직적 진입장벽이라고 부릅니다. 또 법인자본은 미시경제적 불안정성을 감소시키는 대신 거시경제적 불안정성을 증가시키는데, 이 때문에 케인즈적 경기순환이 발생하지요.

수직통합의 핵심인 라인과 스탭의 분업은 생산비용과 유통비용을 동시에 절감하는 효과를 갖습니다. 라인이 생산비용을 절감한다면, 스탭은 유통비용을 절감하지요. 『마르크스의 '경제학 비판'』에서 이미 설명했듯이, 이윤에서 공제되어야 하는 유통비용이 절감되면 이윤율이 그만큼 상승할 것입니다. 슬론주의의 가장 중요한 특징은 수직통합을 완성함으로써 유통비용을 절감하는 것이지만, 그렇다고 해서 슬론주의가 생산비용을 절감하기 위해서 포드주의를 모방하기만 하는 것은 아닙니다.

포드가 자동차 왕이 된 것은 1913년에 컨베이어 벨트를 이용하여 생산한 모델 T 덕분입니다. 그래서 결국 제너럴모터스를 제압하고 자동차시장을 석권하게 된 것이지요. 그러나 1920년대 후반부터 포드는 슬론의 제너럴모터스에게 다시 역전당하는데, 그 후 포드가 제너럴모터스를 추월한 적은 단 한 번도 없습니다. 슬론은 라인과 스탭의 분업을 확립할 뿐만 아니라 또한 라인 자체도 개선합니다. 슬론주의의 또 다른 특징이 테일러주의와 포드주의의 개선이라는 말입니다.

사실 포드는 전문경영인이 아니라 창업주입니다. 그래서 포드 자동차는 법인자본이 아니라 개인자본이라고 할 수 있지요. 게다가 포드는 전문경영인도 신뢰하지 않고 후계자도 제때 양성하지 않는데, 포드의 그런 괴팍한 성격이 잘 드러난 것이 모델 T 하나만으로도 자동차시장을 제패할 수 있다는 고집이지요. 포드의 그런 약점을 재빠르게 간파한 사람도 역시 슬론입니다. 즉 포드와 달리 슬론은 상품의 차별화에 주목한 것이지요.

상품의 차별화를 통해서 생산비용을 절감하는 것을 규모의 경제나 속도의 경제와 구별하여 범위의 경제라고 부릅니다. 범위의 경제란 동일한 라인을 조금씩 수정해서 다양한 상품을 생산하는 것이에요. 게다가 매년 성능을 조금씩 개선하거나 몇 년만에 디자인을 조금 변경하여 신상품을 출시하기 위해서도 거의 동일한 라인을 이용할 수 있지요. 그런 것을 보통 결합생산이라고 부릅니다. 법인자본은 컨베이어 벨트뿐만 아니라 또한 결합생산을 통해서 고정자본의 소비를 효율화하는 것입니다.

1차 산업혁명이 면직물산업에서 발생했다면, 2차 산업혁명은 이렇게 슬론의 제너럴모터스가 선도하는 자동차산업에서 발생합니다. 1차 산업혁명과 2차 산업혁명이 모두 새로운 소비재를 발명하지만, 같은 소비재라도 소모품과 내구재라는 차이가 있지요. 2차 세계전쟁 이후 산업혁명은 제너럴일렉트릭이 선도하는 가전산업으로 확대됩니다. 나중에 설명하겠지만, 신자유주의 시대에도 다양한 기술혁신이 나타나는데, 그것이 2차 산업혁명에 후속하는 2차 교통·통신혁명이지요.

2차 산업혁명이 가져온 자동차문명과 전기문명의 필수적인 에너지원이 바로 석유입니다. 2차 산업혁명이 없었다면, 석유 때문에 싸울 일도 없겠지요. 미국에서 석유가 최초로 개발된 것은 1850년대인데, 당시 석유는 별로 경제성이 없었습니다. 그럴 수밖에 없었던 것이 마차나 기차에는 석유가 필요 없었고, 호롱불을 켜는 데도 고래기름이 훨씬 값도 싸고 질도 좋았기 때문이지요. 그런 상황은 1920년대까지 지속되었다고 합니다.

수직통합 말고도 슬론주의의 또 다른 중요한 특징이 있는데, 그것이 바로 다사업부제입니다. 쉽게 말하자면, 다사업부제란 법인자본이 여러 개의 자회사 또는 지사를 설립한다는 뜻입니다. 예를 들어 디트로이트의 제너럴모터스 본사에서 생산한 자동차는 동북부 시장에만 공급하고, 서부나 남부의 시장에는 현지 지사에서 생산한 자동차를 공급하는 식이지요. 그런 지사도 물론 제너럴모터스라는 법인자본에 소속되어 있지만, 그러나 마치 다른 회사인 것처럼 독립채산을 하는 것을 다사업부제라고 부르는 것입니다.

슬론의 다사업부제가 동종의 다사업부제라면, 1960년대 이후에는 이종의 다사업부제가 출현하기도 합니다. 법인자본이 자동차나 가전 같은 단일 업종에 국한되지 않고 다양한 업종으로 다각화된다는 뜻이지요. 제너럴모터스나 제너럴일렉트릭은 이제 단순한 자동차회사나 가전회사가 아닙니다. 나중에 설명하겠지만, 제너럴일렉트릭이나 제너럴모터스는 특히 금융자회사를 핵심으로 하는 지주회사이지요. 법인자본이 산업과 금융에 걸친 다양한 업종으로 진출하는 것이 이종의 다사업부제입니다.

어쨌든 슬론의 다사업부제가 법인자본의 초민족화의 토대가 되지요. 남서부에 지사를 설립하는 것이나 독일에 지사를 설립하는 것이나 실은 마찬가지이기 때문입니다. 제너럴모터스가 독일로 진출한다는 것은 디트로이트 본사에서 생산한 자동차를 독일로 수출하는 것이 아니라 독일 지사에서 자동차를 생산한다는 뜻입니다. 나중에 설명하겠지만, 독일에서는 자동차산업이 발전하지 않습니다. 독일을 상징하는 자동차가 딱정벌레 같이 생긴 폴크스바겐인데, 그것은 나치 시대 국영회사가 생산하던 국민차예요.

여기서 법인자본의 초민족화에 대해서 잠시 설명해보겠습니다. 보통 미국경제도 제국주의라고 부르지만, 그러나 미국경제는 레닌이 말하는 제국주의와 전혀 다른 것입니다. 미국경제는 민족경제가 아니라 초민족화된 경제인데, 그것은 미국경제의 토대가 초민족화된 법인자본이기 때문이에요. 게다가 미국은 프랑스나 독일 같은 민족국가와 전혀 다른 종류의 민족국가입니다. 미국은 기본적으로 이민을 통해서 형성된 다인종사회라서 어떻게 보면 이미 초민족화된 민족국가이기 때문이지요.

법인자본의 초민족화를 상징하는 이념이 바로 자유무역과 구별되는 자유기업입니다. 예를 들어 제너럴모터스가 유럽연합에 지사를 설립할 경우, 제너럴모터스는 자유무역보다 보호무역을 선호할 것입니다. 유럽연합이 도요타가 생산한 자동차의 수입을 제한한다면, 제너럴모터스의 지사에게도 유리할 것이기 때문이에요. 그래서 법인자본이 요구하는 것은 국적에 따라서 기업활동을 차별하지 말라는 자유기업이라는 말입니다. 그리고 경우에 따라서는 자유무역이 아니라 보호무역을 선호하기도 한다는 말이에요.

아까 19세기의 고전적 자유주의와 20세기의 현대적 자유주의를 설명했는데, 고전적 자유주의의 이론이 고전경제학의 자유무역론이지요. 반면 현대적 자유주의의 이론이 케인즈 경제학인데, 조금 이따가 설명하겠지만, 케인즈는 자유무역이 아니라 자유기업을 지지합니다. 사실 세계무역기구(WTO)의 이념도 이름과는 달리 자유무역이 아니라 자유기업입니다. 세계무역기구가 자유무역을 요구하는 것은 농업이나 서비스 같은 특수한 경우에 국한되지요.

관리자혁명의 시기는 노동력을 재생산하는 제도로서 대학과 가족이 개혁되는 시기이기도 합니다. 먼저 경제계에서 은퇴한 카네기와 록펠러가 설립한 재단이 대학 개혁을 선도하게 됩니다. 그 때까지만 해도 미국 대학을 대표한 것은 하버드·예일·프린스턴 같은 아이비리그의 전통적 대학이었지요. 그런데 카네기·록펠러재단의 재정 지원이나 미국전신전화회사·제너럴일렉트릭과의 산학협동을 통해서 캘리포니아공과대학(칼텍)이나 매사추세츠공과대학(MIT) 같은 현대적 대학이 부상하기 시작한 것입니다.

대학개혁이 필요한 것은 법인자본의 발전과 함께 전문직의 구성이 달라지기 때문입니다. 19세기까지 전문직 교육을 대표한 것은 법학이나 의학인데, 사실 이것은 중세 시대까지 소급되는 것이에요. 중세 유럽의 대학에서는 전공이 세 개밖에 없는데, 그것이 바로 신학과 법학과 의학입니다. 그러다가 현대에 들어와서 신학이 점차 쇠퇴하고 법학과 의학이 전문직 교육을 대표하게 된 것이지요.

그러나 20세기에는 법인자본이 발전하면서 전문직의 구성이 달라집니다. 물론 법학이나 의학이 전문직 교육에서 아직도 중요하긴 하지만, 공학이나 경제학·경영학 같은 새로운 전문직 교육이 필요하게 되지요. 그래서 이공계열과 경상계열을 핵심으로 하는 매사추세츠공과대학이나 칼텍 같은 현대적 대학이 출현하게 된 것입니다. 그리고 물론 하버드 같은 전통적 대학도 그런 방향으로 재편됩니다. 요즘 남한에서는 법대나 의대가 다시 강세를 보인다고 하는데, 어떻게 보면 19세기로 퇴행하는 것일 수도 있겠습니다.

가족의 개혁은 대학의 개혁과 쟁점이 조금 다릅니다. 19세기 부르주아 핵가족을 프롤레타리아에게 확산시키는 과정이기 때문이지요. 사실 19세기 프롤레타리아는 전통적인 농민가족이 해체되는 과정에서 새로운 대안적 가족을 구성하기가 현실적으로 불가능했지요. 프롤레타리아 핵가족의 경제적 토대가 생계부양자로서 남성노동자라는 관념을 전제하는 가족임금인데, 포드의 일당 5달러라는 구호에서 시작되는 생산성임금이 바로 가족임금의 원형입니다.

그런데 프롤레타리아 핵가족이 단순히 부르주아 핵가족을 모방하는 것만은 아닙니다. 데이트 연애와 동반자 결혼이 새로운 이념적 토대가 되기 때문인데, 그것은 연애와 결혼의 핵심이 더 이상 감정적 사랑이 아니라 성적 사랑이라는 뜻이지요. 요즘 남한에서도 유행하는 'sexy'라는 신조어가 당시의 성혁명을 상징하는데, 그것은 성적 대상으로서 여성의 매력을 뜻하지요. 데이트 연애와 동반자 결혼을 통해서 아버지에게서 남자 친구와 남편으로 권력의 중심이 이동한다고 할 수 있습니다.

이번 강의에서는 미국에서 현대적 대학이나 핵가족이 형성되는 역사적 과정이나 미국과 비교할 때 남한의 대학이나 가족이 갖는 특수성에 대해서는 더 이상 자세하게 설명할 여유가 없는데, 관심이 있으시면 이미 출판된 『신자유주의적 '반격' 하에서 핵가족과 '가족의 위기': 페미니즘적 비판의 쟁점들』(공감, 1999), 『마르크스주의 페미니즘의 현재성』(공감, 2002), 『페미니즘 역사의 재구성: 가족과 성욕을 둘러싼 쟁점들』(공감, 2003)이나 『대중교육: 역사·이론·쟁점』(공감, 2005) 같은 책을 참조하세요.

뉴딜과 케인즈혁명

마지막으로 케인즈혁명에 대해서 설명해보겠습니다. 미국의 경제 기적이라고 불리는 1920년대가 저물어가는 1929년 10월에 뉴욕의 주식시장이 붕괴하면서 실물경제도 붕괴하는 대공황이 발생합니다. 1930년대를 보통 대불황기라고 부르는데, 가장 심각했던 1929-32년에는 실업률이 30%를 넘게 되지요. 그런 상황에서 법인혁명과 관리자혁명을 보완하려고 시도한 것이 바로 케인즈혁명입니다. 케인즈혁명은 금리생활자의 안락사와 투자의 사회화라는 구호로 요약되는데, 그것은 금융억압과 적자재정을 뜻합니다.

지주회사의 인수·합병을 통해서 진행되는 법인혁명의 본질은 금융화입니다. 그리고 1929년에 주식시장이 붕괴한 것은 그런 금융화에 고유한 불안정성을 상징하는 사건이지요. 뒤메닐은 1930년대 대불황으로 직접적인 타격을 받은 것은 전통적 개인자본이라는 사실을 강조합니다. 그러나 금융적 불안정성은 현대적 법인자본에게도 위협적인 것이지요. 그래서 케인즈가 지주회사를 비롯한 기관투자가를 억압하자고 제안한 것입니다. 법인자본의 지배구조를 특징짓는 관리직의 상대적 자율성은 여기서 비롯되는 것입니다.

게다가 관리자혁명에도 고유한 결함이 있는데, 뒤메닐은 그것을 경향적 불안정성이라고 부르지요. 관리자혁명이 생산비용과 유통비용을 절감하여 이윤율을 상승시킨다면, 케인즈혁명은 그런 과정을 교란시킬 수 있는 경기순환을 통제합니다. 케인즈의 경기순환론은 리카도가 주목한 불비례나 이윤압박 대신 맬서스가 주목한 과소소비를 강조합니다. 그래서 케인즈가 적자재정을 통한 사회적 투자로 과소소비를 해결하자고 제안한 것이지요. 여기서 사회적 투자는 법인자본과 경쟁할 수 있는 민간부문이 아닌 공공부문을 가리키는 것입니다.

1932년에 집권한 민주당의 로즈벨트가 케인즈주의를 채택하면서 현대적 자유주의가 출현한다고 할 수 있습니다. 그러나 로즈벨트가 처음부터 케인즈주의를 채택한 것은 아니에요. 뉴딜 초기의 국가재건계획(NRA)은 국가가 민간부문에 직접 개입하는 일종의 국가독점자본주의라고 할 수 있습니다. 그래서 케인즈가 1933년에 공개서한을 통해서 뉴딜이 자유기업의 이념을 침해한다고 비판한 것이지요. 그 후 뉴딜은 케인즈주의에 따라서 재편됩니다.

2차 세계전쟁을 계기로 케인즈주의가 초민족화되면서 전후 세계경제를 자유주의적으로 재편하는데, 그것을 보통 브레튼우즈 체제라고 부릅니다. 금-달러본위제를 근간으로 하는 브레튼우즈 체제는 초민족적 금융억압을 상징하는 것이기도 합니다. 신자유주의 시대의 미국경제를 특징짓는 이중적자에 대한 분석과 관련해서도 강조해둘 필요가 있는 부분인데, 19세기 영국경제와 20세기 미국경제의 가장 중요한 차이로는 지금까지 설명한 개인자본과 법인자본이라는 자본형태의 차이 말고도 화폐형태의 차이가 있습니다.

19세기 영국경제와 달리 20세기 미국경제는 금화를 폐지하고 중앙은행이 발행하는 국가화폐를 사용하는데, 그것을 금본위제와 구별해서 보통 관리통화제라고 부르지요. 민족적 차원에서는 국가의 파산이 곧 민족경제의 파산이므로 국가화폐를 금화처럼 보편적 등가물로 사용할 수 있습니다. 그러나 브뤼노프가 강조하는 대로, 세계국가가 존재하지 않기 때문에 세계적 차원에서는 그럴 수 없지요. 그래서 케인즈가 브레튼우즈 체제를 구상하면서 세계적 차원의 중앙은행으로서 국제통화기금(IMF)이 발행하는 방코르(bancor)라는 새로운 세계화폐를 제안한 것입니다.

사실 2차 세계전쟁 발발 직후인 1941년에 「대서양헌장」으로 제시되는 로즈벨트 독트린은 소련을 포함하는 일종의 세계국가로서 국제연합(UN)을 구성하자고 제안합니다. 그러나 종전 직후인 1947년에 트루먼 독트린이 제기되면서 동·서독의 분단으로 상징되는 미·소 냉전이 시작됩니다. 그래서 보통 현대적 자유주의를 두 가지로 구분하는 것이지요. 로즈벨트의 자유주의를 이상주의적 자유주의라고 부르는 반면, 트루먼의 자유주의를 현실주의적 자유주의라고 부릅니다.

로즈벨트와 트루먼의 자유주의를 국제주의라고 부르기도 합니다. 아시다시피 국제주의는 본래 프롤레타리아의 구호이지만, 부르주아지도 그것을 수용하지요. 1차 세계전쟁이 발발하면서 독일사민당이 민족주의에 굴복하자 레닌이 프롤레타리아 국제주의를 천명하는데, 이것에 대항해서 윌슨도 부르주아 국제주의를 제창한 것입니다. 그러나 윌슨의 부르주아 국제주의를 상징하는 민족자결주의는 레닌의 민족자결주의를 차용한 것일 따름입니다.

게다가 레닌과 달리 윌슨은 민족해방운동에도 별로 기여하지 않아요. 사실 이것은 우리 역사와도 관련되는 대목입니다. 이준 열사가 헤이그에서 영국과 미국의 냉대를 받고 자결한 것은 이미 잘 아시는 대로입니다. 그러나 레닌은 상해임시정부의 요청을 받고 백군과의 내전 중에도 금화 50만 루블인가를 지원했답니다. 그러나 대통령이던 이승만이 그 돈을 갖고 미국으로 도망가는 바람에 상해임시정부는 실질적으로 붕괴하게 되고 김구를 중심으로 하는 테러리스트만 남게 되었지요.

어쨌든 레닌의 프롤레타리아 국제주의와 민족자결주의에 대해서 아주 소극적으로 대응한 것이 윌슨의 부르주아 국제주의와 민족자결주의입니다. 이미 지적한 것처럼 2차 세계전쟁이 발발하면서 부르주아 국제주의와 민족자결주의를 체계화한 것이 바로 로즈벨트의 이상주의적 자유주의입니다. 그리고 트루먼이 소련과의 냉전을 시작하면서 로즈벨트의 이상주의적 자유주의를 현실주의적 자유주의로 수정하지요.

1947년에 미·소 냉전이 시작되면서 미국은 마셜 플랜을 통해서 서독경제를 재건합니다. 마셜 플랜으로 제공된 거대한 경제원조는 초민족적 차원에서의 적자재정이라고 할 수 있습니다. 그러나 그런 방법으로 일본경제를 재건할 여유까지는 없는 데다가, 1949년에 중국혁명이 발생하면서 동아시아의 지정학적 조건이 급변하지요. 따라서 일본경제의 재건을 위한 새로운 마셜 플랜으로 1950-53년 한국전쟁이 선택된 셈입니다. 그리고 아시다시피 그 결과로 남·북한이 분단되고 말지요.

이렇게 냉전이 전개되면서 국제연합은 더 이상 세계국가의 역할을 하지 못하게 됩니다. 요즘 미국의 일방주의가 논란의 대상이 되고 있지만, 사실 냉전 시대야말로 본래적인 의미에서 일방주의의 전성기이지요. 즉 일방주의는 신보수주의라기보다는 현실주의적 자유주의의 특징이라는 말입니다. 그리고 1990년대 탈냉전 시대에 들어와서 현실주의적 자유주의가 쇠퇴하고 일방주의가 다자주의로 변모하는 것입니다. 신자유주의적 금융세계화에 적합한 세계적 통치성은 일방주의가 아니라 다자주의이기 때문이지요.

그래서 방코르의 발행이라는 케인즈의 구상도 결국 좌절되고 국제통화기금도 세계은행의 역할을 하지 못하게 됩니다. 그러나 화이트의 구상대로 미국의 달러를 세계화폐로 사용하기 위해서는 몇 가지 조건이 추가될 필요가 있겠지요. 일단 유사시에는 달러를 금으로 바꿔준다는 금태환제가 보장되어야 한다는 말입니다. 미국이 전 세계의 금을 대부분 보유하고 있는 전후의 상황에서는 금태환제가 비현실적인 것이 아니지요.

그리고 금본위제와 마찬가지로 달러의 환율이 변동하지 않는 고정환율제가 필요할 것입니다. 금본위제에서는 환율이 항상 고정되어 있습니다. 예를 들어, 파운드의 환율은 파운드에 포함된 금의 중량에 따라서 결정되기 때문에, 금의 중량이 변화하지 않는 한 환율은 항상 고정되어 있기 마련이지요. 그래서 달러의 환율도 금 1온스에 35달러로 고정시키기로 한 것입니다. 이렇게 금태환제와 고정환율제로 특징지어지는 금-달러본위제를 근간으로 해서 브레튼우즈 체제가 성립하게 되지요.

나중에 설명하겠지만, 신자유주의 시대로의 이행을 개시하는 것이 바로 브레튼우즈 체제의 붕괴입니다. 1970년대 초에 금태환제와 고정환율제가 폐기되기 때문이지요. 그 후 국제통화기금이나 세계화폐를 개혁하려는 수많은 시도가 나타나지만, 그러나 결국 달러가 세계화폐의 지위를 계속 유지하게 됩니다. 그것을 보통 금-달러본위제에서 순수한 달러본위제로의 변모라고 부르는데, 나중에 설명하겠지만 미국경제의 이중적자의 비밀은 바로 여기에 있습니다.

비록 방코르 대신 금-달러본위제를 채택하기는 하지만, 브레튼우즈 체제는 케인즈주의를 초민족화하는 것입니다. 특히 금융자본의 국제적 이동을 통제함으로써 민족경제의 자립성을 옹호하기 때문이지요. 브레튼우즈 체제에서 국제적으로 이동할 수 있는 것은 법인자본밖에 없습니다. 이미 설명한 것처럼, 미국의 법인혁명은 주로 런던에서 활동하는 금융자본에 의한 인수·합병을 통해서 발생한 것이요. 그러나 브레튼우즈 체제에서는 금융자본의 국제적 이동을 통제합니다. 따라서 마셜 플랜이 적자재정을 초민족화한다면, 브레튼우즈 체제는 금융억압을 초민족화한 셈이지요.

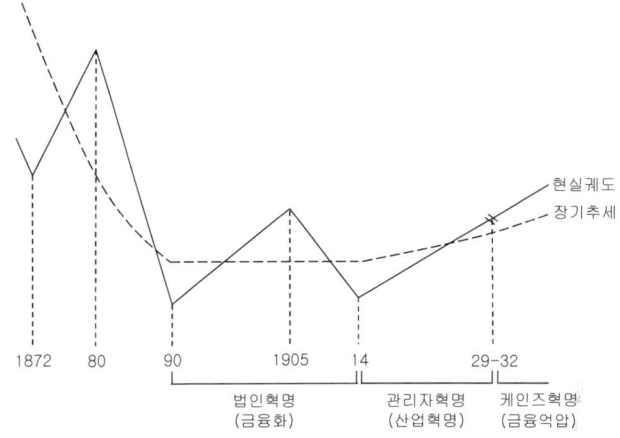

이윤율의 그래프를 이용하여 이제까지의 설명을 정리해보겠습니다. 오늘 강의의 서두에서 제시한 그래프는 1914년 이후만 그린 것인데, 그 이전으로 연장해본 것이지요. 실선은 마찬가지로 이윤율의 현실궤도를 나타내지만, 그러나 점선은 이론궤도가 아니라 장기추세를 나타내는 것입니다. 이미 지적한 것처럼 뒤메닐은 이론궤도가 아니라 장기추세를 사용하는데, 장기추세는 통계적 평균치를 의미하는 것이에요. 예를 들어 주가의 동향을 예측할 때 사용하는 이동평균치라는 개념이 가장 대표적인 경우입니다.

먼저 현실궤도를 보면, 남북전쟁 이후 이윤율이 하락하다가 1872년부터 상승합니다. 그러나 1880년부터 이윤율이 또다시 크게 하락하지요. 따라서 이윤율의 장기추세는 하락세라고 할 수 있는데, 교통·통신혁명이나 독점자본만으로는 대불황으로 인한 이윤율의 하락에 반작용할 수 없기 때문입니다. 1890년부터 1905년까지 법인혁명이 진행되는 동안 이윤율은 약간 회복하다가 곧 원상으로 복귀합니다. 따라서 이윤율의 장기추세는 보합세라고 할 수 있는데, 지주회사가 주도하는 법인혁명만으로는 이윤율을 상승세로 반전시킬 수 없기 때문이지요.

결국 이윤율의 하락에 반작용하는 제도로서 법인자본을 효율적으로 관리할 필요가 있다는 것인데, 그것이 바로 1914년 이후에 전개되는 관리자혁명이지요. 동시에 자동차산업이라는 선도산업이 출현하면서 새로운 산업혁명이 전개됩니다. 그러나 관리자혁명과 산업혁명을 통해서 실현된 이윤율의 상승세는 1929년 대공황으로 크게 교란되지요. 그런 교란을 통제하고 이윤율의 상승세를 지속시키려는 것이 1930년대 이후에 전개되는 케인즈혁명인 것입니다.

이윤율이 하락하는 것은 결국 편향적 기술진보 때문이고, 이것이 자본주의의 역사적 시기를 구분하는 첫 번째 기준입니다. 다양한 제도는 그것에 반작용하는 두 번째 기준일 따름입니다. 이윤율의 하락이 자본주의적 축적의 엔트로피법칙이라면, 법인혁명이나 관리자혁명이나 케인즈혁명을 통해서 구성되는 다양한 제도는 그것에 반작용하는 네겐트로피라는 말이에요. 1965년 이후 이윤율이 다시 하락하는 것은 그런 제도의 기능적 유효성이 소멸하기 때문이지요. 그래서 엔트로피가 증가하는 것이 역시 법칙이고, 네겐트로피는 일시적으로 그것에 반작용할 따름이라는 말입니다.

자본주의의 구조적 본질은 이윤율의 하락으로 표현되는 편향적 기술진보입니다. 따라서 법인자본은 자본주의의 본질이 아닙니다. 법인자본이 지양하는 개인자본은 물론이고 법인자본과 경쟁하는 콘체른이나 재벌 같은 다양한 자본의 형태가 있습니다. 마찬가지로 케인즈주의도 자본주의의 본질이 아니에요. 케인즈주의는 법인자본을 보완할 따름이에요. 개인자본은 물론이고 콘체른이나 재벌도 케인즈주의와는 무관하지요. 그래서 자본주의의 역사적 시기를 구분하기 위해서는 편향적 기술진보라는 구조적 본질과 다양한 제도적 기능이라는 두 가지 기준, 한 마디로 말하자면 논리적 기준과 역사적 기준이 필요하다는 말입니다.

독일경제의 경우

20세기에 들어와서도 영국에서는 개인자본이 지배적입니다. 그럼에도 불구하고 영국이 세계경제를 지배한 것은 자본수출 때문이지요. 그것이 독점자본과 함께 레닌이 말하는 제국주의의 주요한 표지입니다. 그러나 『역사적 마르크스주의』에서 지적한 것처럼, 레닌은 위대한 혁명가일지는 몰라도 위대한 이론가는 아닙니다. 아리기가 강조하는 것처럼, 레닌의 제국주의론은 사실 절충적인 이론일 따름입니다. 자본수출론은 영국을 모델로 하는 홉슨의 이론을 차용하고, 독점자본론은 독일을 모델로 하는 힐퍼딩의 이론을 차용하기 때문이지요. 자본수출을 통해서 세계경제를 지배하던 영국에게 도전한 것이 바로 독일의 독점자본입니다.

그런데 독일의 역사는 아주 복잡합니다. 중세의 독일은 오스트리아를 중심으로 하는 대독일이에요. 대독일을 보통 신성로마제국이라고 부르는데, 10세기부터 19세기 초 나폴레옹 전쟁까지 존재한 나라입니다. 독일은 'Deutschland'를 한자로 음역한 것인데, 영어로는 'Germany'라고 부르지요. 이 두 말은 라틴어를 할 줄 모르는 종족, 즉 오랑캐가 사는 땅이라는 뜻입니다. 샤를 마뉴 또는 칼 대왕이 800년에 오랑캐의 땅에 세운 프랑크왕국이 프랑스와 신성로마제국으로 분할된 것이지요.

나폴레옹에 의해서 신성로마제국이 붕괴한 다음에 독일을 어떻게 재건할 것인가를 두고 갈등이 벌어지는데, 결국 프로이센을 중심으로 하는 소독일주의가 승리하지요. 프로이센은 본래 신성로마제국 동북부 변경지대의 브란덴부르크 백작령입니다. 그런데 브란덴부르크 변경백이 베스트팔렌 조약 이후 오스트리아가 쇠약해진 틈을 타 왕을 참칭하면서 프로이센이라는 나라가 출현한 것이지요. 그러다가 결국 1871년에 재상 비스마르크에 의해서 프로이센을 중심으로 하는 소독일이 건국되는데, 그것이 바로 현대의 독일입니다. 그래서 독일사에서는 고대사는 물론이고 중세사도 간단하게 취급합니다. 신성로마제국은 독일의 역사일 뿐만 아니라 또한 오스트리아의 역사이기도 하거든요. 또 프랑크왕국은 프랑스사이기도 하고 오스트리아사나 독일사이기도 하지요. 마스트리히트조약으로 유럽연합이 출범한 1992년에 출판된 『새 유럽의 역사』(까치, 1995)라는 책을 한번 읽어보세요. 모범적이라는 생각이 드는데, 대체로 르네상스 이후 역사만 다룹니다. 현대에 비해 고대와 중세의 비중은 합쳐서 절반밖에 안 되지요.

사실 우리 역사도 그렇게 정리할 필요가 있다는 것이 제 생각입니다. 다양한 종족으로 구성된 정복국가인 고구려나 발해를 한국사로 편입시키는 것은 여러 가지로 무리한 일이에요. 물론 고구려나 발해가 자신의 지방정부일 따름이라는 중국의 동북공정도 말이 안 되기는 마찬가지예요. 둘 다 시대착오적인 민족주의일 따름입니다. 또 임나일본부설도 논란이 있을 수밖에 없습니다. 가야의 또 다른 이름이 임나인데, 일본은 임나와 아주 긴밀한 관계를 맺고 있었거든요. 그래서 동아시아나 한국의 역사를 정리할 때도 고대로 소급해서는 문제가 많다는 것이지요. 다만 유럽과 달리 동아시아나 한국에서는 중세의 비중이 좀 더 클 수는 있겠습니다.

어쨌든 현대 독일경제사도 철도 건설에서 시작하는 것은 마찬가지입니다. 그런데 미국에 비하면 한두 개의 주 정도에 불과한 독일에서는 은행이 투자자금을 조달하지요. 그런 은행을 보통 종합은행 또는 겸업은행이라고 부릅니다. 운영자금을 제공하는 상업은행업과 투자자금을 제공하는 투자은행업을 겸한다는 뜻이지요. 그러나 독일의 겸업은행은 지주회사로 발전하지 않습니다. 사실 모건도 겸업은행이었지만, 케인즈주의의 출현과 함께 1933년에 글래스-스티걸 은행법이 제정되면서 1935년에 와서 모건은 상업은행으로 변모하고 투자은행은 모건스탠리로 분리되지요.

독일에서도 철도 건설 이후 철강산업이 발전합니다. 그러나 독일에는 석유산업이 아예 없고, 대신 석탄산업이 발전하지요. 그래서 프랑스와 분쟁의 대상이 되는 알사스-로렌과 루르 지방이 중요한 것인데, 그곳이 철광과 탄광이 밀집한 중화학공업의 중심지이거든요. 석유산업이 없는 독일에서는 자동차산업도 거의 발전하지 못해요. 이미 지적했듯이 미국계 자동차회사가 진출하거나 아니면 프랑스제 자동차를 수입했다고 합니다. 1890년대에 벤츠가 자동차를 생산하기 시작하지만, 그러나 그것은 고가의 사치품이지요. 그러다가 폴크스바겐이라는 국민차가 생산되기 시작하는데, 당연히 경쟁력이 없을 테니까 히틀러가 국유화하게 되지요.

겸업은행은 산업자본이 독점화되는 데 아주 중요한 역할을 합니다. 자신이 투자한 거대한 자금을 안전하게 회수하기 위해서 겸업은행이 산업자본을 통제하는데, 주로 카르텔을 통해서 수평통합을 형성하도록 종용하지요. 그래서 결국 힐퍼딩이나 레닌이 독점자본이라고 부르는 것은 그런 독일적 특징을 무리하게 일반화할 따름이라는 말이에요. 내구소비재산업이 아니라 중화학공업을 기반으로 하고 또 수직통합이 아니라 수평통합을 형성하는 것이 독점자본인데, 이미 설명한 대로 미국의 법인자본은 그런 독점자본과는 전혀 다른 것이기 때문이지요.

겸업은행과 독점자본을 토대로 해서 독일은 제국주의적 팽창을 시도합니다. 영국이나 프랑스가 이미 아프리카와 아시아에서 식민지 분할을 완료한 상태에서 뒤늦게 식민지 확보에 뛰어든 독일은 식민지 재분할을 요구하지요. 쉽게 말하자면, 독일과 영국·프랑스 사이에서 식민지 쟁탈전이 발생한다는 것인데, 그것이 바로 1차 세계전쟁입니다. 레닌이 힐퍼딩과 홉슨의 이론을 차용한 제국주의론에서 도출한 정치적 결론이 바로 제국주의 전쟁의 불가피성이라는 것입니다.

독일이 도발한 제국주의 전쟁이란 영국이나 프랑스의 식민지를 쟁탈하려는 것이니까 영국이나 프랑스는 정의의 편이고 독일은 불의의 편이라고 생각하는 것은 아주 우스운 일이지요. 요즘 일본 보수파가 하는 주장도 그런 것이에요. 그러니까 조선은 청의 식민지였습니다. 고종은 일본의 침략이 부당하다고 주장하면서 조선은 청의 조공국이라는 사실을 강조하지요. 일본이 조선을 침략하기 위해서 청과 전쟁을 감행한 것도 조선이라는 식민지를 둘러싼 일종의 제국주의 전쟁이라고 할 수 있지요.

사실 고구려, 백제, 신라의 왕도 중국 황제에 의해서 책봉되었다고 합니다. 생각해보면 광개토왕의 정복전쟁은 중국을 상대로 한 것이 아니라 한반도의 백제·가야 아니면 만주의 말갈·여진족이나 선비·거란족을 상대로 한 것이었지요. 물론 나중에는 고구려와 중국 사이에서도 전쟁이 발생했는데, 그러나 그것은 고구려가 중국을 정복하려는 것이 아니라 거꾸로 중국이 고구려를 정복하려는 전쟁이었지요. 아시다시피 그런 상황에서 가장 약소국이던 신라가 중국과 연합하여 백제와 고구려를 차례대로 멸망시켰던 것입니다.

어쨌든 1차 세계전쟁 이후 독일경제는 변모합니다. 제국주의 전쟁에서 패배한 독일에서 하이퍼인플레이션이 발생하는데, 물가상승률이 수백, 수천 퍼센트가 되는 상황을 보통 하이퍼인플레이션이라고 부르지요. 그런 상황에서 가격통제를 기반으로 하는 카르텔이 붕괴하는 것이에요. 자고 일어나면 매일 물가가 상승하니까 가격을 통제한다는 것이 별로 의미가 없겠지요. 그래서 콘체른이 형성되는데, 그것은 카르텔은 물론이고 트러스트보다 훨씬 강력한 수평통합을 기반으로 하는 독점자본이지요.

하이퍼인플레이션에 의해서 타격을 받아 크게 약화된 겸업은행은 콘체른의 형성에서 부차적인 역할만 합니다. 콘체른의 투자자금이 은행이 아니라 상호출자라는 새로운 방식을 통해서 조달되기 때문이에요. 상호출자란 콘체른에 속하는 기업끼리 서로서로 주식을 보유한다는 뜻입니다. 투자자금의 일부는 겸업은행을 통해서 조달하기도 하지만, 그러나 대부분은 상호출자를 통해서 조달하는 것이 콘체른의 특징입니다. 그러나 겸업은행이 지주회사가 아닌 것처럼 콘체른도 지주회사는 아닙니다.

그래서 미국경제와 비교할 때 법인혁명이나 케인즈혁명이 없는 것이 독일경제의 특징인 것이지요. 법인혁명이 없기 때문에 지주회사가 발전하지 않습니다. 그래서 레닌의 제국주의론도 지주회사를 별로 강조하지 않는 것이에요. 또 케인즈혁명에 따른 금융억압도 있을 이유가 없겠지요. 상호출자에 대한 제약도 전혀 없고 겸업은행도 여전히 남아 있기 때문입니다. 게다가 독일에는 관리자혁명, 특히 테일러주의·포드주의를 지양하는 슬론주의가 없습니다. 달리 말하자면 독점자본에는 라인만 있고 스탭은 없다는 말입니다.

2차 세계전쟁은 1차 세계전쟁과 조금 다른 것입니다. 레닌의 제국주의론은 식민지 재분할을 둘러싸고 제국주의 전쟁이 발생한다고 주장하지요. 그런데 히틀러는 아프리카와 아시아에서 식민지를 재분할하려는 것이 아니라 유럽 대륙을 지배하려고 시도합니다. 아리기에 따르면, 1차 세계전쟁은 해외제국을 건설하려는 것이고, 2차 세계전쟁은 국내제국을 건설하려는 것이지요. 국내제국의 건설이라는 것은 중세사에 대한 심각한 오해와도 관련되는데, 말하자면 신성로마제국을 재건한다는 뜻이에요. 그래서 히틀러의 독일을 제3제국이라고 부르는데, 신성로마제국이 제1제국이고 비스마르크의 독일이 제2제국이기 때문이라는 것이지요.

2차 세계전쟁의 목적은 유럽 대륙에서 제3제국을 건설하려는 것이기 때문에 영국이나 프랑스보다는 소련과의 전쟁이 핵심입니다. 독일을 중심으로 하는 자본주의 제국을 건설하기 위해서는 소련의 사회주의를 멸망시켜야 하기 때문이지요. 그래서 2차 세계전쟁의 가장 중요한 목적은 소련을 정복하는 것인데, 1943년 스탈린그라드 전투에서 독일이 패퇴하지요. 미국의 노르망디 상륙작전은 1944년에 이루어진 것입니다. 그 후 소련이 동유럽을 탈환하고 미국이 서유럽을 탈환하지요.

어떻게 보면, 동아시아와 한반도의 분단도 유럽과 독일의 분단과 동일한 맥락에서 발생한 것이지요. 아시다시피 전후 세계를 미국과 소련의 양대 진영으로 분단하기로 결정한 것이 1945년 얄타에서 진행된 비밀회담인데, 유고슬라비아·베트남과 함께 한반도의 분단도 거기서 결정됩니다. 물론 한반도의 분단을 고착시킨 데는 국내적인 요인도 무시할 수 없습니다. 미국과 소련의 신탁통치를 반대하는 김구 계열의 민족주의자나 이승만 계열의 반민족주의자의 선동이 분단을 고착시킨 측면도 크기 때문이에요.

아까 한국사는 기껏해야 중세, 즉 통일신라·고려까지 소급하는 것이라고 했는데, 동아시아의 평화를 생각하면 2차 세계전쟁 이후의 역사가 중심이 되어야 할 것 같아요. 요즘 쟁점이 되는 일본과 중국 사이의 과거사 논쟁을 정리하는 것은 쉽지 않을 것 같습니다. 그런 논쟁이 미·일동맹과 중국 사이의 잠재적 갈등과 관련되기 때문에 특히 그렇습니다. 일본 민족주의와 중국 민족주의, 미·일 제국주의와 중국 제국주의 사이의 갈등에서 노무현 정부는 아주 위험한 줄타기를 하고 있는 셈이지요.

어쨌든 2차 세계전쟁 이후 서독경제가 개혁되는데, 그러나 몇 가지 특징은 그대로 남습니다. 일단 제국 건설은 포기하게 되는데, 가장 중요한 계기가 바로 유럽통합입니다. 미국은 마셜 플랜으로 서독경제를 재건하면서, 그 조건으로 유럽통합을 제시합니다. 1951년 서독과 프랑스의 파리조약으로 형성된 유럽석탄·철강공동체가 유럽통합의 기원이에요. 석탄과 철강은 독일 독점자본의 기반이고 또 독일과 프랑스의 정치·군사적 갈등의 쟁점이기 때문입니다. 보불전쟁이나 1차 세계전쟁이나 모두 알사스-로렌과 루르 지방을 둘러싼 갈등이 하나의 요인이지요.

유럽통합을 통해서 서독이 더 이상 제국 건설을 시도하지 않게 되면서 콘체른 같은 독점자본도 해체되는 것입니다. 그러면서 서독경제도 부분적으로 미국화되는데, 1920년대와 마찬가지로 미국계 법인자본이 서독을 비롯해서 서유럽으로 적극 진출하는 상황에서 내구소비재산업이 발전하기 때문이지요. 아시다시피 폴크스바겐이나 벤츠 같은 서독 자동차회사가 발전하면서 제너럴모터스나 포드 같은 미국 자동차회사 또는 르노 같은 프랑스 자동차회사와 경쟁하게 되지요.

제국 건설이 포기되고 독점자본이 해체되지만, 그러나 두 가지 특징은 변화하지 않습니다. 우선 서독에서는 역시 스탭이 아니라 라인이 중심입니다. 서독의 내구소비재가 기술적으로 경쟁력이 있는 것은 이 때문이에요. 그리고 금융을 억압하지 않기 때문에 겸업 은행이 계속 중요한 역할을 합니다. 게다가 중앙은행이 정부로부터 독립해 있는 대표적인 나라가 서독입니다. 케인즈주의에서는 금융을 억압하기 위해서 정부가 재무부를 통해서 중앙은행을 지배합니다. 따라서 중앙은행이 정부로부터 독립해 있다는 것은 케인즈주의의 부재를 상징하는 것이지요.

중앙은행이 정부로부터 독립한다는 것은 곧 선출된 권력으로부터 독립한다는 뜻이기도 합니다. 그래서 정부로부터의 독립은 민주주의가 아니라 기술관료주의로 귀결되지요. 그러나 사실 독립적인 중앙은행은 아무 것도 아니에요. 중앙은행이 금융을 통제할 수 있는 것은 궁극적으로 정부의 권력이 지지해주기 때문이지요. 신자유주의적 정책개혁에서 가장 중요한 쟁점이 항상 중앙은행의 독립인 것은 중앙은행이 독립하는 순간 금융이 해방되기 때문입니다.

극적인 예를 하나만 들어보자면, 1997-98년 동아시아 위기 직후 미국의 헤지펀드인 장기자본운용회사(LTCM)가 파산합니다. 노벨 경제학상을 받은 몇몇 경제학자도 참여해서 창업한 회사인데, 금융 투기를 하다가 파산하게 된 것이지요. 그런데 여러 나라의 중앙은행이 이 회사에 투자한 사실이 폭로됩니다. 정부로부터 독립한 중앙은행이 신자유주의적 금융세계화에 적극적으로 참여한다는 말이지요. 앞으로는 중앙은행이 파산하는 경우도 있을 것입니다. 그리고 중앙은행의 파산은 곧 민족경제의 파산을 뜻하겠지요.

서독경제의 그런 특징을 가리켜서 보통 사회적 시장경제라고 부릅니다. 김대중 정부나 노무현 정부에서 남한경제의 개혁 모델로 추천되는 것이 바로 사회적 시장경제론입니다. 그러나 사회적 시장경제론은 자유주의적인 케인즈주의와 구별되는 보수주의적인 경제학입니다. 사실 냉전이 시작되면서 서독에서도 파시즘이 척결되지 못합니다. 그래서 일본과 달리 서독에서는 파시즘이 소멸했다고 주장하는 것은 정말 웃기는 소리예요. 사회적 시장경제론의 원천은 유럽 대륙에서 건설될 제3제국을 위한 파시즘적 경제학입니다.

일본경제의 경우

일본은 좀 더 특수합니다. 요즘 일본의 후쇼사가 출판한 『새로운 역사교과서』 때문에 논란이 많지만, 그러나 막상 남한에서 일본사에 대한 인식은 아주 일천하지요. 일본사에 대해서 제가 가장 재미있게 읽은 책이 요시노 마코토라는 사람이 쓴 『동아시아 속의 한일 2천년사』(책과함께, 2004)인데, 저자는 현대민족이 아니라 동아시아 또는 동이족의 관점에서 역사를 서술합니다. 그에 따르면 현재 일본인의 2/3는 삼국시대에 한반도에서 일본으로 건너간 야요이 사람이라고 합니다. 반면 죠몬 사람이라고 불리는 토착 일본인이 나머지 1/3이라고 합니다.

한반도에서 삼국시대가 끝나면서 일본은 중국과의 조공·책봉관계를 단절하고 천황제를 확립하지요. 그러나 고려시대에 장원제가 확립되고 막부제가 출현하는데, 이에 따라 천황제가 약화되면서 일본은 큰 혼란에 빠집니다. 그러다가 16세기 말 도요토미 히데요시가 전국을 평정하고 장원제를 폐지합니다. 그리고 명에 도전하면서 조선에서 임진왜란과 정유재란이 발생한 것이지요. 패전 후 정권을 잡은 도쿠가와 이에야스는 조선과 복교하고 류큐(오키나와)를 통해서 청과도 간접적으로 교류합니다. 그러다가 1854년 미국의 압력으로 개국하면서 1868년 명치유신으로 천황제가 복권되는 것이지요.

어쨌든 일본경제가 현대화되는 것도 역시 철도 건설을 계기로 하는 것입니다. 그러나 일본경제는 독일경제에 비해서도 훨씬 후진적인데, 1880년대부터 1920년대까지는 면직물산업이 선도산업이기 때문입니다. 일본이 조선을 침략한 것은 평양을 중심으로 하는 면직물산업을 말살하고 면직물시장을 확보하기 위한 것입니다. 일본의 또 다른 선도산업은 석탄산업인데, 그러나 철강산업은 아직 없지요. 1차 세계전쟁 이전까지 일본은 미국이나 독일에서 철강을 수입하는데, 전쟁 중에 수입대체가 진행됩니다.

1차 세계전쟁에서 일본은 독일 편이 아니라 영국 편을 들지요. 사실 일본이 앵글로-색슨과 갈등에 빠진 것은 2차 세계전쟁밖에 없습니다. 어떻게 보면 일본은 미국이나 영국의 영원한 우방이지요. 요즘 많이 나오는 말이지만, 명치유신의 구호는 탈아입구(脫亞入歐)입니다. 아시아에서 벗어나서 앵글로-색슨처럼 서구화되자는 뜻이지요. 그리고 영국이나 미국 이전에는 네덜란드와 교류한 것이 일본입니다. 하멜이 일본으로 가다가 제주도에 표류한 것은 잘 아시는 일이겠지요.

하여튼 철강산업이 발전한 것은 1차 세계전쟁을 계기로 하는 것입니다. 그 후 1930년대 중국침략을 준비하면서 중화학공업이 크게 발전하고, 이 때부터 일본경제는 독일경제와 유사한 형태가 됩니다. 그러나 한 가지 차이가 있습니다. 아까 재벌이 일종의 콘체른이라고 했는데, 차이가 있어요. 일본말로 자이바츠라고 부르는 재벌은 본질적으로 개인자본이기 때문입니다. 콘체른은 법인자본은 아니지만 나름대로 상당히 현대화된 독점자본이지요. 게다가 재벌은 콘체른과 달리 겸업은행을 소유하고 있습니다. 콘체른은 겸업은행을 소유하지 않지요.

2차 세계전쟁 이후 맥아더 사령부는 일본경제의 개혁을 위해서 재벌을 해체하려고 시도합니다. 게다가 도쿄대학이나 교토대학 같은 제국대학도 해체하려고 시도합니다. 마치 강제로 국립서울대학교를 설치하려는 것처럼 말이지요. 그러나 냉전과 한국전쟁이 시작되면서 재벌 개혁은 개인소유자를 퇴진시키는 것으로 축소되지요. 요즘 남한에서 논란이 되는 재벌 개혁도 개인소유자를 퇴진시키자는 것입니다. 그렇게 개혁된 재벌이 계열인데, 일본말로는 게이레츠라고 부르지요. 계열은 개인소유자가 없다는 것말고는 과거의 재벌과 거의 같습니다.

3강 역사동역학과 역사적 자본주의 분석

계열을 형성하는 방법은 콘체른과 유사한 상호출자입니다. 그러나 계열이 콘체른인 것은 아니지요. 계열에는 주거래은행이 있기 때문입니다. 따라서 계열은 개인소유자 없이 상호출자와 주거래은행을 통해서 형성된다는 말입니다. 그래서 서독경제보다 일본경제의 개혁이 훨씬 미진한 것이지요. 그것은 동아시아에서 전개된 냉전의 특수성을 반영하는 것이라고 할 수 있겠습니다. 서독경제가 개혁되는 조건은 서독을 중심으로 하는 유럽통합 때문인데, 그러나 동아시아에서는 그런 지역통합이 존재하지 않기 때문이에요.

동아시아에서는 지역통합 대신 후배지통합이 전개됩니다. 후배지는 'hinterland'를 번역한 것인데, 식민지나 종속국을 가리키는 외교적 용어라고 할 수 있지요. 그리고 일본의 그런 후배지가 바로 남한과 대만입니다. 그래서 1960년대 초 케네디 정부가 출범하면서 남한경제와 대만경제가 일본경제에 통합된 것입니다. 박정희 장군의 5·16 쿠데타는 미국의 동아시아 전략과 미·일동맹이라는 맥락에서 이해해야만 합니다.

게다가 미국계 법인자본은 일본경제로 진출하지 않습니다. 일본경제의 가장 중요한 특징은 초민족자본과의 경쟁이 존재하지 않는다는 데 있습니다. 오히려 미국은 일본에게 자신의 시장을 개방해줍니다. 그것이 바로 역개방정책인데, 쉽게 말하자면 미국이 일본에게 경제적으로 양보한다는 뜻이지요. 그러니까 미국의 동아시아 전략의 핵심은 경제적 이익이 아니라 정치·군사적 이익이라는 말이에요. 신자유주의 시대에 들어와서야 비로소 미국은 동아시아에서도 경제적 이익을 추구하기 시작합니다.

마지막으로 도요타주의라고 불리는 일본 식 생산방식에 대해서 설명해보겠습니다. 도요타는 전전의 재벌을 계승한 것이 아니라 전후에 창업된 새로운 계열입니다. 도요타주의는 말하자면 포드주의의 개선인데, 이것을 일본말로는 가이젠이라고 하지요. 슬론주의가 포드주의를 개선한 것과는 다른 방식으로 도요타주의도 포드주의를 개선합니다. 가장 유명한 방법이 적기생산인데, 그것은 재고를 최소화하는 생산관리의 일종입니다. 또 하나는 작업조를 통해서 품질을 통제하는 것인데, 그것은 노동관리의 일종이지요.

또한 도요타는 자동차조립회사일 따름이고 부품회사는 하청계열사이지요. 반면 제너럴모터스는 조립공정 외에 부품생산공정도 수직적으로 통합합니다. 그것은 제너럴모터스가 도요타보다 생산적임을 뜻하는 것이에요. 도요타는 원청노동자와 하청노동자를 분할 지배함으로써 과잉착취를 통해서 이윤율을 상승시킨다는 말이지요. 게다가 하청계열사에서는 여성노동자의 비중이 크기 때문에 그만큼 과잉착취가 더 쉬운 것이지요.

신자유주의 시대가 되면, 제너럴모터스도 도요타주의를 채택합니다. 그것을 보통 린생산이라고 부르는데, 'lean'은 쉽게 말하자면 군살이 빠졌다는 뜻입니다. 린생산, 즉 감량경영은 적기생산이나 작업조를 통한 품질통제뿐만 아니라 또한 하청계열화도 포함하는 것입니다. 특히 국제적인 하청계열화를 글로벌 소싱이라고 부르는데, 'sourcing'은 하청을 뜻하는 'outsourcing'을 줄인 말이에요. 요컨대 도요타주의는 성장기 일본경제의 후진성 때문에 출현한 것인데, 그런 도요타주의를 불황기 미국경제가 채택한다는 말입니다.

신자유주의적 금융세계화

이제까지 미국경제를 특징짓는 법인자본을 법인혁명, 관리자혁명, 케인즈혁명과 관련해서 설명하고, 또 독일경제나 일본경제의 경우는 어떤 차이가 있고 전후 개혁에도 불구하고 어떤 차이가 남아 있는가를 설명했는데, 이제 결론을 도출해보겠습니다. 이런 긴 설명이 필요한 것은 법인혁명, 관리자혁명, 케인즈혁명을 통해서 형성된 법인자본의 다양한 제도가 해체되는 것이 바로 신자유주의이기 때문이에요.

미국경제의 불황기를 특징짓는 것이 신자유주의인데, 보통 두 단계로 설명합니다. 즉 1970년대 이후의 신자유주의와 1990년대 이후의 신자유주의가 그것이지요. 말하자면 1970년대는 미국경제의 징후적 위기가 전개되는 시기인데, 그 때의 신자유주의가 1980년대 레이건에 의해서 완성되는 좁은 의미의 신보수주의입니다. 1990년대는 벨 에포크의 시기인데, 그 때의 신자유주의가 클린턴에 의해서 완성되는 좁은 의미의 신자유주의이지요. 그러나 신보수주의는 결국 신자유주의로 수렴하는데, 그것을 보통 워싱턴 컨센서스라고 부릅니다. 그래서 레이건의 신보수주의와 클린턴의 신자유주의를 합쳐서 넓은 의미의 신자유주의라고 할 수 있지요.

우선 1970년대 이후 이윤율이 하락하면서 금융화가 재개됩니다. 그런 금융화가 19세기 말 20세기 초와 달라지는 것은 미국경제의 성격이 초민족적이기 때문에 금융화도 초민족적 차원에서 전개되기 때문이지요. 말하자면 금융화와 세계화가 결합하는 것인데, 그것을 보통 금융세계화라고 부릅니다. 그러나 금융세계화라고 할지라도 핵심은 역시 금융화에 있지요. 금융세계화에 대한 체계적인 분석은 셰네의 저서인 『자본의 세계화』(한울, 1999)와 그가 편집한 『금융의 세계화』(한울, 1999)를 참조하실 수 있습니다.

여기서는 가장 기본적인 특징에 대해서만 설명할 것인데, 우선 1970년대적인 금융세계화는 은행을 중심으로 하는 신보수주의적 금융세계화입니다. 그런 은행은 냉전기 런던 금융시장에서 형성된 유로달러시장에서 활동하던 미국계 초민족은행이지요. 초민족은행은 산유국의 석유달러를 환류시켜 신흥공업국에게 외채로 대부하는데, 레이건 시대의 3고로 외채위기가 발생하면서 쇠퇴하고 맙니다. 또 3고 이후 금융시장의 중심은 런던의 유로달러시장에서 뉴욕의 증권시장으로 이동하지요.

1990년대 이후에는 증권시장을 중심으로 하는 신자유주의적 금융세계화가 진전됩니다. 보통 시장이 세계화된다고 하는데, 여기서 시장은 증권시장을 가리키는 말입니다. 신흥공업국이 신흥시장으로 변모한다고 할 때도 마찬가지입니다. 제3세계에서도 더 이상 산업이 아니라 증권시장이 경제의 핵심이라는 뜻이지요. 증권시장에서 활동하는 두 행위자가 기관투자가와 법인자본입니다. 물론 보험회사나 은행도 증권시장에서 활동하지만, 그러나 역시 핵심적인 행위자는 기관투자가와 법인자본입니다.

기관투자자는 연·기금을 가리킵니다. 연·기금이란 연금과 기금을 가리키는 말인데, 연금은 연금기금이고 기금은 'mutual fund'이지요. 1870년대 영국과 1920년대 미국에서 출현한 'mutual fund'는 일종의 투자신탁회사인데, 그래서 요즘은 투자신탁기금이라고 번역하는 것 같습니다. 기관투자가의 별명이 바로 소액주주인데, 그렇게 부르는 것은 인수·합병을 통해서 지주회사가 되는 것이 아니라 주가 변동에 따른 차익이나 배당금이 목적이기 때문이에요. 아시다시피 참여연대가 외국계 기관투자가의 대리인이지요.

그런데 증권시장의 행위자에는 금융기관만 있는 것이 아닙니다. 초민족화된 법인자본도 그런 행위자이기 때문이에요. 이미 설명한 것처럼 이종적 다사업부제는 산업자본이 금융으로 진출하는 것을 뜻합니다. 요즘 광고에도 나오듯이 제너럴일렉트릭이 돈도 빌려준다고 하지 않습니까. 그래서 세네가 강조하듯이, 초민족화된 법인자본이 지주회사를 핵심으로 하는 금융그룹으로 변모하는 것입니다. 물론 아직도 산업적 기반을 가지고 있기 때문에 기관투자가 같은 금융기관과 초민족자본은 구별될 필요가 있지요.

참여연대에서 주장하는 재벌 개혁과 관련해서 좀 더 설명해보겠습니다. 일본의 계열은 상호출자도 하고 주거래은행도 갖고 있어요. 그런데 참여연대는 개인소유자를 퇴진시키기 위해서 상호출자를 금지하자고 주장하는 것이에요. 대신 금융지주회사로의 전환은 허용할 수 있다는 것인데, 그러나 금융지주회사는 금융에 전문화된 지주회사이므로 산업자본에 대한 지배는 엄격하게 규제해야 한다는 것이지요. 따라서 참여연대는 본질적으로 재벌이 지주회사로 전환하는 것을 금지하자고 주장하는 셈입니다.

잘 아시다시피 문제의 핵심에 있는 것이 바로 삼성입니다. 엘지 같은 다른 재벌에 비해서 삼성의 시가총액은 훨씬 큽니다. 삼성이 그렇게 커진 것은 1995년 전후의 반도체 호황 덕분에 삼성전자가 갑자기 커졌기 때문이에요. 그래서 이건희 회장을 비롯한 총수 일가의 지분을 다 합쳐도 삼성전자를 지배할 수 없게 되자 꼼수를 써서 아들인 이재용 씨의 지분을 늘려 삼성에버랜드를 지배할 수 있게 만든 것입니다. 에버랜드가 에버랜드 → 삼성생명 → 삼성전자 → 삼성카드 → 에버랜드라는 순환출자를 통해서 삼성전자를 지배하는 실질적인 지주회사이거든요. 이재용 씨의 지분이나 순환출자를 무효화한다면, 참여연대가 바라는 대로 삼성전자를 외국계 기관투자가가 지배하게 되겠지요.

그래서 최근에는 참여연대에 반대해서 재벌의 긍정성에 주목하자는 견해도 나오는 것이에요. 노무현 대통령이 그의 책을 읽고 감동을 받았다고 해서 유명해진 장하준 교수가 가장 대표적인 경우입니다. 그런데 웃기는 일이지만, 소액주주운동의 대표자인 장하성 교수는 그의 사촌형이에요. 이미 지적한 대로 두 사람은 8·15 직후 광주에서 극우 반공주의를 대표하던 장씨 일가의 후손입니다.

그 다음에 금융세계화와 관련해서 쟁점이 되는 것이 9·11 이후에 대두된 미국의 일방주의를 어떻게 해석할 수 있는가라는 것이지요. 이미 설명한 것처럼 트루먼부터 레이건까지가 일방주의 시대이고, 부시 1세부터 클린턴까지가 다자주의 시대인데, 부시 2세가 일방주의를 부활시키지요. 정치학자나 사회학자는 부시 2세를 둘러싼 신보수주의자의 대두를 강조하는데, 쉽게 말하자면 공화당의 완고한 보수파입니다. 레이건 1기에 득세한 완고파는 레이건 2기에 와서 부시 1세가 대표하는 온건파로 대체되지만, 부시 2세에 의해서 다시 중용되지요.

그러나 일방주의에도 불구하고 벨 에포크가 아직 종료된 것은 아니기 때문에, 9·11 이후의 상황을 금융세계화의 새로운 단계로 해석할 수 있습니다. 이것이 셰네의 동료인 세르파티의 입장인데, 그는 금융세계화의 진전에 따라 세계적 통치성에서 발생하는 문제를 해결하려고 군사세계화가 진전된다고 강조합니다. 그래서 금융세계화와 군사세계화가 평행적으로 전개된다는 것이지요. 『마르크스의 '경제학 비판'과 대안세계화 운동』(공감, 2003)에 번역되어 있는 그의 논문을 참조하세요.

군사세계화는 부시 2세가 아니라 이미 부시 1세와 클린턴 시대에 시작되는데, 9·11 이후에 그런 경향이 가시화되지요. 그러나 더욱 중요한 것은 군사세계화 자체가 목적이 될 수는 없다는 사실입니다. 부시 2세가 미치지 않았다면, 전쟁을 위한 전쟁이나 석유만을 위한 전쟁을 할 리가 없다는 말이에요. 신보수주의나 일방주의를 강조하는 사회학자나 정치학자는 군사세계화가 금융세계화에 평행한다는 것을 전혀 이해하지 못하고 있어요. 그러나 워싱턴 컨센서스의 이론적 기초가 바로 새 케인즈주의인데, 부시 2세의 경제참모인 맨큐나 버냉키는 모두 대표적인 새 케인주의자입니다.

정책개혁·지배구조개혁·구조조정

금융세계화로 인해 성장기의 제도가 모두 해체됩니다. 먼저 케인즈혁명이 역전되는데, 그것을 보통 정책개혁이라고 부릅니다. 금융억압이 역전되어 금융해방이 진전됩니다. 또 적자재정이 균형재정으로 역전되지요. 그런 역전을 뒷받침하는 이론이 방금 지적한 새 케인즈주의입니다. 새 케인즈주의는 보수주의적인 통화주의와 자유주의적인 케인즈주의를 종합하는데, 그런 의미에서 워싱턴 컨센서스를 상징하는 새로운 이론이지요. 새 케인즈주의에 대한 설명은 『신자유주의적 '금융 세계화'와 '워싱턴 콘센서스'』를 참조하세요.

별로 중요한 것은 아니지만, 통화주의를 주창한 사람이 프리드먼이지요. 그리고 방금 설명한 사회적 시장경제론의 주창자가 오이켄입니다. 그런데 사회적 시장경제론과 통화주의는 모두 뿌리가 같아요. 케인즈주의에 반대하는 일군의 보수주의 지식인이 1947년 스위스의 몽펠랭이라는 온천장에서 비밀학회를 발족시키는데, 그것을 보통 몽펠랭 협회라고 부르지요. 그것을 조직한 '마두'가 바로 하이에크이고, 그의 후배가 프리드먼과 오이켄입니다. 그리고 마르크스주의와 프로이트주의를 비판하는 데 평생을 바친 신실증주의 철학자 포퍼도 그 회원이지요.

관리자혁명도 역전되는데, 그래서 자본의 지배구조가 역전되는 것이지요. 지배구조는 소유자와 관리자가 분리된 법인자본 내부에서의 세력관계를 뜻합니다. 말하자면 법인혁명의 시기는 모건 같은 소유자가 우위에 있는데, 그것을 역전시켜서 관리자가 우위에 있도록 만든 것이 관리자혁명과 케인즈혁명입니다. 케인즈혁명이 역전되면서 금융이 해방되고, 그 결과 관리자혁명이 역전되면서 자본의 지배구조가 역전되지요. 그래서 20세기 초반처럼 소유자가 관리자를 지배하는 시대가 된다는 말입니다.

한 가지만 더 설명하자면, 관리자에 대한 소유자의 우위를 보통 주주가치의 우위라고 부릅니다. 그것은 자본의 지배구조를 개혁하자는 소액주주운동의 구호이기도 합니다. 주주가치의 우위란 기관투자가 같은 소유자의 이익을 우선하도록 지배구조를 개혁해야 한다는 말이지요. 그래서 참여연대처럼 소액주주운동을 통해서 재벌개혁을 추진한다는 것은 외국계 기관투자가의 이익을 우선하도록 지배구조를 개혁해야 한다는 뜻입니다.

신자유주의에 대한 투쟁에서 주목되는 구조조정이란 금융세계화로 인한 결과일 따름입니다. 그러나 마르크스가 강조했듯이, 진정한 투쟁은 원인에 대한 투쟁이지 결과에 대한 투쟁이 아니겠지요. 마르크스는 노동조합이 없으면 노동자는 '노예의 안전조차 보장받지 못한 채 그 모든 궁핍을 공유하게 될 것'이라고 주장합니다. 그러나 동시에 노동조합이 자신의 임금이나 노동조건만을 위해서 투쟁한다면 '총체적으로 패배한다'고 경고합니다. 그것은 착취의 원인이 아니라 결과에 대한 투쟁이기 때문이에요. 만일 그렇다면 노동자는 '아무 것도 아니다'라는 것이 마르크스의 결론입니다.

그러니까 구조조정이란 지금까지 설명한 금융세계화와 케인즈혁명이나 관리자혁명의 역전의 결과에 불과할 따름입니다. 이제 오늘 강의의 서두에서 신자유주의를 비판하기 위해서는 자본주의적 축적의 역사동역학과 역사적 자본주의 분석을 이해해야 한다고 강조한 이유를 아시겠지요. 노동자운동이 현실에서 당면하는 과제인 구조조정은 자본주의적 축적 메커니즘의 결과이기 때문입니다.

구조조정과 관련해서 한두 가지만 설명을 추가해보겠습니다. 아까 수직통합을 통해서 생산비용과 유통비용을 절감한다고 했는데, 그렇게 하기 위해서는 아주 방대한 라인과 스탭의 분업이 필요합니다. 생산비용과 유통비용을 절감하기 위해서는 조직비용이라는 새로운 비용이 추가된다는 말이에요. 1970대 이후 조직비용이 급증하면서 미국의 법인자본이 일본의 계열에 의해서 추월당할 위험이 제기되는 것은 이 때문입니다. 그래서 법인자본이 수직통합을 해체하고 도요타주의를 수용하는데, 그것이 바로 감량경영이지요.

감량경영의 결과가 노동의 신축성인데, 보통 유연성이라고 잘못 번역하지요. 신축성이 경제학적 개념이라는 사실을 잘 모르기 때문에 그런 오역이 나타난 것 같습니다. 신축성이란 경직성의 반대말인데, 각각 'flexibility'와 'rigidity'를 번역한 것이에요. 케인즈의 현대경제학에서는 임금이나 노동조건을 비경제적인 변수로 인정한다는 뜻에서 경직성으로 특징짓습니다. 말하자면 경직성은 하나의 제도로 인정한다는 뜻이고, 신축성은 더 이상 그런 제도로 인정하지 않는다는 뜻이에요. 그러니까 경직성과 신축성은 딱딱하고 물렁물렁하다는 뜻이 아니라, 제도화와 탈제도화라는 뜻입니다.

이 때문에 노동의 신축성 대신 불안전성이라는 용어를 사용하기도 하는데, 이번에도 보통 불안정성이라고 오역하지요. 그러나 불안전성은 'unstability'가 아니라 'insecurity'를 번역한 것입니다. 즉 노동의 불안전성은 노동의 신축성에 따라서 제도적 안전보장이 소멸된다는 뜻입니다. 노동자의힘이 조직한 전국불안정노동철폐연대는 비정규직을 가리켜서 불안정노동이라고 부르는데, 이것은 더욱 심각한 오해입니다. 노동의 불안전성은 정규직과 비정규직의 차별성을 뜻하는 것이 아니라 정규직이든 비정규직이든 모든 노동자가 제도적 안전보장을 상실할 위험이 있다는 뜻이기 때문입니다.

어쨌든 감량경영이나 노동의 신축성·불안전성을 초래하는 구조조정이 신자유주의의 핵심인 것은 전혀 아니에요. 신자유주의의 핵심은 전혀 다른 것입니다. 구조조정에 대해서 노동자운동이 저항한다면 폐업하면 그뿐이에요. 초민족자본의 축적의 원천은 집적이 아니라 집중이기 때문이지요. 자기가 생산하는 이윤을 축적하는 것이 아니라 다른 자본이 생산한 이윤의 이전을 통해서 축적한다는 말입니다. 이미 설명한 대로 초민족자본 자체가 금융화되어 지주회사를 핵심으로 하는 금융그룹을 형성하기 때문입니다.

금융세계화에 대한 투쟁이 노동자운동의 가장 중요한 과제이지요. 금융세계화가 구조조정이나 노동의 신축성·불안전성을 결정하기 때문이에요. 그래서 원인과 투쟁해야지 결과와 투쟁해서는 안 된다는 말이지요. 물론 결과와의 투쟁도 나름대로 중요한데, 그러나 원인에 대한 투쟁과 결합하지 않는다면 아무 것도 아닙니다. 참 답답하다는 생각이 드는데, 금융세계화는 사회운동의 문제이고 노동자운동의 문제는 노동의 신축성이나 불안전성이라는 터무니없는 오해가 너무도 많습니다. 그러다가는 1990년대 이후 표류하던 노동자운동이 난파하는 것은 시간 문제일 따름입니다.

화폐동맹으로서 유럽연합

금융세계화에 대한 분석을 지역통합에 대한 분석을 통해서 좀 더 구체화해볼 수 있을 것입니다. 지역통합의 모델이라고 할 수 있는 유럽통합을 사례로 들어보지요. 이미 설명한 것처럼 냉전 시기에 서독경제를 재건하기 위한 조건이던 유럽통합의 성격은 탈냉전 시기에 들어와서는 세계화를 매개하는 지역화로 변화합니다. 브뤼노프나 뒤메닐이 강조하는 것처럼 신자유주의를 매개로 해서 유럽통합의 성격이 변화한다는 사실에 주목해야 하는 것이지요.

유럽통합의 발단은 서독경제를 중심으로 해서 전후 서유럽경제를 재건한다는 미국의 구상입니다. 그래서 마치 프랑스가 주도한 것처럼 보이지만, 사실 소련과의 냉전을 위한 미국의 가장 중요한 교두보가 바로 유럽통합이라는 말이에요. 유럽통합의 첫 번째 단계는 1951년 파리조약을 통해 서독과 프랑스를 중심으로 해서 결성된 관세동맹인데, 그것이 바로 유럽석탄·철강공동체입니다. 여기에는 미국의 또 다른 반공기지인 이탈리아도 포함되지요.

유럽석탄·철강공동체는 1957년 로마조약에 의해 유럽경제공동체(EEC)로 발전하는데, 그것을 보통 공동시장이라고 부릅니다. 공동시장은 상식적으로 생각하는 것과는 아주 다른 것입니다. 경제학에서 시장은 상품시장뿐만 아니라 또한 자본시장이나 노동력시장도 가리키기 때문이에요. 그래서 회원국 사이에서는 상품을 비롯해서 자본이나 부분적으로는 노동력조차도 자유롭게 이동할 수 있지요. 게다가 공동시장 회원국은 제3국에 대해서 공동의 대외경제정책을 채택하기도 합니다. 유럽통합이 경제성장에 긍정적으로 기여했다고 평가할 때 보통 염두에 두는 것이 바로 그런 공동시장입니다.

그러나 1970년-80년대에 불황기가 시작되면서 유럽에서도 신자유주의가 대두하는데, 특히 독일 식 신자유주의가 점차 헤게모니를 갖게 되지요. 그래서 유럽통합의 성격도 신자유주의적으로 변화하는데, 그것을 상징하는 것이 로마조약을 개정하는 1987년 유럽단일의정서와 유럽연합(EU)을 결성하는 1992년 마스트리히트조약입니다. 유럽단일의정서와 마스트리히트조약의 기본 정신은 공동시장을 화폐동맹으로 변화시키는 것이에요. 화폐동맹으로서 유럽연합은 통일독일이 지역적 헤게모니로 대두한다는 사실을 의미합니다. 그래서 공동통화로서 유로는 마르크가 유럽적 차원으로 확대된 것이라고 할 수도 있지요.

공동통화의 채택은 아주 중요한 경제적 효과를 갖는데, 그것을 최초로 분석한 사람이 바로 카르케디이지요. 제가 『마르크스의 '경제학 비판'』에서 소개한 카르케디는 아리기처럼 이탈리아 출신의 마르크스주의 경제학자인데, 주로 네덜란드에서 활동하고 있습니다. 카르케디에 따르면, 공동통화의 도입 때문에 독일 이외의 다른 나라에서는 평가절하가 불가능하게 되면서 노동의 신축화가 가속화되고 임금률도 하락하지요. 화폐동맹으로서 유럽연합이란 노동의 신축화와 임금률의 하락을 통해서 이윤율을 상승시키려는 경제정책의 수렴이기도 하다는 말이에요. 그래서 유럽연합을 경제·화폐동맹(EMU)이라고 부르기도 하는 것입니다.

관련해서 한두 가지만 설명해보겠습니다. 1990년대 후반 프랑스의 사회당정부가 실업을 감소시키기 위해서 노동시간을 1주일에 35시간으로 단축한 정책은 유럽연합의 기본 원리를 위반한 것입니다. 그래서 2000년대에 들어와 이 정책이 실질적으로 포기되고 만 것이에요. 베르티노티가 강조하는 것처럼, 사민당이 아무리 개량주의를 실천하려고 해도 결국은 좌절할 수밖에 없지요. 신자유주의에서는 사민주의를 비롯한 일체의 개량주의가 불가능하다는 말입니다.

그 다음에 독일 식 신자유주의는 새 케인즈주의보다 통화주의에 훨씬 더 가깝습니다. 그래서 1990년대 말에 독일사민당 내부에서 논쟁이 벌어졌던 것이에요. 당시 독일사민당 좌파를 대변한 사람이 라퐁텐인데, 그는 새 케인즈주의를 주장하지요. 반면 슈뢰더는 통화주의를 지지합니다. 그래서 비교해보자면 독일 식 신자유주의는 미국 식 신자유주의보다 훨씬 더 퇴행적이라는 말입니다. 1990년대 이후 미국경제의 실업률이 4% 수준으로 하락하지만, 유럽경제의 실업률은 10% 수준을 유지하는 이유를 이제 아시겠지요.

유럽연합이라는 지역통합의 모델이 동아시아나 라틴 아메리카에도 적용될 수 있는 것은 아닙니다. 그래서 라틴 아메리카에서도 그렇지만, 동아시아에서는 자유무역협정(FTA)이 채택되는 것이에요. 자유무역협정의 성격은 화폐동맹과 전혀 다릅니다. 1997-98년 동아시아 위기를 계기로 해서 화폐동맹을 결성하려는 일본의 구상은 좌절하고 맙니다. 아시다시피 당시 일본은 엔을 중심으로 하는 아시아통화기금을 구상하는데, 그것에 대해서 미국이 강력하게 반대하고 중국도 그런 미국의 입장에 동조한 것이지요. 그 후 미·일동맹이 가속화된 것은 이미 아시는 대로입니다. 중국은 일본의 지역적 헤게모니를 인정하기보다는 미·일동맹을 수용하는 것이 오히려 낫다고 생각하는 것 같습니다.

자유무역협정은 공동시장과도 다른 것입니다. 자유무역협정에서도 상품과 자본 또는 경우에 따라서는 노동력이 자유롭게 이동할 수 있습니다. 그런데 공동시장과 달리 공동의 대외경제정책은 채택하지 않지요. 그래서 자유무역협정을 개방적 지역통합이라고 부르기도 하는 것이에요. 사실 1973년 이전까지는 유럽통합에서도 영국과 독일·프랑스 사이에서 갈등이 있었는데, 바로 그런 문제와 관련됩니다. 미국이나 오스트레일리아·캐나다 같은 영연방과 특수한 경제관계를 유지하고 싶어하는 영국은 공동시장보다 자유무역협정을 선호하기 마련이겠지요.

참고 삼아, 유럽연합이 인민주의가 부활하는 조건이 된다는 사실을 지적해두겠습니다. 인민주의는 세 단계를 거쳐서 발전하는데, 미국이나 러시아의 농민적 인민주의, 파시즘이나 페론주의 같은 코퍼러티즘적 인민주의를 거쳐서 신자유주의 시대에 정치가적 인민주의가 출현하지요. 특히 유럽에서 정치가적 인민주의가 출현하는 가장 중요한 배경이 바로 유럽연합입니다. 저는 김대중 정부나 노무현 정부도 그런 의미에서 정치가적 인민주의로 특징지을 수 있다고 생각하는데, 자세한 설명은 『인민주의 비판』을 참조하세요.

신경제와 정보·통신기술

제가 뒤메닐의 분석과 생각을 달리 하는 점이 있어서 아리기의 분석과 결합해서 나름대로 재구성한다고 했는데, 저는 특히 신자유주의 시대는 새로운 성장기가 아니라 벨 에포크일 따름이라고 생각합니다. 뒤메닐은 이 부분에서 조금 애매해요. 신자유주의를 보통 신경제라고 부르기도 하는데, 뒤메닐도 그렇지만 대체로 정보·통신기술(IT)에 주목하고 있지요. 요즘은 생명공학기술(BT)에도 주목하지만, 역시 핵심은 정보·통신기술입니다. 그러나 저는 금융화에 주목하기 때문에 신경제라는 개념을 받아들이지 않습니다.

그래서 아까 제가 산업혁명과 교통·통신혁명을 구별했던 것이지요. 제가 볼 때 정보·통신기술은 3차 산업혁명이 아니라 2차 교통·통신혁명을 완성하는 것일 따름입니다. 1780년대 면직물산업의 1차 산업혁명에 후속하는 1차 교통·통신혁명이 시작된 것은 1850-60년대 철도와 전신이고, 그것을 완성시킨 것이 1880-90년대 전화 아니었습니까. 마찬가지로 2차 교통·통신혁명은 1950-60년대 항공·우주산업에서 시작되는 것이고 1980-90년대 컴퓨터·인터넷산업으로 완성되는 것이에요. 그리고 물론 2차 산업혁명은 1910-20년대 자동차산업에서 시작되지요.

자동차산업은 전방연쇄효과와 후방연쇄효과를 갖습니다. 자동차산업은 완제품을 조립하는 공정만 있는 것이 아니라 수백 개의 부품을 생산하는 공정이 있습니다. 그러다 보니까 자동차산업이 발전하기 위해서는 무수히 많은 기계산업이 새로이 발전해야 하는데, 그것을 후방효과라고 부르지요. 그러나 인터넷은 말할 것도 없고 컴퓨터도 그런 정도의 효과가 있는 것은 아닙니다. 사실 컴퓨터·인터넷은 전신·전화가 진화한 것에 불과하지요. 생각해 보면, 전신·전화의 발명이야말로 진정한 세계사적 신기원이라고 해야 합니다. 다만 이미지를 전송할 수 없을 뿐이에요.

전방효과란 이런 것입니다. 말 타면 경마 잡고 싶다고, 자동차로 출퇴근만 하는 사람은 없습니다. 그래서 자동차산업이 발전하면서 새로운 소비·오락산업이 발전하는 것인데, 그것을 전방효과라고 부르지요. 저는 일부러 운전을 안 배웠습니다. 1980-90년대 유럽에서는 환경·생태운동의 일환으로 자동차 면허증을 반납하는 운동도 있었다고 하더군요. 물론 저는 그런 관심 때문에 그랬던 것은 아닙니다. 운전을 배우면 매일 놀러 다닐 것 같아서 그랬지요.

산업혁명과 달리 교통·통신혁명은 시장을 확대하는 것입니다. 사실 컴퓨터와 인터넷도 시장을 확대하는 것이지요. 저도 이제는 서점에서 책을 사는 경우가 별로 없습니다. 1970년대부터 신용거래를 하던 영국의 헤퍼스 대신 미국의 아마존에서 신용카드로 책을 사게 되고, 대학가 사회과학서점 대신 알라딘을 애용하게 되지요. 물론 컴퓨터와 인터넷으로 책을 사다보면 때때로 충동구매를 하게 되지만요. 어쨌든 교통·통신혁명으로 인해 시장이 확대된다는 데 먼저 주목해야 한다는 말입니다.

게다가 컴퓨터와 인터넷이 있기 때문에 금융세계화가 가능한 것입니다. 컴퓨터와 인터넷이 없다면, 전세계의 증권시장이 어떻게 실시간으로 연결될 수 있겠습니까. 컴퓨터와 인터넷은 이윤을 생산하는 것이 아니라 이윤을 분배하는 데 기여하는 수단이라는 말입니다. 그리고 물론 방금 설명한 것처럼 시장을 확대함으로써 이윤을 실현하는 데도 크게 기여하지요. 그런 의미에서 군사적 목적으로 발명된 컴퓨터와 인터넷이 금융세계화 때문에 일반화된다고 할 수 있겠습니다.

컴퓨터와 인터넷은 구조조정의 조건이 되기도 합니다. 국제적 하청계열화를 글로벌 소싱이라고 부른다고 했는데, 세계적 차원에서 아웃소싱한다는 말이지요. 그런 국제적 하청계열화를 상징하는 것이 나이키 모델인데, 그것은 컴퓨터와 인터넷 없이는 불가능하지요. 게다가 요즘은 생산직의 업무뿐만 아니라 또한 사무직의 업무도 국제적으로 하청계열화한다고 하지요. 컴퓨터와 인터넷 없이는 뉴욕과 로스앤젤레스의 본사를 뭄바이의 하청계열사와 연결시킬 수 없겠지요.

사실 남한에서는 컴퓨터와 인터넷이 사이버 인민주의를 확산하는 데도 크게 기여하고 있지요. 물론 남한에서 컴퓨터와 인터넷의 일차적인 용도는 대중오락에 있습니다. 그러나 컴퓨터와 인터넷이 없다면 노사모도 있을 수 없겠지요. 어떻게 보면 남한의 정치가적 인민주의가 최악의 상황으로 악화되는 것은 컴퓨터와 인터넷 때문입니다. 사이버 토론은 토론이 아니에요. 텔레비전 토론도 물론 문제이지만, 사이버 토론 때문에 남한에서 정치문화가 소멸할 수도 있다는 걱정이 점차 커집니다.

어쨌든 신경제를 특징짓는 것은 새로운 산업혁명이 아니라 정보·통신혁명이라는 것이 제 생각입니다. 컴퓨터와 인터넷은 이윤의 생산이 아니라 이윤의 실현과 분배에 관련되기 때문이고, 따라서 시장의 확대나 금융세계화·구조조정의 조건일 따름이기 때문입니다. 기계·설비 같은 생산수단의 혁명이라는 의미에서 산업혁명과 건조된 인공환경 같은 생산조건의 혁명이라는 의미에서 교통·통신혁명을 구별함으로써 신자유주의 시대가 새로운 성장기가 아니라 벨 에포크에 불과하다는 것을 좀 더 분명하게 인식할 수 있다는 것이지요. 그리고 이 때문에 뒤메닐의 분석을 아리기의 분석과 결합해야 한다는 것이에요.

중국경제의 개혁·개방의 한계

그러나 아리기의 분석에도 문제가 있는 부분이 있어요. 이미 설명한 것처럼, 본래 경제학자 출신인 아리기는 요즘 와서 점차 사회학으로 경도되는 것 같아요. 예를 들어 1994년에 출판된 그의 주저 『장기20세기』에서는 경제학적 분석이 상당히 치밀했었는데, 1999년에 실버와 공동으로 편집한 『현대 세계체계의 카오스와 통치성』에서는 사회학적 묘사에 너무 치중하는 것 같습니다. 저는 실버와의 공동작업 이후 아리기가 그렇게 변질되는 것을 못마땅하게 생각하는 편입니다.

2010년대 미국경제의 최종적 위기를 예상한 아리기는 1990년대 중반까지는 헤게모니적 축적체계가 일본경제로 이행할 것이라고 주장하다가 요즘 와서는 중국경제로 이행할 것이라고 주장하는데, 제 생각으로는 별로 근거가 없는 것 같아요. 마치 미국경제가 영국경제를 대체하듯이 미국경제를 대체할 수 있는 새로운 경제가 출현할 가능성은 거의 없기 때문입니다. 미국경제의 최종적 위기는 자본주의의 최종적 위기일 가능성이 크다는 것이 제 생각입니다.

사실 덩샤오핑이 추진한 중국경제의 현대화는 사양산업을 수입하는 것일 따름입니다. 예를 들어 성장기 미국경제의 선도산업이던 자동차산업이나 가전산업은 전후 서유럽이나 일본을 거쳐서 1970년대 이후 남한이나 브라질 같은 신흥공업국으로 이전되지요. 그런 과정에서 미국경제를 중심으로 신자유주의적 금융세계화가 진전되는 것이거든요. 그리고 서유럽경제와 일본경제는 미국경제를 추월하는 데 실패하고 또 신흥공업국에서는 외채위기가 발생하지요.

이것도 이미 마르크스가 분석한 것이지만, 기술진보와 자본축적의 가장 중요한 동인은 바로 초과이윤입니다. 그런 초과이윤을 획득할 수 있는 기술을 보통 첨단기술이라고 부르지요. 서유럽이나 일본은 몰라도 남한이나 브라질, 심지어 중국으로 자동차산업과 가전산업이 이전한다는 것은 그것이 더 이상 첨단기술이 아니라는 뜻이지요. 기술이 범용화되면서 초과이윤을 획득할 수 없게 된다는 말이에요. 이미 설명한 것처럼 새로운 축적체계는 새로운 첨단기술을 토대로 하는 산업혁명을 필요로 하는 것이지요.

그 다음에 덩샤오핑의 개혁·개방은 중국경제의 제도를 해체하는 것인데, 특히 국영기업과 금융기관의 개혁이 문제가 됩니다. 현재 국영기업의 개혁은 중도반단된 상태이고 금융기관의 개혁은 시작단계라고 합니다. 진보주의적 경제학자의 대표격인 스티글리츠는 국영기업과 금융기관의 개혁을 2세대 개혁이라고 부르면서 개혁·개방의 성패는 그것에 달려 있다고 강조하지요. 2001년에 중국이 세계무역기구에 가입했는데, 아마도 외압을 이용하여 국영기업과 금융기관의 개혁을 추진하려는 의도인 것 같습니다.

만일 중국이 사양산업을 기반으로 해서 남한 정도의 발전을 달성하려고 해도 넘어야 할 산이 아직 많다는 말입니다. 제 생각으로는 국영기업의 개혁을 완료하고 금융기관의 개혁을 추진하다가 중국경제도 남한경제의 1997-98년 위기 같은 것을 경험할 가능성이 아주 높은데, 그런 위험에 대해서는 스티글리츠 같은 부르주아 경제학자도 대체로 인정하고 있습니다. 게다가 중국경제의 수출에서 초민족자본이 차지하는 비중은 보통 1/2 정도로 추정되는데, 만일 그런 것이 사실이라면 중국경제의 성장도 그 의미가 반감된다고 할 수 있지요.

아리기의 주장 중에서 가장 황당한 점은 중국경제에서 재생산비용이 내부화될 것이라는 예상입니다. 앞에서 슬론주의와 도요타주의를 비교하면서 일본경제가 미국경제를 따라잡을 수 있는 근거가 하청계열화를 통한 과잉착취라고 했지요. 사실 중국경제가 성장하는 데도 비슷한 요인이 있는데, 특히 거주·이전의 자유가 없기 때문에 농민공이라고 불리는 농촌 출신의 노동자를 과잉착취할 수 있거든요. 게다가 아리기가 말하는 재생산비용의 내부화에는 여성에 대한 이중착취를 통해서 재생산비용을 가족으로 전가시키는 것까지도 포함됩니다.

마지막으로 한 마디만 덧붙이자면, 중국경제의 부상은 환경이나 생태의 관점에서 일대 재앙이라는 것입니다. 자동차산업이나 가전산업은 결국 석유문명을 의미하는 것인데, 인류가 당면하고 있는 환경이나 생태 문제는 대부분 석유문명의 결과이지요. 이미 설명한 것처럼, 금융세계화에서 가장 중요한 세 가지 변수가 이자율과 환율, 그리고 유가이지요. 박정희 정부가 추진한 재벌 중심의 중화학공업화를 파탄시킨 3고나 전두환 정부의 신자유주의적 정책개혁을 좌절시킨 3저는 모두 그런 세 가지 변수의 운동을 가리키지요.

이자율과 환율에 대해서는 여러 번 설명했으니까, 유가에 대해서만 설명을 보충해보겠습니다. 유가를 결정하는 기본적인 요인은 석유의 매장량이 아니라 생산량입니다. 석유의 매장량이 무궁무진하더라도 대부분 현재의 기술로는 채굴이 불가능하거나 채굴이 가능하더라도 수익성이 없다고 합니다. 그래서 현재의 기술로 수익성 있게 채굴할 수 있는 생산량이 중요하다는 것이지요.

석유생산량을 그래프로 그리면 종 모양이 되는데, 그 꼭지점이 바로 석유생산량의 한계를 가리키지요. 이런 사실을 최초로 발견한 사람이 바로 휴버트인데, 그는 미국의 석유생산량이 1970년을 전후로 한계에 도달한다는 것을 정확하게 예측했어요. 그래서 석유생산량의 한계를 가리키는 종 모양의 꼭지점을 휴버트 피크라고 부르는 것입니다. 휴버트 피크에 대해서는 『파국적인 석유 위기가 닥쳐오고 있다』(중심, 2002)를 참조하세요. 휴버트 피크를 이용하여 전세계 석유생산량의 한계를 예측하려는 수많은 시도가 있는데, 이 책의 저자인 데페이에스는 올해 나온 신간에서 이미 그런 한계에 도달하고 있다고 주장하고 있습니다.

이제 유가의 변동을 설명할 수 있습니다. 석유의 생산량은 곧 공급량인데, 이미 휴버트 피크에 도달하고 있다면 공급량은 점차 감소할 것입니다. 그러나 수요량은 지수성장을 지속할 것입니다. 그래서 휴버트 피크 이후 수요량과 공급량의 격차가 더욱 확대될 것이고 이 때문에 유가는 급등할 수밖에 없겠지요. 중국경제의 현대화가 그런 추세를 가속화할 것이라는 점은 불을 보듯 뻔한 일입니다. 이라크 전쟁 이후 미국과 중국 사이에서 이미 석유전쟁이 시작되었다는 분석이 나오는 것도 이 때문입니다.

미국적 생활양식이 지구의 일각에 보급된 현재의 상황에서도 여러 가지 환경·생태 문제가 발생하고 있는데, 만일 중국의 현대화가 성공한다면, 자본주의의 환경·생태제약이 본격적으로 작동할 것입니다. 그래서 중국에서는 아직 제대로 인식하지 못하는 것 같지만, 서구에서는 중국의 현대화가 가져올 환경·생태적인 재앙에 대한 연구가 아주 많아요. 그리고 한반도가 그런 재앙의 직격탄을 맞을 가능성은 이미 농후합니다.

마지막으로 중국에서 민족주의가 부활하고 있다는 사실에도 주목해야 합니다. 덩샤오핑의 개혁·개방 이후 중국공산당은 이름만 공산당이지 마르크스주의와 인연을 끊은 지 이미 오래인데, 게다가 점차 민족주의화되는 경향이 출현하고 있습니다. 티벳과 대만의 독립 문제를 둘러싼 중국공산당의 강경한 입장이 그것을 상징하지요. 중국과 미·일동맹 사이의 잠재적 갈등에는 중국공산당의 민족주의도 작용하고 있다는 말입니다. 요즘 남한에서 중국 신좌파의 대표자로 소개되고 있는 왕후이도 중국공산당과 마찬가지로 중화경제권의 확장을 강조하는 민족주의자인 것 같습니다.

물론 일본 민족주의의 뿌리도 만만치 않습니다. 앞에서 소개한 『동아시아 속의 한일 2천년사』를 읽어보니까 일본사에 대해서 모르는 것이 정말 많더라고요. 고구려와 백제가 멸망한 다음 일본이 중국에게 도전하기 시작합니다. 그래서 일왕이 천황이라는 칭호를 쓰게 되는 것이에요. 게다가 놀랍게도 일본의 왕조는 한번도 바뀐 적이 없습니다. 물론 중세에는 막부가 등장하면서 왕권이 형해화되기는 하지만 왕조가 바뀐 적은 없어요. 아시다시피 중국에 대한 일본의 도전은 이미 두 번 현실화된 바 있는데, 그것이 바로 임진왜란과 대동아전쟁이지요.

미국경제의 이중적자와 달러 발권이익

아리기가 생각하는 것처럼 중국경제로 헤게모니적 축적체계가 이행할 가능성이 없다는 사실을 미국경제의 이중적자와 달러 발권이익(seigniorage)이라는 문제와 관련해서 좀 더 자세하게 설명해보겠습니다. 신자유주의적 금융세계화도 쉬운 문제는 아니지만, 사실 미국경제의 이중적자와 달러 발권이익은 훨씬 더 어려운 문제입니다. 그러나 신자유주의적 금융세계화의 가장 중요한 특징이 미국경제의 이중적자와 달러 발권이익이기 때문에 뒤메닐의 분석을 소개하는 방식으로 좀 더 설명해보겠습니다.

이중적자는 무역수지와 정부재정의 적자를 뜻하는데, 저널리즘에서는 보통 쌍둥이적자라고 부르지요. 우선 상품수출보다 상품수입이 크기 때문에 무역수지에서 적자가 발생합니다. 2001년에 무역적자는 국민소득의 4% 정도인데, 9·11 이후 좀 더 악화되어 2003년에는 5% 정도로 상승합니다. 그러나 무역적자의 1/3 정도는 미국계 초민족자본의 내부거래이기 때문에 상당히 과대평가된 것이에요. 또 세입보다 세출이 크기 때문에 정부재정에서도 적자가 발생합니다. 2001년에는 균형재정인데, 9·11 이후 적자재정으로 반전되어 2003년에는 국민소득의 5% 정도로 상승합니다.

이중적자가 발생할 때 특히 문제가 되는 것은 자본수입을 무한정 지속할 수 없다는 것입니다. 그것이 국제경제학의 기본 원리입니다. 자본수입에 따라서 외채위기나 외환위기가 발생하기 때문이에요. 1970-80년대 영국·프랑스·이탈리아가 그랬고, 1980-90년대에는 멕시코·브라질·아르헨티나·남한이 그랬지요. 그런데 미국은 1980년대 이후 자본수입이 지속적으로 증가하는 데도 불구하고 외채위기나 외환위기가 발생하지 않습니다. 요컨대 미국경제를 제국주의라고 부른다고 할지라도, 레닌의 제국주의론과는 정반대로 그 특징은 자본수출이 아니라 자본수입에 있다는 말이지요.

그 이유를 설명해보면, 대강 이렇습니다. 미국에게 상품과 자본을 동시에 수출해주는 가장 중요한 동맹국은 역시 일본이고, 그 다음에 중국도 요즘 그런 역할을 합니다. 그래서 미·일동맹이 주축이면서 중국도 참여하는 그런 메커니즘이 이중적자를 지속시키고 있다는 말이지요. 일본이나 중국을 비롯해서 동아시아경제 전체는 미국에 대한 상품수출을 통해서 발전을 지속하고 있습니다. 그런데 그런 발전을 지속하기 위해서 동아시아경제는 수출로 벌어들인 달러를 재무부증권을 매입하는 방식으로 되돌려보낼 수밖에 없습니다. 말하자면 1970년대에 석유달러가 그랬듯이 수출달러도 미국으로 환류한다는 말입니다.

그런데 미국으로 자본을 수출하는 다른 나라도 많습니다. 영국은 물론이고 독일·프랑스·이탈리아 같은 유럽의 강대국이 그렇고, 또 라틴 아메리카의 멕시코·브라질·아르헨티나도 무시할 수는 없지요. 유럽이 미국으로 자본을 수출하는 것은 이윤율이나 이자율이 더 높기 때문이 아닙니다. 사실 이윤율은 유럽이 좀 더 높고 이자율은 비슷한 수준이지요. 쉽게 말해서 유럽의 자본수출은 곧 자본도피라는 말입니다. 라틴 아메리카의 자본수출은 두말 할 것도 없이 자본도피이겠지요. 그리고 물론 동아시아의 경우에도 자본도피가 있을 것입니다.

결국 동아시아경제로부터의 수출달러환류, 유럽경제와 라틴 아메리카경제와 동아시아경제로부터의 자본도피가 미국경제의 자본수입과 이중적자를 지속시키는 메커니즘이라는 것인데, 이 모든 것의 핵심에 세계화폐로서 달러가 갖는 발권이익이 있습니다. 브레튼우즈 체제가 붕괴한 다음 달러는 금으로 태환되지도 않고 환율이 고정되지도 않기 때문에 미국경제는 달러 발행에 거의 아무런 제약도 받고 있지 않지요. 그러나 달러는 계속 세계화폐로 사용되고 있어요. 그런 순수한 달러본위제 때문에 미국경제가 달러 발권이익을 갖는 것입니다. 예를 들어 100달러짜리 지폐를 발행하는 비용이 5달러라면 달러 발권이익은 95달러가 됩니다.

달러 발권이익이 미국경제의 자본수입과 이중적자를 지속시키는 메커니즘을 뒤메닐은 이렇게 설명합니다. 미국경제의 입장에서 자본수입과 자본수출 사이에는 커다란 수익률 격차가 있습니다. 즉 해외로 나가는 미국계 자본과 미국으로 들어오는 외국계 자본의 수익률은 전혀 다르다는 말입니다. 여기서 이윤율이 아니라 수익률이라고 하는 것은 자본수입과 자본수출에는 대부자본이나 증권투자도 포함되기 때문입니다. 어쨌든 1980년대 이후 미국계 자본의 수익률이 외국계 자본의 수익률의 2배랍니다. 게다가 직접투자에 국한한다면 수익률 격차는 3배로 확대된답니다. 미국경제의 자본수출이 자본수입의 1/2 정도이지만 수익률은 2배 정도이기 때문에 순자본소득은 0 플러스가 되지요. 0보다 조금 크다는 말이에요.

자본수입과 자본수출의 수익률 격차는 1997년 이후 미국경제의 이윤율 운동을 설명해주기도 하지요. 강의 서두에 제시된 그래프에서는 자세하게 그리지 않았는데, 실제로 이윤율은 1997년부터 하락하는 것이 아니라 신경제의 거품이 붕괴한 2000년부터 하락하지요. 1997년부터 1999년까지 이윤율이 높은 수준을 유지한 것은 해외에서 벌어들인 이윤 때문입니다. 이미 이윤율이 하락한 2001년을 기준으로 할 때 해외이윤은 국내이윤과 같은 크기라고 합니다. 그리고 직접투자로 인한 이윤이 해외이윤의 1/2 정도라고 합니다. 그래서 1997년부터 1999년까지 국내이윤율은 급속하게 하락하지만 해외이윤율은 계속 상승하기 때문에 평균이윤율이 거의 하락하지 않은 것이에요.

그러나 금융세계화처럼 발권이익이나 자본수입·이중적자도 무한정 지속될 수는 없는 것입니다. 뒤메닐은 이론적이라기보다는 경험적인 차원에서 이 정도면 문제가 아닐까라는 기준(benchmark)을 제시합니다. 말하자면 이중적자로 인해서 벨 에포크가 종료될 시점을 예상해보는 것인데, 뒤메닐은 빠르면 2013년 늦으면 2029년 정도로 예상합니다. 2013년에 자본수입이 국민소득이나 국내자본의 자기자본과 같게 되기 때문입니다. 그리고 자본수입과 자본수출의 차액, 즉 순자본수입을 고려하면 2029년이 됩니다. 물론 이론적 설명은 아니지만 경험적으로는 그럴 듯한 설명이에요.

뒤메닐은 달러가 약세로 반전된다면, 자본수입과 자본수출의 수익률 격차가 축소될 수도 있음을 인정합니다. 만일 달러 약세로 인해서 수익률 격차가 완전히 소멸한다면, 순자본수입이 국민소득이나 국내자본의 자기자본과 같아지는 시점이 바로 2013년이지요. 그러나 실제로는 9·11 이후에 수익률 격차가 오히려 확대되고 자본수입도 증가하고 있다고 합니다. 그만큼 금융세계화의 위험이 커진 것이고, 이제는 수익률과 거의 무관하게 자본도피가 이루어진다는 뜻이기도 하지요. 2003년에 약세이던 달러가 2004년 이후 강세로 반전된 것도 이 때문입니다. 뒤메닐의 이런 분석은 금융세계화와 군사세계화가 평행적으로 발전한다는 세르파티의 분석과 친화성을 갖는 것이기도 하지요.

마지막으로 달러가 약세로 반전되면 달러 발권이익이 소멸하는가라는 문제에 대해서도 설명해보겠습니다. 사실 경제학적으로는 달러가 평가절상되거나 평가절하된다고 말할 수 없습니다. 달러가 금화는 아니지만 실질적으로는 금화처럼 세계화폐로 유통되기 때문이지요. 이미 설명한 것처럼 금화는 평가절상되거나 평가절하되는 것이 아니에요. 그래서 달러의 환율도 금화의 환율처럼 실질적으로는 고정되어 있는 말입니다. 달러가 약세라는 것은 달러에 대해서 엔이나 유로가 평가절상된다는 뜻이고, 달러가 강세라는 것은 달러에 대해서 엔이나 유로가 평가절하된다는 뜻이지요.

아까 레이건 1기에 미국이 달러를 강세로 반전시킨 결과 외채위기가 발생하고 또 그것이 초민족은행에 심각한 위기를 초래한다고 했지요. 그것이 바로 신보수주의적 일방주의입니다. 그러나 레이건 2기에 신보수주의적 일방주의가 쇠퇴하면서 플라자합의와 루브르협정을 통해서 달러를 약세로 반전시키지요. 그 때부터 선진7개국(G7)이나 선진8개국(G8)의 정책조정이 주목받기 시작하는데, 그것을 신자유주의적 다자주의 또는 세계적 통치성이라고 부르지요.

신자유주의적 다자주의 또는 세계적 통치성은 금융세계화의 필요에 따라서 엔이나 유로의 환율에 개입하는 것을 뜻합니다. 아까 부시 2세가 신보수주의적 일방주의로 복귀했다는 정치학자나 사회학자의 평가가 근거 없는 것이라고 했는데, 아직도 이런 정책조정이 지속되기 때문이에요. 아시다시피 9·11 이후에도 신자유주의적 다자주의는 건재하고 세계적 통치성도 지속되고 있습니다. 그래서 9·11이 금융세계화의 종료를 뜻하는 것이 아니라 군사세계화에 평행하는 금융세계화의 두 번째 단계를 뜻한다는 것이지요. [2007-08년 미국발 세계적 금융위기에 대한 분석은 윤소영, 『일반화된 마르크스주의와 대안좌파』, 공감, 2008을 참조하시오.]

4강 인권의 정치로서 이데올로기 비판

소외론과 이데올로기론

지난번에 루카치와 알튀세르 사이에 헤겔 변증법인가 아니면 마르크스 변증법인가라는 쟁점이 있다고 했지요. 그런 쟁점을 좀 더 구체화하는 두 가지 쟁점이 있는데, 하나가 비판사회학인가 아니면 경제학 비판인가라는 것이고 또 하나가 소외론인가 이데올로기론인가라는 것입니다. 지난번에 경제학 비판과 관련해서도 설명하긴 했지만, 오늘 이데올로기 비판과 관련해서 변증법이라는 쟁점을 좀 더 자세하게 설명할 것입니다. 경제학 비판과 이데올로기 비판은 과천연구실이 지난 10여 년 동안 연구해온 일반화된 마르크스주의의 핵심이라고 할 수 있지요.

소외론에 대한 설명부터 시작해보겠습니다. 사실 소외론이라는 표현은 루카치의 『역사과 계급의식』에는 안 나오지요. 여기서 루카치가 전개하는 것은 소외론이 아니라 물상화론이기 때문입니다. 그러나 나중에 마르크스의 '1844년 원고'가 출판되면서 루카치의 후예들이 물상화론을 소외론으로 발전시키지요. 그래서 소외론이 루카치에게서 시작된다고 말하는 것인데, 루카치 자신의 항의에도 불구하고 그렇게 부당한 평가는 아닙니다.

루카치적인 소외론은 아주 특수한 의식에서 출발하는데, 그것을 잘못된 의식 또는 허위의식이라고 부릅니다. 그런 의식을 극복하고 진정한 의식 또는 계급의식을 획득할 때 주체로서 프롤레타리아가 형성되지요. 그런데 루카치는 계급의식을 획득한 프롤레타리아를 가리켜서 단순한 주체가 아니라 역사의 주체라고 부르기도 합니다. 발리바르가 강조하듯이, 역사의 주체라는 철학적 개념은 헤겔이나 마르크스가 아니라 루카치에 의해서 발명된 것이지요.

루카치적인 소외론의 핵심은 허위의식을 계급의식으로 지양하는 과정에서 주체가 형성된다는 이른바 의식의 변증법에 있다고 할 수 있습니다. 그래서 오늘 설명해야 할 핵심적인 쟁점은 의식 또는 의식을 갖는 주체란 무엇인가라는 것입니다. 경우에 따라서는 의식 대신 의지라고 하기도 하는데, 스피노자 식으로 말하자면 의식과 의지는 동일한 것이에요. 그래서 주로 의식이라는 개념을 사용하면서 경우에 따라서는 의지라는 개념도 사용하기로 하겠습니다.

루카치를 발단으로 하는 서구 마르크스주의가 알튀세르에 의해서 완결된다면, 그것은 알튀세르가 이데올로기론의 관점에서 의식과 주체를 비판하기 때문입니다. 지난번에 경제학 비판을 설명하면서 알튀세르가 『자본』을 해석하는 방법이 구조주의적이라고 했는데, 경제학 비판과 관련해서는 구조주의를 반드시 잘 알아야 하는 것은 아니기 때문에 설명을 생략했지요. 그러나 구조주의를 생략하고서는 이데올로기 비판에 대해서 설명할 수 없기 때문에, 오늘은 구조주의에 대해서 자세하게 설명하겠습니다.

그래서 일단 루카치적인 소외론과 알튀세르적인 이데올로기론에서 출발하는데, 설명이 조금 복잡해지는 대목이 있습니다. 발리바르는 알튀세르가 비판한 것은 사실 루카치보다는 루카치의 후예들이라고 지적합니다. 당시 프랑스에서 루카치의 후예로 지목되던 사람은 불어로 앙가주망이라고 불리는 현실 참여에 몰두한 사르트르입니다. 또는 사르트르와 비슷한 입장이면서도 훨씬 더 철학적인 메를로-퐁티이지요. 즉 알튀세르는 사르트르나 메를로-퐁티에 의해서 발전된 루카치적인 소외론을 비판한다는 말입니다.

게다가 1965년에 알튀세르가 『마르크스를 위하여』에서 루카치를 비판하기 이전에 또 다른 비판이 있었다는 것을 지적하기도 합니다. 1923년에 루카치가 『역사와 계급의식』을 출판하고, 곧 이어서 1927년에 하이데거가 루카치를 비판하는 『존재와 시간』을 출판하기 때문이지요. 발리바르는 하이데거의 『존재와 시간』이 루카치의 『역사와 계급의식』에 대한 반론이라고 해석합니다. 사실 이것은 골드만의 해석이기도 하지요. 사르트르나 메를로-퐁티와는 조금 다른 입장에서 루카치를 계승한 프랑스 철학자가 바로 골드만입니다.

그래서 설명이 점점 복잡해질 수밖에 없는데, 알튀세르는 하이데거의 루카치 비판 이후 사르트르나 메를로-퐁티에 의해서 재해석된 루카치를 비판하기 때문입니다. 본래의 루카치가 아니라 하이데거 이후의 루카치와 알튀세르 사이에서 쟁점을 형성해야 한다는 말입니다. 이런 설명을 추가하는 것은 나중에 포스트구조주의를 비판하면서 데리다와 논쟁하기 위한 포석이라고 생각하시면 좋겠지요.

알튀세르를 어떻게 읽을 것인가?

오늘은 알튀세르적인 철학에 대해서 설명할 것인데, 몇 가지 필수적인 문헌에 대한 소개부터 시작하겠습니다. 알튀세르에 대해서 자세하게 설명할 여유는 없는데, 사실 알튀세르에 대한 표준적인 해설서가 이미 나와 있어요. 국역되어 있는 책인데, 엘리어트의 『이론의 우회』(새길, 1992)가 바로 그것입니다. 이 책을 보시면 알튀세르의 이론과 정치에 대한 전반적인 맥락을 알 수 있기 때문에 굳이 반복하지 않아도 되겠다는 생각이 듭니다.

그런데 엘리어트의 책은 너무 표준적인 해설서이기 때문에 어떻게 보면 알튀세르의 이론과 정치가 제기하는 쟁점을 파악하기가 오히려 조금 어려운 대목도 많습니다. 그래서 제가 이 책에 대해서 서평을 썼던 적이 있는데, 관심이 있으시면 도서관에서 찾아보세요. 『문학과 사회』 1988년 겨울호에 실린 「알튀세르를 어떻게 읽을 것인가?」인데, 4-50쪽 정도 되는 분량입니다. 제 서평을 참고하시면 엘리어트의 책을 읽는 데 도움을 받으실 것입니다. [또 윤소영, 「알튀세르를 어떻게 읽을 것인가? (재론)」, 『일반화된 마르크스주의의 쟁점들』, 공감, 2007도 참조하시오.]

1990년에 알튀세르가 사망하는데, 그 때를 전후해서 발리바르가 알튀세르의 철학을 조망할 수 있는 논문 세 편을 발표합니다. 이 세 편의 논문도 모두 국역되어 있으니까 참조하세요. 오늘 주제와 관련해서 가장 중요한 논문은 「비동시대성」(『알튀세르와 마르크스주의의 전화』, 이론, 1993)입니다. 이 논문이 발표된 것은 1988년인데, 바로 알튀세르가 고희를 맞은 해이지요. 이 논문에서 발리바르는 루카치와 비교하면서 알튀세르의 철학을 정리합니다.

이 논문보다 좀 더 철학적인 논문이 두 편 있습니다. 1988년에 발표한 것이 「알튀세르의 침묵」(『루이 알튀세르, 1918-1990』, 민맥, 1991)입니다. 이미 설명한 것처럼 1977년에 마르크스주의의 위기를 선언한 알튀세르는 1978년에 프랑스공산당을 전면적으로 비판하게 됩니다. 알튀세르는 청년기부터 조울증으로 고통받고 있었는데, 그래서 이론적이고 정치적인 위기가 심화되는 상황에서 조울증이 심화되어 부인 엘렌을 교살합니다. 이 논문은 그런 개인적인 비극을 배경으로 해서 말년의 알튀세르가 자신의 철학을 스스로 파괴하는 과정을 부각시킵니다.

발리바르가 1992년에 발표한 것이 「알튀세르의 대상」(『알튀세르와 마르크스주의의 전화』, 위의 책)인데, 이 논문은 전혀 다른 관점을 제시하지요. 즉 자기파괴보다는 오히려 그런 위기 속에서도 알튀세르의 철학이 재건될 수 있는 측면을 강조하고 있다는 말입니다. 그러나 「알튀세르의 침묵」이나 「알튀세르의 대상」은 아주 철학적인 논문이고 또 오늘 강의와 직결되는 것도 아니기 때문에, 일단 「비동시대성」만으로도 충분하다고 생각합니다. 나중에라도 「비동시대성』은 꼭 한번 읽어보세요.

　알튀세르와 발리바르를 읽으시려면, 영역본을 구하시는 것이 좋을 것입니다. 물론 불어본으로 읽으시는 것이 제일 좋겠지만, 영역본도 신뢰할 수 있습니다. 일본도 그렇지만 서구에서는 번역도 학술활동으로 인정받고 있기 때문에 전문적인 번역가가 있거든요. 알튀세르의 『마르크스를 위하여』, 『'자본'을 읽자』를 번역한 사람이 바로 브류스터인데, 그의 번역은 완벽하기로 정평이 있지요. 국역본도 있긴 하지만, 별로 추천할 생각은 없습니다. 저는 조금 특이해서 국역본은 잘 안 봅니다. 번역이 좋다 나쁘다 시비 걸고 싶은 생각도 별로 없고요.

　발리바르의 논문집인 『역사유물론 5연구』는 아직 영역되어 있지 않습니다. 비록 초기 작업이긴 하지만, 제 생각으로는 아직도 여기서 중요한 시사를 많이 얻을 수 있지요. 제가 불어를 공부한 것이 이 책을 읽기 위해서라고 이미 말씀드렸지요. 그러나 최근에는 발리바르에게도 번역자가 생긴 것 같습니다. 1974년에 출판된 『역사 유물론 5연구』의 후속작이 1997년에 출판된 『대중의 공포』인데, 이 논문집은 아주 방대해서 불어판으로 500쪽 정도 됩니다. 이것을 스웬슨이 영어로 번역했지요.

　사실 『대중의 공포』는 영어판이 불어판보다 먼저 나옵니다. 방금 언급한 개인적인 비극 이후 프랑스에서는 알튀세르가 완전히 망각되었는데, 더불어 그의 제자인 발리바르도 별로 주목받지 못했던 것 같아요. 그래서 1994년에 영어판이 먼저 나오는데, 그것이 바로 『대중, 계급, 이념』입니다. 『대중의 공포』에 서론으로 추가된 1996년의 「세 가지 정치 개념: 해방, 변혁, 시빌리테」와 결론인 1994-95년의 「모호한 보편성」을 비롯해서 몇 편의 논문은 2002년에 『정치와 다른 장면』이라는 제목으로 영역되지요.

　『대중의 공포』의 핵심이라고 할 수 있는 마르크스의 철학과 스피노자의 철학에 대해서는 발리바르가 쓴 두 권의 개론서가 있습니다. 1993년에 출판된 『마르크스의 철학』은 데리다와 논쟁하는 발리바르의 또 다른 논문과 함께 『마르크스의 철학, 마르크스의 정치』(문화과학사, 1995)라는 제목으로 국역되어 있지요. 또 1985년에 출판된 『스피노자와 정치』의 논지는 「스피노자, 정치와 교통」(『알튀세르의 현재성』, 공감, 1996)을 참조하실 수 있습니다. 발리바르의 철학의 핵심을 아시려면, 굳이 『대중, 계급, 이념』과 『정치와 다른 장면』이나 『대중의 공포』까지 읽으실 필요는 없습니다.

구조주의의 계보

이제 알튀세르적 철학의 사상적 맥락이라고 할 수 있는 구조주의에 대해서 좀 더 자세하게 설명해보겠습니다. 보통 1960년대 프랑스 학계를 구조주의의 시대라고 부릅니다. 그리고 조금 이따가 설명하겠지만, 1968년을 거치면서 분위기가 크게 바뀌어 1970년대에 와서는 포스트구조주의의 시대가 전개된다고 하지요. 그래서 오늘 강의에서는 구조주의가 무엇이고 포스트구조주의는 무엇인가에 대해서 설명하면서 알튀세르적 철학이 제기하는 쟁점을 정리해보려고 합니다.

보통 구조주의의 기원은 소쉬르에게 있다고 하지요. 레비-스트로스가 소쉬르의 구조주의 언어학을 인류학에 적용하면서 구조주의 운동이 태동하기 때문입니다. 그런데 그런 통설에 대해서는 논쟁도 꽤 있는 것 같아요. 레비-스트로스가 원용한 구조주의 언어학은 소쉬르의 것이 아니라 야콥슨에 의해서 재해석된 것이기 때문이지요. 그렇지만 제가 언어학을 잘 모르기 때문에 그런 쟁점에 대해서는 더 이상 설명할 능력이 없군요.

사실 제가 관심을 갖는 것은 소쉬르나 야콥슨의 구조주의 언어학이나 레비-스트로스의 구조주의 인류학이 아닙니다. 구조주의 운동이 전개되면서 프로이트주의와 마르크스주의가 새롭게 부상하기 때문이지요. 레비-스트로스가 구조주의의 발단이라고 한다면, 그것을 본격적으로 발전시킨 것은 라캉과 알튀세르입니다. 이름은 들어 보셨을 텐데, 라캉은 프로이트의 정신분석학을 구조주의적으로 재해석한 것으로 유명하지요. 그리고 마르크스의 『자본』을 구조주의적으로 재해석한 것은 물론 알튀세르이지요.

지난번에 설명한 대로 알튀세르는 파리고등사범학교와 프랑스 학계에서 아주 예외적인 지위를 차지하고 있었지요. 그런 알튀세르가 자신의 마르크스 해석과 라캉의 프로이트 해석이 동일한 문제의식에서 출발한다고 선언한 것입니다. 그것이 바로 1964-65년 겨울에 프랑스공산당의 이론지 중 하나인 『신비평』에 발표한 「프로이트와 라캉」이라는 논문입니다. 그래서 이 논문이 마르크스와 프로이트 또는 알튀세르와 라캉의 동맹의 선언이자 구조주의 운동의 선언이기도 하다고 평가되는 것이지요.

라캉과 알튀세르에 의해서 본격적으로 발전하는 구조주의는 프랑스 학계에서 아주 널리 확산됩니다. 그래서 전통적인 인문학 분야에서도 구조주의가 확산되는데, 예를 들어 철학에서는 푸코가 가장 유명한 사례입니다. 문학과 음악에서도 마찬가지입니다. 예를 들어 문학에서는 바르트, 음악에서는 불레즈가 구조주의의 기수라고 할 수 있지요. 그러나 제가 잘 몰라서 그런지 몰라도, 구조주의 미술은 없는 것 같습니다. 알튀세르가 주목한 이탈리아 추상화가 크레모니니도 구조주의자는 아닌 것 같습니다.

불레즈는 아마 이름도 생소하실 것인데, 그는 프랑스를 대표하는 현대음악가입니다. 제가 번역한 『베토벤』의 서문격으로 그가 1970년에 베토벤 탄생 200주년을 기념해서 쓴 「베토벤이여, 내게 가르쳐주시오」라는 시를 번역한 적이 있지요. 그런데 불레즈는 1970년대 이후 작곡은 거의 하지 않고 지휘를 많이 합니다. 그래서 쇤베르크·베르크·베베른의 현대음악은 물론이고 바그너·말러의 낭만주의음악도 거의 대부분 새로 취입하지요.

작곡은 하지 않고 지휘만 한다고 해서 뭐라고 할 수는 없습니다. 음악의 핵심은 물론 작곡이지만, 그러나 문제는 음악이 작곡되었다고 해서 무매개적으로 수용될 수 있는 것은 아니기 때문이에요. 반드시 해석을 거쳐야 하는데, 그것이 바로 연주나 지휘입니다. 이것이 문학이나 미술과 비교할 때 음악이 갖는 특수성 같아요. 베토벤의 『합창』 교향곡이나 『함머클라비어』 소나타를 듣기 위해서는 뵘의 지휘나 길렐스의 연주가 필수적이에요.

그 다음에 보통 사회과학이라고 불리는 분야에서도 구조주의가 확산됩니다. 지난번에 설명한 것처럼, 역사학에서는 브로델의 아날학파가 중요한 역할을 하는데, 나중에는 월러스틴의 세계체계론으로 발전하지요. 물론 레비-스트로스의 인류학이나 라캉의 정신분석학이나 부르디외의 사회학도 사회과학에 대한 중요한 기여라고 해야 합니다. 그러나 조금 이따가 설명할 것처럼, 사회과학 내부에서는 심각한 갈등이 전개되기도 하지요. 어쨌든 인문학보다는 사회과학에서 구조주의가 더 큰 영향을 끼쳤다고 할 수 있습니다.

이론적 반인간주의와 인간학 비판

그래서 구조주의를 사회과학방법론으로 해석할 수 있는가라는 질문이 제기되는 것이지요. 즉 구조주의를 인류학, 정신분석학, 사회학 같은 다양한 사회과학에 공통적인 방법 일반으로 해석할 수 있는가라는 말입니다. 그러나 발리바르는 그런 해석이 아주 잘못된 것이라고 비판합니다. 사실 사회과학방법론으로서 구조주의라는 해석은 도스의 『구조주의의 역사』라는 책에서 제시된 것입니다. 이 책은 동문선이라는 출판사에서 국역되기도 했지요.

잠깐 개인적인 불만을 한 가지 말하자면, 동문선은 아주 이상한 출판사입니다. 이 출판사에서 번역된 책 중에서 제대로 된 것은 거의 없어요. 그런데도 관심을 끌 만한 책은 모조리 입도선매하는 것이 이 출판사이지요. 판권부터 사놓고 나중에 번역자를 대충 구해서 책을 내곤 하지요. 1997년에 과천연구실에서 『성적 차이와 페미니즘』이라는 책을 편역했는데, 이리가레의 논문이 몇 편 실렸었지요. 그런데 이리가레 논문집 판권을 동문선이 미리 사놓았던 모양이에요. 그래서 고발을 하겠다느니 어쩌니 협박하는 바람에 거의 전량을 폐기 처분해버렸습니다. 그래서 도서관에서도 『성적 차이와 페미니즘』을 구하기가 쉽지 않은 것이지요.

도스의 『구조주의의 역사』의 가장 큰 문제점은 구조주의를 해석하는 관점입니다. 발리바르가 이 책을 비판하면서 구조주의에 대한 나름대로의 평가를 시도한 짧막한 논문을 쓴 적이 있는데, 그 내용을 소개하면서 본론으로 들어가도록 하겠습니다. 발리바르는 구조주의의 핵심은 과학과 철학의 해후라고 특징짓습니다. 물론 여기서 과학은 마르크스주의와 프로이트주의, 역사과학과 정신분석학을 가리키는 것입니다. 그래서 사회과학방법론이 아니라 과학과 철학의 해후라고 하는 것이지요.

해후는 'encounter'를 번역한 것인데, 어떤 사람은 마주침이라고 번역하기도 합니다. 그렇지만 마주침은 두 가지 뜻을 갖는 말이지요. 거리에서 친구와 마주칠 수도 있지만, 전철을 타다가 내리려는 사람과 마주칠 수도 있는 것이에요. 사전을 찾아보면 '마주치다'의 첫 번째 뜻은 '서로 부딪치다'이고, 두 번째 뜻이 '우연히 서로 만나다'입니다. 즉 마주침은 충돌과 해후라는 두 가지 뜻을 갖는 말이지요. 그리고 여기서 'encounter'는 당연히 충돌이 아니라 해후라는 뜻입니다. 어차피 개념어는 대부분 한자어이기 때문에 억지로 한글을 사용할 필요가 없다는 것이 제 생각입니다.

그 다음이 막상 중요한 대목인데, 그렇다면 과학과 철학이 우연히 서로 만나서 무슨 일이 벌어지는가라는 질문을 제기해야 한다는 것이지요. 발리바르는 구조주의를 과학과 철학의 해후로 특징지은 다음, 그런 해후 때문에 철학 내부에서 아주 중요한 효과가 생산된다고 말합니다. 그런 철학적 효과가 바로 홉즈와 로크에게서 시작하는 현대철학의 특징인 인간학에 대한 비판이고 또 이론적 인간주의에 대한 비판이라는 것입니다.

알튀세르는 마르크스주의와 프로이트주의를 이론적 반(反)인간주의로 특징짓습니다. 이론적 인간주의와 반인간주의는 『마르크스를 위하여』에서 알튀세르가 만들어낸 용어인데, 여기서 중요한 것은 이론적이라는 형용사입니다. 알튀세르는 이론적 반인간주의야말로 진정한 의미에서 현실적 인간주의라고 부연하기도 합니다. 그러나 용어를 둘러싼 오해가 쉽게 정리되었던 것은 아닌데, 그래서 나중에 발리바르는 이론적 인간주의 대신 인간학이라는 좀 더 익숙한 용어를 사용하게 되지요.

인간학은 'anthropology'를 직역한 말입니다. 'anthropo-'는 인간이라는 뜻이고, '-logy'는 과학을 포함한 모든 학문을 가리키지요. 즉 인간에 대한 학문, 인간학이라는 말입니다. 홉즈와 로크의 현대철학이 인간학이라는 이론적 형식을 띨 수밖에 없었던 것은 신학과의 논쟁 때문입니다. 신학은 'theology'인데, 'the(o)-'는 신이라는 뜻이지요. 그래서 조금 이따가 설명하겠지만, 현대에 들어와 정치현실이 격변하고 신학과 인간학의 논쟁이 전개되면서 현대철학이 시작된다는 말입니다.

앞으로 차차 설명할 것처럼, 홉즈와 로크부터 시작된 인간학적 전통에 대해서 20세기 초에 아주 중요한 비판이 제기되는데, 그것이 바로 하이데거의 비판입니다. 방금 설명한 것처럼 하이데거는 루카치의 소외론에 대한 비판에서 출발해서 일체의 인간학에 대한 비판을 전개하기 때문입니다. 이런 의미에서 루카치의 소외론에 대한 알튀세르의 비판은 하이데거 이후의 인간학에 대한 비판이라고 할 수 있겠습니다.

사회과학적 인간학 비판

발리바르는 철학 내부에서 전개되는 인간학 비판에 주로 관심을 갖고 있습니다. 그러나 인간학 비판에는 철학적 비판만 있는 것은 아니겠지요. 인간학을 비판하는 다양한 방식들이 있다는 것인데, 사회과학도 나름대로 인간학을 비판하고 역사과학도 나름대로 인간학을 비판하기 때문입니다. 인간학이 인간의 본질을 의식으로 설정한다면, 그런 의식을 설명하는 비의식을 설정하는 것이 인간학 비판인 셈이지요. 그리고 어떤 것을 비의식으로 설정하는가에 따라서 철학과 사회과학과 역사과학이 구별되는 것입니다.

먼저 인류학적인 의미에서 인간학 비판은 문화를 비의식으로 설정합니다. 인간학과 인류학 사이에는 명칭을 둘러싼 논쟁도 있어요. 본래 'anthropology'는 철학이지만, 레비-스트로스가 의식을 문화로 설명하면서 인류학도 'anthropology'라고 부르기 때문이에요. 그래서 보통 '철학적'이라는 형용사와 '문화적'이라는 형용사를 붙여서 구별하기도 합니다. 즉 레비-스트로스의 인류학은 문화적 인간학 또는 문화인류학입니다. 그러나 'ethnology'나 'ethnography' 같은 전통적인 명칭을 그대로 사용하기도 합니다. 'ethno-'는 종족이라는 뜻인데, 인류학이 말하는 문화는 곧 종족적 문화를 가리키기 때문이지요.

프로이트와 라캉의 정신분석학도 의식을 비판하기는 마찬가지입니다. 아시다시피 정신분석학에서는 비의식 대신 무의식이라는 용어를 사용하고 있습니다. 그리고 인류학에서 의식을 설명하는 비의식을 문화로 설정하듯이, 정신분석학에서는 의식을 설명하는 무의식을 성욕으로 설정하는 것입니다. 그래서 프로이트와 라캉의 정신분석학을 공부하지 않은 사람도 정신분석학이 성욕이라는 무의식으로 의식을 설명하려는 이론이라는 정도는 상식적으로 알고 있는 것이지요.

관련해서 한두 가지만 설명해보자면, 정신분석학과 서로 경쟁하는 관계에 있는 것이 바로 심리학입니다. 심리학을 정신분석학과 혼동해서는 안 되는데, 심리학은 무의식이 아니라 의식에 대한 이론이기 때문입니다. 그러나 심리학은 인간학과도 구별되는데, 인간학은 의식에 대한 철학이고 심리학은 의식에 대한 과학이라고 주장하기 때문이지요. 심리학을 토대로 하는 일군의 과학을 미국에서는 행동과학(behavioral sciences)이라고 부릅니다. 조금 이따가 설명하겠지만, 심리학을 중심으로 하는 행동과학은 사회학을 중심으로 하는 사회과학과 경쟁관계에 있습니다.

전통적인 심리학과 프로이트의 정신분석학을 절충해서 미국에서 발명된 것이 자아심리학입니다. 프로이트는 전(前)의식과 무의식의 심급을 자아(ego)라고 부르고, 무의식 그 자체의 심급을 이드(id)라고 부르지요. 프로이트가 니체주의자 그로데크에게서 차용한 이드는 '그것'이라는 뜻입니다. 스피노자 식으로 말하자면, 자아는 이성이고, 이드는 정념이라고도 할 수 있지요. 프로이트는 그로데크와 달리 이드에 반대해서 자아를 옹호하는데, 그러나 자아심리학처럼 자아의 자율성을 주장한 것은 아닙니다. 그래서 라캉이 자아심리학을 비판하면서 프로이트를 복권시키려고 시도한 것이지요. 또 바로 그런 의미에서 알튀세르가 자신이 시도하는 마르크스의 복권과 라캉이 시도하는 프로이트의 복권을 비교한 것이지요.

인류학이나 심리학 같이 인간학과는 다른 방식으로 의식을 설명하려는 과학을 프랑스에서는 보통 인간과학(human sciences)이라고 부릅니다. 그것은 미국에서 사용하는 사회과학(social sciences)이라는 용어의 대체물이지요. 그런데 인간과학과 사회과학 사이에는 어떤 학문이 중심인가라는 논쟁도 있습니다. 인간과학이라고 할 때는 인류학이나 심리학이 중심이고, 사회과학이라고 할 때는 사회학이 중심이지요. 방금 설명한 것처럼 미국에는 심리학을 중심으로 하는 행동과학이라는 것도 있습니다. 그리고 물론 마르크스의 역사과학이나 프로이트의 정신분석학은 비제도권 학문입니다.

그런 문제 때문에 구조주의 운동 안에서도 갈등이 발생하는 것입니다. 특히 레비-스트로스의 인류학에 대해서 부르디외의 사회학이 도전하지요. 부르디외도 레비-스트로스와 마찬가지로 의식을 결정하는 것은 문화라고 주장하는데, 물론 사회학적 문화는 인류학적 문화와 달리 종족적인 것이 아니라 민족적인 것이겠지요. 그렇기 때문에 논쟁이 불가피한 것입니다. 그런 논쟁을 통해서 1968년 이후 부르디외의 사회학이 프랑스 사회과학계를 평정하지요.

지나치는 말이지만, 1975년에 관악산으로 캠퍼스를 이전하면서 문리과대학이 세 개로 분화되는데, 처음에는 자연과학대학·사회과학대학·인문과학대학이라고 불렸지요. 그러나 인문과학이란 본래 없는 것이고, 인간과학은 사회과학과 비슷한 뜻이지요. 그래서 나중에 인문과학대학에서 인문대학으로 이름이 바뀌게 된 것입니다. 그런데 그런 과정에서 상과대학은 해체되고 맙니다. 경영학과가 경영대학으로 독립하면서 경제학과는 국제경제학과와 함께 사회과학대학으로 편입되기 때문이에요. 그러나 제 생각으로 경제학이나 국제경제학은 마땅히 사회과학과 구별되어야 하는 것입니다.

마르크스적 인간학 비판

본론으로 돌아가도록 합시다. 인류학이나 정신분석학이나 사회학도 인간학을 비판하고 있지만, 마르크스주의도 인간학을 비판하기는 마찬가지입니다. 마르크스는 1859년에 『경제학 비판을 위하여: 1분책』을 출판하면서 자신의 사상적 역정을 요약하는 짤막한 서문을 씁니다. 여기서 마르크스는 1845년의 『독일 이데올로기』에서 존재가 의식을 결정한다는 결론에 도달했다고 말하지요. 이런 결론 때문에 『독일 이데올로기』에서 철학을 청산하고 역사과학을 정초하게 되었다는 말입니다.

그런데 『독일 이데올로기』와 같은 시기에 쓴 「포이어바흐 테제」에서 마르크스는 조금 다른 식으로 말합니다. 지난번에 역사과학은 사고대상과 구별되는 현실대상을 갖는다는 첫 번째 테제를 설명했지요. 여섯 번째 테제에서 마르크스는 존재를 가리켜서 관계라고 부릅니다. 즉 의식을 설명하는 비의식으로서 존재는 곧 관계라는 말이지요. 그리고 물론 『자본』에서 분석되는 이런 관계는 자본주의라는 역사적으로 특수한 생산양식이지요.

구조라는 개념에는 신비스러울 것이 전혀 없는데, 구조의 핵심이 바로 관계이기 때문입니다. 구조라는 것은 구조를 형성하는 다양한 요소를 그런 요소 사이의 관계가 결정한다는 뜻입니다. 그러나 물론 구조 일반이란 존재하지 않습니다. 인류학이나 사회학에서 말하는 문화나 정신분석학에서 말하는 성욕이나 역사과학에서 말하는 생산양식은 모두 특수한 구조일 따름입니다. 구조 일반이란 특수한 구조를 분석하기 위해서 필요한 최소한의 개념일 따름이지요.

의식을 주체라고 불러도 상관없고 관계를 구조라고 불러도 상관없습니다. 그래서 마르크스처럼 의식을 결정하는 것이 관계라고 말하는 것이나 알튀세르처럼 주체를 결정하는 것이 구조라고 말하는 것이나 모두 같은 말이지요. 『'자본'을 읽자』를 읽기가 어려운 한 가지 이유는 새로운 개념이 많이 등장하기 때문인데, 가장 악명 높은 것 중 하나가 바로 구조인과율입니다. 그러나 구조인과율이라는 것도 별로 어려울 것이 없는데, 구조라는 원인의 효과로서 주체가 생산된다는 뜻이기 때문이지요. 알튀세르의 구조인과율은 인간학에 대한 마르크스적 비판을 요약하는 것입니다.

『자본』에서 마르크스는 생산양식을 통해서 노동자와 자본가라는 주체를 설명합니다. 편의상 생산관계만 보겠습니다. 마르크스는 노동자와 자본가를 생산관계의 'Träger'라고 부르는데, 이것을 영어로는 'bearer'라고 번역하지요. 이 두 말은 등이나 어깨로 물건을 져나르는 사람이라는 뜻입니다. 그래서 일본에서는 담지자라고 번역하지요. 『'자본'을 읽자』에서 알튀세르는 'support'라는 용어를 사용하기도 합니다. 이것은 'Träger'의 직역이 아니라 의역인 셈인데, 기둥이나 지주 또는 지지자 정도로 번역할 수 있겠습니다.

결국 마르크스는 노동자와 자본가가 생산관계라는 경제구조를 져나른다고 말하는 것이고, 알튀세르는 노동자와 자본가라는 두 개의 지주에 의해서 생산관계라는 경제구조가 지지된다고 말하는 셈입니다. 그래서 결국 생산관계라는 경제구조가 노동자와 자본가는 주체를 결정한다는 뜻이지요. 『'자본'을 읽자』에서 알튀세르가 여러 가지 구조주의적인 개념을 사용해서 『자본』에서 마르크스가 시도한 인간학 비판을 복권시킨다고 할 수 있지요.

그런데 설명이 여기서 끝나면 참 간단하고 좋은데, 문제는 여기서 끝날 수 없다는 것입니다. 그래서 오늘 강의가 아주 복잡해질 수밖에 없는 것이지요. 발리바르에 따르면, 주체가 구조에 의해서 결정된다는 것은 기본적으로 옳지만, 그러나 주체에는 구조에 의해서 결정되지 않는 그런 측면도 있기 때문입니다. 주체에 대해서 구조가 결정하는 측면은 무엇이고, 구조가 결정하지 못하는 측면은 무엇이고, 또 두 측면 사이의 관계는 무엇인가에 대해서 설명해야 한다는 말입니다.

그런데 본격적인 설명을 시작하기 전에 먼저 방금 든 예를 가지고 설명해보겠습니다. 사실 발리바르의 지적은 너무나 당연한 것이에요. 만일 노동자와 자본가라는 주체가 생산관계의 담지자 또는 지지자일 따름이라고 한다면, 긍정적이든 부정적이든 이행이란 불가능할 것이기 때문입니다. 노동자연합이나 법인자본주의의 형성을 통해서 이행이 가능한 것은 노동자나 자본가라는 주체가 생산관계에 의해서 결정되지 않는 측면도 갖고 있기 때문입니다.

그래서 『자본』에 나오는 노동자나 자본가와 그 밖의 다른 정치적 저작에 나오는 노동자나 자본가를 구별해야 하는 것입니다. 말하자면 대중으로서의 노동자나 자본가와 계급으로서의 노동자나 자본가를 혼동하면 안 된다는 것이지요. 조금 도식적이지만, 계급으로서의 노동자와 자본가를 프롤레타리아와 부르주아지라고 부르기도 합니다. 별로 중요한 것은 아니지만, 프롤레타리아는 개인과 집단을 아우르는 것인 반면, 부르주아지는 집단을 가리키고 개인을 가리킬 때는 부르주아라고 해야 하지요.

발리바르가 지적하듯이, 실제로 『자본』에는 프롤레타리아라는 개념이 거의 나오지 않습니다. 또 노동자계급이라는 개념도 별로 안 나오지요. 즉 『자본』은 노동자의 객관적 조건에 대한 분석만을 제시할 따름입니다. 그것을 보통 상태론이라고 부르지요. 따라서 노동자의 주체적 조건에 대한 분석이 추가되어야 하는데, 그것을 상태론과 구별해서 보통 운동론이라고 부르지요. 그런데 노동자는 이념을 매개로 해서 프롤레타리아로 형성되기 때문에 운동론의 핵심적 쟁점은 곧 이념일 수밖에 없습니다. 이념과 이데올로기는 비슷한 뜻인데, 그 관계에 대해서는 조금 이따가 설명하겠습니다.

상태론과 운동론은 결합되어야만 합니다. 레닌이 강조하는 것처럼, 이 두 가지를 제대로 결합하지 못할 때 두 가지 편향이 나타납니다. 하나가 상태론에만 주목하는 경제주의라는 편향이고, 또 다른 하나가 운동론에만 주목하는 의지주의라는 편향이지요. 아리기는 그것을 산업별노조를 중심으로 하는 미국 식 경제적 노동자운동과 전위당을 중심으로 하는 소련 식 정치적 노동자운동으로 구별하기도 합니다. 남한의 노동자운동이 표류하는 것도 그런 편향 때문이라고 할 수 있겠지요. 노동자대중의 상태에 맞춰서 운동을 해야 한다는 것이 경제주의라면, 정반대로 전위당을 지향하는 정파적 이념을 통해서 운동을 할 수 있다는 것은 의지주의일 따름입니다.

포스트구조주의란 무엇인가?

1960년대가 구조주의의 시대라고 한다면, 1970년대는 포스트구조주의의 시대라고 할 수 있습니다. 방금 설명한 대로 주체에는 구조에 의해서 결정되는 측면과 함께 구조에 의해서 결정되지 않는 측면도 있을 수밖에 없기 때문에 구조주의에서 포스트구조주의로 이행하게 되는 것이지요. 그리고 그런 넓은 의미에서 포스트구조주의로의 이행의 계기는 이미 마르크스주의에서도 발견된다고 할 수 있습니다. 한 마디로 말하자면, 혁명을 사고하기 위해서는 노동자상태론과 구별되는 노동자운동론이 필요하기 때문이에요.

그런데 설명이 좀 더 복잡해지는 것은 포스트구조주의로 이행하면서 마르크스와 프로이트보다는 오히려 니체가 부상하기 때문입니다. 그래서 마르크스와 프로이트가 구조주의를 상징한다면, 니체가 포스트구조주의를 상징하게 되는 것이지요. 물론 포스트구조주의의 시대에도 마르크스와 프로이트에 대한 연구는 지속되지만, 그러나 마르크스와 프로이트조차도 니체의 관점에서 재해석된다고 할 수 있습니다. 그래서 당시 프랑스에서는 마르크스와 프로이트와 니체를 가리켜서 '의심의 3대 스승'이라고 부르기도 한 것이에요.

게다가 이렇게 니체가 특권화되면서 철학 내부에서 인간학 비판을 둘러싼 아주 복잡한 논쟁이 전개됩니다. 방금 구조주의를 과학과 철학의 해후로 특징지었지만, 그러나 포스트구조주의는 철학 내부의 논쟁을 특징으로 합니다. 그래서 마르크스와 프로이트에 대한 연구조차도 니체를 중심으로 하는 철학적 논쟁에 연루되게 되지요. 포스트구조주의 시대에 이렇게 니체를 계기로 해서 철학이 과학으로부터 분리되면서 부르디외의 사회학이 프랑스 사회과학계를 평정하게 된다고 할 수 있습니다.

마르크스적 인간학 비판과 사회과학적 인간학 비판에 대해서 설명했으니까, 이제 철학적 인간학 비판에 대해서 설명해보겠습니다. 철학적으로 말하자면, 구조에 의해서 결정되는 주체의 측면이 바로 개인성입니다. 지난번에도 설명한 것처럼 개인은 원자와 마찬가지로 더 이상 분할할 수 없는 최소의 단위라는 뜻이지요. 구조가 결정하는 주체의 측면으로서 개인성은 곧 주체의 보편성을 가리킵니다. 반면 구조에 의해서 결정되지 않는 측면을 보통 'singularity'라고 부릅니다. 이것도 물리학이나 수학의 용어를 차용한 것인데, 보통 특이성이라고 번역합니다. 구조가 결정하지 못하는 주체의 측면으로서 특이성은 곧 주체의 특수성을 가리킵니다.

홉즈와 로크부터 시작하는 현대철학의 핵심 개념이 개인성입니다. 개인성이라는 개념이 중요한 것은 사회를 구성하는 모든 주체가 공유하고 있는 보편적 측면이기 때문이지요. 그래서 주체의 보편성으로서 개인성이라는 개념을 토대로 해서 신학을 비판하는 인간학이 발전한다고 할 수 있지요. 나아가 개인성이라는 개념 때문에 인권의 정치나 마르크스주의도 가능해지는 것입니다. 만일 개인성이라는 개념이 없다고 한다면, 현대철학도 불가능하고 인권의 정치나 마르크스주의도 불가능할 것입니다.

그런데 포스트구조주의로 이행하면서 사회를 구성하는 모든 주체가 공유하는 보편성이 아니라 주체의 특수성에 주목하게 되지요. 말하자면 개인성이 아니라 개별성 또는 개인차가 강조되기 시작한다는 말이에요. 그러면서 그런 개별성·개인차를 특이성이라는 개념으로 표현하는 것이지요. 그러나 개인이 원자를 차용한 것처럼, 특이성도 포스트구조주의가 발명한 용어는 아니에요. 특이성은 물리학이나 수학의 용어를 차용한 것이기 때문입니다.

그러나 조금 이따가 설명하겠지만, 하늘 아래 새로운 것은 별로 없습니다. 마르크스의 논적이자 니체의 선조인 슈티르너가 이미 개별성·개인차에 주목했기 때문이지요. 슈티르너는 개별성·개인차를 가리켜서 유일성(uniqueness)이라고 부르지요. 나중에 들뢰즈는 그런 특이한 개인 또는 유일한 개인을 가리켜서 유목민이라고 부르기도 합니다. 특이성이나 유일성 같은 철학적 용어는 마르크스주의자나 사회과학자가 보면 참으로 생소한 것인데, 그러나 맥락을 알면 또 별로 어려울 것도 없다는 말입니다.

이제 포스트구조주의를 정리해볼 수 있습니다. 포스트구조주의는 구조에 의해서 결정되지 않는 주체의 측면이 있다는 사실을 강조합니다. 그러나 그런 넓은 의미에서의 포스트구조주의를 수용한다고 해서 구조에 의해서 결정되는 주체의 측면이 있다는 사실을 부정할 필요는 없겠지요. 그러니까 포스트구조주의에는 주체의 보편성이나 개인성을 강조하는 조류도 있고, 주체의 특수성이나 특이성을 강조하는 조류도 있다는 말입니다. 주체의 보편성보다는 특수성, 개인성보다는 특이성을 강조하는 그런 조류를 가리켜서 좁은 의미에서의 포스트구조주의라고 부르기도 하지요.

좁은 의미에서 포스트구조주의를 가장 체계적으로 제시한 사람은 역시 들뢰즈입니다. 그래서 푸코가 1970년대는 들뢰즈의 시대가 될 것이라고 예언한 것이고 결국 그의 예언이 실현된 것입니다. 그리고 친구 따라서 강남 간다고 푸코도 결국 포스트구조주의자로 전향합니다. 나아가 알튀세르와 함께 구조주의의 시대를 본격적으로 개시한 라캉도 포스트구조주의자로 전향하지요. 그래서 포스트구조주의의 대표자로 보통 들뢰즈와 푸코와 라캉을 드는 것입니다. 그리고 이 세 사람이 공유하는 것은 더 이상 마르크스나 프로이트가 아니라 니체입니다.

구조주의와 포스트구조주의의 논쟁

그런데 세상일이 항상 그렇듯이 현실은 좀 더 복잡하지요. 그래서 사실 골치가 아파요. 저도 1990년대 중반 몇 년 동안 포스트구조주의를 공부해보려고 노력했는데, 머리가 다 빠질 뻔했지요. 하여튼 제가 공부해보니까 들뢰즈 식의 포스트구조주의와 데리다 식의 포스트구조주의 사이에는 미묘한 차이가 있더군요. 알튀세르나 발리바르에게도 넓은 의미에서 포스트구조주의적 특징이 있기는 하지만, 그러나 그들은 구조주의자라고 불러야 할 것입니다. 이것은 사실 발리바르 자신의 주장이기도 합니다.

포스트구조주의를 비판하기 전에 먼저 들뢰즈 식의 포스트구조주의와 데리다 식의 포스트구조주의의 차이에 대해서 설명해보겠습니다. 데리다는 주체의 보편성에 대해서 특수성, 개인성에 대해서 특이성을 강조하는 것은 구조주의에 대한 거울 놀이에 불과하다고 비판합니다. 그러면서 데리다는 베이트슨이라는 인류학자에게서 이중구속이라는 개념을 차용합니다. 즉 개인성과 특이성은 주체를 분열시키는 대립적 측면이 아니라 오히려 주체를 구속하는 이중적 측면이라는 뜻입니다. 이렇게 데리다를 들뢰즈와 구별할 수 있는 것은 그가 니체주의자이기 전에 하이데거주의자이기 때문이지요.

데리다는 라캉을 비판하기도 합니다. 포스트구조주의자로 전향한 라캉은 구조의 공백이라는 개념을 강조하지요. 그런 공백 때문에 구조가 주체를 결정할 수 없다는 말이에요. 그런데 데리다는 오히려 구조의 과잉을 강조합니다. 구조가 비어 있기 때문이 아니라 넘치고 있기 때문에 그렇다는 말이지요. 데리다가 푸코를 비판한 것은 그가 포스트구조주의자로 전향하기 전이기 때문에 오늘 강의와는 별로 관계가 없습니다. 데리다와 들뢰즈·라캉 사이의 논쟁에 대한 자세한 설명은 『알튀세르의 현재성』을 참조하세요.

이제 데리다와 알튀세르 또는 발리바르 사이의 논쟁을 설명해보겠습니다. 아까 말한 것처럼 1988년은 알튀세르가 고희를 맞는 해인데, 그래서 미국에서 스프린커라는 사람이 전세계의 알튀세르 연구자들을 모아 '알튀세르의 유산'이라는 제목으로 심포지엄을 개최하지요. 이 심포지엄에서 발표된 발리바르의 논문이 바로 「비동시대성」입니다. 데리다는 심포지엄에 참석하지는 않지만, 1989년에 스프린커와 장시간의 인터뷰를 하지요. 『이론』 1993년 가을호에 번역된 이 인터뷰에서 데리다는 알튀세르나 마르크스에 대한 자신의 생각을 최초로 공개합니다.

그 후 그런 생각을 좀 더 정리해서 1994년에 발표한 것이 『마르크스의 유령』이지요. 이 책도 국역되어 있는데, 저는 읽지 않았지만 아주 엉망이라고들 하지요. 어쨌든 『마르크스의 유령』에서 데리다가 알튀세르나 마르크스에게 제기한 질문에 대해서 발리바르가 답변한 것이 『마르크스의 철학』이라고 할 수 있습니다. 물론 『마르크스의 철학』이 『마르크스의 유령』보다 조금 먼저 출판되었기 때문에 둘 사이의 논쟁은 간접적인 것이에요. 하여튼 이 논쟁에 대해서도 『알튀세르의 현재성』의 설명을 참조하세요. [또 발리바르, 「목적론 대 종말론: 알튀세르와 데리다의 유예된 대화」(2006), 『일반화된 마르크스주의의 경계들』, 공감, 2007도 참조하시오.]

알튀세르나 발리바르와 데리다 사이의 논쟁은 구조주의와 포스트구조주의 사이의 논쟁인데, 그런 논쟁은 이미 마르크스와 슈티르너 사이에서 제기된 것을 반복하는 것입니다. 사실 『독일 이데올로기』 대부분이 그런 논쟁에 할애되고 있지요. 발리바르 식으로 말하자면, 논쟁이라기보다는 오히려 말싸움이에요. 『독일 이데올로기』를 읽기 어려운 이유가 바로 여기에 있습니다. 어쨌든 이 모든 철학적 논쟁의 핵심적인 쟁점은 주체의 보편성으로서 개인성인가 아니면 주체의 특수성으로서 특이성인가라는 것입니다.

프랑스 스피노자학

구조주의와 포스트구조주의 사이의 논쟁은 스피노자를 어떻게 해석하는 것이 옳은가라는 논쟁으로 확산됩니다. 오늘 강의에서는 주로 발리바르의 스피노자론과 네그리의 스피노자론 사이의 논쟁에 주목할 것인데, 특히 주체의 보편성으로서 개인성을 강조하는 스피노자 해석과 주체의 특수성으로서 특이성을 강조하는 스피노자 해석 사이에서 쟁점을 형성해보려고 시도할 것입니다.

방금 마르크스주의에도 넓은 의미에서 포스트구조주의로 이행하는 계기가 있고, 그것이 노동자상태론과 결합해야 하는 노동자운동론이라고 했지요. 조금 이따가 설명할 것처럼, 여기서 경제학 비판에 적합한 이데올로기 비판이라는 문제가 제기되는 것입니다. 마르크스적 인간학 비판이 경제학 비판과 관련되는 것이라면, 이데올로기 비판과 관련되는 것은 스피노자적 인간학 비판이지요. 그래서 발리바르가 1985년에 『스피노자와 정치』를 발표한 것이에요.

발리바르의 스피노자론과 쟁점을 형성하는 것이 네그리의 스피노자론이지요. 들뢰즈가 포스트구조주의로의 이행을 선언한 것은 사실 니체가 아니라 스피노자에 대한 연구입니다. 들뢰즈는 1962년에 『니체와 철학』을 발표하고 1969년에 니체의 관점에서 스피노자를 해석하는 『스피노자와 표현의 문제』를 발표합니다. 그리고 그런 들뢰즈의 스피노자론을 수용하여 마르크스주의와 논쟁하려는 것이 네그리가 1981년에 출판한 『스피노자: 야만의 이례성』이지요.

1968년을 계기로 구조주의에서 포스트구조주의로의 이행이 전개되는 동시에 스피노자 연구도 본격적으로 전개됩니다. 프랑스 스피노자학의 최초의 계기는 게루의 연구에요. 본래 데카르트 연구자인 게루는 1968년에 『스피노자』에 대한 3부작의 첫째 권을 발표합니다. 그것이 『윤리학』 1부의 존재론에 대한 해석인데, 1974년에 발표한 둘째 권은 『윤리학』 2부의 인식론에 대한 해석입니다. 그러나 게루는 마지막 셋째 권을 계획하는 단계에서 죽고 맙니다.

스피노자는 알튀세르에게도 아주 중요한 화두이지요. 그래서 이미 『'자본'을 읽자』에도 스피노자적인 관점이 전제되어 있다고 할 수 있는데, 예를 들어 구조인과율이 가장 대표적인 사례입니다. 나중에 알튀세르는 자신이 구조주의자가 아니라 스피노자주의자였노라고 고백하기도 하지요. 그러나 게루와 비교할 때 알튀세르는 스피노자에 대한 체계적인 연구를 발표한 적이 없습니다. 게다가 알튀세르는 게루와 달리 스피노자의 존재론은 무시하고 인식론에만 주목하고 있지요.

게루의 작업은 스피노자에 대한 구조주의적 해석의 효시를 이루는 것입니다. 그리고 게루가 완성하지 못한 『윤리학』 3-5부의 인간학에 대한 해석은 마트롱에 의해서 계승되지요. 마트롱은 알튀세르의 옛제자인데, 굳이 옛제자라고 하는 것은 알튀세르가 『마르크스를 위하여』, 『'자본'을 읽자』에서 자신의 사상을 체계화하기 이전의 제자라는 뜻입니다. 그런 의미에서 푸코나 데리다도 알튀세르의 옛제자인 셈이지요. 『'자본'을 읽자』 세미나를 끝낸 직후인 1967년 봄에 알튀세르는 '스피노자 그룹'이라는 비공개 연구회를 조직하는데, 마트롱도 잠깐 그 성원으로 참여했다고 합니다.

마트롱은 1969년에 발표한 『스피노자에게서 개인과 공동체』에서 게루의 구조주의적 방법에 따라서 스피노자의 인간학에 대한 해석을 시도하지요. 게다가 마트롱은 스피노자의 『윤리학』과 『정치론』의 관계에 대해서도 주목합니다. 이 점에서 게루와 달리 마트롱의 스피노자론에는 마르크스주의적 해석이 추가되는 측면이 있다고 할 수 있지요. 1971년에 발표한 『스피노자에게서 그리스도와 무지자의 구원』에서 마트롱은 『신학-정치론』까지 자신의 해석을 확대하기도 합니다.

게루의 구조주의적인 스피노자 해석이나 마트롱의 구조주의적이고 마르크스주의적인 스피노자 해석과 비교되는 것은 역시 들뢰즈의 포스트구조주의적이고 니체주의적인 스피노자 해석입니다. 1969년에 발표된 들뢰즈의 『스피노자와 표현의 문제』는 『윤리학』 전체를 대상으로 하는 것입니다. 이 책도 국역되어 있지만, 심각한 문제가 있다고들 하지요. 들뢰즈는 1970년에 발표한 『스피노자: 실천철학』에서 자신의 스피노자론을 평이하게 설명하고 있습니다. 이 책의 국역본은 그런 대로 읽을 만하다고 합니다.

게루·마트롱 또는 들뢰즈 이후 10년 정도는 그렇게 대단한 후속 연구가 별로 없습니다. 그러다가 1980년대 초부터 아주 중요한 연구들이 발표되지요. 게루와 마트롱의 계보에서 볼 때는 1985년에 발표된 발리바르의 『스피노자와 정치』가 가장 대표적이고, 들뢰즈의 계보에서 볼 때는 역시 1981년에 발표된 네그리의 『스피노자: 야만의 이례성』이 가장 대표적이라고 할 수 있겠습니다. 최근에 국역된 『스피노자와 정치』는 읽을 만하지만, 『스피노자: 야만의 이례성』의 국역본은 읽지 않는 것이 좋을 것입니다.

발리바르의 스피노자론에 대해서는 조금 이따가 자세하게 설명하기로 하고, 네그리의 스피노자론에 대해서 먼저 간단하게 설명하겠습니다. 네그리의 해석은 들뢰즈의 해석을 계승하지만, 둘 사이에는 한 가지 중요한 차이가 있습니다. 들뢰즈는 스피노자의 인간학을 자연주의적으로 해석하기 때문이지요. 특히 『스피노자: 실천철학』에서 들뢰즈는 스피노자의 인간학을 'ethology'로 해석하는데, 그것은 동물행동학을 가리키는 말입니다. 그러나 네그리는 들뢰즈의 그런 자연주의적 해석을 수용하지 않습니다.

나아가 네그리는 스피노자의 존재론과 인식론이 르네상스 시대를 특징짓던 신플라톤주의적 형이상학의 영향에서 완전히 탈피하지 못했다고 비판하지요. 그래서 네그리는 그런 형이상학적 존재론과 인식론을 기각하고 스피노자의 인간학을 재구성하려고 시도합니다. 앞으로 설명할 것처럼 마트롱이나 발리바르가 해석하는 스피노자의 인간학과 네그리의 인간학 사이에서 제기되는 쟁점은 존재론과 인식론에 기초한 인간학인가 아니면 존재론과 인식론 없는 인간학인가라고 할 수 있겠습니다.

발리바르의 스피노자론

이렇게 구조주의와 포스트구조주의가 논쟁하는 과정에서 제기된 발리바르의 스피노자론은 1985년의 『스피노자와 정치』에서 체계적으로 전개되고 있습니다. 그러나 1989년에 발표된 「스피노자, 정치와 교통」만 읽어도 이 책의 논지를 대강 이해할 수는 있지요. 그래서 여기서는 이 논문을 중심으로 발리바르의 스피노자론에 대해서 설명해보겠습니다.

이미 지적한 것처럼 발리바르는 경제학 비판에 적합한 이데올로기 비판을 전개하기 위해서 스피노자의 인간학에 주목하지요. 반면 네그리에게는 경제학 비판이 존재하지 않듯이 이데올로기 비판도 존재하지 않습니다. 네그리도 일종의 스피노자-마르크스주의를 제시한다고 주장하는 사람도 있지만, 그것은 아주 터무니없는 주장일 따름입니다. 그리고 물론 들뢰즈가 스피노자-마르크스주의를 제시한다는 주장은 더더욱 터무니없는 주장이라고 해야겠지요.

첫 번째 강의에서도 설명했듯이, 알튀세르는 마르크스의 곤란과 공백을 지적하는데, 여기서 곤란이란 경제학 비판에서 논리와 역사의 관계를 가리키는 것이고 공백이란 이데올로기 비판의 결여를 가리키지요. 마르크스의 곤란을 해결하려는 시도에 대해서는 이미 설명했기 때문에, 오늘 강의에서는 마르크스의 공백을 보충하려는 시도에 대해서만 설명할 것입니다. 발리바르에 따르면 마르크스에게 결여된 이데올로기 비판을 보충하는 개념과 이론은 스피노자의 인간학에서 발견할 수 있지요.

그런데 흔히 오해하는 것과 달리, 발리바르의 스피노자-마르크스주의는 마르크스와 스피노자를 있는 그대로 결합한다는 뜻이 아닙니다. 조금 이따가 설명할 것처럼 발리바르는 스피노자의 아포리아를 강조하고 있는데, 그것은 스피노자의 인간학에 그 자체만으로는 해결할 수 없는 논리적 궁지가 포함되어 있다는 뜻이에요. 사실 마르크스와 스피노자를 포함하는 모든 철학자의 아포리아에 주목하는 것이 요즘 발리바르가 철학하는 방식이에요.

아까 지적한 것처럼 1980년대 프랑스에서는 발리바르의 업적도 별로 주목받지 못했던 모양입니다. 그래서 1987년에 네덜란드의 나이메헨대학에서 국가박사학위를 받았던 것 같습니다. 그러다가 상황이 많이 호전되었던지 1993년에 파리1대학에서도 국가박사학위를 받게 되었습니다. 그 때 심사위원인 마트롱이 그에게 철학에는 아포리아밖에 없다고 생각하는가라고 질문했다고 하지요.

하여튼 발리바르는 스피노자의 인간학에 존재하는 아포리아를 강조하는데, 제가 볼 때 그것은 마르크스의 경제학 비판에 존재하는 곤란이나 공백보다 훨씬 심각한 것이에요. 우선 마르크스에게 이데올로기 비판이 공백이듯이 스피노자에게는 경제학 비판이 공백이지요. 그럼에도 불구하고 마르크스에게는 경제학 비판이 있고 또 이미 설명한 것처럼 논리와 역사의 관계라는 곤란도 어느 정도 해결할 수 있습니다. 그러나 스피노자의 인간학에는 그 자체로서는 해결할 수 없는 아포리아가 있습니다.

스피노자에게서 마르크스에게 결여된 이데올로기 비판을 발견하려는 발리바르는 들뢰즈처럼 특이성을 강조하는 것이 아니라 마트롱처럼 개인성을 강조합니다. 이렇게 개인성을 강조하는 것은 스피노자에게 결여된 인권의 정치를 통해서 인간학을 비판하기 위해서입니다. 스피노자의 아포리아는 그의 인간학이 인권의 정치에 미달하기 때문에 발생하는 것입니다. 스피노자의 아포리아를 해결하는 인권의 정치가 바로 경제학 비판에 적합한 이데올로기 비판이라는 말입니다.

앞으로 차차 설명하겠지만, 발리바르가 말하는 인권의 정치는 현대정치의 이데올로기적 형식을 가리킵니다. 그리고 그런 인권의 정치는 홉즈와 로크 이후 현대철학을 특징짓는 개인성을 전제로 하는 것이지요. 마찬가지로 곧 설명하겠지만, 그런 인권의 정치가 마르크스의 경제학 비판과 결합하는 이데올로기 비판이에요. 따라서 스피노자의 인간학을 마르크스의 경제학 비판과 결합하려면 먼저 개인성을 전제하는 인권의 정치와 결합해야 한다는 것이지요.

나아가 발리바르는 들뢰즈가 강조하는 특이성도 재해석하는데, 이것이 바로 탈현대정치를 특징짓는 지적 차이에요. 나중에 자세하게 설명하겠지만, 특이성으로서 지적 차이는 개인성의 한계를 가리키는 것입니다. 방금 스피노자가 인권의 정치에 미달한다고 했는데, 개인성의 한계로서 특이성을 강조하는 스피노자는 인권의 정치를 초과하기도 합니다. 희한한 반전이지요. 스피노자의 인간학에 인권의 정치가 부재한다는 것은 전현대성을 상징합니다. 그런데 발리바르 식으로 해석해보면, 스피노자의 인간학은 전현대적 형식이지만, 그 내용에서는 탈현대적이라고 할 수 있다는 것이지요.

스피노자의 인간학

발리바르의 스피노자론은 한두 가지 차이가 있긴 하지만, 마트롱의 구조주의적이고 마르크스주의적인 해석을 따른다고 할 수 있습니다. 발리바르가 해석하는 스피노자의 인간학은 존재론과 인식론을 토대로 구성되기 때문입니다. 스피노자의 『윤리학』은 어렵기로 유명한데, 마슈레의 「스피노자, 『윤리학』의 개요」(『알튀세르의 현재성』, 공감, 1996)가 아주 유용한 안내자 역할을 할 것입니다. 저도 스피노자를 읽을 때마다 항상 참조하고 있지요.

발리바르는 우선 능동(action)과 수동(passion)이라는 존재론적 차이에 주목합니다. 그런데 이런 존재론적 명제는 그 자체로서는 아무런 의미도 없습니다. 따라서 능동과 수동이라는 존재론적 차이를 지식과 무지라는 인식론적 차이로 해석해야 하는 것이지요. 발리바르는 때때로 지식과 무지를 인간학적 차이로서 지적 차이라고 부르기도 합니다. 모든 개인성은 능동·지식이라는 측면과 수동·무지라는 측면을 결합하고 있습니다. 물론 그 비율은 다 다를 것인데, 그것을 특이성이라고 부를 수 있겠지요.

스피노자는 인식을 세 가지 종류로 나눕니다. 그래서 1종의 인식, 2종의 인식, 3종의 인식이라고 부르는데, 특히 1종의 인식과 2종의 인식 사이에 아주 중요한 절단을 설정하지요. 쉽게 말하자면, 1종의 인식은 무지와 가상이고 2종의 인식은 지식과 이성입니다. 무지와 가상도 하나의 인식인데, 그러나 원인에 대해서 알지 못하는 인식이지요. 스피노자는 원인에 대한 인식으로서 지식과 이성을 공통의 개념이라고 부르기도 합니다. 조금 이따가 설명하겠지만, 발리바르는 공통의 개념을 획득하는 과정을 교통이라고 부르지요.

스피노자의 인간학은 욕망과 정념의 인간학입니다. 스피노자에게서 인간의 본질은 코나투스와 그것에 대한 의식으로서 욕망입니다. 코나투스는 자기 존재를 보존하려는 자연적 권리를 가리키는데, 스피노자는 그것을 홉즈에게서 차용합니다. 그리고 홉즈의 코나투스 개념은 갈릴레이의 관성력 개념을 차용한 것이지요. 스피노자에게서 코나투스와 욕망이라는 인간학적 개념은 능동과 지식이라는 존재론적·인식론적 개념에 대응하는 것입니다.

욕망의 원인에 대해서 무지할 때 발생하는 정념(passion)은 욕망과 달리 수동적 감정입니다. 스피노자는 기쁨과 슬픔, 사랑과 미움, 희망과 공포 같은 감정을 정념이라고 부릅니다. 그런 양가적 정념 때문에 정신적 동요가 발생하는 것이지요. 따라서 스피노자 식으로 말하자면, 자기 존재를 파괴하려는 것은 욕망이 아니라 그런 양가적 정념 또는 정신적 동요라고 할 수 있겠지요.

스피노자의 인식론과 인간학에 대한 해석에서 가장 어려운 부분이 바로 3종의 인식인데, 스피노자는 이것을 직관적 지식이라고 부르지요. 문제는 이성적 지식과 직관적 지식의 관계인데, 발리바르는 이성적 지식과 직관적 지식 사이에는 어떤 절단도 없다고 해석합니다. 직관적 지식의 핵심도 이성적 지식이기 때문이지요. 그런데 이성적 지식과 달리 직관적 지식은 정념과 결합합니다. 이것이 직관적 지식과 이성적 지식의 가장 중요한 차이라고 할 수 있지요.

그러나 직관적 지식에 따르는 정념은 무지와 가상에 따르는 정념과 전혀 다른 것입니다. 무지와 가상에 따르는 정념은 욕망의 원인을 모르는 상태에서 발생하는 정념인 반면, 직관적 지식에 따르는 정념은 욕망의 원인에 대한 이성적 지식을 갖고 있는 상태에서 발생하는 정념이에요. 그래서 마슈레는 치료된 정념이라고 부르는데, 물론 이성적 지식에 의해서 치료된다는 뜻입니다.

스피노자가 무지자라고 부르는 대중은 이성이 없는 것이 아니라, 다만 이성보다 정념에 의해서 인도되는 것이지요. 그러나 지식인이 된다고 해서 모든 정념이 소멸하는 것은 아니고, 다만 이성에 의해서 정념을 치료할 수 있는 것이지요. 이 대목에서 스피노자는 "선을 알면서도 악을 행한다"는 『메데이아』의 말을 인용합니다. 인간이 선을 알면서도 악을 행하는 것은 정념이 이성을 압도하기 때문이에요. 그래서 이성에 의해서 정념을 치료해야 하는 것이지요.

한 마디만 덧붙이자면, 발리바르와 마트롱 사이에는 아주 중요한 차이가 있습니다. 마트롱은 스피노자적 이상사회를 지식인의 공동체로 설정합니다. 특히 여성이 그런 공동체의 성원이 되려면 탈성욕화된 지식인이 되어야 하지요. 사실 이것은 마트롱의 해석이라기보다는 스피노자 자신의 견해입니다. 그러나 발리바르는 성적 차이에 대한 그런 몰인식을 비판하는데, 조금 이따가 설명할 것처럼 지적 차이와 함께 성적 차이가 탈현대정치를 상징하는 것입니다.

발리바르가 해석하는 스피노자의 인간학은 능동과 수동, 지식과 무지, 이성과 가상, 욕망과 정념을 핵심 개념으로 해서 주체의 형성을 설명합니다. 능동과 지식과 이성과 욕망이라는 측면에서 인간은 주체로 형성됩니다. 이것을 발리바르는 주체화(subjectivation)라고 부르지요. 그러나 주체에는 수동과 무지와 가상과 정념이라는 측면도 있어요. 이것을 발리바르는 예속(subjection)이라고 부릅니다. 조금 이따가 설명하겠지만, 이런 주체화와 예속이 바로 이데올로기 일반의 메커니즘이라고 할 수 있지요.

들뢰즈와 달리 네그리는 스피노자의 인간학을 동물행동학으로 환원하지 않기 위해서 존재론과 인식론을 폐기합니다. 그러나 네그리는 들뢰즈에게 큰 영향을 받는데, 특히 'puissance'와 'pouvoir'의 구별을 강조하는 것이지요. 보통 'pouvoir'는 권력, 'puissance'는 역능이라고 번역합니다. 역능 대신 권능이라고 해도 좋겠지만, 그냥 역능이라고 하겠습니다. 일본 식이라서 문제가 될 것은 없기 때문입니다. 어쨌든 권력이 통치자의 본질이라면, 역능은 피통치자로서 대중의 본질이라는 것이 네그리의 주장이에요. 이렇게 대중의 역능을 강조하다보니까 네그리는 능동·지식·이성·욕망과 짝이 되는 수동·무지·가상·정념, 주체화와 짝이 되는 예속을 무시하게 되지요.

스피노자의 아포리아

방금 지적한 것처럼 발리바르는 스피노자의 인간학에 아포리아가 있다고 강조하는데, 이것이 네그리의 스피노자론과 구별되는 가장 중요한 쟁점입니다. 발리바르는 스피노자의 아포리아를 대중의 공포라고 부릅니다. 이것은 스피노자가 『정치론』에서 인용한 타키투스의 말인데, 발리바르가 1982년에 스피노자에 대해서 최초로 쓴 논문인 「스피노자, 반(反)오웰」의 부제이기도 하지요. 이것은 『스피노자와 정치』의 국역본에 실려 있으니까 참조하세요.

대중의 공포는 이중적 의미를 갖고 있습니다. 첫 번째 의미는 통치자에 대한 대중의 공포입니다. 대중이 예속적 상태에서 해방되지 못하는 이유는 통치자에 대한 공포 때문입니다. 그런데 통치자도 봉기하는 대중에 대해서 공포를 갖는데, 그것이 두 번째 의미이지요. 대중의 봉기는 주체화가 아니라 극단적 폭력으로 귀결되기도 하는데, 이 때문에 스피노자가 데 비트 형제를 학살한 대중을 가리켜서 '최악의 야만인'이라고 부른 것이지요. 발리바르는 이중적인 의미에서 대중의 공포를 스피노자의 아포리아라고 부릅니다.

조금 이따가 자세하게 설명하겠지만, 스피노자의 인간학이 대중의 공포라는 그 자체로서는 해결할 수 없는 아포리아를 갖는 것은 한 마디로 말해서 인권의 정치에 미달하기 때문입니다. 그러나 인권의 정치는 철학이 아니라 비철학입니다. 즉 발리바르의 스피노자론은 단순한 철학이 아니에요. 그것은 인간학이라는 철학과 인권의 정치라는 비철학을 결합하지요. 게다가 철학이 비철학을 결정하는 것이 아니라 비철학이 철학을 결정하는 것입니다.

철학과 비철학의 관계에 대해서 좀 더 설명해보겠습니다. 『역사적 마르크스주의』에서도 지적한 것처럼, 알튀세르와 친화성을 갖는 것이 『마르크스의 현재성』이라면, 푸코·들뢰즈·네그리와 친화성을 갖는 것이 『전미래』인데, 굳이 비교하자면 『이론』이 한국판 『마르크스의 현재성』이고, 『진보평론』이 한국판 『전미래』이지요. 2000년에 창간된 『다중』은 『전미래』를 계승하는 것입니다.

얼마 전에 알튀세르의 철학과 들뢰즈의 철학을 비교하는 발리바르의 짤막한 인터뷰가 『다중』에 실렸지요. 발리바르에 의하면, 들뢰즈의 경우 정치의 진실은 철학에 있지만, 알튀세르의 경우 철학의 진실은 정치에 있다고 강조합니다. 들뢰즈의 철학은 철학자적 철학이지만, 알튀세르의 철학은 비철학자적 철학이라는 말이지요. 따라서 마르크스는 물론이고 스피노자의 철학도 인권의 정치라는 비철학과 결합해야 한다는 것은 들뢰즈가 아니라 알튀세르가 철학하는 방식에 충실한 것이지요.

어쨌든 스피노자의 철학을 현재화하기 위해서 대중의 공포라는 스피노자의 아포리아를 인권의 정치라는 비철학을 통해서 해결해야 한다는 말입니다. 인권이라는 개념을 통해서 주체에 대한 새로운 해석이 등장합니다. 주체는 더 이상 단순한 인간이 아니라 권리를 갖는 인간이고, 그런 인간이 시민이지요. 즉 주체는 시민이기 때문에 시민-주체 또는 주체로서 시민이라는 것입니다. 그래서 인권의 정치는 곧 시민권의 정치이기도 합니다.

아까 노동자가 객관적인 상태에서 해방되기 위해서는 주체적인 운동 또는 이데올로기적 반역이 필요하다고 했는데, 그것이 바로 인권의 정치입니다. 앞으로 자세하게 설명하겠지만, 인권의 정치가 작동하는 메커니즘이 바로 봉기와 구성입니다. 봉기가 극단적 폭력이 아니라 주체화로 귀결되려면 구성과 결합해야만 합니다. 들뢰즈와 네그리가 강조하는 역능과 권력의 대립은 봉기와 구성의 결합을 사고할 수 없게 만들지요.

이제까지의 강의를 마무리하겠습니다. 발리바르가 말하는 스피노자-마르크스주의는 마르크스의 경제학 비판에 적합한 이데올로기 비판을 스피노자의 인간학에서 발견하려는 시도입니다. 그러나 그렇게 하기 위해서는 대중의 공포라는 스피노자의 아포리아를 해결해야 하는데, 이것이 바로 인권의 정치이지요. 인권의 정치를 통해서 재구성되는 스피노자의 인간학 또는 경제학 비판에 적합한 이데올로기 비판에 대해서는 이제부터 자세하게 설명하겠습니다.

상징의 가상화로서 이데올로기 일반

오늘 강의의 본론인 인권의 정치로서 이데올로기 비판에 대해서 설명할 차례입니다. 아까 구조주의와 포스트구조주의 사이의 논쟁을 정리한 것이 『알튀세르의 현재성』이라고 했는데, 그런 맥락에서 이데올로기 비판을 정리한 것이 『알튀세르를 위한 강의』입니다. 자세한 설명은 나중에 이 책들을 참조하세요. 또 인권의 정치에 대해서는 1989년에 발리바르가 쓴 「'인간의 권리'와 '시민의 권리'」(『인권의 정치'와 성적 차이』, 공감, 2003)라는 논문을 참조하세요.

크게 두 대목으로 나눠서 설명을 할 텐데, 첫 번째 대목에서는 이데올로기 일반의 개념 또는 이론에 대해서 설명해보도록 하지요. 이데올로기 일반에 대한 알튀세르의 관심은 사실 『마르크스를 위하여』, 『'자본'을 읽자』부터 지속되어온 것입니다. 그런데 1960년대에는 주로 프로이트와 라캉의 정신분석학을 원용하여 이데올로기 일반을 설명하지요. 특히 1970년에 발표된 「이데올로기와 이데올로기적 국가장치」에서 알튀세르는 이데올로기 일반의 메커니즘을 큰 주체가 작은 주체를 호명한다는 식으로 설명하지요.

그러나 포스트구조주의와 논쟁하면서 발리바르는 프로이트와 라캉의 정신분석학이 아니라 스피노자의 인간학을 원용하게 됩니다. 그래서 방금 인용한 1989년의 「스피노자, 정치와 교통」에서 발리바르가 이데올로기 일반의 메커니즘을 상징의 가상화로 설명하는 것이지요. 알튀세르의 호명 메커니즘이 프로이트-마르크스주의적 개념이라고 한다면, 발리바르의 상징의 가상화 메커니즘은 스피노자-마르크스주의적 개념이라고 할 수 있지요.

상징은 항상 집단적인 것입니다. 상징은 민족이든 계급이든 집단이 공유하는 것이기 때문입니다. 조금 이따가 인권의 정치라는 맥락에서 자세하게 설명할 것처럼, 현대정치의 모든 상징은 민족적이거나 계급적인 상징이지요. 민족적 상징이 민족의 성원들 사이의 조화를 강조하는 반면, 계급적 상징은 갈등, 특히 계급투쟁을 강조합니다. 반면 가상화는 항상 개인적인 것입니다. 민족적 상징이든 계급적 상징이든 그것에 대해서 가상화하는 것은 개인이기 때문이지요. 가상화를 정신분석학에서는 동일화라고 부르기도 합니다.

방금 큰 주체가 작은 주체를 호명한다고 했는데, 그런 큰 주체가 바로 상징입니다. 그런데 큰 주체가 작은 주체를 호명할 때, 호명에 응하는 개인도 있고 응하지 않는 개인도 있습니다. 따라서 갈등은 호명에 응하거나 응하지 않는 개인적 가상화의 수준에서 발생합니다. 반면 개인적 가상화가 아니라 집단적 상징의 수준에서 갈등이 발생한다는 스피노자-마르크스주의적 명제는 그런 프로이트-마르크스주의적 명제를 전도시키는 것입니다.

이것을 발리바르는 'R-S-I 셰마'의 전도라고 부르기도 하는데, 이 셰마는 라캉이 프로이트의 정신분석학을 체계화하면서 발명한 것입니다. 여기서 'R'은 현실(the real), 'S'는 상징(the symbolic), 'I'는 가상(the imaginary)을 가리킵니다. 예를 들어 착취는 계급적 현실입니다. 그리고 계급투쟁은 계급적 상징입니다. 따라서 착취라는 현실에 대한 계급투쟁이라는 상징을 가상적으로 동일화하는 것이 계급적 이데올로기라고 할 수 있겠지요.

상징의 가상화라는 메커니즘의 토대를 발리바르는 교통관계라고 부릅니다. 교통은 'communication'을 번역한 것인데, 보통 의사소통이라고 번역하지요. 제가 굳이 그 용어를 쓰지 않는 이유는 의사소통이란 언어적 상징을 매개로 하기 때문입니다. 그러나 민족적 상징이나 계급적 상징이 반드시 언어적 상징일 필요는 없겠지요. 그 다음에 스피노자를 구조주의적으로 해석할 때 교통도 생산처럼 하나의 관계가 됩니다. 생산관계가 있는 것처럼 교통관계가 있다는 말이지요. 생산관계를 토대로 해서 착취 일반이 발생하는 것처럼 교통관계를 토대로 해서 이데올로기 일반이 발생합니다.

한 마디 덧붙이자면, 교통관계라는 개념은 사실 교환관계라는 개념에서 파생된 것입니다. 생산관계가 생산수단이라는 물질을 매개로 한다면, 교환관계나 교통관계는 상징을 매개로 합니다. 아시다시피 마르크스가 분석하는 교환관계에도 집단적 상징과 개인적 가상화가 존재합니다. 개인적 가상화가 가치의 교환이라면, 그것을 가능케 하는 집단적 상징이 바로 보편적 등가물로서 화폐이기 때문이지요. 『마르크스의 철학』에서 발리바르는 물신숭배를 상징의 가상화 메커니즘으로 해석하고 있어요.

따라서 교통관계를 교환관계에 준거해서 설명할 수 있을 것입니다. 문제는 교환관계나 교통관계가 간개인적인가 아니면 초개인적인가라는 것입니다. 간(間)개인성은 'inter-individuality'를 번역한 것인데, 개인과 개인 사이의 어떤 것을 가리키지요. 간개인성은 개인으로서 주체가 관계로서 구조를 결정한다는 뜻인데, 그것이 바로 원자론 또는 개인주의이지요. 그러나 교환관계나 교통관계는 개인들 사이에서 발생하는 현상이 아닙니다. 관계로서 구조가 개인으로서 주체를 결정한다는 것이 바로 구조주의입니다.

교환관계 또는 교통관계는 간개인성이 아니라 초개인성으로 특징지어진다고 할 수 있습니다. 초개인성은 'trans-individuality'를 번역한 것입니다. 초(超)개인성이 아니라 관(貫)개인성 또는 통(通)개인성이라고 번역하기도 하지만, 그것은 구조주의가 아니라 포스트구조주의에 적합한 번역이지요. 'trans-'에는 초월·관통·변화라는 세 가지 뜻이 있지만, 여기서는 초민족성의 경우와 마찬가지로 초월이 맞습니다. 초개인성은 관계로서 구조가 개인으로서 주체를 초월한다는 사실을 강조하기 때문입니다.

『마르크스의 철학』에서 발리바르는 교환관계 또는 교통관계의 초개인성을 개인성과 집단성의 상호작용으로 설명하기도 합니다. 초개인성이 개인성을 초월하는 것이지만, 그러나 집단성과 동일한 것은 아니기 때문이지요. 초개인성을 집단성과 동일시하는 것이 원자론 또는 개인주의와 대립하는 유기체론 또는 집단주의입니다. 그래서 발리바르가 개인성을 초과하면서도 그 자체로 집단성은 아닌 초개인성을 개인성과 집단성의 상호작용으로 정의하는 것이지요.

「스피노자, 정치와 교통」에서 발리바르는 통치성이라는 개념을 도출합니다. 통치성에는 이성적 토대와 가상적 토대가 있습니다. 통치성의 이성적 토대가 바로 공통의 개념으로서 유용성이지요. 대중이 공동체를 구성하는 이유는 서로가 서로에게 유용하다는 공통의 개념을 인식하기 때문입니다. 만일 스피노자가 자유주의적 부르주아지의 헤게모니가 확립된 시대에 살았다면, 공통의 개념을 경제라고 불렀겠지요. 통치성의 이성적 토대로서 경제를 유용성으로 특징짓는 것은 스피노자에게 경제학 비판이 없기 때문입니다.

마르크스는 경제를 계급투쟁이라는 의미에서 갈등성으로 특징짓는데, 스피노자는 유용성으로 특징짓습니다. 대신 스피노자는 마르크스가 잘 모르는 갈등성을 분석하는데, 그것이 바로 통치성의 가상적 토대로서 이데올로기입니다. 경제적인 유용성을 설명하는 메커니즘이 공통의 개념이라고 한다면, 이데올로기적인 갈등성을 설명하는 메커니즘이 상징의 가상화인 셈이지요. 그래서 공통의 개념과 유용성을 상징의 가상화와 갈등성이 과잉결정하면서 통치성이 형성된다는 말입니다.

착취의 모순과 이데올로기적 반역의 해후

경제학 비판이라는 맥락에서 노동자는 아직 계급이 아니라 대중일 따름이지요. 그래서 노동자운동과 구별되는 노동자상태라고 부른다고 했지요. 경제학 비판을 넘어서 이데올로기 비판으로 나아가려면 대중과 계급의 변증법에 주목해야 합니다. 대중으로서 노동자와 관련되는 것이 착취의 모순이라고 한다면, 계급으로서 노동자와 관련되는 것이 이데올로기적 반역이지요. 이데올로기적 반역의 내용에 대해서는 조금 이따가 자세하게 설명하기로 하고 여기서는 역사변증법에 대해서 설명해보겠습니다.

지난번에 경제학 비판을 설명하면서 변증법이란 더 이상 논리의 문제가 아니라 역사의 문제라고 했지요. 변증법의 핵심이 바로 모순인데, 그런 변증법적 모순은 논리적 모순이 아니라 역사적 모순이기 때문이에요. 역사변증법을 구성하는 모순이 바로 착취의 모순인데, 그러나 역사변증법에는 착취의 모순만 있는 것이 아니지요. 착취의 모순에 이데올로기적 반역을 추가해야 한다는 말입니다.

「비동시대성」에서 발리바르는 공산주의적 이행 또는 혁명을 착취의 모순과 이데올로기적 반역의 해후라고 정의하지요. 그런데 모든 사물이 그런 것처럼 해후에도 보편성과 특수성이 있습니다. 착취의 모순과 이데올로기적 반역의 해후에는 구조 또는 마르크스 식으로 말하자면 경향이라는 측면이 있습니다. 그렇지만 해후에는 구조나 경향으로 환원할 수 없는 또 다른 측면도 있는데, 그것이 바로 정세나 사건입니다. 혁명에는 구조나 경향 같은 보편성뿐만 아니라 또한 정세나 사건 같은 특수성도 있다는 말이지요.

「알튀세르의 대상」에서 발리바르는 역사변증법을 구조인과론과 과잉결정론으로 특징짓습니다. 구조인과론이 역사변증법의 보편성을 강조하는 것이라면, 과잉결정론은 역사변증법의 특수성을 강조한다고 할 수 있겠지요. 이미 설명한 대로 『'자본'을 읽자』에서 제시된 구조인과론은 착취의 모순라는 구조적 원인의 효과로서 노동자라는 주체가 결정된다는 뜻입니다. 그런데 혁명의 구조적 원인에는 착취의 모순만 있는 것이 아니라 이데올로기적 반역도 있지요. 즉 구조인과론은 이중적 인과론이어야 한다는 말입니다.

『마르크스를 위하여』에서 알튀세르는 프로이트의 정신분석학에서 과잉결정이라는 개념을 차용하여 역사변증법을 재구성합니다. 그리고 나중에는 과잉결정과 짝이 되는 과소결정이라는 개념도 사용하지요. 정신분석학에서는 과잉결정을 중층결정이라고 번역하기도 하는데, 그럴 경우 과소결정을 번역하기가 막막하지요. 사실 과잉결정이나 과소결정은 본래 정신분석학적 개념이 아니라 수학적 개념입니다. 변수의 수가 방정식의 수보다 적을 경우에 연립방정식이 과잉결정된다고 하고, 반대의 경우에는 과소결정된다고 하지요.

과잉결정이나 과소결정이라는 개념을 생소하게 생각하실지도 모르겠지만, 그러나 사실 별로 어려울 것도 없습니다. 방금 설명한 것처럼 혁명의 원인은 한 개가 아니라 두 개입니다. 하나는 착취의 모순이고, 또 하나는 이데올로기적 반역이지요. 그런 이중적 원인이 해후해서 혁명이 발생할 때 과잉결정이라고 부르고, 해후하지 못해서 혁명이 발생하지 못할 때 과소결정이라고 부르지요. 또 혁명을 단일한 원인만 가지고 설명하는 것이 경제주의와 의지주의라고 할 수 있습니다. 착취의 모순에만 주목하는 것이 경제주의이고,

이데올로기적 반역만 강조하는 것이 의지주의이지요.

요컨대 착취의 모순과 이데올로기적 반역의 해후로서 혁명은 과잉결정되기도 하고 과소결정되기도 하는 것입니다. 지난번에 2010년대가 신자유주의적 금융세계화가 최종적 위기에 봉착하고 자본주의가 붕괴하기 시작하는 시기라고 예상했지만, 그것은 착취의 모순이라는 혁명의 객관적인 원인에 대한 설명일 따름이지요. 그런 객관적인 원인이 이데올로기적 반역이라는 주체적인 원인과 결합하는가 아닌가에 따라서 혁명은 과잉결정될 수도 있고 과소결정될 수도 있을 것입니다. [또 윤소영, 「인과론과 결정론」, 『일반화된 마르크스주의의 쟁점들』, 위의 책도 참조하시오.]

혁명적 비극성

혁명은 이렇게 필연성과 우연성이라는 두 측면을 갖는 것이에요. 게다가 혁명이 승리한다는 보장은 어디에도 없습니다. 그래서 「비동시대성」의 결론에서 발리바르가 모든 혁명은 비극적이라고 말하는 것입니다. 이런 비극적 혁명관은 루카치나 네그리의 혁명적 낙관주의나 벤야민의 혁명적 비관주의와 대조되는 것입니다. 낙관도 비관도 아니고 승리도 패배도 아닌 비극으로서 혁명이라는 관점은 그런 낭만주의적 혁명관에 대한 비판이라고 할 수 있지요.

『역사와 계급의식』에서 제시된 루카치의 혁명관이 바로 낙관주의 또는 승리주의입니다. 그러나 비관주의 또는 패배주의도 있는데, 그것이 바로 「역사철학에 관한 테제」에서 제시된 벤야민의 혁명관이지요. 벤야민은 물론이고 루카치도 낭만주의자입니다. 당시 루카치가 볼셰비키주의를 수용하기도 하지만, 그러나 그는 본래부터 낭만주의자이지요. 루카치의 혁명적 낙관주의 또는 승리주의는 네그리에 의해서 부활합니다. 루카치가 낭만주의와 볼셰비키주의를 결합시킨다면, 네그리는 낭만주의와 아나키즘을 결합시킵니다.

그래서 결국 비극이란 무엇인가라는 질문이 제기될 수밖에 없는 것이지요. 발리바르는 『마르크스를 위하여』에 실린 알튀세르의 「베르톨라치와 브레히트」라는 논문에서 그 대답을 찾고 있습니다. 이것은 브레히트적 관점에서 베르톨라치라는 이탈리아 작가의 연극을 비평한 논문인데, 여기서 알튀세르의 비극적 혁명관이 제시된다고 해석하는 것이지요. 알튀세르가 문학과 예술에 대해서 쓴 논문이 많지는 않지만, 영향력은 아주 컸다고 합니다.

「베르톨라치와 브레히트」의 결론에서 알튀세르는 비극의 본질은 관객을 배우로 변화시키는 힘에 있다고 말합니다. 관객(spectator)이란 구경꾼이고 배우(actor)란 행위자이기 때문에, 구경꾼을 행위자로 변화시키는 힘이라고 해도 상관없겠습니다. 현실에도 그런 비극은 많습니다. 예를 들자면 광주항쟁도 비극입니다. 그렇기 때문에 당시에는 구경꾼이던 사람이 그런 비극을 반추하면서 결국 행위자로 변화되는 것이에요.

그러나 비극은 역시 미학적인 설명을 필요로 하는 것입니다. 서구에서 위대한 문학은 모두 비극입니다. 고대 그리스의 문학도 비극이고 셰익스피어나 괴테의 문학도 비극이지요. 그런데 막상 비극의 의미에 대해서는 논란이 많은 것 같아요. 제가 아는 대로 설명해보자면, 먼저 비극적인 것은 슬픈 것입니다. 스피노자 식으로 말하자면, 인간의 일차적 정념은 슬픔과 기쁨인데, 특히 이성에 따르는 정념은 기쁨이 아니라 슬픔입니다.

지난번에 설명한 대로 PD적인 노래에 대한 NL적인 비판은 너무 추상적이라는 것입니다. 그런데 PD적인 노래는 추상적일 뿐만 아니라 또한 슬프기도 하지요. 그래서 NL적인 비판의 또 하나가 감상적이라는 것입니다. 그런데 스피노자 식으로 말하자면, 기쁨은 이성이 아니라 가상에 따르는 정념입니다. 또 베토벤 식으로 말하자면, 그것은 경박한 기쁨이지요. 그런 경박한 가상적 기쁨이 슬픔에 대한 대안이 될 수는 없을 것입니다.

슬픔이 중요한 요소이긴 하지만, 그러나 비극은 그것만으로 구성되는 것이 아닙니다. 쉽게 말하자면, PD적인 노래도 슬프지만, 이미자 씨의 노래도 슬프기는 마찬가지예요. 그렇지만 이미자 씨의 노래를 비극적이라고 하지는 않지요. 박정희 정부가 이미자 씨의 노래를 판금시킨 것은 트로트가 왜색이라는 이유만 있는 것이 아니라 사랑타령만 한다는 이유도 있지요. 요즘 나오는 발라드도 마찬가지입니다. 쉽게 말하자면, 트로트든 발라드든 사랑타령만 하는 대중가요에는 역사에 대한 고민 같은 것이 전혀 없습니다.

그래서 모든 비극에는 또 한 가지 요소가 추가되는 것입니다. 이것이 바로 숭고한 가치를 위한 희생입니다. 말하자면 비극에서 배우가 보여주는 것은 어떤 이념을 위한 투쟁에서 자기를 희생하는 것이에요. 여기서 그런 투쟁이 승리하는가 아니면 패배하는가는 별로 중요한 것이 아니지요. 아니 오히려 광주항쟁에서처럼 패배할 줄 알면서도 투쟁해야 하기 때문에 비극적인 것이지요. 발리바르가 운명과의 대결로 특징짓는 그런 비극이 구경꾼을 행위자로 변화시킬 수 있는 힘을 갖는 것입니다.

얘기가 나온 김에 PD적인 노래를 예로 들어보겠습니다. 1980년대 민중가요는 대부분 밥자유평등평화(http://bob.jinbo.net/)에서 찾아보실 수 있는데, 그 중에서 민문연의 노래패 새벽이 낸 앨범들이 PD적인 노래를 대표하지요. 또 새벽과 밀접한 관계를 갖는 서울대 노래패 메아리에서 펴낸 『메아리』 9집과 10집에서 악보와 가사를 찾아보실 수 있습니다. 1989년에 나온 9집은 일일이 손으로 그리고 쓴 것이지요. 1993년에 나온 10집은 새벽과 메아리에 대한 비판을 시도하는데, 별로 근거는 없습니다.

제 생각으로 혁명적 비극성의 대표적인 예는 광주항쟁을 노래한 「오월의 노래」입니다. 혹시 들어보셨는지 모르겠지만, 본래 「오월의 노래」는 프랑스 대중가요인 샹송의 곡조에 다음과 같은 가사를 붙인 것입니다. "꽃잎처럼 금남로에 뿌려진 너의 붉은 피/두부처럼 잘려나간 어여쁜 너의 젖가슴/오월 그날이 다시 오면 우리 가슴에 붉은 피 솟네/왜 쏘았지 왜 찔렀지 트럭에 실려 어디 갔지/망월동에 부릅뜬 눈 수천의 핏발 서려 있네/오월 그날이 다시 오면 우리 가슴에 붉은 피 솟네/…".

그러나 나중에 새벽의 문승현 씨가 작사·작곡한 「오월의 노래」는 "봄볕 내리는 날/뜨거운 바람 부는 날/붉은 꽃잎 져 흩어지고 꽃향기 머무는 날/묘비 없는 죽음에 커다란 이름 드리오/여기 죽지 않은 목숨에 이 노래 드리오/사랑이여 내 사랑이여/…"라고 노래하지요. 두 노래 모두 슬프지만, 그러나 가곡풍인 문승현 씨의 「오월의 노래」는 훨씬 더 감정을 절제하지요. 보통 이것을 「오월의 노래 1」이라고 부르고, 본래의 것을 「오월의 노래 2」라고 부릅니다. 또 김준태 시인이 작사하고 이미영 씨가 작곡한 「부서지지 않으리」도 문승현 씨의 「오월의 노래」와 비슷하다고 할 수 있습니다.

광주항쟁을 역사적으로 평가하면서 혁명적 비극성을 노래한 것은 역시 김정환 시인이 작사하고 새벽의 이현관 씨가 작곡한 합창곡 「오월의 노래 3」입니다. 1절은 "보라 남도에 빛나는 나라 있다/어둠 뚫고 솟구친 항쟁의 나라/푸르던 날에 슬프던 날에 억압받던 날 두렵던 날에/핏빛 투쟁으로 이룬 나라 있다/오월 무등에 타오른 불길 있다/(후렴)하늘은 여전히 푸르른 평화/바다는 여전히 자유의 파도/보라 여기 피로 물들어 아름답게 빛나는 나라/보라 여기에 붉은 피로 물들어 한 떨기 꽃으로 빛나는 사람들 있다/…"입니다.

그리고 2절은 "보라 남도에 덧쌓인 주검 있다/총칼에 찢겨 날리는 항쟁의 깃발/어둡던 날에 학살의 날에 숨죽인 날에 치욕의 날에/끝내 총으로 지키던 나라 있다/오월 동지의 외치던 함성 있다/…"라고 하면서 광주항쟁의 본질이 무장투쟁에 있음을 강조하고, 또 3절은 "보라 남도에 찬란한 나라 있다/어둠 뚫고 솟구친 통일의 나라/푸르던 날에 기쁘던 날에 전진하던 날 벅차던 날에/핏빛 사랑으로 이룬 나라 있다/오월 찬란한 부활의 나라 있다/…"라고 하면서 광주항쟁의 정신을 계승하자고 결의합니다.

새벽에서 낸 앨범 중에서 가장 대표적인 것은 1988년에 낸 12집 『저 평등의 땅에』이지요. 이 앨범은 「사랑하는 나의 조국」이라는 나레이션과 「스텐카라친」-「기러기」-「출전가」라는 러시아 민중가요의 메들리로 시작하는데, 메들리의 마지막 노래는 새벽이 작사·작곡한 「만주출전가」입니다. 이 앨범의 절정은 역시 새벽의 대표적 레파토리라고 할 수 있는 「선언 1·2」와 「연대의 노래」와 「백두에서 한라, 한라에서 백두로」입니다. 전태일 열사를 노래한 「그날이 오면」도 윤선애 씨의 독창으로 이 앨범에 실려 있습니다.

제가 1980년대 민중가요에 PD적인 노래만 있다고 주장하는 것은 물론 아닙니다. 김호철 씨가 작사·작곡한 「파업가」나 「노동조합가」나 「단결투쟁가」나 「딸들아 일어나라」도 투쟁가요로서는 좋다고 할 수 있지요. 그러나 그의 노래에서 혁명적 비극성을 찾기는 어렵습니다. 그런 점에서 김호철 씨의 민중가요는 구전되어온 민중가요인 「동지가」는 물론이고 김민기 씨가 작사·작곡한 「투사의 노래」(일명 「늙은 군인의 노래」 또는 「늙은 노동자의 노래」)에 비해서도 퇴보한 점이 없지 않다고 할 수 있겠습니다.

「동지가」와 「투사의 노래」는 새벽이 1987년에 낸 11집 『해방의 노래』에 실려 있고, 「파업가」와 「노동조합가」와 「단결투쟁가」는 1989년에 낸 15집 『현장의 소리』에 실려 있습니다. 새벽이 부르지 않은 「청산이 소리쳐 부르거든」, 「한라산」, 「이 산하에」, 「의연한 산하」, 「딸들아 일어나라」 같은 노래는 인천민중문화운동연합이 1988년에 낸 1집 『너를 부르마』와 1989년에 낸 2집 『죽을 수는 있어도 질 수는 없다!!』에 실려 있지요. 또 노동자노래단(노노단)이나 노래를찾는사람들(노찾사)이 낸 앨범들도 밥자유평등평화에서 찾으실 수 있습니다.

노동자대중이 부르기에는 너무 어렵기 때문에 PD적인 노래는 엘리트적이라고 비판하는 것은 진짜 잘못입니다. 노동자대중이 PD적인 노래를 어려워하는 것은 고전음악에 대해서 제대로 된 교육을 받지 못했기 때문이에요. 그러나 아이슬러가 말했듯이 건강한 주거, 훌륭한 식사, 2세의 교육, 노후의 보장 등이 그런 것처럼, 베토벤 역시 투쟁해서 획득해야 하는 것이지요. 그는 음악의 문맹을 절멸시켜서 고전음악가의 가장 복잡한 음악까지도 인민의 것으로 만들어야 한다고 주장했지요.

시민이라는 주체

두 번째 대목에서는 이데올로기 비판에 대해서 본격적으로 설명할 것입니다. 이데올로기 비판을 위해서는 더 이상 이데올로기 일반이 아니라 역사적으로 구체적인 이데올로기에 대해서 설명해야 하는데, 발리바르는 이것을 인권의 정치라고 부르지요. 방금 설명한 것처럼, 대중의 공포라는 스피노자의 아포리아를 해결하는 것이 바로 인권의 정치입니다. 또 인권의 정치라는 비철학이 스피노자의 인간학이라는 철학을 제대로 이해하기 위해서 본질적이라는 것도 방금 설명한 대로입니다.

인권의 정치라는 이데올로기적 형식을 통해서 정치가 전개되는 것이 현대입니다. 달리 말하자면, 인권의 정치는 현대정치를 특징짓는 이데올로기적 형식입니다. 그렇기 때문에 인권의 정치를 기준으로 해서 정치를 세 개의 시기로 구분할 수 있습니다. 먼저 인권의 정치에 미달하는 고대적이고 중세적인 전현대정치를 설정할 수 있습니다. 그 다음에 인권의 정치를 초과하는 탈현대정치를 설정할 수 있지요. 그런 전현대정치나 탈현대정치와 현대정치가 어떻게 다른가를 설명하는 것이 인권의 정치라는 말입니다.

인권의 정치에 대해서 짤막짤막하게 세 단락으로 나누어 설명해보겠습니다. 첫 번째 단락은 「'인간의 권리'와 '시민의 권리'」가 아니라 그것보다 한 해 전인 1988년에 발표한 「시민-주체」라는 논문과 관련됩니다. 아까 설명한 것처럼, 인권의 정치의 주체가 되는 인간은 인간 일반이 아니라 시민인데, 그것을 주체로서 시민이라고 부르는 것이지요. 이 논문은 별로 중요하지 않기 때문에 국역하지 않았는데, 영역본을 쉽게 구해보실 수 있습니다.

발리바르는 주체를 가리키는 'subject'와 관련되는 두 개의 라틴어에 주목합니다. 하나는 'subjectus'이고 또 하나는 'subjectum'입니다. 'subjectus'라는 개념이 사용된 것은 중세신학인데, 그것은 예속적인 주체라는 뜻입니다. 주체는 주체인데, 능동적인 주체가 아니라 수동적인 주체라는 말이지요. 중세신학에서 말하는 수동적이고 예속적인 주체는 곧 신민을 가리킵니다. 그런 신민을 예속시키는 주권자의 공통적인 속성은 초월성인데, 그런 초월적인 주권자가 바로 신과 군주이지요.

그러나 현대철학에서 사용하는 'subject'는 중세의 신민처럼 초월적인 주권자에게 예속된 주체가 아니라 그 자체로서 주권적인 주체를 가리키는 것입니다. 그리고 그런 주권적인 주체 개념을 최초로 발명한 것이 바로 칸트이지요. 이것이 「시민-주체」라는 논문에서 제일 재미있는 대목인데, 사실 철학자도 알고 보면 참 무식한 모양이에요. 아까 하이데거가 인간학 비판을 제기한다고 했지요. 하이데거의 비판의 직접적인 계기는 루카치이지만, 본격적인 비판의 대상은 역시 주권적인 주체 개념을 발명한 칸트입니다.

그런데 칸트는 주권적인 주체 개념을 구성하기 위해서 데카르트의 'subjectum'을 차용하지요. 그러나 발리바르가 비판하는 것처럼 데카르트의 'subjectum'은 예속적이든 주권적이든 주체와는 아무런 상관도 없는 개념이에요. 'subjectum'을 보통 기체(基體)라고 번역하는데, 그것은 주체보다는 실체에 가까운 개념이거든요. 하여튼 발리바르는 문헌학적인 분석을 통해서 현대적인 주체 개념의 기원을 추적하는데, 데카르트의 'subjectum'이 중세신학의 'subjectus'를 대체함으로써 칸트의 주권적인 주체 개념이 형성된다는 것이지요.

예속적인 주체라는 개념이 가리키는 현실이 중세적인 신민이라면, 주권적인 주체라는 개념은 현대적인 시민이라는 현실을 가리킵니다. 그래서 현대철학의 핵심인 인간학을 비판하기 위해서는 철학의 바깥으로 나가야 하는데, 이것이 바로 프랑스혁명 이후에 전개되는 인권의 정치이지요. 쉽게 말하자면, 칸트는 주권적인 주체 개념을 프랑스혁명에서 발견한 것입니다. 그런데 그것을 철학적으로 설명하려다 보니까 데카르트의 기체 개념을 차용한 셈이지요.

봉기와 구성

하여튼 「시민-주체」에서 발리바르의 결론은 주권적인 주체라는 개념이 곧 시민이라는 현실을 가리킨다는 것입니다. 주체로서 시민은 두 가지를 의미하는 것입니다. 하나는 프랑스혁명에서처럼 봉기하는 주체입니다. 그러나 네그리의 생각과 달리 시민에게는 봉기를 보충하는 또 다른 측면이 있습니다. 이것을 발리바르는 구성이라고 부르지요. 네그리도 구성에 대해서 말하지만, 그러나 그것은 사실 봉기를 가리키는 것입니다. 조금 이따가 설명하겠지만, 프랑스혁명 이후 현대정치의 파노라마는 봉기와 구성의 변증법을 통해서 전개됩니다.

발리바르가 말하는 구성에 대해서 좀 더 설명해보겠습니다. 봉기가 주체화라면, 구성은 예속이라고 할 수 있습니다. 그런데 구성으로서 예속은 초월적 주권자에 대한 예속과는 아무런 상관도 없습니다. 현대정치는 어떤 초월적 주권자도 인정하지 않기 때문이지요. 달리 말하자면 구성으로서 예속은 초월적 주권자에 대한 예속이 아니라 주권적 주체로서 시민 자신에 대한 예속을 뜻하는 것입니다. 이것이 방금 설명한 대로 「스피노자, 정치와 교통」에서 발리바르가 도출한 통치성 개념이지요.

그런데 바로 여기서 헤겔이 화려하게 복권됩니다. 스피노자인가 헤겔인가라는 쟁점이 단순하지 않다는 것을 알 수 있지요. 알튀세르는 루카치와 논쟁하는 대목에서 반헤겔주의의 입장을 채택하지만, 그러나 다른 대목에서는 헤겔주의를 원용하기도 합니다. 그래서 발리바르는 이렇게 해석하지요. 알튀세르는 헤겔이 마르크스를 이해하는 데 방해가 될 때 마르크스를 위하여 헤겔을 비판하고, 반대로 헤겔이 마르크스를 이해하는 데 도움이 될 때 마르크스를 위하여 헤겔을 옹호한다고 말입니다.

발리바르의 경우도 똑같이 해석할 수 있을 것입니다. 발리바르가 헤겔을 복권시키는 가장 중요한 이유는 헤겔을 통해서 인권의 정치나 마르크스주의를 발전시킬 수 있기 때문이라는 말입니다. 저는 사실 스피노자의 철학이든 헤겔의 철학이든 그 자체로서는 아무런 가치도 없다고 생각합니다. 결국 스피노자의 철학이나 헤겔의 철학이 현실의 문제를 해결하는 데 도움이 될 때만 의미가 있는 것이고, 또 그렇게 하기 위해서는 마르크스주의나 인권의 정치와 결합하지 않으면 안 된다는 말이지요.

어쨌든 1996년의 「해방, 변혁, 시빌리테」에서 발리바르가 헤겔을 복권시키는데, 이것을 구성과 관련해서 간단하게 설명해보겠습니다. 발리바르가 주목하는 것은 헤겔의 'Sittlichkeit' 개념인데, 이것은 칸트의 'Moralität' 개념을 비판하는 것입니다. 둘 다 도덕이라고 번역할 수도 있지만, 그러나 아주 중요한 차이가 있지요. 칸트의 도덕이 개인적 도덕이라면, 헤겔의 도덕은 집단적 또는 공동체적 도덕입니다. 또 칸트의 도덕이 주관적 도덕이라면, 헤겔의 도덕은 객관적 도덕입니다.

공동체 또는 집단의 객관적 도덕은 하나의 상징으로 표현될 수 있습니다. 그런 상징을 개인이 가상적으로 동일화할 때 관습이 형성되는데, 이것이 헤겔의 'Bildung'입니다. 또 헤겔은 'Bildung'에 따르는 생활을 'Kultur'라고 부르지요. 보통 'Bildung'을 교양이나 교육이라고 번역하고, 'Kultur'는 문화라고 번역합니다. 'Sittlichkeit'와 'Bildung'과 'Kultur'라는 세 가지 개념에 의해 헤겔도 구성에 대해서 설명한다는 말이지요.

말이 나온 김에 한 마디만 덧붙이자면, 1990년대 남한에서 문화처럼 오·남용되는 개념은 또 없을 것입니다. 문화는 영화 같은 대중오락과 동일시되고 있지요. 스크린쿼터가 대안세계화운동의 과제라고 강변하는 스크린쿼터문화연대 같은 단체를 보면 실소를 금할 수 없습니다. 남한 영화계는 1950년대부터 헐리웃의 복제판인데, 예를 들자면 스타 시스템 같은 것이 그렇습니다. 게다가 1997-98년 경제위기 이후 남한 영화계가 금융자본의 투기판이 되었다는 사실은 공공연한 비밀이지요.

하여튼 발리바르가 강조하는 구성이라는 개념은 스피노자의 통치성이라는 개념뿐만 아니라 또한 헤겔의 도덕·교육·문화라는 개념과도 친화성을 갖는 것입니다. 「해방, 변혁, 시빌리테」에서 발리바르는 통치성과 도덕·교육·문화를 아울러서 시빌리테라고 부릅니다. 그러니까 인권의 정치를 특징짓는 구성을 시빌리테라고 부르는 셈이지요. 구성이라는 개념이 없는 네그리에게 시빌리테라는 개념이 없는 것은 당연한 일이겠지요.

자유=평등 명제

첫 번째 단락에서는 인권의 정치의 역사적 조건이 되는 주체로서 시민에 대해서 설명한 셈인데, 이제 두 번째 단락에서는 인권의 정치 자체에 대해서 설명해보겠습니다. 프랑스혁명 200주년을 기념하는 논문 「'인간의 권리'와 '시민의 권리'」에서 발리바르는 인권의 정치에 대해서 본격적으로 분석하고 있지요. 인권의 정치는 두 개의 등식으로 구성됩니다. 첫 번째는 인간과 시민은 동일하다는 등식이고, 두 번째는 자유와 평등은 동일하다는 등식입니다.

프랑스혁명이나 미국독립혁명에서 최초로 등장한 이 두 등식은 그 자체로 자명한 사실이기 때문에 별도로 증명할 필요가 없습니다. 즉 인간과 시민은 동일하고 자유와 평등은 동일하다고 발언하는 것 자체가 이미 봉기적인 행위이기 때문이에요. 방금 중세정치와 현대정치를 비교함으로써 예속적인 주체로서 신민과 구별되는 주권적인 주체로서 시민의 의미를 이해할 수 있다고 했습니다. 마찬가지로 인간과 시민의 등식이나 자유와 평등의 등식의 의미를 이해하기 위해서는 고대정치와 현대정치를 비교해보면 되지요.

먼저 인간과 시민의 등식이 고대정치와 구별되는 현대정치를 특징짓습니다. 고대정치를 표상하는 것은 아리스토텔레스의 인간학 또는 세계론입니다. 아리스토텔레스는 세 종류의 인간이 세계를 구성한다고 생각했답니다. 보통의 인간이 고대정치의 주체인 시민입니다. 그러나 두 가지 인간이 더 있기 때문에 인간과 시민의 등식은 성립하지 않지요. 하나는 인간 아래에 있는 인간이고 또 다른 하나는 인간 위에 있는 인간입니다. 현대인으로서는 도저히 받아들일 수 없는 생각이지요. 초등학교 때 배우는 현대정치의 기본원리는 인간 아래에 인간 없고 인간 위에 인간 없다는 것입니다.

그러나 아리스토텔레스는 그런 식으로 생각하지 않았습니다. 인간 아래에 인간이 있습니다. 그런 과소인간을 대표하는 것이 바로 노예와 여성입니다. 지난번에 현대경제와 고대경제를 비교해서 설명한 적이 있지만, 고대경제에서 노예와 여성은 노동자이기도 합니다. 게다가 인간 위에도 인간이 있습니다. 그런 과잉인간 또는 초인을 대표하는 것이 바로 지식인 또는 현자이거나 영웅입니다. 과소인간은 물론이고 과잉인간도 시민은 아니므로, 아리스토텔레스의 인간학과 세계론에서 인간과 시민의 등식은 성립하지 않습니다.

인간과 시민의 등식을 근거짓는 것이 바로 자유와 평등의 등식입니다. 즉 자유 없이 평등 없고 평등 없이 자유 없다는 말이지요. 아리스토텔레스의 인간학과 세계론에서는 자유와 평등의 등식도 성립할 수 없습니다. 고대적 자유는 노예와 여성도 아니고 현자와 영웅도 아닌 보통 인간에게 고유한 것입니다. 말하자면 자유는 시민이라는 신분이지요. 그리고 평등도 그런 보통 인간에게 고유한 것입니다. 즉 시민의 특권이 평등이지요. 고대인의 자유와 평등은 시민의 신분과 특권을 가리키는 것입니다.

발리바르가 자유=평등 명제라고 부르기도 하는 자유와 평등의 등식이 바로 현대정치의 파노라마를 설명하는 것이에요. 자유=평등 명제는 봉기를 상징하는 것입니다. 그리고 프랑스혁명 이후 200년 동안 자유=평등 명제를 실현시키려는 여러 가지 제도적 매개가 모색되는데, 이것이 바로 발리바르가 구성이라고 부르는 것이지요. 구성은 'constitution'을 번역한 것인데, 보통 헌법이라고 번역하기도 하지요.

자유=평등이라는 봉기적인 명제를 실현하기 위해서 구성 또는 헌법이라는 제도의 매개가 필요하다는 말인데, 그러나 프랑스혁명 직후 그것을 둘러싸고 아주 복잡한 논쟁이 전개되지요. 어떤 사람은 소유가 본질이라고 주장하고 다른 사람은 공동체가 본질이라고 주장하기 때문입니다. 그러니까 봉기를 실현하는 구성 또는 헌법의 토대가 소유인가 공동체인가라는 것이 쟁점으로 제기된다는 뜻이지요. 그런 의미에서 소유와 공동체 사이의 모순이 현대정치를 결정하는 첫 번째 모순입니다.

현대정치의 그런 모순 때문에 자유주의와 공화주의 사이에서 논쟁이 전개됩니다. 소유를 강조하면, 소유적 개인이라는 개념이 부각됩니다. 또 공동체를 강조하면, 주권적 주체라는 개념이 부각됩니다. 이미 설명한 것처럼 주체의 형성에는 공동체의 상징이 아주 중요한데, 그래서 아마 발리바르가 공동체를 강조하는 입장을 특징지으면서 주권적 주체라고 한 것 같아요. 그러나 소유적 개인에게도 집단적 상징이 없는 것은 아니기 때문에 소유적 주체라고 할 수도 있겠지요. 조금 혼동스럽긴 하지만, 발리바르의 용어를 그대로 인용하겠습니다.

여기서 현대정치의 자유주의적 조류와 공화주의적 조류가 분기하는 것입니다. 맥퍼슨이 강조하는 대로 소유적 개인을 중심으로 하는 것이 자유주의인데, 자유주의적 정치에서는 법과 그것을 구성하는 권리를 강조하지요. 그런 자유주의의 이론적 원류에 있는 것이 바로 홉즈와 로크입니다. 그리고 포콕이 강조하는 대로 주권적 주체를 중심으로 하는 것이 공화주의인데, 공화주의적 정치에서는 대표와 그것을 구성하는 주권을 강조합니다. 그런 공화주의의 이론적 원류에 있는 것이 바로 루소 또는 마키아벨리이지요.

그런데 소유와 공동체 사이의 모순은 곧 지양되고 현대정치를 특징짓는 새로운 모순이 등장합니다. 이것이 바로 소유 내부의 모순과 공동체 내부의 모순입니다. 소유 내부의 모순은 소유권과 노동권 사이의 모순을 가리키는 것이지요. 마찬가지로 공동체 내부의 모순도 민족공동체와 계급공동체 또는 좀 더 정확하게 말하자면 노동자연합 사이의 모순을 가리키는 것입니다.

그래서 소유권과 민족공동체가 결합하고 노동권과 노동자연합이 결합하면서 현대정치의 이데올로기적 형식으로서 인권의 정치가 본격적으로 전개되는 것이에요. 우선 소유권과 민족공동체의 결합은 공화주의적 자유주의를 의미합니다. 그런데 나폴레옹 전쟁 이후 공화주의는 점차 민족주의와 동일시되면서 보수화되지요. 즉 공화주의적 자유주의는 민족주의적 자유주의이기도 합니다. 노동권과 노동자연합의 결합은 공산주의를 의미합니다. 그래서 현대정치는 공화주의적·민족주의적 자유주의와 공산주의 사이의 갈등으로 특징지어진다고 할 수 있습니다.

이데올로기 비판으로서 공산주의

경제학 비판에 적합한 이데올로기 비판이란 결국 자유주의에 대한 공산주의의 비판을 의미하는 것입니다. 그런데 자본주의 경제가 변화하면서 동시에 자유주의라는 이데올로기도 변화하기 마련입니다. 이미 설명한 것처럼 1차 세계전쟁을 전후로 법인자본이 형성되고 2차 세계전쟁을 계기로 법인자본이 초민족화됩니다. 그에 따라서 관리자주의나 케인즈주의, 로즈벨트주의나 트루먼주의 같은 새로운 자유주의가 출현하는 것이지요. 자유주의의 역사에 대해서는 이미 설명한 셈이니까, 여기서는 공산주의의 역사에 대해서만 간단하게 설명해보겠습니다.

「'인간의 권리'와 '시민의 권리'」의 후속작이라고 할 수 있는 「공산주의 이후에 어떤 공산주의가 오는가?」(『마르크스의 '경제학 비판'과 소련 사회주의』, 공감, 2002)에서 발리바르는 공산주의의 네 가지 역사적 형태를 구별합니다. 바디우가 공산주의의 본질은 첫 번째 형태인 기독교적 공산주의에서 발견된다고 주장한다면, 발리바르는 그것이 두 번째 형태인 시민적 공산주의, 세 번째 형태인 마르크스주의로 변모하는 과정을 강조하지요. 따라서 바디우의 입장을 공산주의의 상수론이라고 한다면, 발리바르의 입장을 공산주의의 변수론이라고 할 수도 있겠지요.

기독교적 공산주의는 종교적 공산주의의 일종입니다. 종교적 공산주의의 핵심인 천년왕국론은 동양에도 있고 서양에도 있습니다. 그러나 서양의 천년왕국론은 신의 심판이 내려지는 마지막 날이 있다는 종말론을 특징으로 하는데, 그 기원은 고대 이란의 국교인 조로아스터교로 소급하는 것이에요. 아시다시피 니체의 차라투스트라가 바로 조로아스터입니다. 유다교는 여기다가 그런 마지막 날 메시아가 구원하러 온다는 메시아론을 추가하고 있습니다. 그리고 그런 메시아가 예수라고 주장하는 것이 바로 기독교입니다. 그래서 마지막 날 예수가 부활하여 믿지 않는 자를 심판하고 믿는 자를 구원하여 천년 동안 세상을 다스린다는 것이지요.

'1844년 원고'에서 기독교적 공산주의를 '조야한 원시공산주의'라고 비판한 마르크스가 기독교적 공산주의자인 바이틀링에게 "이제까지 무지가 도움이 된 적은 없었다"고 일갈한 것은 아주 유명한 에피소드이지요. 그런데 마르크스가 기독교적 공산주의를 비판한 데는 개인적인 편견도 작용한 것 같아요. 사실 기독교적 공산주의에는 자유결합을 실천한 분파도 있었거든요. 아시다시피 귀족 출신인 마르크스 부인 예니는 자유결합에 대한 반발심이 아주 강했는데, 그래서인지 마르크스도 그런 편견을 가졌던 것 같아요.

마르크스와 달리 엥겔스는 기독교적 공산주의에 대해서 아주 관심이 많았습니다. 청년기 엥겔스는 뮌처와 재세례파를 중심으로 해서 『독일 농민전쟁』을 집필하지요. 그러나 마르크스의 무언의 압력 때문인지 오랫동안 기독교적 공산주의에 대해서 별로 연구한 것 같지 않습니다. 그러다가 마르크스 사후 말년의 엥겔스는 원시기독교에 대한 연구를 다시 시작하지요. 원시기독교란 로마제국의 국교인 가톨릭으로 변질되기 이전의 기독교를 가리키는 말입니다.

 게다가 자본가 출신인 엥겔스는 정식으로 결혼한 적이 없습니다. 엥겔스 부인은 메리라는 아일랜드 여성인데, 엥겔스 집안이 소유하던 맨체스터 공장의 여공 출신이지요. 엥겔스는 메리가 공산주의적 여성의 모델이라고 생각한 것 같은데, 예니는 그것이 자신에 대한 모욕이라고 오해한 것 같아요. 귀족 출신에다가 하녀까지 데리고 사는 데서 온 자격지심 때문이겠지요. 마르크스와 엥겔스 사이에서 거의 유일하게 생각이 다른 것이 바로 기독교적 공산주의와 자유결합에 대한 평가라고 할 수 있습니다.

 어쨌든 바디우는 엥겔스를 따라서 뮌처와 재세례파에게 주목하지만, 발리바르는 좀 더 소급해서 중세 말기 북부 이탈리아의 프란치스코와 탁발수도회에 주목합니다. 프란치스코회에 대해서는 『역사적 마르크스주의』에서 자세하게 설명했으니까 생략하기로 하겠습니다. 다만 한 가지만 지적한다면, 네그리도 『제국』의 결론에서 공산주의자의 모델로서 프란치스코회를 설정한다는 것입니다. 그런 점에서 네그리는 바디우와 친화성을 갖는다고 할 수 있지요.

 그런데 발리바르는 바디우나 네그리와 달리 공산주의라는 상수가 아니라 변수에 관심을 갖습니다. 공산주의의 두 번째 형태가 바로 시민적 공산주의인데, 이것이 바로 시민혁명과 과학혁명 이후에 출현하는 현대적 공산주의의 발단이에요. 메시아론 없는 시민적 공산주의의 가장 중요한 특징은 자기해방의 사상입니다. 그리고 물론 시민적 공산주의에는 천년왕국론이나 종말론 같은 신비주의적 요소도 전혀 없습니다.

 합리주의적 자기해방의 사상으로서 시민적 공산주의의 이념이 바로 소유권을 비판하는 노동권입니다. 여기서도 전현대와 현대가 명확히 구분되지요. 프란치스코회의 이념은 가난인데, 달리 말하자면 탈소유이지요. 그러나 시민적 공산주의에서 소유권에 대한 비판은 더 이상 가난이 아니라 노동권입니다. 그리고 소유권에 대한 비판으로서 노동권이라는 관점이 마르크스에 의해서 경제학 비판으로 발전하지요. 프란치스코회의 탈소유론과 네그리의 반경제론 사이의 친화성은 우연이 아닙니다. 또 네그리는 프란치스코회의 로저 베이컨과 '기술을 통한 구원'이라는 관념을 공유하기도 합니다.

그래서 시민적 공산주의와 마르크스주의가 결합된다는 것인데, 그런 결합을 매개하는 것이 유토피아 사회주의입니다. 사실 소유권을 비판하는 노동권을 최초로 제기한 것이 유토피아 사회주의이거든요. 마르크스가 유토피아 사회주의에 대해서 이의를 제기한 것은 단 한 가지입니다. 노동권을 어떻게 실현시킬 수 있는가라는 것이에요. 그래서 발리바르가「해방, 변혁, 시빌리테」에서 해방과 시빌리테와 변혁을 구별하고「모호한 보편성」에서 상징적 보편성과 가상적 보편성과 현실적 보편성을 구별하는 것입니다.

『대중의 공포』에 대한 서평에서 뒤루가 지적한 것처럼 이데올로기적 반역에서 봉기와 구성에 해당하는 것이 해방과 시빌리테라면, 착취의 모순에 해당하는 것이 변혁입니다. 또 해방과 시빌리테는 상징적 보편성과 가상적 보편성이고, 변혁은 현실적 보편성이지요. 상징적 보편성과 가상적 보편성을 이상적 보편성과 허구적 보편성이라고 부르기도 하는데, 노동자상태론과 구별되는 노동자운동론을 특징짓는 이념(idea)이란 그런 이상적(ideal) 보편성을 가리키지요.

마지막으로 발리바르는 공산주의의 네 번째 형태를 국제주의와 페미니즘으로 설정합니다. 그러나『역사적 마르크스주의』에서 자세하게 설명한 대로, 저는 국제주의를 대안세계화로 좀 더 구체화하는 것이 좋겠다고 생각합니다. 요즘 들어와 발리바르도 유럽연합이나 유럽연합헌법조약 논쟁에 개입하면서 대안세계화에 관심을 갖는 것 같습니다. 대안세계화에 대해서는『역사적 마르크스주의』를 참조하시기로 하고, 페미니즘에 대해서는 조금 이따가 성적 차이와 관련해서 간단하게 설명할 것입니다.

시민적 공산주의와 마르크스주의

『자본』의 결론을 시민적 공산주의와 마르크스주의의 결합으로 해석할 수 있지요. 마르크스주의와 시민적 공산주의의 관계에 대해서 오해가 아주 많기 때문에 간단하게 설명하고 넘어가겠습니다. 『마르크스의 '경제학 비판'』에서 자세하게 설명한 것처럼 『자본』의 결론에서 마르크스는 공산주의를 연합적 생산양식으로 정의합니다. 연합적 생산양식이란 노동자연합에 의한 소유, 좀 더 간단하게 말하자면 연합적 소유로 특징지어지는 것이지요.

연합적 소유의 첫 번째 측면은 쉽게 설명할 수 있습니다. 연합적 소유는 우선 사회적 소유인데, 이것은 『자본』에서 도출되는 논리적 결론이기 때문입니다. 지난번에 『자본』에서 전개되는 두 가지 경제학 비판을 설명하면서 노동이 두 가지 방식으로 사회화된다고 했지요. 상품과 화폐를 분석하는 첫 번째 경제학 비판에서 노동은 시장을 통해서 사회화되고, 노동력을 분석하는 두 번째 경제학 비판에서 노동은 기계제대공업을 통해서 사회화되지요.

『반뒤링』에서 엥겔스가 말하는 자본주의의 기본모순이란 노동의 사회화와 사적 소유 사이의 모순을 가리키는 것입니다. 따라서 그런 모순을 논리적으로 해결하는 방법이 바로 소유를 사회화하는 것이지요. 말하자면 노동의 사회화에 적합한 소유의 사회화, 사회적 노동에 적합한 사회적 소유라는 것입니다. 마르크스는 노동자연합의 소유를 사회적 소유라고 부르지요. 물론 법인자본이나 국가자본의 소유를 사회적 소유라고 부르기도 합니다. 그러나 노동자연합이 긍정적인 방식으로 소유를 사회화한다면, 법인자본이나 국가자본은 부정적인 방식으로 소유를 사회화한다는 차이가 있지요.

그런데 더 중요한 것은 사회적 소유는 연합적 소유의 한 가지 특징에 불과하다는 것입니다. 연합적 소유의 또 다른 특징이 바로 개인적 소유인데, 이것의 해석을 둘러싸고 논란이 많지요. 그러나 마르크스가 재판 또는 삼판까지 교정을 본 것이기 때문에 미스프린트설로 설명할 수는 없습니다. 사실『자본』에는 해석이 잘 안 되는 부분이 많거든요. 그래서 어떤 일본 마르크스주의자는 자신이 잘 모르는 부분이 혹시 미스프린트 때문이 아닌가라고 주장해서 웃음거리가 되기도 했답니다. 일본 학계에서는 그런 것을 보통 미스프린트설이라고 부르지요.

아까 개인성이라는 개념이 없으면 인권의 정치도 마르크스주의도 성립할 수 없다고 했는데, 바로 개인적 소유로서 연합적 소유를 염두에 둔 말이에요. 사실 자기 자신에 대한 소유로 정의되는 개인적 소유는 로크가 최초로 제시한 개념입니다. 방금 소유적 개인이라고도 했지만, 개인의 본질이 곧 소유라는 뜻이에요. 그래서 로크의 인간학을 소유의 인간학이라고 부르기도 하는 것입니다.

그러나 마르크스가 로크의 개인적 소유라는 개념을 그대로 차용하는 것은 아닙니다. 로크의 개인적 소유는 결국 소유권을 뜻하는 것이고, 마르크스의 개인적 소유는 결국 노동권을 뜻하기 때문이지요.『자본』에서 마르크스는 로크에 대해서 두 가지 비판을 제시합니다. 하나는 자본주의에서는 개인적 소유가 실현될 수 없다는 논리적 차원에서의 비판이지요.『마르크스의 '경제학 비판'』에서 이미 설명한 것처럼, 자본의 축적과정에서 개인적 소유의 법칙은 자본주의적 영유의 법칙으로 반전됩니다.

또 하나는 역사적 차원에서의 비판입니다. 이것이 바로 자본의 본원적 축적이지요. 로크가 말하는 개인적 소유의 전제조건은 자기 노동에 기초한 소유입니다. 쉽게 말하자면, 로크는 자본가의 소유가 자신이나 조상의 정직한 노동의 결과라고 주장하는 것이에요. 그렇지만 역사적으로 볼 때 거의 모든 자본가는 사기나 절도나 약탈을 통해서 부를 축적하지요. 정직한 노동으로 그렇게 거대한 부를 축적한 자본가는 없다는 말이에요.

아나키즘과 노조주의

「해방, 변혁, 시빌리테」에서 발리바르가 강조하듯이, 유토피아 사회주의에서 비롯되는 노동권이나 노동자연합 같은 해방의 사상을 변혁의 사상으로 발전시킨 것이 바로 마르크스주의입니다. 해방과 시빌리테의 사상을 근거짓는 것이 인권의 정치로서 이데올로기 비판이라면, 변혁의 사상을 근거짓는 것이 바로 역사과학으로서 경제학 비판이지요. 아나키즘도 유토피아 사회주의를 계승하지만, 그러나 낭만주의라는 특징을 갖습니다.

현대에 들어와서 기독교적 공산주의는 새로운 형태로 변모합니다. 낭만주의가 바로 그것인데, 그래서 제가 『역사적 마르크스주의』에서 낭만주의를 세속화된 천년왕국론이라고 부른 것이지요. 낭만주의에는 더 이상 메시아가 없습니다. 그래서 데리다가 메시아 없는 메시아주의를 주장하는 것인데, 이것이 낭만주의의 특징입니다. 이 때문에 낭만주의적 종말론도 메시아 없는 종말론이지요. 그래서 제가 일반화된 종말론이라고 부른 것인데, 데리다가 강조하듯이 이것이 바로 벤야민의 역사관입니다.

또는 들뢰즈나 네그리처럼 낭만주의를 거부와 탈출의 사상으로 특징지을 수도 있습니다. 낭만주의에는 변혁은 물론이고 시빌리테의 사상이 없는데, 그러다 보니까 너무도 당연하게 역사과학으로서 경제학 비판이나 인권의 정치로서 이데올로기 비판도 없지요. 한마디로 말해서 거부와 탈출의 사상에는 변증법이 필요없다는 말이에요. 들뢰즈나 네그리는 변증법이 문제라고 강변하지만, 제가 보기에는 변증법이 없는 것이 더 큰 문제라고 할 수 있습니다.

그런데 설명이 조금 복잡해지는 부분이 있습니다. 사실 아나키즘도 마르크스주의와의 논쟁을 거치면서 변화하거든요. 그래서 마르크스주의 이후의 아나키즘을 구별할 수 있는 것이지요. 아시다시피 마르크스와 논쟁하던 두 명의 아나키스트가 바로 프루동과 바쿠닌인데, 특히 바쿠닌의 아나키즘은 테러리즘을 특징으로 합니다. 바쿠닌의 테러리즘에 대해서 자기비판하면서 아나키즘을 변모시킨 것이 바로 크로포트킨의 아나코-생디칼리즘입니다. 판지에리와 트론티의 오페라이스모는 그런 아나코-생디칼리즘의 계승자이지요.

게다가 크로포트킨은 종말론을 폐기하고 진화주의를 수용합니다. 그런 특징은 네그리의 아우토노미아로 계승되지요. 사실 네그리와 데리다 사이에는 진화주의인가 종말론인가라는 쟁점이 있어요. 사회노동자에 대한 네그리의 주장은 그런 의미에서 진화주의를 상징하는 것입니다. 19세기적인 숙련노동자와 20세기적인 반(半)숙련대중노동자가 21세기적인 사회노동자로 진화하기 때문입니다.

코퍼러티즘적 노조주의도 마르크스주의와 다른 방식으로 유토피아 사회주의를 계승한 것으로 해석할 수 있습니다. 코퍼러티즘적 노조주의는 영국식 유토피아 사회주의인 오언주의에서 출발합니다. 오언주의는 생시몽주의나 푸리에주의와 달리 경제학적 토대를 갖는데, 그것이 바로 마르크스가 『잉여가치학설사』에서 주목한 리카도파 사회주의입니다. 리카도파 사회주의의 입장을 도덕경제론이라고 부르기도 하는데, 여기서 도덕은 개인의 주관적 도덕이 아니라 공동체의 객관적 도덕을 뜻합니다. 즉 도덕경제론은 아나키즘과 달리 시장경제에 대한 거부나 탈출이 아니라 공동체적 규제를 시도하는 것입니다.

『역사적 마르크스주의』에서 이미 설명한 것처럼, 코퍼러티즘적 노조주의는 도덕경제론을 사회경제론으로 현대화한 것입니다. 시장경제에 대한 규제는 마찬가지인데, 다만 공동체가 아니라 사회가 규제한다는 뜻이지요. 여기서 사회란 국가도 아니고 경제도 아닌 제3자입니다. 로마법에서는 그것을 코퍼레이션이라고 부르지요. 그래서 사회경제론의 핵심은 곧 코퍼러티즘이기도 한 것이지요. 그러나 페이비언주의가 국유화론을 채택하는 데서 알 수 있듯이 사회경제론이 시장경제에 대한 국가규제를 부정하는 것은 아닙니다.

지적 차이

이제 마지막 세 번째 단락에서는 인권의 정치를 지양하는 탈현대정치에 대해서 설명해보겠습니다. 아까 포스트구조주의와 관련해서 설명한 것처럼 드디어 개인성으로 환원되지 않는 특이성이라는 문제가 제기됩니다. 그러니까 탈현대정치는 개인성이 아니라 특이성을 중심으로 하고, 이런 의미에서 인권의 정치를 지양한다는 말이지요. 보통 포스트구조주의를 포스트모더니즘, 즉 탈현대주의라고 부르기도 하는 것은 이 때문입니다.

그런데 문제는 개인성으로 환원되지 않는 특이성에 대한 해석이 반드시 단일할 필요는 없다는 것이에요. 예를 들어 포스트구조주의와는 전혀 다른 방식으로 특이성을 해석할 수 있는데, 발리바르는 특히 두 가지 모델을 설정합니다. 하나가 바로 무지와 지식이라는 지적 차이이고 또 하나가 바로 남성과 여성이라는 성적 차이입니다. 차차 설명하겠지만, 포스트구조주의의 특이성은 성적 차이를 인식할 수 없다는 한계를 갖고 있습니다.

이미 설명한 것처럼 스피노자는 무지와 지식이라는 지적 차이를 수동과 능동, 정념과 이성으로 특징짓습니다. 게다가 지적 차이는 반드시 소멸되어야 할 특이성입니다. 지적 차이를 특징짓는 특이성이란 지식을 가리키는데, 그런 특이성으로서 지식이 소멸된다는 것이 지식인을 제거한다는 뜻은 아닐 것입니다. 오히려 대중이 지식인이 되면서 지식이 더 이상 특이성이 아니라 보편성이 된다고 해야 할 것입니다. 이것을 노동권으로 환원되지 않는 지식권이라고 부를 수도 있겠습니다.

「'인간의 권리'와 '시민의 권리'」에서 발리바르는 여기까지만 설명하기 때문에 다른 논문들을 참조해서 좀 더 설명해보겠습니다. 우선 마르크스적인 의미에서 지적 차이와 스피노자적인 의미에서 지적 차이를 구별해볼 수 있습니다. 말하자면 노동 내부에서 나타나는 지적 차이와 노동과 비노동 사이에서 나타나는 지적 차이를 구별하자는 것이지요. 노동 내부의 지적 차이를 보통 육체노동자와 지식노동자의 지적 차이라고 부르고, 노동과 비노동 사이의 지적 차이를 보통 대중과 통치자의 지적 차이라고 부릅니다. 통치자를 지배엘리트라고 부르기도 하지요.

마르크스적인 지식노동자가 자본주의적 기원을 갖는 지식인이라면, 스피노자적인 통치자의 기원은 자본주의 이전의 지식인으로 소급됩니다. 말하자면 지식노동자는 자본의 기능을 대행하는 새로운 지식인이고, 통치자는 국가의 기능을 대행하는 오래된 지식인이라고 할 수 있지요. 이 두 가지 지식인은 그 자신이 부르주아지에 속하는 것은 아니지만, 그러나 자본과 국가의 재생산에 기여함으로써 부르주아지를 재생산합니다.

아까 알튀세르의 마오주의적 제자로 바디우와 함께 랑시에르가 있다고 했지요. 바디우가 공산주의의 상수론을 제시한다면, 랑시에르는 인민주의의 상수론을 제시한다고 할 수 있습니다. 바디우가 중세의 기독교적 공산주의에 주목한다면, 랑시에르는 고대로 소급되는 대중과 통치자의 지적 차이에 주목하지요. 랑시에르가 제시한 인민주의의 상수론에 따라서 그람시의 헤게모니론을 발전시키려는 포스트마르크스주의자 라클라우는 공산주의가 인민주의의 최고 형태라고 주장하기도 합니다.

어쨌든 자본주의의 변화에 따라서 지식노동자와 통치자는 다양하게 분화합니다. 이미 설명한 것처럼, 법인자본이 형성되면서 지식노동자는 과학기술자와 관리자로 분화합니다. 마찬가지로 통치자도 정치계급(political class)과 이데올로그로 분화하지요. 정치계급이란 정치인과 관료를 가리키는 용어입니다. 그래서 법인자본이 대학개혁을 요구하는 것인데, 과학기술자와 관리자를 양성하는 것이 이공계대학과 경상계대학의 역할입니다. 그밖에 전통적인 문과대학은 정치계급과 이데올로그를 양성하는 역할을 하지요.

동시에 과학기술자와 관리자, 정치계급과 이데올로그 내부에서도 위계가 발생합니다. 쉽게 말하자면, 법인자본에 적합한 현대대학이

중하위급 지식인을 양성하는 대중대학과 고위급 지식인을 양성하는 엘리트대학으로 위계화된다는 것이지요. 보통 아이비리그라고 불리는 미국 식 엘리트대학에는 아직도 연고주의적 전통이 강하게 남아 있지만, 프랑스 식 엘리트대학인 그랑제콜은 철저한 능력주의를 원칙으로 합니다. 그리고 그랑제콜에 입학하려면 일종의 예과교육인 엘리트 중등교육을 거쳐야 하지요.

남한에서는 중등교육이 평준화되었지만 대학교육은 위계화되어 있기 때문에 입시경쟁이라는 특수한 문제가 발생하고 있습니다. 박정희 정부는 중등교육을 대중화하는 동시에 평준화하지요. 그러나 전두환 정부는 대학교육을 대중화하지만 평준화하지는 못합니다. 그래서 입시경쟁이라는 문제를 해결하기 위해서 대학교육의 평준화를 시행할 것인가 아니면 중등교육의 평준화를 폐지할 것인가라는 것이 항상 쟁점으로 제기되는 것이지요.

특히 노무현 정부에 들어와서 진보주의적이고 인민주의적인 성향의 지식인들이 대학교육의 평준화를 위해서 서울대를 폐교하자고 제안하고 있습니다. 그러나 그런 제안은 대학교육의 초민족화라는 쟁점을 망각하고 있지요. 해외유학·연수는 이미 오래된 현상인데, 서울대를 폐교한다면 그런 경향이 가속화될 것임은 쉽게 예상할 수 있는 일입니다. 게다가 조기유학·연수 같은 초·중등교육의 초민족화 현상까지 나타나고 있지요. 노무현 정부가 이중국적을 허용하는 문제를 고민하고 있는 것은 우연이 아닙니다.

비판적 지식인과 시민교육

입시경쟁이나 대학교육의 위계화는 진보주의자나 인민주의자만이 제기할 수 있는 쟁점이라는 것이 제 생각입니다. 마르크스주의자는 대학교육의 역할이나 지식의 성격을 비판해야 하기 때문이지요. 우선 대중의 지식권이라는 관점에서 볼 때 경상계지식을 포함하는 문과지식과 이공계지식은 전혀 성격이 다른 것입니다. 저는 정치계급이나 이데올로그의 양성과 관련된 문과지식은 소멸되어야 한다고 생각합니다. 그리고 논란의 여지가 있겠지만, 관리자의 양성과 관련된 경상계지식도 마찬가지라고 생각합니다.

반면 과학기술자를 양성하는 이공계지식은 소멸이 아니라 변혁되어야 할 것입니다. 이공계지식은 중립적이 아니라 편향적인데, 특히 거시과학과 구별되는 미시과학이 그렇다고 할 수 있습니다. 거시과학이란 뉴튼이나 아인슈타인의 중력이론이나 다윈의 진화론처럼 현실에 대한 인식을 목적으로 하지요. 반면 미시과학은 현실에 대한 인식과 함께 실용화를 목적으로 합니다. 그래서 양자론과 유전학에서 전자공학·핵물리학과 생명공학이 발전하고, 자본과 국가가 적극적으로 개입하는 것이지요.

게다가 대학교육이 대중의 지식권과 아무런 관련도 없는 계층상승을 위한 수단일 따름이라는 점도 잊지 말아야 합니다. 능력주의에 따른 입시경쟁이란 계층상승을 목적으로 하는 것이고, 따라서 노동자 내부의 분할과 경쟁을 강화시키는 것입니다. 게다가 학교와 가족의 상호작용을 통해서 지적 차이와 성적 차이가 아주 복잡하게 결합되기도 합니다. 예를 들어 남녀공학에서도 전공선택의 성차별주의가 재생산되기 때문이에요.

저는 이런 쟁점들을 제기하기 위해서는 지식인의 비판성을 회복하는 것이 급선무라고 생각합니다. 그러나 비판성이 무엇인가에 대해서는 논란이 있을 수 있는데, 예를 들어 사르트르적인 비판성도 있을 수 있고 알튀세르적인 비판성도 있을 수 있기 때문이에요. 사르트르가 지식인의 정치적 실천을 강조한다면, 알튀세르는 지식인의 이론적 실천을 강조하지요. 활동가의 입장에서는 사르트르가 옳을 것이고, 연구자의 입장에서는 알튀세르가 옳을 것입니다.

조금 이따가 설명하겠지만, 가족은 축소되어야 하고 학교는 확대되어야 합니다. 학교를 확대하기 위해서는 대안교육으로서 시민교육을 제도화하는 것이 아주 중요한 과제입니다. 시민교육이란 대중의 지식권을 실현하기 위한 조건이라고 할 수 있지요. 여기서 활동가든 연구자든 비판적 지식인은 대중의 지식권을 실현시키기 위한 보조자로서의 역할을 수행해야 합니다. 이렇게 해서 대중이 지식인이 될 때 지식의 특이성이 소멸될 수 있다는 말이에요.

일부 지식인이 주장해오던 서울대 폐교론이 요즘 와서는 본격적인 논란의 대상이 되고 있지요. 그러나 생각해보면 서울대 폐교론에는 서울대가 일차적인 책임이 있을 것 같아요. 옛날부터 서울대는 학생은 일류이지만 교수는 이류라는 비아냥이 있었습니다. 게다가 김대중 정부부터 두뇌한국21(BK21)이니 뭐니 해서 프로젝트가 많아지다 보니까, 일부 교수는 연구비 횡령으로 매스컴에 오르내리기도 하지요. 1980년대까지는 프로젝트 하는 교수는 관변 또는 어용교수로 치부되었는데, 금석지감을 느끼지 않을 수 없습니다.

그러나 제가 볼 때 서울대 폐교론이 여론의 호응을 얻고 있는 데는 학생의 문제도 만만치 않습니다. 옛날에는 운동이나 연구에 뜻이 있는 학생도 많았지요. 저는 박현채 선생이 상징하는 서울대 출신의 여러 선배를 아주 자랑스럽게 생각하는데, 적어도 1980년대까지는 학생운동도 그랬고 사회운동도 그랬고 서울대 출신이 아주 중요한 역할을 많이 했어요. 그리고 일반 학생도 그런 비판적 의식을 얼마간 공유하고 있었지요. 그러나 요즘은 서울을 비롯해서 대도시 중산층 출신이 압도적이고 게다가 대부분 고시나 유학에 매달리고 있는 한심한 실정입니다.

성적 차이의 페미니즘

이제 지적 차이나 지식권과 비교하면서 성적 차이나 여성권에 대해서 설명해보겠습니다. 먼저 지적 차이가 소멸되어야 하는 것이라면, 성적 차이는 소멸될 수 없는 것입니다. 지적 차이의 소멸이 지식이라는 특이성의 제거를 뜻한다면, 소멸될 수 없는 성적 차이는 여성이라는 특이성의 추가를 뜻합니다. 또 특이성의 제거와 추가는 결국 지적 차이와 성적 차이에 적합한 방식에 따라 지식권과 여성권이라는 새로운 보편성을 발명해야 한다는 뜻이지요.

성적 차이는 지적 차이와 구별되는 새로운 존재론적이고 인간학적인 차이를 가리킵니다. 지적 차이처럼 성적 차이를 수동과 능동, 정념과 이성으로 특징지을 수 없다는 말이에요. 이 때문에 지적 차이와 달리 성적 차이는 스피노자적 인간학의 대상이 될 수 없습니다. 또 가부장제가 남성을 능동과 이성으로 특징짓고 여성을 수동과 정념으로 특징짓는다고 해서, 급진주의 페미니즘처럼 그 반대로 남성을 수동과 정념으로 특징짓고 여성을 능동과 이성으로 특징짓는 것이 옳은 것도 아니지요.

게다가 성적 차이는 지적 차이와 전혀 다른 방식으로 인권의 정치를 지양합니다. 대중의 지식권을 통해서 지식의 특이성을 제거하는 것과 달리 여성의 특이성을 추가하기 위해서는 여성성을 긍정하는 여성권을 옹호해야 합니다. 발리바르는 그런 여성권이 자유=평등 명제를 지양한다고 설명합니다. 자유=평등 명제가 자유의 조건이 평등이라고 주장한다면, 평등 속에서 차이가 자유의 조건이라고 주장하는 것이 바로 성차의 페미니즘입니다. 쉽게 말하자면 여성해방은 남성과의 평등이 아니라 평등 속에서 차이를 통해서 실현될 수 있다는 말이에요.

평등 속에서 차이라는 개념은 발리바르가 발명한 것이 아니라, 성차의 페미니즘에서 일반적으로 사용하는 개념입니다. 『역사적 마르크스주의』에서 이미 설명한 것처럼, 프랑스에서 발전한 성차의 페미니즘은 오히려 이탈리아에서 실현되지요. 그리고 그 절정은 마르크스주의 역사상 최초로 1986년에 이탈리아공산당이 「여성헌장」을 채택한 사건입니다. 로산다와 함께 이탈리아공산당에서 성차의 페미니즘을 대변한 사람이 바로 보치아인데, 그녀는 평등 속에서 차이를 복합적 평등이라고 부르기도 하지요.

이리가레는 여성성을 긍정하는 그런 여성권을 자기소유라는 의미에서 개인적 소유에 대한 권리로 설명하고 있습니다. 마르크스가 개인적 소유를 노동에 대한 권리로 상징하는 것처럼 이리가레는 성욕에 대한 권리로 상징하지요. 이리가레는 성욕에 대한 권리를 처녀성에 대한 권리라고 부르기도 하는데, 저는 그것을 성욕으로부터 철수할 수 있는 권리, 즉 독신의 권리로 해석할 수 있다고 생각합니다. 그리고 독신의 권리를 전제하는 성욕의 권리를 자유결합의 권리라고 해석할 수 있다고 생각합니다. 이 때문에 학교와 달리 가족은 확대가 아니라 축소되어야 하는 것이지요.

일반화된 마르크스주의와 결합할 수 있는 성차의 페미니즘에 대해서는 『역사적 마르크스주의』에서 자세하게 설명한 바 있습니다. 그래서 여기서는 그 개요만 간단하게 설명해보겠습니다. 성차의 페미니즘은 우선 역사적 가족형태를 비판하는데, 특히 법인자본에 적합한 핵가족이 문제이지요. 핵가족은 가족임금을 경제적 토대로 하지만, 그것으로 환원되는 것은 아닙니다. 핵가족에 고유한 이데올로기가 있기 때문이지요.

핵가족 이데올로기에 대한 비판도 처음에는 프로이트-마르크스주의적인 방식으로 제기되는데, 가장 대표적인 것이 바렛의 작업입니다. 그러나 바렛은 그런 시도가 실패한 후 푸코주의로 전향하고 말지요. 그 후 이리가레가 성차의 윤리학을 제시하는데, 이것은 방금 말한 성차의 페미니즘에 적합한 새로운 존재론과 인간학을 연구하려는 시도라고 할 수 있지요. 성차의 윤리학이나 여성권에 대한 이리가레의 논문은 이미 인용한 『'인권의 정치'와 성적 차이』에 번역되어 있으니까 참조하실 수 있습니다.

차이의 철학에 대하여

마지막으로 성차의 페미니즘과 포스트구조주의 사이의 논쟁에 대해서 간단하게 설명해보겠습니다. 쟁점은 개인성으로 환원되지 않는 특이성인데, 그것을 간단하게 차이라고 부를 수 있습니다. 포스트구조주의에서는 차이의 철학을 대표하는 것이 니체라고 주장하지만, 그러나 차이의 철학은 헤겔에게서 시작하는 것입니다. 아까 헤겔인가 스피노자인가라는 논쟁이 들뢰즈나 네그리가 생각하는 것처럼 그렇게 간단치만은 않다고 했는데, 헤겔인가 니체인가라는 논쟁도 마찬가지라고 할 수 있지요.

그 다음에 페미니즘과 밀접한 관련을 갖는 정신분석학에서도 차이의 철학이 발견됩니다. 성차의 페미니즘에서 성욕이 핵심적인 개념이라고 했는데, 사실 성욕을 설명하는 이론은 아직까지 정신분석학밖에 없습니다. 프로이트는 헤겔과 비슷한 방식으로 차이에 대해서 생각합니다. 그러나 라캉은 후기에 들어와서 니체와 비슷한 방식으로 차이에 대해서 생각하지요. 그래서 아까 전기와 달리 후기 라캉은 들뢰즈나 푸코와 공명하는 대목이 있다고 한 것입니다.

간단하게 설명해보자면, 헤겔이나 프로이트는 차이를 서로 보충해주는 것으로 생각합니다. 즉 상보성으로서 차이라는 말이지요. 반면 니체나 라캉은 상보성이 아니라 대립성을 강조합니다. 그러나 상보성과 대립성이 그렇게 다른 것은 아닌데, 둘 다 차이를 대칭성으로 생각하기 때문이에요. 지난번에 모순과 관련해서 설명한 것처럼, 상보성이든 대립성이든 차이를 A와 A가 아닌 것, 즉 A와 $\overline{A}$ 사이의 관계로 생각한다는 말입니다.

반면 성차의 페미니즘이 생각하는 차이는 비대칭성입니다. 즉 남성과 여성은 서로 보충해주는 것도 아니고 서로 대립하는 것도 아닙니다. 남성과 여성은 그냥 다르다는 말이지요. A와 A와 다른 것, 즉 A와 B라는 뜻이에요. 그렇기 때문에 자본가와 노동자 사이에서처럼 남성과 여성 사이에서도 모순이 발생하는 것입니다. 말하자면 현대정치가 자본가와 노동자 사이의 모순에 의해서 결정되듯이, 탈현대정치를 결정하는 남성과 여성의 차이도 또 다른 모순이라는 것이에요.

그러나 계급적 모순과 성적 모순에는 한 가지 아주 중요한 차이가 있지요. 자본가와 노동자 사이의 모순은 적대적인 모순입니다. 즉 그런 모순을 해결하기 위해서는 자본가를 소멸시켜야 합니다. 방금 지적 차이라는 문제를 해결하려면 대중을 소멸시켜야 한다고 했는데, 그런 의미에서 지적 차이도 적대적인 모순이라고 할 수 있겠지요. 그러나 남성이나 여성을 소멸시킬 수는 없기 때문에 남성과 여성 사이의 모순은 적대적인 모순일 수 없습니다. 그래서 지적 차이와 달리 성적 차이는 소멸될 수 없다고 한 것이에요. [더 자세한 설명은 윤소영, 『헤겔과 일반화된 마르크스주의』, 공감, 2007; 『헤겔과 성적 차이의 페미니즘』, 공감, 2007을 참조하시오.]

지나가는 말이지만, 남성은 몰라도 여성은 절대로 소멸시킬 수 없습니다. 노무현 정부에 와서는 정보·통신기술보다 생명공학기술이 각광을 받고 있는데, 그러나 그런 기술이 아무리 진보한다고 해도 난자를 만들어낼 수는 없습니다. 황우석 교수가 만들어냈다고 주장하는 배아줄기세포는 정자를 체세포로 대체한 것이에요. 그러나 그렇다고 해서 남성이 소멸되는 것도 아니지요. 그런 기술을 통제하는 것은 역시 황우석 교수 같은 남성이거든요. 그래서 페미니즘에서는 생명공학기술이란 남성이 여성의 재생산능력을 영유하려는 시도라고 비판하는 것이지요.

그 다음에 아까 지적한 것처럼, 니체보다 더 비판하기 어려운 사람이 바로 하이데거입니다. 그래서 들뢰즈나 푸코나 라캉보다 데리다를 비판하는 것이 더 어려운 것이지요. 데리다는 글도 많이 쓰고 또 어렵게 쓰는 편인데, 그래서 그를 비판하는 것이 몇 배나 어렵습니다. 그러나 알튀세르에 대한 인터뷰나 『마르크스의 유령』에서 제기된 쟁점은 마르크스주의의 일반화를 위해서 아주 유용하기도 합니다. 또 성차의 페미니즘과 관련해서도 데리다의 입장은 훨씬 더 미묘한 부분이 있어요.

스피노자도 니체보다는 하이데거와 비슷한 입장이에요. 발리바르는 대중의 공포라는 스피노자의 아포리아를 환유하는 것이 바로 여성의 공포라고 지적하지요. 사실 스피노자의 여성혐오증은 아주 유명한 것인데, 저는 그런 여성혐오증에는 이론적인 이유뿐만 아니라 또한 개인적인 이유도 있다고 생각해요. 『인권의 정치』와 성적 차이』에 번역되어 있는 뒤루의 글을 한번 읽어보세요. 아마 알튀세르의 제자 뒤루의 부인인 것 같은데, 하여튼 그녀는 스피노자의 여성혐오증을 일종의 반(反)페미니즘으로 해석합니다.

어쨌든 하이데거나 스피노자는 차이를 상보성이나 대립성으로 생각하지 않습니다. 대신 중립화시킬 수 있다고 주장하지요. 이제 차이라는 개념이 얼마나 복잡한가를 아실 수 있겠지요. 헤겔이나 프로이트가 생각하는 상보성이라는 의미에서의 차이, 니체나 라캉이 생각하는 대립성이라는 의미에서의 차이, 그 다음에 스피노자나 하이데거가 생각하는 중립화될 수 있는 차이, 그리고 성차의 페미니즘이 생각하는 모순으로서의 차이, 이렇게 네 가지의 차이 개념이 있는 것입니다.

중립화될 수 있는 차이에 대해서 설명해보겠습니다. 사실 저도 잘 모르는 대목이지만, 하이데거는 존재와 존재자를 구별하지요. 이리가레가 성적 차이를 존재론적 차이로 생각한다면, 하이데거는 성적 차이를 존재자적 차이로 생각합니다. 쉽게 말하자면 존재론적 차이는 본질적 차이라는 뜻이고, 존재자적 차이는 현상적 차이라는 뜻입니다. 즉 하이데거는 성적 차이가 본질적 차이가 아니라 현상적 차이이기 때문에 중립화시킬 수 있다고 생각하는 것이에요.

스피노자도 성적 차이를 비슷하게 해석합니다. 뒤루와 달리 마트롱은 스피노자의 여성혐오증이 반페미니즘을 의미하는 것은 아니라고 주장하지요. 이미 지적한 것처럼 3종의 인식에 도달한 지식인의 공동체가 스피노자의 이상사회입니다. 그런데 마트롱은 그런 지식인의 공동체가 여성을 배제하는 것은 아니라고 해석합니다. 지식인의 공동체에서는 성적 차이가 중립화되기 때문이에요. 그러나 물론 현실에서는 그렇게 중성화된 지식인의 공동체가 존재할 수 없다는 것이 문제라고 해야겠지요.

5강 종합토론

NL과 PD

— 박현채 선생의 민족경제론과 신식민지국가독점자본주의론(신식국독자론)의 관계에 대해서 설명해주셨으면 합니다.

— 박현채 선생은 저보다 꼭 20년 선배이십니다. 73학번인 제가 학부를 다닐 때는 박정희의 유신독재가 막 시작된 데다가 인혁당 사건이 있은 지 채 10년도 안 되었으니까 누구도 박 선생에 대해서 공개적으로 거론하지 못했지요. 게다가 저는 학부과정이나 석사과정에서 마르크스주의를 공부하지도 않았어요. 그래서 1970년대에는 박 선생의 이름만 들었지 직접 뵙지는 못했지요. 그러다가 광주항쟁을 계기로 마르크스주의로 전향하고 또 한국사회성격 논쟁에 개입하면서 박 선생을 알게 되었던 것이지요.
 그 후 저도 박 선생을 스승으로 모셨고 박 선생도 저를 제자로 아끼셨습니다. 박 선생이 신식국독자론을 제기한 것이 1985년인데, 그 때는 이미 오십이 넘으셨지요. 박 선생이 직접 신식국독자론을 이론화하는 것은 쉽지 않을 것이기 때문에 누군가 그런 작업을 해야 한다고 생각했지요. 그래서 제가 한번 해보겠다고 나선 것인데,

식민지반(半)봉건사회론(식반론)과의 논쟁이 격화되면서 틈틈이 박 선생께 여쭤보면 늘 제 말이 맞다고 하셨지요.

민족경제론이 신식국독자론으로 발전되는 과정은 박 선생의 말씀을 들어보거나 제가 스스로 생각해봐도 그렇게 치밀하게 이론적으로 증명된 것은 아니었습니다. 그러나 그럼에도 불구하고 한두 가지 설명은 가능하지요. 사실 민족경제론은 혁명의 전망이고 그것의 논거는 관료자본주의론입니다. 그리고 제가 1988년 『현실과 과학』 2집에 실린 「식민지반봉건사회와 신식민지국가독점자본주의」에서 설명한 것처럼 관료자본주의론은 마오의 이론입니다.

아시다시피 연안으로 대장정을 떠나면서 마오는 스탈린주의와 구별되는 자신의 사상을 체계화하기 시작하는데, 이것을 보통 마르크스주의의 중국화라고 부르지요. 당시 마오의 이론 담당 비서가 바로 첸포타입니다. 마오와 첸포타가 중국사회성격을 식반으로 규정하는 스탈린주의를 비판하면서 대안으로 제시한 것이 바로 관료자본주의론이지요. 그리고 나중에 논쟁이 심화되면서 관료자본주의론이 매판적·봉건적 국독자론으로 발전되는 것입니다.

민족경제론의 배후에 관료자본주의론이 있다는 것은 누구나 다 아는 사실입니다. 그런데 관료자본주의론이 매판적·봉건적 국독자론으로 발전한 것이니까 박 선생이 이 매판적·봉건적이라는 규정을 종속적 또는 신식민지적이라는 규정으로 발전시키신 것이 아닌가라는 것이 제 생각입니다. 그러나 신식국독자론의 혁명적 전망이 아직도 민족경제론인가에 대해서는 논란의 여지가 있다고 할 수 있겠지요. 그래서 제가 NL론과의 논쟁을 통해서 민족경제론을 PD론으로 발전시키려고 시도했던 것이에요.

저도 이제 오십대에 접어들어 당시 박 선생의 연배가 되었습니다. 아직은 잘 실감이 나지 않지만, 나이가 들면 추억이 많아지는 것 같아요. 그러나 NL과 PD의 논쟁은 1980년대 최대의 논쟁이었습니다. 그래서 심지어 민변 같은 데서도 제게 공부를 시켜달라고 부탁했던 것이지요. 지금은 다들 잊어버리고 싶어하고 또 사실을 너무 왜곡하고 있기 때문에 남한 마르크스주의의 역사를 위해서 증언을 남긴다는 의미에서 몇 가지 에피소드를 추억 삼아 말씀드려보겠습니다.

아시다시피 통혁당 활동가 중 가장 유명한 분이 바로 신영복 선생인데, 저도 몇 차례 개인적으로 만나 뵌 적이 있지요. 그러나 그 전에도 정운영 선생에게 신 선생에 대한 말씀을 들은 적이 많았는데, 신 선생의 직계 후배가 바로 정 선생이거든요. 『이론』 3호에 정 선생과 제가 신 선생과 인터뷰한 것이 실려 있는데, 읽어보시면 아시겠지만, 신 선생도 신식국독자론이나 PD론 또는 적어도 마오주의에 대해서 공감하시는 부분이 상당히 많이 있었습니다.

남민전 활동가 중에서 제가 좋아하던 선배가 바로 김남주 시인입니다. 제 친구인 김정환 시인의 주선으로 『이론』 창간을 축하하는 기념시를 한 수 부탁드리러 만난 김에 김 선배에게 이런 저런 질문을 해본 적이 있었지요. 남민전이 너무 북한에 경도된 것이 문제가 아닌가라고 했더니 제 말이 맞다고 하셨고, 또 1980년대 이후 남한 노동자운동의 변화된 상황에서 NL론이나 식반론에 대응하는 PD론이 출현한 것이고 그 논거가 신식국독자론인데 어떻게 생각하시는가라고 했더니 제 말이 맞다고 하셨지요.

문익환 목사조차 PD론과 신식국독자론이 옳다고 하셨지요. 문 목사의 장남이 얼마 전에 돌아가신 문호근 씨이고 차남이 문성근 씨인데, 문성근 씨는 김정환 시인의 친구입니다. 그래서 저도 한번 만난 적이 있었지요. 문 목사께서 임수경 씨와 함께 김일성 주석을 만나고 와서는 상당히 실망을 많이 하셨답니다. 주체사상이나 북한식 사회주의가 생각과는 아주 다르다는 사실을 아신 것인데, 그래서 돌아가시면서 문성근 씨에게 나는 NL로 끝났지만 PD가 옳은 것 같다는 말씀을 남기셨다고 해요. 이것은 제가 직접 들은 것은 아니고 김정환 시인의 전언이기 때문에 확실한 것은 아닙니다.

그리고 서사연 연구원 중에 모스크바대학 역사학부로 유학을 간 후배가 있었는데, 이 대학 경제학부는 신식국독자론을 이론화하는 과정에서 아주 중요한 논거를 제시한 짜골로프 학파의 근거지라고 할 수 있지요. 그 후배의 말에 의하면 모스크바대학 경제학부에서도 PD의 이론적 작업에 대해서 상당한 관심을 갖고 있어서 놀랐다고 합니다. 그 다음에 이것은 그냥 우스갯소리로 생각하셔도 좋은데, 누가 그러길 한민전의 대남방송에서도 PD의 입장에 일리가 있다고 한 적이 있답니다.

그래서 저는 NL과 PD의 논쟁이 지식인의 공론에 불과했다는 평가에는 단연코 동의할 수 없습니다. 이미 설명한 것처럼 한국사회성격 논쟁은 구로 동맹파업과 함께 1980년대 남한 마르크스주의의 부활을 상징하는 사건이기 때문입니다. 물론 이론적인 논쟁이다 보니까 지식인적인 냄새가 나기도 하겠지만, 그러나 지식인이 만들어낸 논쟁은 아니라는 것이에요. 오히려 그런 논쟁이 제대로 계승되지 못하면서 1990년대 남한에서 마르크스주의의 위기가 아주 퇴행적인 형태로 전개된 것이라고 할 수 있겠지요.

— NL이 제시한 식반론에도 나름대로 어떤 과학적 고민 같은 것이 있는 것이 아닐까요?

— NL과 PD의 논쟁은 주체사상과 레닌주의의 논쟁이었다고 할 수 있습니다. PD의 신식국독자론에 대응하여 NL이 주장한 것이 식반론인데, 그러나 제가 「식반과 신식국독자」에서 설명한 것처럼 식반론은 주체사상에 고유한 이론이 아니에요. 식반론은 본래 1920-30년대 코민테른이 제시한 스탈린주의적 이론이지요. 그리고 1960년대까지도 라틴 아메리카의 대부분의 공산당은 식반론을 공식 이론으로 채택하지요. 그래서 한국사회성격 논쟁에서도 라틴 아메리카 공산당 내부의 논쟁이 아주 중요한 전거가 되었던 것입니다.

그런데 NL은 처음에 식반론을 주장하다가 나중에는 아주 이상한 이론을 제시하게 됩니다. 혹시 들어보셨는지도 모르겠는데, 신식국독자론과의 논쟁에서 수세에 몰리면서 식민지반(半)자본주의론

(식반자론)을 제시한 것이지요. 식반론은 주체사상에 고유한 것은 아니지만, 나름대로 논거가 있는 것입니다. 그러나 식반자론은 아무런 논거도 없는 희한한 이론이에요. 그래서 저는 주체사상의 이론은 그다지 튼튼한 것이 아니라고 생각합니다.

게다가 식반론이나 식반자론은 남한사회의 혁명 전망을 왜곡하는 것입니다. 주체사상이란 어차피 북한체제를 옹호하는 변호론이기 때문이지요. 이미 설명한 대로 1972년 7·4 남북공동성명을 전후로 해서 남한의 혁명운동에서 친북한적인 편향이 나타납니다. 통혁당 이후 남한사회의 독자적인 혁명 전망을 부정하고 북한체제를 옹호하려는 입장이 1980년대 후반에 와서는 자주적 민주정부(자민정)로 이론화되지요. 북한이 이미 사회주의를 완성했기 때문에, 남한에서는 굳이 혁명이 필요 없고 자민정이면 충분하다는 것입니다. 예를 들어 김대중 정부나 노무현 정부면 된다는 말이에요.

그런데 노무현 정부는 물론이고 김대중 정부조차도 자민정이라고 부를 수는 없습니다. 제가 줄곧 주장하는 것이지만, 햇볕정책이란 클린턴 정부의 포용정책의 변형일 따름입니다. 게다가 포용정책은 동아시아정책, 특히 중국정책입니다. 따라서 김대중 정부의 주장과 달리 햇볕정책은 통일정책과 아무런 관계도 없습니다. 그리고 김대중 정부는 민주주의와도 아무런 관계가 없는데, 오히려 남한 최초의 인민주의 정부라고 해야 합니다. 게다가 김대중 정부의 경제정책은 전두환·노태우 정부나 김영삼 정부의 신자유주의를 아주 충실하게 계승하는 것이지요.

클린턴 정부나 김대중 정부의 포용정책은 지금 당장 통일을 시도하기에는 북한체제의 저항도 있고 남한경제의 여력도 부족하니까 과도기를 두자는 것이에요. 반면 부시 정부나 한나라당은 그런 통일비용의 부담은 어차피 불가피한 것이니까 가능한 빨리 북한정권을 교체하고 통일을 실현하자는 것이지요. 그래서 지금 쟁점이 되고 있는 통일은 1980년대 논쟁에서 제기되었던 남한의 혁명세력과 북한의 혁명세력의 결합인지 아니면 남한의 자주민주세력과 북한의 혁명세력의 결합인지라는 쟁점과는 전혀 차원이 다르다고 할 수 있는 것이지요.

1990년대 이후 NL의 주류화는 이렇게 설명할 수 있습니다. PD뿐만 아니라 또한 NL에서도 주류화 경향은 두드러진 것이지요. 예를 들어 노무현 정부에서 국가안전보장회의 사무차장으로 통일·안보정책의 실무를 총괄하는 이종석 씨 같은 사람이 대표적인 사례입니다. NL의 대표적인 이론가였던 그는 주체사상의 핵심을 수령론으로 설정하고 수령론을 부정한다는 점에서 PD를 종파주의라고 비난했던 사람이지요. 물론 『조선일보』나 한나라당이 주사파라고 부르면 자신은 학자일 따름이라고 오리발을 내밀고 또 나중에는 수령론에 문제가 있음을 인정하기도 했지만요.

1990년대 이후 NL과 PD의 논쟁은 완전히 소멸되어버렸습니다. 사실 1990년대 북한은 경제가 거의 붕괴된 상태라고 할 수 있습니다. 1970-80년대 북한은 자력갱생을 주장하면서도 소련을 비롯해서 동구권의 경제적 지원을 많이 받았던 상황인데, 현실 사회주의가 붕괴하면서 아주 큰 경제적 타격을 받은 것이에요. 중국은 당시로서는 자본주의로 전환하는 과정이었기 때문에 북한에게 큰 도움이 될 수가 없었지요. 그래서 김정일 국방위원장이 스스로 고난의 행군이라고 부를 정도로 북한경제가 거의 붕괴된 상태였다고 할 수 있겠습니다.

그래서 1990년대 이후 북한에서는 선군정치를 제외한다면 어떤 특별한 사상적 발전 같은 것은 없는 것 같습니다. 김정일 씨 자신이 주석이 아니라 국방위원장이라는 사실이 그것을 증명하는 것이겠지요. 게다가 주체사상을 이론화한 황장엽 씨가 남한으로 망명해서 진보적인 입장도 아니고 오히려 보수적인 입장으로 전향했지요. 또 1980년대 중반 『강철서신』이라는 팜플렛을 써서 남한에서 최초로 주체사상을 제기한 김영환 씨도 북한의 민주화나 인권 같은 문제를 제기하고 있는 그런 상황입니다.

지나치는 말이지만, 저는 김일성 주석과 김정일 국방위원장은 전혀 다르게 평가해야 한다고 생각합니다. 사실 마르크스주의에서 부자세습이라는 것은 있을 수 없는 일인데, 그러나 지금 그런 논쟁을 제기하고 싶은 생각은 없습니다. 하여튼 김 주석과 김 위원장은 전혀 다른 사람이라는 것이 제 생각인데, 예를 들어 핵 위기를 처리하는 방식을 보면 알 수 있어요. 포용정책의 모순 때문에 북한이 체제상의 위협을 느끼는 것은 당연하겠지만, 그러나 그렇다고 해서 핵무기를 개발한다는 것은 말도 안 되는 일이거든요. 김 위원장은 남한의 혁명 전망을 왜곡하는 것을 넘어서 민족의 생존 자체를 걸고 일대 도박을 하고 있는 셈입니다.

― 1980년대에는 NL과 PD의 논쟁을 북조선노동당(북로당)과 남조선노동당(남로당) 사이의 갈등으로까지 소급시켰다고 하던데요.

― 맞습니다. 그래서 PD의 계보를 인혁당을 거쳐서 남로당까지 소급하려는 시도도 있었지요. 조선노동당(조로당)이 말이 조로당이지 사실 북로당일 따름이라는 것이에요. 논쟁이 이렇게 확대된 데는 『강철서신』에서 김영환 씨가 박헌영 선생은 미국제국주의의 스파이였고 남로당은 종파주의 도당이었을 따름이라고 비판한 것이 아주 중요한 계기가 되었습니다. 그래서 제가 박현채 선생께 이 문제에 대해서 여쭤본 적이 있어요.

이미 설명한 대로 한국전쟁 당시 박 선생은 백아산과 무등산에서 빨치산으로 활동하시고 있었지요. 빨치산들은 한국전쟁을 조국해방전쟁으로 생각했다고 합니다. 요즘은 커밍스의 수정주의적 해석에 따라 미·소간의 냉전이라는 국제적 맥락을 강조하지만, 당시에는 모두 그렇게 생각했던 모양이에요. 따라서 휴전이란 조국해방전쟁의 실패에 따른 분단의 고착화를 의미하고, 누군가는 그것에 대해서 책임을 질 필요가 있었다는 것이지요. 그래서 결국 빨치산들은 김일성 주석 대신 박헌영 선생이 책임을 질 수밖에 없다는 식으로 정리했다는 말씀이었습니다.

박헌영 선생이 미제의 스파이였다는 것은 물론 터무니없는 스탈린주의적 수사였을 따름입니다. 스탈린은 자신의 정적을 제거할 때 항상 미제의 스파이라는 식으로 매도했는데, 그것은 전혀 근거 없는 수사였을 따름이지요. 이 점에서도 스탈린주의와 마오주의의 차이를 알 수 있는데, 마오는 자신의 정적을 그런 식으로 처형한 적이 없었습니다. 그래서 덩샤오핑이 살아남을 수 있었던 것이에요. 박 선생의 말씀처럼 박헌영 선생은 사회주의조국 북한과 조로당을 위해서 자신을 희생한 것이라고 보는 것이 옳을 것입니다.

  그래서 NL과 PD의 논쟁을 남로당과 북로당의 갈등으로까지 소급하는 것은 전혀 옳지 않다는 말입니다. 제가 NL에 대한 PD의 비판은 외재적인 것이 아니라 내재적인 것이고, 따라서 NLPD가 옳다고 주장한 것은 이 때문이지요. 또 「북한의 '남조선혁명론'과 '조국통일론'에 대하여: 그 비판적 이해를 위한 하나의 시론」(『NL론 비판』, 벼리, 1988)이라는 논문에서 1972년 7·4 남북공동성명을 전후로 해서 북한의 남조선 혁명노선이 변화한다는 사실을 강조한 것도 이 때문입니다.

신식민지국가독점자본주의론과 PD론

  ─ 신식국독자론과 PD론의 관계에 대해서 설명해주십시오.

  ─ 아까도 말씀드렸던 것처럼, 제가 한국사회성격 논쟁에 참여하여 신식국독자론이나 PD론을 이론화한 것은 박현채 선생의 입장을 좀 더 체계화하겠다는 목적이었습니다. 그래서 사실 한국사회성격 논쟁에서 제가 주장했던 것은 제 입장이 아니라 박 선생이라든지 박 선생으로 상징되는 여러 선배의 입장이라는 말이에요. 저는 다만 박 선생이나 다른 선배의 그런 입장을 좀 더 이론적으로 체계화해보려고 시도했을 따름입니다.

그런데 바로 그런 이유 때문에 박 선생 같은 선배의 입장을 계승하면서도 이론은 훨씬 복잡해질 수밖에 없었습니다. 가장 중요한 이론이 바로 국독자론인데, 사실 이것은 마르크스주의 경제학, 특히 소련경제학에서 아주 중요한 논쟁의 대상이었지요. 국독자론에는 크게 두 가지 이론이 있습니다. 하나는 제국주의나 독점자본주의가 한 단계 발전한 것이 국독자라는 것인데, 그것을 보통 국독자 단계론이라고 부르지요. 1940년대 후반에 바르가가 주장한 국독자 단계론은 사실 힐퍼딩이나 부하린으로 소급하는 것입니다.

그러나 1970년대 초에 모스크바대학 경제학부를 근거지로 하는 짜골로프 학파가 그런 국독자 단계론을 논파하는 국독자 경향론을 제기합니다. 국독자 단계론과 경향론 사이의 논쟁은 프랑스공산당에서도 전개되는데, 보카라의 단계론을 경향론의 입장에서 비판한 것이 바로 발리바르입니다. 그래서 신식국독자론을 이론화하면서 제가 전거로 삼았던 것은 발리바르나 짜골로프 학파의 국독자 경향론이었습니다. 당시에는 잘 몰랐지만, 그러나 국독자 경향론은 사실 평의회 마르크스주의자인 륄레가 1930년대 초에 최초로 제기한 것이기도 합니다.

또 한 가지 좀 더 이론적인 것이 독점강화·종속심화라는 명제입니다. 국독자는 단계가 아니라 경향이고, 신식민지에서 국독자의 경제메커니즘은 독점강화와 종속심화라는 뜻이지요. 이 모든 것은 방금 인용한 「식반과 신식국독자」나 학단협 1차 연합심포지엄에서 발표된 「전후 한국 경제학연구의 동향과 과제」(『80년대 한국 인문사회과학의 현단계와 전망』, 역사비평사, 1988)에서 발표되었지요. 그런 관점에서 한국경제를 설명한 것이 1990년에 새길에서 출판된 『한국에서 자본주의의 발전: 시론적 분석』인데, 서사연의 집단작업인 이 책은 서사연 사건의 계기가 되기도 합니다.

방금 지적한 것처럼, PD란 국독자의 혁명적 전망을 가리키는 것입니다. PD라는 이름도 제가 붙인 것이고, 그 내용도 제가 정리한 것입니다. 레닌의 「4월 테제」와 『국가와 혁명』에 대한 발리바르의 해석을 전거로 하는 PD는 단순한 국유화와 전혀 다른 것입니다. 바로 프롤레타리아 독재 또는 노동자통제 아래에서 국유화를 강조하기 때문이지요. 게다가 레닌은 항상 국유화보다는 프롤레타리아 독재 또는 노동자통제를 강조합니다.

『역사적 마르크스주의』에서 이미 설명한 것처럼, 레닌보다 좀 더 일관되게 노동자통제를 강조한 것이 콜론타이와 쉴랴프니코프가 지도한 노동자반대파입니다. 노동자반대파는 엄밀한 의미에서 평의회 마르크스주의자는 아니지만, 그래도 소련에서는 평의회 마르크스주의자와 가장 친화성이 있는 정파라고 할 수 있지요. 그래서 사실 당시 논쟁에서는 크게 부각되지 않았지만, PD의 핵심은 국유화보다는 노동자통제에 있다고 할 수 있다는 말입니다.

국유화는 민족경제를 변혁함으로써 공산주의로 이행할 수 있다는 것인데, 그것은 20세기 초반에도 곤란했지만 오늘은 거의 불가능한 전망입니다. 소련이나 중국을 봐도 그렇고, 북한을 봐도 그렇고, 국유화를 통해서 공산주의로 이행한다는 그런 시도는 결국 실패했음을 인정할 수밖에 없습니다. 게다가 소련이나 중국이나 북한의 경우에는 노동자통제가 존재하지도 않았기 때문에 애당초 공산주의로의 이행이 불가능했다고도 할 수 있겠지요.

그러나 제가 PD에 대한 자기비판이 필요 없다고 주장하는 것은 결코 아닙니다. 1992년 학단협 전문심포지엄에서 발표한 「한국에서 '마르크스주의의 위기'와 한국사회성격 논쟁」(『역사적 마르크스주의』, 위의 책)과 1994년 과천연구실 창립콜로키엄에서 발표한 「PD의 진실」(『이론』, 1994년 여름)에서 강조한 것처럼, PD에 대한 가장 중요한 자기비판은 정당에 대한 집착이라고 할 수 있겠습니다. 그래서 제가 『역사적 마르크스주의』에서 정당적 마르크스주의가 사회운동적 마르크스주의로 변모해야 한다고 주장한 것이지요.

PD를 포함해서 정당적 마르크스주의의 특징은 정당이 국가권력을 장악해서 경제를 변혁시킨다는 것입니다. 그러나 소련이든 중국이든 북한이든 그런 모든 실천은 실패로 돌아갔습니다. 평의회 마르크스주의의 실패는 교훈을 주지만, 그러나 그런 정당적 마르크스주의의 실패는 전혀 그렇지 못합니다. 소련의 붕괴나 중국의 변질이나 북한의 고난을 보면서 누가 마르크스주의자가 되려고 하겠습니까. 그래서 제가 『역사적 마르크스주의』에서 PD를 평의회 마르크스주의의 계보로 재해석하려고 시도한 것이지요.

— 요즘 학술운동에 관여하시지 않는 특별한 이유가 있습니까?

— 1980년대가 학술운동의 전성기였고, 저도 1986년부터 1994년까지 10년 가까이 학술운동에 적극적으로 참여했었지요. 그런 과정에서 배운 것도 많았지만, 그러나 피로감도 쌓이고 또 환멸도 느꼈습니다. 진보적이든 보수적이든 교수사회는 생각보다 훨씬 더 위선적인데, 특히 교수들 사이의 갈등은 아주 극단적입니다. 먹을 게 별로 없으니까 밥그릇 깨질 때까지 싸우기 때문이에요. 그래서 저는 더 이상 기성의 명망가들과 함께 무엇을 도모할 생각은 전혀 안 합니다. 다만 바라는 것이 있다면, 후배들이 제 생각을 수용해서 한 단계 더 발전시켜주었으면 하는 것이지요.

다시 학단협에 참여하고 다시 『현실과 과학』이나 『이론』 같은 잡지를 출판한다면, 과천연구실의 영향력은 훨씬 더 커지겠지요. 그러나 저는 그런 것이 모두 허장성세일 따름이라는 생각이 들어요. 게다가 그렇게 하려면 또다시 너무나 많은 개인적 희생이 필요하겠지요. 이전에는 매년 논문 한두 편 쓰기도 쉽지 않았는데, 과천연구실 이후로는 매년 단행본 한두 권은 쓸 수 있습니다. 올해가 과천연구실 세미나 첫 권이 나온 지 꼭 10년째인데, 연말까지 30권을 채우는 것이 목표입니다. 옛날만큼 파급력은 없지만, 대신 훨씬 일관된 입장이 축적되었으니까 후배들에게 물려줄 만한 자산이라고 저는 자부하고 있습니다.

독점강화·종속심화 명제

— 독점강화·종속심화 명제에 대해서도 설명해주십시오.

— 이미 설명한 것처럼, 독점자본이 수평통합을 통해서 시장을 지배한다면, 법인자본은 수직통합을 통해서 시장을 지배하지요. 여기서는 법인자본의 시장지배를 기준으로 설명해보겠습니다. 법인자본이 설정하는 이윤율을 보통 마크업률이라고 부르는데, 『마르크스의 '경제학 비판'』에서 사용한 기호에 따라서 r_1^m으로 표시하겠습니다. m은 마크업률을 가리키고 1은 1부문을 가리키지요. 그러나 1부문이 반드시 중화학공업을 가리킬 필요는 없겠지요. 다른 자본의 이윤율은 r_2인데, 여기서 2는 2부문을 가리킵니다.

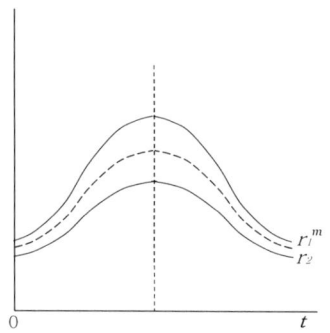

이미 설명한 것처럼 평균이윤율은 성장기에 상승하고 불황기에 하락합니다. 그래서 종모양의 그래프가 그려지는데, 이것을 점선으로 표시하겠습니다. 그런데 평균이윤율이 상승하는 성장기에 법인자본의 이윤율은 더욱 급속하게 상승합니다. 그래프에서 표시된 것처럼 법인자본의 시장지배력을 표현하는 마크업률이 평균이윤율로부터 위쪽으로 괴리된다는 말이지요. 반면 다른 자본의 이윤율은 평균이윤율보다 더 완만하게 상승하니까 평균이윤율로부터 아래쪽으로 괴리되겠지요.

불황기의 이윤율 궤도를 설명하려면 좀 더 이론적인 설명이 필요합니다. 마르크스는 『자본』 3권 3편에서 이윤율의 하락을 설명하기 전에 1-2편에서 자본의 부문간 경쟁을 통해서 이윤율의 균등화를 설명하지요. 균등화된 이윤율이 일반이윤율인데, 마르크스는 일반이윤율이 평균이윤율과 같다는 사실을 증명합니다. 따라서 평균이윤율이 하락하는 불황기에 법인자본의 이윤율은 더욱 급속하게 하락하고, 다른 자본의 이윤율은 더욱 완만하게 하락하겠지요.

요컨대 이윤율 격차의 확대는 성장기에 국한되고, 불황기에는 이윤율 격차가 축소된다는 말이에요. 방금 인용한 「식반과 신식국독자」에서 저는 불황기에도 이윤율 격차가 확대된다고 했는데, 이것은 잘못입니다. 그러나 독점강화·종속심화 명제의 비판가들이 주장한 것처럼, 이윤율 격차의 축소가 시장지배라는 의미에서 독점의 약화를 의미하는 것은 아니에요. 마르크스가 강조한 것처럼, 평균이윤율이 하락하고 이윤율 격차가 축소될 때 법인자본이 고정자본의 증대를 통해서 이윤량을 증가시키기 때문이지요.

1986-88년 3저 호황 이후 남한경제를 사례로 들어서 설명해보겠습니다. 『이윤율의 경제학과 신자유주의 비판』에서 설명한 것처럼, 3저 호황 이후 이윤율이 급락해서 1990년에는 이미 1979-80년 수준과 비슷한 수준이 됩니다. 그리고 이 때부터 재벌이 급속하게 고정자본을 증대시키기 시작하지요. 그래서 재벌의 정치적인 비중도 제고되는데, 가장 극적인 사건이 1992년 대선에서 현대의 정주영 회장이 대통령이 되어보겠다고 출마한 것입니다.

그런데 이미 설명한 것처럼 재벌의 가장 큰 결함 중의 하나가 바로 라인 중심의 사고방식입니다. 라인과 스탭의 분업을 제대로 발전시키지 못한다는 말이지요. 그래서 고정자본만 증대시켰는데, 그러다 보니까 이윤율은 더욱 급속하게 하락하기 마련이고, 그것이 바로 1997-98년 경제위기의 본질이지요. 가장 대표적인 경우가 바로 대우입니다. 탱크처럼 튼튼한 냉장고 어쩌고 하는 것이 대우의 광고 카피였는데, 1997-98년 경제위기로 타격을 받은 대우는 결국 1999년에 파산하고 말지요.

그런데 법인자본은 재벌과 달리 지주회사의 설립이나 인수·합병 같은 금융화를 통해서 고정자본과 이윤량을 증가시키지요. 그래서 이윤율 격차가 확대되는 것이 성장기의 독점강화라고 한다면, 불황기의 독점강화는 바로 금융화라고 할 수 있다는 것입니다. 이윤율 격차가 축소된다고 해도 독점이 약화되는 것은 결코 아니고 금융화를 통해서 독점이 강화된다는 말입니다. 그리고 금융화에 실패한 재벌은 스스로 위기를 재촉하게 되지요.

3저 호황 시기에 더 큰 쟁점이 되었던 것은 독점강화가 아니라 종속심화입니다. 독점강화와 마찬가지로 종속심화도 논거가 조금 부실했지요. 그런데 종속심화를 좀 더 체계적으로 설명하려면 국제경제학에 대한 지식이 필요합니다. 국제경제학을 보통 국제무역론과 국제금융론으로 구별하는데, 국제무역론의 핵심이 교역조건을 설명하는 것이고, 국제금융론의 핵심이 환율을 설명하는 것이지요. 그런데 교역조건은 어느 정도 설명할 수 있지만, 환율에 대해서는 만족할 만한 설명이 아직 없다는 것이 문제입니다.

국제무역론에 대해서는 마르크스도 이미 얼마간 설명하고 있는데, 그것이 『마르크스의 '경제학 비판'』에서 자세하게 설명한 부등가교환론이지요. 이것은 자유무역론에 대한 마르크스적 비판이기도 합니다. 국내에서 생산할 수 없는 다양한 상품을 소비할 수 있는 가능성을 보통 무역이익이라고 부르는데, 그것에 대해서는 논란의 여지가 없습니다. 쉽게 말하자면 1990년대까지만 하더라도 일반 시민들로서는 구경하기도 힘든 쇠고기를 돈만 있으면 언제나 먹을 수 있게 된 것이 바로 무역이익입니다. 그런데 마르크스 식으로 말하자면, 그런 무역이익은 사용가치의 측면만 고려한 것이지요.

마르크스가 비판하는 것은 사용가치상의 무역이익이 아니라 가치의 이전이라는 부등가교환입니다. 쉽게 말하자면 생산력의 격차에 따라서 똑같은 1시간의 노동이 세계시장에서 다르게 평가된다는 뜻입니다. 선진국의 노동은 후진국의 노동의 몇 배로 평가되기 때문에 후진국에서 선진국으로 가치가 이전되는데, 뒤메닐이 강조하듯이 그런 부등가교환이 마르크스적인 의미에서 제국주의의 본질적 메커니즘입니다. 게다가 생산력의 격차가 축소되지 않는다면, 가치이전과 부등가교환의 규모가 확대될 수밖에 없다는 것이지요.

그런 식으로 부등가교환이 확대되면 무역수지의 적자가 누적될 수밖에 없습니다. 그것이 3저 호황 이전까지 남한경제의 상황이에요. 그 다음에 그런 무역수지의 적자를 해결하는 방법이 자본수지의 흑자, 즉 자본수입입니다. 말하자면 차관 같은 방식으로 외채를 도입한다는 뜻이에요. 그래서 누적되는 무역수지의 적자를 자본수지의 흑자로 보전해야 하는데, 그런 외채의 원리금을 상환할 수 없게 되는 상황이 바로 외채위기입니다. 1979년 박정희 정부를 붕괴시킨 것이 바로 이윤율의 급락에 따른 경제위기와 결합된 그런 외채위기였습니다.

게다가 신자유주의적 금융세계화가 진전되면서 새로운 문제가 발생합니다. 그러니까 금본위제도 고정환율제이고 브레튼우즈 체제도 고정환율제인데, 1970년대 이후 변동환율제가 출현한 것이에요. 아직까지 환율의 변동을 설명하는 만족스러운 이론은 없는데, 그나마 그럴 듯한 것이 『마르크스의 '경제학 비판'』에서 자세하게 설명한 카르케디의 이론이지요. 카르케디의 설명은 부등가교환에 대한 마르크스의 설명과 아주 비슷합니다. 즉 후진국의 환율은 상승하는 경향이 있고 선진국의 환율은 하락하는 경향이 있다는 것이에요. 후진국의 화폐는 평가절하되는 경향이 있고 선진국의 화폐는 평가절상되는 경향이 있다는 말입니다.

그러나 여러 가지 이유 때문에 평가절하가 일시적으로 억제될 수도 있습니다. 예를 들어 경제개발협력기구에 가입하기 위해서 1인당 국민소득을 1만 달러로 유지할 필요가 있었던 김영삼 정부가 원화의 평가절하를 정책적으로 억제한 것처럼 말이에요. 그러나 언젠가는 환율이 급상승하기 마련인데, 그것이 바로 외환위기이지요. 1997-98년 남한경제의 위기는 이윤율이 급락하는 경제위기이면서 환율이 급상승하는 외환위기이기도 하지요.

그래서 결국 종속심화의 메커니즘은 생산력의 격차로 인해 무역적자와 외채가 누적되어 외채위기가 발생하거나, 아니면 신자유주의적 금융세계화에 포섭되어 환율이 급상승하는 외환위기가 발생하는 것입니다. 그러나 이미 강조한 것처럼 독점강화와 달리 종속심화를 마르크스주의적으로 설명하는 것은 아직 그렇게 쉬운 일이 아니라고 할 수 있습니다.

그런데 1997-98년 위기 이후 무역흑자가 지속되면서 최근에는 환율도 다시 하락하지요. 그러나 이것은 종속의 완화가 아니라 오히려 금융세계화로의 편입의 결과라고 할 수 있습니다. 무역흑자는 생산력 격차의 축소가 아니라 외환위기로 인한 평가절하 때문에 발생한 것입니다. 또 2004년부터 시작된 환율의 하락도 생산력 격차의 축소를 의미하는 것은 아닙니다. 오히려 남한경제에 진입한 외국계 기관투자가와 초민족자본의 위력일 수 있다는 말이에요. 특히 환율의 하락이 주가의 상승과 맞물려 있기 때문에 더욱 그렇게 생각할 수밖에 없습니다.

2000년 이후 경기회복은 일시적이고 경기침체는 장기화되고 있지요. 강의에서는 생략했지만, 국민소득에는 몇 가지 개념이 있습니다. 브레튼우즈 시대에는 보통 국민총생산(GNP)이라는 개념을 사용했는데, 민족경제 내부에서 생산된 국민소득이라는 뜻이에요. 그러나 금융세계화가 진행되면서 국내총생산(GDP)이라는 개념을 사용합니다. 국내총생산은 민족경제 내부에서 생산된 소득과는 전혀 다른 것이에요. 미국경제의 이중적자를 설명하면서 이윤의 1/2 정도를 다른 나라 경제에서 벌어들인다고 지적했지요.

요즘 정부에서는 경기가 회복되고 있다고 주장하지만, 일반 시민들이 체감하는 경기는 별로 나아진 것이 없다고 하는 것도 이 때문입니다. 경제성장의 과실이 남한경제에 진출한 초민족자본이나 기관투자가에게 귀속되기 때문입니다. 좀 더 극적인 경우가 바로 중국경제입니다. 중국경제가 수출을 많이 한다고 하지만, 1/2 정도는 초민족자본의 성과라고 합니다. 그래서 덩샤오핑의 개혁·개방 이후 중국경제의 성장에는 허장성세가 많다는 것이에요. 남한경제도 그 정도까지는 아닐지라도 결국 비슷할 것입니다.

노동자운동과 신자유주의적 금융세계화 분석

— 이번 강의와 『역사적 마르크스주의』의 관계에 대해서 전반적으로 정리해주십시오.

— 『역사적 마르크스주의』는 마르크스주의라는 이념과 노동자운동의 관계를 역사적으로 설명해본 것입니다. 그리고 어떻게 해서 마르크스주의와 노동자운동이 괴리되었는지, 그런 괴리를 극복하려는 시도로는 어떤 것이 있었는지에 대해서도 설명해보려고 했지요. 저의 결론은 신자유주의적 금융세계화에 대해서 투쟁하는 것이 마르크스주의적인 노동자운동을 복원하려는 시도일 수 있다는 것이에요. 그런 노동자운동은 임금이나 노동조건에 대한 투쟁만으로 국한되어서는 안 되고 거기서 출발해서 신자유주의적 금융세계화에 대한 투쟁으로 발전해야 한다는 말입니다.

이 때문에 마르크스주의적인 노동자운동을 부활시키기 위해서 신자유주의적 금융세계화에 대한 분석이 필수 불가결한 것입니다. 이미 말씀드렸던 것처럼, 이런 의미에서 이번 강의는 『역사적 마르크스주의』에 대한 강의와 짝이 된다고 할 수 있겠지요. 신자유주의에 대한 가장 중요한 규정은 이윤율이 하락하면서 진행되는 금융화라고 할 수 있습니다. 이미 설명한 것처럼 이것이 뒤메닐이 말하는 역사동역학의 결론입니다.

그러나 19세기 말 영국자본주의의 위기로 인한 금융화와 달리

20세기 말 미국자본주의의 한계 때문에 출현한 금융화는 세계화와 결합하는 것입니다. 그래서 그런 세계화와 금융화의 결합, 또는 간단하게 말해서 금융세계화가 갖는 의미를 이해하기 위해서는 미국자본주의를 특징짓는 법인자본주의라는 제도에 대해서도 분석할 필요가 있다는 것입니다. 이것이 아리기가 말하는 역사적 자본주의 분석의 핵심이지요.

요컨대 신자유주의는 이윤율의 하락에 따른 금융세계화의 과정에서 법인자본주의의 다양한 제도가 변질되고 역전되는 것이라는 말이지요. 그래서 보통 신자유주의를 경제정책의 개혁이나 기업의 지배구조개혁 또는 구조조정으로 특징짓지만, 그것은 원인이라기보다는 결과일 따름이라고 해야 합니다. 노동자운동에서 주목하고 있는 정리해고나 비정직규화 같은 문제는 그나마 그런 결과의 극히 일부만을 문제삼는 것입니다.

요즘 민주노총의 위기에 대해서 공공연히 거론하고 있지만, 그러나 그런 위기를 극복하는 방법에 대해서는 논란이 많은 것 같습니다. 제가 볼 때 민주노총이 모델로 채택하는 산업별노조는 아리기 식으로 말하자면 미국자본주의의 성장기에 출현한 경제적 노동자 운동일 따름입니다. 게다가 신자유주의적 금융세계화가 진전되면서 산업별노조는 쇠퇴하고 있습니다. 민주노총의 조직률이 하락하고 정치적이고 도덕적인 권위가 실추하는 것은 합법칙적인 과정이라는 생각이 들어요. 저는 산업별노조를 포함해서 임금이나 노동조건에 대한 투쟁에 국한된 노동자운동은 마르크스의 경고대로 총체적으로 실패할 것이라고 생각합니다.

그런 위기를 극복하는 유일한 방법은 정규직과 비정규직의 격차를 축소하여 노동자운동의 단결을 실현하면서 신자유주의적 금융세계화에 대한 투쟁을 전개하는 것이지요. 그래서 『역사적 마르크스주의』에서 제가 세계사회포럼을 중심으로 하는 대안세계화운동이라든지, 이탈리아의 공산주의재건당 같은 정당적 마르크스주의의 사회운동적 마르크스주의로의 변모에 대해서 주목한 것입니다. 그리고 그런 대안세계화운동이나 사회운동적 마르크스주의의 토대가 되는 것이 바로 사회운동적 노조주의라고 강조한 것입니다.

20세기를 특징짓는 산업별노조나 19세기를 특징짓는 직종별노조의 한계를 극복하려는 사회운동적 노조주의는 일반노조나 지역노조라는 형태를 띨 수 있습니다. 노조가 여성운동이나 지역운동과 결합함으로써 사회운동적 성격을 강화할 수 있다는 말이지요. 사회운동적 노조주의는 사실 1970-80년대 남한 민주노조운동의 전통이었습니다. 이 때문에 사회운동적 노조주의의 대표적인 사례로 보통 브라질과 남아프리카공화국과 남한의 노동자운동을 드는 것이지요. 사회운동적 노조주의의 전통을 기각하고 산업별노조주의를 채택한 것은 1990년대 남한 노동자운동의 가장 큰 역설입니다.

그러면서 재야운동을 비롯해서 노동자운동에 투신했던 지식인들이 주류화 전략을 선택한 것이지요. 쉽게 말하자면 스스로 지배엘리트가 된 것이에요. 흔히 말하는 진보와 보수의 갈등은 민주당이나 열우당에 참여한 운동권 지식인이 한나라당이 대표하는 낡은 지배엘리트를 몰아내고 새로운 지배엘리트가 되려는 주류화 전략을 상징하지요. 제 생각으로 현재의 추세가 지속된다면 아마 민주노동당이 막차를 탈 수도 있을 것 같습니다. 그러나 만일 2012년 대선에서 민주노동당이 집권에 성공하여 자본주의의 위기를 관리하게 된다면, 남한 노동자운동에도 조종이 울릴 것입니다. [더 자세한 설명은 윤소영, 『일반화된 마르크스주의와 대안좌파』, 공감, 2008; 『일반화된 마르크스주의와 대안노조』, 공감, 2008을 참조하시오.]

— 실제로 활동가 입장에서는 실무가 너무 많아서 신자유주의적 금융세계화에 대해서 공부할 시간이 없습니다.

—『역사적 마르크스주의』에서 소개한 트렌틴이나 베르티노티의 힘은 이론이 아니라 대중의 신뢰에서 나오는 것입니다. 저는 활동가도 연구자처럼 지식인이라고 생각하지만, 그러나 활동가가 이론

을 연구할 필요는 없겠습니다. 다만 연구자와 교통할 수 있으면 되는 것이에요. 저는 머리만 커진 활동가는 대중의 신뢰를 얻을 수 없다고 생각합니다. 대중의 신뢰는 이론 연구가 아니라 일상적인 실무를 통해서 축적되기 때문이지요.

잉그라오 좌파와 공산주의재건당

— 인권의 정치가 결국 노동자운동을 시민운동으로 해소시켜버린다는 비판에 대해서는 어떻게 생각하십니까?

— 그런 비판은 아주 터무니없는 오해에서 비롯된 것이지요. 『알튀세르를 위한 강의』나 『알튀세르의 현재성』부터 제가 지속적으로 강조한 것처럼, 오히려 시민운동을 프티-부르주아지가 독점하도록 허용했다는 것이 1990년대 남한 노동자운동의 가장 큰 실책이라고 해야 합니다. 대공장노동자를 중심으로 산업별노조를 건설한다는 민주노총의 목표가 결국 노동자운동을 시민운동으로부터 분리시켰을 따름이기 때문이지요.

인권의 정치란 인권이라는 개념이 갈등적이라는 사실에서 출발합니다. 부르주아적 인권의 핵심이 소유권인 반면, 프롤레타리아적 인권의 핵심은 노동권입니다. 소유자가 노동을 통제할 수 있는 권리가 소유권이라면, 노동권은 노동자가 노동을 통제할 수 있는 권리입니다. 즉 소유권을 전복시킬 수 있는 봉기적 권리가 바로 노동권이라는 말입니다. 소유권인가 아니면 노동권인가라는 것이 프랑스혁명이 시작된 1789년부터 부르주아지와 프롤레타리아가 최초로 격돌하는 1848년 혁명까지 가장 커다란 쟁점이었습니다.

1848년 혁명에서 프롤레타리아가 부르주아지에게 패배하면서 결국 소유권의 우위가 확보되고 노동권도 변질됩니다. 이렇게 변질된 노동권이 바로 노동법에 의해서 보장되는 노동3권이라는 의미의 노동권입니다. 본래의 노동권은 봉기적 권리이지만, 그러나 현재의 노동권은 더 이상 그런 권리가 아닙니다. 그것은 소유권의 우위를 수용하는 대신 임금과 노동조건을 보장받는 권리입니다. 그래서 브뤼노프가 노동에 대한 권리가 아니라 의무라고 비판하는 것이지요.

평의회 마르크스주의나 평의회 노조주의나 모두 본래의 노동권을 부활시키려는 시도입니다. 임금과 노동조건에 대한 권리 대신 노동을 통제할 수 있는 권리를 부활시키려고 한다는 뜻이지요. 평의회 마르크스주의나 평의회 노조주의는 공장을 점거하고 공장평의회를 건설하는 데서 출발합니다. 공장 점거는 소유권에 대한 노동권의 우위를 실천적으로 보여주는 것인데, 공장 점거에서 노동자 통제가 시작되기 때문입니다.

프티-부르주아적 시민운동이 제기하는 인권이란 기껏해야 사상·언론의 자유 같은 부르주아적 권리일 따름입니다. 심지어 인권운동 사랑방 같은 데서도 그런 부르주아적 권리를 좀 더 확대하자고 주장할 따름이라는 것이 제 생각입니다. 반면 민주노총은 임금이나 노동조건에 대한 권리를 확보하려는 투쟁에 몰두하고 있지요. 1990년대 이후 이렇게 시민운동을 프티-부르주아지가 독점하면서 노동자운동이 시민운동과 분리되게 된 것이지요.

『역사적 마르크스주의』에서 이미 설명한 것처럼 영국 노동당에서 제기된 시민과 노동자의 관계에 대한 논쟁을 보면 그런 쟁점을 좀 더 쉽게 이해할 수 있지요. 노동당의 주류인 웹 부부는 시민과 노동자의 분리를 주장합니다. 그런 주장은 단순한 논리에 입각한 것인데, 모든 시민이 노동자는 아니기 때문이에요. 농민이나 자영업자도 있고, 프티-부르주아도 있고, 자본가도 있다는 것이지요. 반면 모든 시민이 공유하고 있는 속성이 바로 소비자라는 것이에요.

그런 주장을 반박한 사람이 평의회 마르크스주의와 친화성을 갖는 길드사회주의를 제창한 콜입니다. 콜은 시민은 본질적으로 노동자라고 주장합니다. 그렇다면 노동하지 않는 사람은 어떻게 될까요. 콜의 논리는 아주 간단한데, 시민이 되려면 노동하면 되기 때문이에요. 그러나 이 논쟁에서 웹 부부가 승리하고 콜이 패배하면서 노동당이 부르주아 정당으로 변질되는 것이지요. 그런 노동당이 민주노동당의 모델이라는 것이 제 생각입니다.

― 『역사적 마르크스주의』에서 소개하신 잉그라오 좌파, 특히 트렌틴의 평의회 노조주의에 대해서 설명해주십시오.

― 알튀세르는 프랑스공산당원이었습니다. 그런데 프랑스공산당은 소련공산당을 제외한 유럽 공산당 중에서 가장 스탈린주의적인 공산당이었어요. 그래서 알튀세르의 서구 마르크스주의는 프랑스공산당에서 별로 환영받지 못하지요. 오히려 이탈리아공산당 잉그라오 좌파의 유로 공산주의가 알튀세르의 서구 마르크스주의와 친화성을 갖는다고 할 수 있습니다. 이것은 페미니즘의 경우도 마찬가지인데, 이리가레의 성차의 페미니즘은 프랑스가 아니라 이탈리아 공산당의 「여성헌장」으로 구체화되기 때문이에요.

잉그라오가 이탈리아공산당 좌파를 대표하는 정치가라면, 잉그라오 좌파에서 가장 대표적인 노조활동가가 바로 트렌틴입니다. 경제학 박사 출신인 트렌틴은 주로 노조에서 활동합니다. 이탈리아에는 노총이 세 개나 있는데, 제1노총이 이탈리아공산당 계열의 노총입니다. 그리고 어느 나라나 마찬가지겠지만, 이탈리아에서도 자동차산업이 핵심산업이고 자동차노조를 포괄하는 것이 금속노조이지요. 트렌틴은 금속노조를 지도하다가 제1노총을 지도하게 됩니다.

이탈리아 노동자운동의 전기는 1969년입니다. 이탈리아 자동차산업을 대표하는 피아트는 북부 이탈리아의 토리노에 있는데, 거기서 대중파업이 발생한 것이지요. 처음에 이탈리아공산당은 기층노동자의 진출을 최대한 억제하려고 시도합니다. 그래서 기층노동자가 당 세포나 노조 지도부를 거부하고 공장평의회를 건설한 것이에요. 그런 과정에서 트렌틴이 공장평의회와 노조를 결합하려고 시도하면서 평의회 노조라는 개념을 제시합니다.

쉽게 말하자면 평의회 노조는 기존의 노조를 평의회로 전환하려는 시도이지요. 기존의 노조를 평의회적인 구조로 전환하고, 당 세포나 노조 지도부로부터 독립하려는 시도라는 말입니다. 그래서 평의회 노조의 가장 중요한 특징이 바로 정파성의 지양이라고 할 수 있습니다. 게다가 평의회 노조는 공장평의회에서 그치는 것이 아니라 지역평의회로 발전합니다. 말하자면 기존의 노조를 지역노조 또는 일반노조로 전환하려는 것이지요. 바로 이 점에서 평의회 노조의 또 다른 특징은 현장성의 지양이라고 할 수 있습니다.

민주노총 좌파를 자임하는 노동자의힘이나 한노정연에서는 정파성과 현장성의 결합을 강조하는데, 제가 볼 때는 정반대가 옳습니다. 트렌틴의 평의회 노조가 주목받은 이유는 정파성과 현장성을 모두 지양하기 때문이에요. 당 세포나 노조 지도부의 정파적 영향력에서 벗어나서 기층노동자가 자생적으로 결합한 것이 평의회 노조의 출발입니다. 그러면서 공장의 문제만이 아니라 지역의 문제를 해결하려고 시도하지요. 만일 평의회 노조가 성공했다면 지역평의회가 전국평의회로 발전했을 것인데, 이것이 바로 소비에트입니다.

공장평의회를 거쳐 지역평의회나 소비에트로 발전하려는 평의회 노조는 이미 노조가 아닙니다. 당시 평의회 노조를 특징짓는 가장 중요한 구호가 바로 연동제(정액임금인상제)를 요구하는 '5만 리라'입니다. 평의회 노조가 자본가에게 임금률을 5만 리라씩 일괄 인상하라고 요구한 것이지요. 그러면 당연히 숙련노동자의 임금상승률보다 비숙련노동자의 임금상승률이 높아지겠지요. 쉽게 말하자면 5만 리라라는 구호가 상징하는 연동제는 임금률의 격차를 축소하여 노동자운동의 단결을 실현하려는 시도입니다.

게다가 평의회 노조는 잔업과 특근을 거부하고, 대신 150시간의 무상교육을 요구합니다. 이런 교육은 물론 경영참여 같은 실리적인 교육을 의미하는 것이 아니에요. 역사를 공부하고 철학을 공부하고 싶다는 의미입니다. 제가 항상 강조하는 것처럼 마르크스주의적 노동자운동이 부활하려면 노동자가 스스로 지식인이 되어야 합니다.

활동가나 연구자 같은 지식인과 노동자 사이에 간극이 있다고 하지만, 그런 간극을 소멸시킬 유일한 방법은 노동자가 스스로 지식인이 되는 수밖에 없습니다.

요즘 민주노총의 위기에 대한 논란이 많지만, 그렇다고 해서 민주노총을 해체할 수는 없습니다. 민주노총을 내부로부터 혁신할 수밖에 없는데, 저는 평의회 노조의 경험이 하나의 모델이 될 수 있다고 생각합니다. 임금률의 격차를 축소하고, 잔업·특근 대신 교육을 요구해야 한다는 말이지요. 신자유주의란 무엇입니까. 신자유주의에서는 생활임금이나 정규직이라는 노동조건이 보장될 리가 없음을 깨달아야만 합니다.

그러나 민주노총의 위기는 비정규직 노조를 결성한다고 해서 해결할 수 있는 그런 문제가 아닙니다. 그럴 경우 정규직과 비정규직 사이의 분할과 경쟁만 심화될 것이기 때문이에요. 물론 비정규직이 노조를 결성하면 안 된다는 말은 아닌데, 대신 정규직과 달리 지역노조나 일반노조를 결성해야 할 것입니다. 그럴 경우 비정규직 노조가 정규직 노조의 변화를 유도할 수도 있겠지요.

게다가 평의회 노조의 경험 속에서 노조 페미니즘이 발전한다는 사실에도 주목해야만 합니다. 150시간의 무상교육은 비숙련노동자에게도 동일한 혜택을 보장하는 것입니다. 그리고 어느 나라나 마찬가지이겠지만, 이탈리아에서도 비숙련노동자의 대부분은 여성노동자이지요. 그래서 150시간 무상교육을 통해서 페미니즘에 대한 인식이 확산되고, 그 결과 노조 페미니즘이 발전하게 된다는 말입니다. 이것이 평의회 노조의 또 다른 교훈입니다.

평의회 노조는 1970년대에 출현하고 1980년대에 쇠퇴합니다. 그러다가 1990년대 이후 이것을 계승한 새로운 운동이 나타나는데, 그것이 바로 사회운동적 노조이지요. 『역사적 마르크스주의』에서 자세하게 설명한 것처럼, 지역운동이나 여성운동과 결합하여 노조를 혁신하려는 사회운동적 노조가 평의회 노조를 계승한다는 것이 제 생각입니다.

― 평의회 마르크스주의에서 정당의 역할이 상대화된다고 하시는데, 그렇다면 공산주의재건당은 어떤 것인지 알고 싶습니다.

― 『역사적 마르크스주의』에서 저는 정당을 상대화하고 정당에 의해서 억압되었던 평의회를 부각시키려고 했는데, 그러나 그렇다고 해서 모든 정당을 해체해야 한다고 주장하는 것은 아닙니다. 민주노총을 해체하라고 주장하는 것과 마찬가지로 민주노동당을 해체하라고 주장하는 것은 어불성설이지요. 그래서 그 책의 마지막에서 정당적 마르크스주의가 사회운동적 마르크스주의로 변모하는 과정에 주목했던 것입니다.

잉그라오는 이미 90세가 넘었고, 트렌틴도 1990년대 중반 이후에는 활동이 뜸한 상태인데, 그러나 그 다음 세대가 또 자라나고 있었지요. 그 사람이 바로 공산주의재건당의 지도자인 베르티노티입니다. 그래서 이탈리아공산당 잉그라오 좌파와 트렌틴의 시도가 공산주의재건당과 베르티노티로 계승되는데, 제 생각으로 이것이 바로 정당적 마르크스주의가 사회운동적 마르크스주의로 변모하려는 가장 중요한 시도입니다.

기존의 정당은 이론과 정치를 동시에 장악한 전위당입니다. 어떻게 생각하면 전위당이 가장 손쉬운 해답이에요. 레닌 같은 권위만 있다면 민주노총의 위기를 해결하는 것이 훨씬 쉽지 않겠습니까. 그러나 반면교사로 생각할 필요도 있는데, 레닌이 수많은 사상투쟁을 통해서 창건한 소련공산당은 처참하게 붕괴되어버렸습니다. 또 마오가 대장정을 통해서 건설한 중국공산당은 후안무치하게도 자본주의의 관리자로 변질되어버렸습니다.

공산주의재건당은 서구 공산당 중에서 가장 주목할 만한 정당인데, 그러나 더 이상 전위당이 아니라 노동자운동을 비롯한 사회운동에 기여하는 정당입니다. 그래서 사회운동적 정당이라고 부르기도 하지요. 게다가 베르티노티는 『공산주의자 선언』의 정신으로 돌아가서 공산주의자에 대한 정의를 확대합니다. 공산주의자는 공산당만이 아니라 노조나 사회운동에도 있을 수 있다는 말이지요. 그리고 저 같은 연구자도 공산주의자일 수 있다는 말이에요.

남한에서는 아직도 정당을 지향하는 활동가가 많은데, 그것을 어떻게 말려볼 도리는 없습니다. 다만 전위당을 자임하지만 않는다면 큰 문제는 없겠습니다. 예를 들면 다함께도 그렇고 노동자의힘도 그런데, 제가 볼 때 그들의 가장 큰 문제는 노동자운동을 지도하려 든다는 것입니다. 그들이 전위당을 자임하는 것만 포기한다면, 사실 트로츠키주의자이든 스탈린주의자이든 큰 문제는 아니에요. 이렇게 정당에 대한 생각을 정리하니까 마음이 편해지더군요.

『역사적 마르크스주의』를 발표한 후에 제 생각에 공감하는 사람도 생겨났지만, 그러나 다함께 같은 데서는 적대감이 더욱 심해졌는지 논쟁을 해보자고 덤벼들곤 하지요. 그런데 미안하지만 저는 그런 논쟁은 사절입니다. 완전히 시간 낭비일 따름이기 때문이에요. 모든 논쟁에는 동지적인 애정이나 적어도 정직성과 신중성이 있어야 하는데, 다함께에게는 그런 것을 기대할 수 없기 때문이지요.

사실 다함께는 아주 특이한 기질을 갖고 있는 것 같아요. 다함께를 보면 한 손에는 쿠란 또 한 손에는 칼을 들고 지하드에 나서는 이슬람 시아파 전사가 생각날 정도이지요. 게다가 제가 듣기로 다함께는 노동자의힘과 만나도 늘 그렇게 으르렁댄다고 합니다. 무슨 시아파가 순니파와 싸우는 것 같아요. 제 말이 정 의심스러우시다면, 『이론』 4호에 소개된 캘리니코스의 만델 비판을 한번 읽어보세요. 어떻게 같은 트로츠키주의자에게도 그렇게 적대적일 수 있는지 알다가도 모를 일입니다.

저는 동지라는 말을 입에 달고 다니는 사람은 잘 믿지 않습니다. 마르크스 시대의 제1 인터내셔널에서는 동지라는 표현을 쓰지 않았지요. 그것은 레닌 시대의 제3 인터내셔널에서 시작된 잘못된 관습입니다. 레닌과 달리 마르크스는 시민이라고 불리는 것을 좋아했습니다. 그냥 시민으로서 같이 운동도 하고 연구도 하면서 뜻이 모아질 때 자연스럽게 동지가 되는 것입니다. 그리고 진정한 동지는 혁명이라는 진리의 순간에 비로소 확인되는 법이지요. 제 경험으로 볼 때 어설픈 동지는 오히려 적보다 못한 경우가 훨씬 많습니다.

— 세계사회포럼에는 매우 다양하고 이질적인 세력이 모여 있는 것 같은데, 이것에 주목하시는 특별한 이유라도 있는지요?

— 말씀하신 것처럼 세계사회포럼은 노동자운동을 포함하는 다양한 사회운동을 포괄하고 있습니다. 그 중에서 제가 특히 관심을 갖는 것은 사회운동국제총회인데, 이것은 주로 노동자운동이나 농민운동이나 여성운동으로 구성되어 있지요. 그렇지만 세계사회포럼이 특별한 조직을 갖고 있는 것은 아니기 때문에 사회운동국제총회가 세계사회포럼의 핵심이라고 할 수는 없습니다. 그러나 노동자운동이나 농민운동이나 여성운동이 세계사회포럼을 매개로 해서 대안세계화운동을 전개한다는 사실은 충분히 주목할 가치가 있지요.

게다가 유럽에서는 유럽사회포럼을 매개로 해서 대안세계화운동이 대안지역화운동으로 구체화되기도 하지요. 그리고 그런 과정에서 이탈리아의 공산주의재건당이나 프랑스의 혁명적공산주의자동맹을 비롯한 정당적 마르크스주의가 사회운동적 마르크스주의로 변모하는 것입니다. 저는 세계사회포럼이나 유럽사회포럼을 매개로 해서 기존의 노동자운동이나 공산당이 혁신을 시도하는 과정에 주목하고 있는데, 바로 이것이 평의회 마르크스주의의 정신을 계승하는 방식이라고 생각하기 때문입니다.

그런데 이렇게 유럽적인 상황에서 도출되는 전망이 과연 동아시아에서도 그대로 적용될 수 있을까라는 점에 대해서는 사실 저 자신도 얼마간 의문이 들긴 합니다. 특히 동아시아에서는 유럽연합 같은 형태의 지역통합이 불가능한데, 유럽과 달리 동아시아에서는 지역헤게모니가 없기 때문이에요. 유럽에서도 물론 미국의 세계헤게모니가 관철되지만, 그러나 통일독일이라는 지역헤게모니를 매개로 하는 것이지요.

동아시아에는 지역헤게모니가 없습니다. 그래서 유럽과 달리 동아시아에서는 미국의 세계헤게모니가 무매개적으로 관철된다고 할 수 있지요. 미·일동맹에서 일본은 미국의 하위 파트너일 따름이고, 중국은 아직 지역헤게모니를 주장할 처지가 못되지요. 게다가 중세부터 동아시아를 둘러싼 중국과 일본의 갈등은 여전히 미해결 상태라고 할 수 있지요. 유럽연합이 구성되면서 프랑스가 독일의 하위 파트너가 되는 것처럼 일본이나 중국이 상대방의 하위 파트너가 된다는 것은 아직 예상하기 쉬운 일이 아닙니다.

동아시아에서 대안세계화운동을 제기할 때 가장 고민되는 것이 바로 이런 문제입니다. 대안세계화운동이 대안지역화운동으로 구체화되는 것이 쉽지 않거든요. 게다가 남·북한과 중국과 일본 사이에서 전개되고 있는 민족주의적 갈등이 동아시아 연대를 무망하게 만들기 때문이지요. 이대로 가다가는 2010년대에 자본주의의 최종적 위기가 발생하면 동아시아가 세계정치의 화약고가 될 가능성이 아주 농후하다는 것이 제 생각입니다.

네그리주의 비판

— 네그리가 주장하는 사회노동자라는 개념에 대해서는 어떻게 생각하십니까?

— 하루는 어떤 여성이 스피노자를 찾아와서 선생의 말씀이 다 맞는 것 같지만, 그러나 자기는 교회에 나가면 마음이 편해진다고 하더랍니다. 그래서 스피노자가 그렇다면 교회에서 평안을 찾으시라고 했다는 것이지요. 스피노자의 인간학에서 아주 중요한 개념이 기질인데, 그것은 능력과 성격이라는 뜻입니다. 어떤 사람이 가상적으로 사고하는가 아니면 이성적으로 사고하는가는 그의 기질에 달려 있습니다. 그래서 스피노자의 말처럼 모든 사람은 자신의 기

질과 사고방식에 따라서 행복을 찾는 방식도 다른 것이지요.

스피노자의 후예라고 할 수 있는 마르크스주의자는 항상 이성 속에서 사고하려고 시도합니다. 마르크스주의자의 힘은 어쩌면 이론의 힘일 따름이에요. 저는 마르크스가 위대한 혁명가이기 이전에 위대한 이론가라고 생각합니다. 그래서 조금 극단적이라고 생각하실지도 모르겠지만, 이번 강의에서 마르크스의 역사과학을 뉴튼의 역학이나 다윈의 진화론과 비교해본 것이에요. 반면 네그리는 기질적으로 마르크스주의자가 아니라 아나키스트입니다. 저는 네그리의 이론이 현실을 대상으로 하는 것이 아니라 자신의 가상 속에서 구성된 것이라고 생각해요.

네그리의 개념 중에서 가장 황당한 것이 바로 사회노동자라는 것인데, 이것은 『자본』에 대한 초보적인 지식만 있어도 도저히 인정할 수 없는 개념입니다. 사회노동자라는 개념이 성립하려면 자본이 노동이 아니라 사회 자체를 포섭해야 하기 때문입니다. 이 개념을 받아들이면, 네그리의 이론이 모두 옳습니다. 그러나 이 개념을 받아들이지 않는다면, 네그리의 이론은 모두 헛소리일 따름이에요. 남한에서 네그리를 전파하는 데 앞장서는 몇몇 사람에 대해서 저도 개인적으로 조금 알고 있지만, 그들은 『자본』을 전혀 이해하지 못한다는 생각이 들어요.

이번 강의에서 자세하게 설명한 것처럼, 자본이 노동을 포섭한다는 것은 자본 안에 노동이 있다는 뜻이 아니에요. 자본에 의한 노동의 포섭은 기술진보를 설명하는 개념입니다. 네그리는 1968년까지는 자본이 노동을 포섭하는데, 그 후 자본은 사회 전체를 포섭한다고 주장합니다. 그러나 미안하지만 이것은 『자본』을 전혀 이해하지 못하는 사람의 헛소리일 따름이에요. 하기야 네그리에게도 일관성은 있는데, 그는 『자본』이 아니라 '1857-58년 원고'가 마르크스의 진정한 저작이라고 강변하기 때문이지요.

사회노동자라는 개념은 자본에 의한 사회의 포섭에서 그대로 도출되는 것입니다. 즉 자본이 사회 전체를 포섭하니까 사회의 모든 구성원이 노동자라는 뜻이에요. 그런데 사회노동자는 겉보기와는 달리 아주 분열주의적인 개념입니다. 네그리는 사회노동자를 두 가지 범주로 분류하는데, 하나가 피아트의 노동자처럼 보장받는 노동자이고 또 하나가 청년·학생·실업자처럼 보장받지 못하는 노동자이지요. 보장받는 노동자가 공장노동자라면, 보장받지 못하는 노동자가 좁은 의미에서 사회노동자입니다.

아까 평의회 노조가 5만 리라를 요구했다고 했는데, 사실 오페라이스모도 이 구호에 동의했다고 합니다. 그러나 트렌틴의 노력으로 평의회 노조가 건설되기 시작하면서 오페라이스모는 아우토노미아로 변질되지요. 『역사적 마르크스주의』에서 자세하게 설명한 것처럼, 오페라이스모가 평의회 마르크스주의와 친화성을 갖는 아나코-생디칼리즘으로 특징지어진다면, 아우토노미아는 순수한 아나키즘이라고 해야 합니다.

네그리가 사회노동자의 핵심을 청년·학생·실업자로 설정한다면, 그의 동료인 달라 코스타는 가정주부를 강조합니다. 최근에 네그리는 가정주부를 인정하지 못했던 것이 사회노동자 개념의 유일한 결함이었다고 자기비판합니다. 가정주부의 가사노동에 대해서도 임금을 지불해야 한다는 달라 코스타의 주장 때문에 1970년대 페미니즘에서 가사노동 논쟁이 제기되기도 하지요. 그러나 이미 설명한 대로 평의회 노조에서는 노조 페미니즘이 발전하는데, 이것은 성차의 페미니즘에 기반하는 것입니다.

청년·학생·실업자를 중심으로 하는 77년운동은 빈집을 점거하거나 자율인하 또는 프롤레타리아쇼핑을 감행하는데, 자율인하와 프롤레타리아쇼핑이란 쉽게 말해서 무임승차와 절도라는 뜻입니다. 그런 와중에 77년운동이 붉은 여단과 연루되면서 네그리를 포함한 아우토노미아 활동가 대부분이 수감되지요. 그러나 인민주의 정당인 급진당의 후보로 옥중 출마하여 하원의원에 당선된 네그리는 혼자서 프랑스로 탈출합니다. 그래서 어떤 사람은 네그리에 대해서는 이론적 비판 이전에 인신공격이 필요하다고 주장하기도 하지요.

― 네그리주의자는 학생회를 폐지해야 한다고 주장하기도 하는데요.

― 공산주의재건당이 공산주의를 재건하기 위해서는 사회운동을 보조하는 사회운동적 정당으로 변모해야 한다고 주장하듯이, 학생운동에 봉사하는 학생회로 혁신하는 것이 옳지 않을까라는 생각이 드네요. 제가 민주노총이나 민주노동당을 비판하기도 했지만, 그러나 민주노총이나 민주노동당을 해체하면 문제가 해결된다고 생각하는 것은 아닙니다. 그런 비판에 공감하는 활동가가 내부로부터 혁신을 시도하는 것이 올바르다고 생각하기 때문이에요. 그러나 제가 학생운동에 대해서는 아는 것이 별로 없으니까 뭐라고 더 드릴 말씀은 없고 대신 조금 일반화해서 설명해보겠습니다.

예를 들어 들뢰즈는 일체의 조직을 거부하고 그것에서 탈출해서 노마드적인 밴드를 결성해야 한다고 주장하지요. 실제로 유목민의 무리가 그렇게 해방적인 생활을 영위하는지는 잘 모르겠습니다. 그러나 별로 중요한 문제는 아니니까 그 점은 논외로 하지요. 어쨌든 거부나 탈출의 사상은 일체의 권위를 폐기하자는 것인데, 그러나 엥겔스 식으로 말하자면 억압적인 권위만 있는 것이 아니라 해방적인 권위도 있는 것이에요. 그런 해방적인 권위를 발리바르처럼 통치성이라든지 시빌리테라고 부를 수 있을 것입니다.

이 대목에서 제가 항상 드는 예는 음악과 관련되는 것인데, 그것이 바로 재즈·락 밴드와 오케스트라입니다. 아시다시피 재즈나 락의 묘미는 즉흥성에 있습니다. 그래서 재즈나 락에서는 악보도 필요 없고 그때그때 뜻맞는 사람끼리 즉흥적으로 연주하면 되는 것이에요. 그러나 교향곡을 연주하기 위해서는 오케스트라가 필요하고 그 중심에 지휘자가 있어야 하지요. 지휘자 중에는 카라얀 같은 독재자도 있지만, 그러나 뵘 같은 민주주의자도 있습니다.

재즈나 락을 좋아하는지 고전음악을 좋아하는지는 물론 각자의 기질에 따라서 다를 것입니다. 그러나 아도르노가 말했듯이 고전음악 대신 재즈와 락을 수용하라는 것은 부르주아 문화를 비판하는 것이 아니라 문화산업에 대한 변명거리를 제공할 따름이에요. 반면 레닌이 말했듯이 베토벤을 들으면 인간으로 태어났다는 것에 대해서 자부심을 느낄 수 있습니다. 저는 우리 계보에서 마르크스가 가장 위대한 지식인이지만, 그러나 가장 위대한 인간은 역시 베토벤이라고 생각합니다. 그리고 스피노자는 예수 같은 성자이지요.

유럽연합헌법조약 논쟁

— 유럽헌법을 둘러싼 논쟁에 대해서 설명해주십시오.

— 먼저 용어를 정리해두지요. 보통 유럽헌법이라고 부르지만, 정확하게 유럽연합헌법조약이라고 불러야 합니다. 그것이 헌법이 아니라 헌법조약인 이유는 제헌의회가 초안을 작성한 것도 아니고 또 반드시 국민투표에 의해서 통과되는 것도 아니기 때문입니다. 2003년에 제출된 초안은 유럽의회가 아니라 유럽연합미래회의가 작성한 것입니다. 그리고 2004년에 회원국 정상이 서명한 초안을 독일이나 이탈리아에서처럼 의회가 비준할 수도 있지요. 그러나 국민투표를 채택한 프랑스와 네덜란드에서는 비준이 거부됩니다.

헌법조약은 전문과 4부 448조로 구성되어 있습니다. 우선 전문은 유럽연합의 정신을 천명합니다. 1~60조로 구성되는 1부는 유럽연합의 가치와 목적, 권력과 제도 등에 대한 기본규정을 포함하고, 61~114조로 구성되는 2부는 유럽연합의 기본권에 대한 규정을 포함합니다. 그러나 헌법조약의 핵심은 역시 3부인데, 그것은 헌법조약의 3/4 정도의 분량인 115~436조로 구성되지요. 여기서 화폐동맹으로서 유럽연합의 대내외 경제정책 및 제도의 기능이 규정됩니다. 마지막 4부는 437~448조인데, 헌법조약의 비준 및 개정 등에 대한 최종규정을 포함합니다.

헌법조약에 대한 논쟁은 2000년에 프랑스 아탁에 의해서 최초로 제기됩니다. 물론 헌법조약에 반대하는 세력에는 민족주권을 강조하는 공화주의도 있고 또 네오파시즘적인 인민주의도 있지요. 반면 사회당과 녹색당은 찬성입니다. 이탈리아에서도 2001년부터 공산주의재건당이 비준반대운동을 전개하지만, 그러나 베를루스코니가 재집권한 이후 전반적으로 우경화가 진행되면서 큰 영향을 끼치지는 못합니다. 그러나 공산주의재건당은 아탁과 함께 유럽적 차원에서 비준반대운동을 주도하고 있습니다.

아탁이 헌법조약에 대한 비준을 반대하는 이유로 제시하는 것은 두 가지인데, 공산주의재건당도 대체로 비슷한 입장입니다. 첫 번째 이유는 일종의 사실확인 같은 것입니다. 헌법조약은 유럽연합을 지지하는 다양한 조약을 단일화하고 체계화하여 신자유주의적 금융세계화를 제도적으로 공고화하려는 데 목적이 있다는 것이지요. 헌법조약에 선행하는 그런 시도가 유럽연합을 출범시킨 1992년의 마스트리히트조약과 유럽연합을 확대하려는 1997년의 암스테르담조약이나 2000년의 니스조약이지요.

나아가 아탁은 헌법조약이 제도화하려는 유럽연합을 '민주주의의 결핍'으로 특징짓습니다. 유럽연합은 입법권과 집행권의 분리라는 민주주의적 원칙을 위반하는데, 입법권과 집행권은 모두 기술관료집단인 집행위원회와 각료평의회가 장악하고 있습니다. 반면 유럽의회는 이름과 달리 실상은 자문기구에 불과하지요. 게다가 독일식 신자유주의에 따라서 유럽중앙은행이 완전한 독립성을 보장받고, 유럽경제인회의 같은 초민족자본가단체가 막후에서 영향력을 행사하지요. 헌법조약이 헌법이 아니듯이 유럽연합도 물론 국가가 아닙니다. 그래서 발리바르는 유럽연합을 초민족자본과 유럽중앙은행과 기술관료제가 주도하는 '국가 없는 국가주의'로 특징짓지요.

아탁이 제시하는 비준반대의 두 번째 이유는 그런 민주주의의 결핍에 대한 논증이라고 할 수 있습니다. 아탁은 유럽연합의 정신이나 가치·목적과 기본권 사이에 커다란 모순이 있다고 주장합니다. 그리고 이 때문에 사회당이나 녹색당의 주장과 달리 노동자나 여성의 기본권이 후퇴한다고 주장합니다. 예를 들어 노동자의 기본권은 기술관료집단과 초민족자본가단체에 의해서 제약되고, 피임·낙태·이혼 같은 여성의 기본권도 가톨릭의 권위에 의해서 제약된다는 말이지요.

유럽연합의 기본권이 '인민주권 없는 시민권'일 따름이라고 비판하는 발리바르는 오래된 권리로서 노동자나 여성의 권리보다는 새로운 권리로서 초민족적 시민권을 강조합니다. 새로운 권리를 발명할 수 없을 때 오래된 권리도 유지할 수 없다는 것이지요. 발리바르가 말하는 초민족적 시민권을 상징하는 것이 바로 이주자의 권리입니다. 대안세계화운동이 민족주권론을 주장하는 공화주의나 네오파시즘적인 인민주의로 퇴행하지 않으려면 국제주의적 관점에서 이주자의 권리를 보장해야 한다는 뜻이겠지요.

초민족적 시민권을 주장하고 또 기본권의 후퇴를 방지하기 위해서는 경제정책이 역전되어야 하는데, 발리바르는 이것을 인민주권의 표지(mark)라고 부릅니다. 즉 경제정책의 역전을 통해서 시민권을 인민주권과 결합시키자는 말입니다. 이미 설명한 대로 헌법조약은 화폐동맹으로서 유럽연합을 제도적으로 공고화하려는 것입니다. 특히 유럽연합의 경제정책과 제도를 규정하는 헌법조약 3부는 공동통화인 유로를 지지하기 위한 경제정책과 제도의 수렴을 강조하는 마스트리히트조약에 충실한 것입니다.

마스트리히트조약과 헌법조약에 따라서 경제정책의 핵심은 재정정책에서 화폐정책으로 이행하게 됩니다. 유럽중앙은행이 통제하는 화폐정책이 회원국의 재정정책을 최소한으로 제약하기 때문이지요. 게다가 평가절하가 불가능해지기 때문에 노동의 신축화가 강제되기 마련입니다. 따라서 그런 과정에 제동을 걸 수 있는 계기가 필요한데, 발리바르는 그것이 바로 아탁이 제시하는 토빈세라고 주장합니다. 토빈세는 신자유주의적 금융세계화라는 톱니바퀴에 던져진 하나의 모래알 같은 것이라는 말이지요.

이리가레는 헌법조약 논쟁에 참여하지는 않지만, 이미 1994년에 여성권을 토대로 유럽민법을 개정하자고 주장한 바 있어요. 주류화된 페미니즘이 주장하는 남녀평등주의에 반대해서 성차의 윤리학을 근거로 하는 여성에게 고유한 권리를 주장한 것이지요. 피임·낙태·이혼 같은 여성의 기본권조차 보장하지 않는 헌법조약은 평등주의적 주류화 전략의 파탄을 의미하는 것입니다. 성차의 윤리학이나 여성권에 대한 이리가레의 논문은 『'인권의 정치'와 성적 차이』에 번역되어 있으니까 참조하세요.

— 네그리는 헌법조약에 찬성했다고 하던데요.

— 1996년에 이탈리아공산당의 후신인 좌파민주당을 중심으로 하는 올리브연합이 집권하자 네그리는 이탈리아로 귀국합니다. 그후 이탈리아에서 『제국』을 추종하는 세력이 형성되는데, 저는 그것을 새 아우토노미아라고 부르지요. 많은 아우토노미아 활동가가 『제국』을 수용하지 않고 또 오페라이스모를 복권시키자는 활동가도 있기 때문입니다. 게다가 새 아우토노미아는 공산주의재건당과도 갈등을 빚고 있습니다. 네그리는 공산주의재건당이 대안세계화운동을 통해서 사회운동적 마르크스주의로 변모할 수 있다는 데 대해서 아주 비판적입니다. 오히려 공산주의재건당이 개입하는 것이 사회운동에 전혀 도움이 안 된다는 것이 그의 입장이지요.

그래서 공산주의재건당의 사회운동적 마르크스주의와 네그리의 아나키즘은 전혀 다르다는 저의 주장이 증명되는 셈인데, 가장 구체적인 사례가 유럽연합과 헌법조약에 대한 이견입니다. 공산주의재건당의 입장은 방금 설명한 아탁이나 발리바르의 입장과 대동소이합니다. 반면 네그리는 실용주의적 관점에서 유럽연합이 민족국가와 자본주의의 사멸과정이기 때문에 긍정적이라고 주장합니다. 게다가 사회당이나 녹색당과 마찬가지로 그는 헌법조약에 반대하는 것이 공화주의나 인민주의에 굴복하는 것이라고 비판하지요.

사실『제국』이후 네그리의 입장은 신자유주의적으로 변질되는 측면이 있는데, 그가 말하는 제국은 클린턴 시대의 신경제나 다자주의를 가리키거든요. 그래서 제국은 제국주의와 달리 긍정적으로 평가할 수 있다는 것이에요. 그러다가 9·11이 발생하면서 네그리는 제국이 자멸하고 있느니 어쩌니 횡설수설하는데, 하여튼 9·11의 충격이 웬만큼 진정된 다음에는 그런 신자유주의적인 변질이 발본화되는 것 같아요. 그래서 유럽연합을 통해서 민족국가와 자본주의가 사멸하고 있다는 터무니없는 주장까지 하고 있는 것이지요.

― 국제사회주의는 어떤 입장인가요?

― 현재 국제적으로 활동하고 있는 트로츠키주의 그룹은 9개나 됩니다. 그러나 나름대로 중요한 것은 만델의 제4 인터내셔널과 클리프의 국제사회주의 정도인데, 남한에서도 이 두 가지 트로츠키주의 그룹이 대표적이지요. 제4 인터내셔널의 거점이 프랑스의 혁명적공산주의자동맹이고, 이 그룹의 대표적인 이론가가 얼마 전에 남한에서도 번역 소개된 벤사이드입니다. 혁명적공산주의자동맹 계열의 지식인은 알튀세르적 계열의 지식인과 함께 아탁에서 중요한 역할을 하고 있지요. 남한에서 제4 인터내셔널과 친화성을 갖는 그룹이 바로 노동자의힘입니다.

국제사회주의의 정치활동도 역시 영국에 국한되는데, 그것이 사회주의노동자당이에요. 국제사회주의는 스코틀랜드는 물론이고 웨일즈에서도 별로 세력이 없습니다. 소련이 붕괴한 다음 국제사회주의가 새 인터내셔널을 구성해보려고 별별 노력을 다하면서 모스크바에도 지부가 건설되었다고 선전하기도 했지요. 그러나 국제사회주의의 동조자가 조직되어 있는 곳은 그리스와 남한 정도인 것 같습니다. 다함께 그룹이 국제사회주의의 남한 지부인데, 캘리니코스가 매년 한두 번씩 들락거리면서 온갖 정성을 쏟아 붓고 있지요.

그런데 사회주의노동자당의 내부 사정은 아주 복잡한 것 같습니다. 물론 비합법 전위당을 자처하는 사회주의노동자당에 대해서 속속들이 알 수는 없겠지만, 제가 아는 대로 설명해보겠습니다. 2001년에 죽은 클리프의 유언에 따라서 캘리니코스가 혁신을 시도하는데, 그런 과정에서 하먼과 갈등이 있었던 모양이에요. 그런데 2004년에 캘리니코스의 신노선이 승리하면서 리즈와 저먼과 집단지도체제를 성립시킨 것 같습니다. 그러나 하먼을 지지하는 사람도 있는데, 예를 들어 몰리뉴가 대표적인 경우라고 합니다. 몰리뉴는 비공개 당대회에서 캘리니코스-리즈-저먼의 독재에 대해서 격렬하게 비판했다고 합니다.

『역사적 마르크스주의』에서 자세하게 설명한 것처럼, 혁명적공산주의자동맹과 사회주의노동자당 사이에서 대안세계화운동을 둘러싸고 일대 논쟁이 전개됩니다. 혁명적공산주의자동맹은 공산주의재건당과 마찬가지로 대안세계화운동을 계기로 정당적 마르크스주의에서 사회운동적 마르크스주의로 변모하려고 시도하는 반면, 사회주의노동자당은 아직도 정당적 마르크스주의를 고집하지요. 사회주의노동자당은 아탁을 개량주의라고 매도하고 공산주의재건당을 스탈린주의라고 비난하는데, 그래서 제가 방금 동지적 애정커녕 정직성과 신중성조차 기대할 수 없다고 한 것이에요. 사회주의노동자당이 대안세계화운동에 관심을 갖는 것은 전위당을 건설하는 데 필요한 활동가를 확보하기 위한 것일 따름입니다.

지나가는 말이지만, 남한처럼 세계사회포럼에 열심히 참여하는 경우도 드물 것 같아요. 그러나 제 생각으로 세계사회포럼에 매번 참여한다고 해서 대안세계화운동이 발전하는 것은 아닐 것 같습니다. 비행기 타고 왔다갔다하는 것은 사실 전혀 의미 없는 짓이에요. 세계사회포럼의 상황은 인터넷을 통해서 실시간으로 알 수 있거든요. 다만 영어만으로는 안 되니까 불어 공부를 조금 해야겠지요. 뭐 하러 돈과 시간을 들여가면서 그렇게 열심인지 잘 모르겠습니다. 물론 다함께처럼 자기 정파의 세력을 과시하면서 전위당을 건설하는데 필요한 활동가를 확보하려는 목적이 있다면 또 모르겠어요.

하면은 캘리니코스의 신노선이 기존의 입장을 수정하는 것이 아닌가 의심하는 것 같지만, 제가 보기에는 오해 같아요. 사회주의노동자당의 교조주의와 종파주의에는 전혀 변화가 없습니다. 유럽사회포럼에서 전개된 유럽연합과 헌법조약을 둘러싼 논쟁을 예로 들어보겠습니다. 1차 유럽사회포럼은 2002년 이탈리아 피렌체에서 공산주의재건당의 주도로 개최되고, 2차 유럽사회포럼은 2003년 프랑스 파리에서 아탁의 주도로 개최되지요. 2004년 영국 런던에서 개최된 3차 유럽사회포럼을 주도한 것이 사회주의노동자당입니다.

그런데 3차 유럽사회포럼을 준비하는 과정에서 유럽연합과 헌법조약을 주요 쟁점으로 상정해야 하는가 아닌가를 둘러싸고 공산주의재건당이나 아탁과 사회주의노동자당이 격돌하고 맙니다. 사회주의노동자당은 유럽연합이나 헌법조약 같은 '지루하고 사소한 문제'(a boring non-issue)는 검토할 가치가 없다고 주장합니다. 유럽사회포럼의 유일한 목적은 사회주의노동자당의 세력을 과시하여 전위당을 건설하는 데 있다는 자신의 의중을 드러낸 셈이지요. 그래서 3차 유럽사회포럼은 완전한 실패작이고 사회주의노동자당은 전혀 변화한 것이 없다는 평가가 나오기도 하는 것이에요.

기독교적 공산주의와 페미니즘

— 조금 엉뚱한 질문일 수도 있겠습니다만, 저는 신영복 선생을 좋아합니다. 신 선생이 최근에 『강의』라는 책을 냈는데, 그런 식으로 동양사상에 대해서 연구해보실 생각은 없으신지요?

— 제가 그 책을 읽지 못해서 뭐라고 말씀드리기가 어렵군요. 그냥 대강 어림짐작으로 답변해보겠습니다. 신영복 선생은 제가 존경하는 선배이기도 하고 통혁당 사건으로 너무나 큰 개인적 희생을 치르셨기 때문에 말씀드리기가 쉽지 않지만, 그래도 마르크스주의

이론에서는 신 선생보다 제가 낫다고 생각합니다. 신 선생은 뛰어난 지식인이지만, 그러나 20년 동안 영어의 몸이셨기 때문에 사실 마르크스주의 이론에 대해서는 잘 모르시는 것 같아요.

이미 설명한 것처럼 공산주의의 역사는 종교에서 출발하는 것입니다. 그래서 서양뿐만 아니라 또한 동양의 고대사상에도 공산주의적 요소가 있는 것이지요. 유가 또는 유가의 이단인 묵가에서 공산주의 사상을 표현하는 것이 바로 대동이라는 개념입니다. 그리고 도가에는 태평이라는 개념이 있지요. 불교에도 공산주의적 요소가 있는데, 그것이 바로 미륵 사상입니다. 그런데 미륵은 사실 힌두교의 칼킨이라는 신을 차용한 것이지요. 이렇게 아주 다양한 형태로 동양의 고대사상 안에도 공산주의적 요소가 있습니다.

반면 서양에서는 역시 기독교가 가장 대표적인데, 예수가 바로 서양 최초의 공산주의자입니다. 그러나 동양의 경우와 달리 기독교적 공산주의는 현대로 계승되지요. 중세 말 대부분의 농민봉기는 종교적 공산주의를 표방합니다. 동양에서는 태평천국이나 동학이 그랬고, 서양에서는 재세례파가 그랬지요. 문제는 동양과 달리 서양에서는 농민봉기 이후 종교적 공산주의가 소멸하면서 새로운 공산주의 사상이 등장한다는 것인데, 이미 설명한 것처럼 그것이 바로 시민적 공산주의이고 또 그것을 계승하는 마르크스주의이지요.

그래서 저는 적어도 마르크스주의적인 입장에서는 동양사상인가 서양사상인가라는 구별이 별로 중요하지 않다고 생각합니다. 사실 마르크스주의의 가장 중요한 이상의 하나는 국제주의입니다.『공산주의자 선언』에서 마르크스가 공산주의자에게는 국경도 민족도 없다고 주장하는 것은 이 때문이지요. 저는 감히 공산주의자의 계보는 예수부터 시작해서 스피노자와 베토벤과 마르크스로 이어진다고 주장하고 싶습니다. 그러나 유가·묵가와 도가와 불교에서는 그런 계보를 발견할 수 없지요. [더 자세한 설명은 윤소영,『일반화된 마르크스주의의 경계들』, 공감, 2007을 참조하시오.]

― 기독교적 공산주의가 있다면, 기독교적 페미니즘 같은 것도 있을 수 있을까요?

― 강의에서는 생략했지만, 사실 프란치스코회와 재세례파 같은 기독교적 공산주의의 뿌리는 중세의 가난운동으로 소급하는 것입니다. 그리고 그런 가난운동의 근거지가 바로 프랑스 남부의 마르세유 지방이에요. 거기서 카타리파라는 이단이 번창하는데, 카타리는 완덕자라는 뜻입니다. 즉 수행을 통해서 덕을 완성을 한 사람이라는 말이지요. 카타리파 자체는 가톨릭의 박해를 받아 소멸되지만, 나중에 프란치스코회와 재세례파로 부활한다고 할 수 있습니다.

카타리파는 문학적 상상력의 대상이 되기도 하는데, 요즘 전세계적으로 베스트 셀러가 되고 있고 내년쯤 영화로도 만들어진다는 브라운의『다 빈치 코드』가 대표적인 사례이지요.『다 빈치 코드』는 카타리파를 둘러싼 몇 가지 전설을 문학적으로 허구화한 것인데, 1982년에 베이전트 등이 쓴『성혈과 성배』(자음과모음, 2005)가 원본이라고 할 수 있습니다.『다 빈치 코드』가 베스트 셀러가 되니까『성혈과 성배』도 요즘 다시 주목받는 것 같아요.

『성혈과 성배』나『다 빈치 코드』는 예수와 막달레나 마리아 사이의 관계에 대해서 아주 파격적인 주장을 하는데, 막달레나 마리아가 예수의 수제자이자 연인이라는 것이에요. 이런 주장은 사실 페이걸스라는 여성 신학자가 1981년에『영지주의 신학』(한국로고스연구원, 1997)에서 가장 체계적으로 제기한 것입니다. 예수는 모세의 부관이자 이스라엘 민족을 가나안으로 인도한 여호수아에서 비롯된 아주 흔한 이름이지요. 그래서 항상 나자렛의 예수라고 부르는데, 나자렛에서 태어난 예수라는 뜻입니다. 막달레나 마리아도 마찬가지인데, 마리아는 아름답고 사랑스런 여자라는 뜻이고 막달레나는 막달라에서 온 여자라는 뜻이에요.

막달라는 이스라엘 북부 갈릴래아 지방에 있는데, 헬레니즘의 영향력이 큰 상업도시이지요. 그리고 나자렛은 근처의 시골 마을이에요. 어쨌든 막달라에는 사람이 많이 모이게 되고 사원도 번창합니다. 그래서 어떤 사람은 마리아가 사원에서 일하던 여사제라고 추측하기도 하는 것입니다. 『신약성경』에 나오는 창녀를 마리아와 동일시하기도 하는데, 당시 여사제는 순례자에게 성매매를 하기도 하거든요. 그러나 이것은 현대적 성매매와는 전혀 다른 일종의 종교의식이므로 사원성매매(sacred prostitution)라고 부르기도 합니다.

그 다음에 훨씬 더 흥미로운 대목이 있습니다. 『신약성경』은 사실 정경만 가리키는 것이고, 그것과 경쟁하던 외경도 아주 많이 있었다고 합니다. 그 중에서 가장 유명한 것이 바로 그노시스파의 성경입니다. 그노시스파는 원시기독교의 아주 중요한 분파인데, 로마제국의 국교가 된 가톨릭의 탄압으로 소멸해버리지요. 1945년 이집트 나그 함마디에서 발견된 그노시스파의 성경에 대한 최초의 연구가 바로 페이걸스의 『영지주의 신학』인데, 그노시스를 보통 영지(靈知)라고 번역합니다. 그노시스파의 성경에서는 마리아가 예수의 수제자이자 연인이라고 묘사되지요.

아시다시피 기독교에서는 예수의 수제자가 시몬 베드로라고 주장하지만, 제 생각으로는 별로 근거가 없는 것 같습니다. 성경에도 나오는 것처럼 올리브산(감람산) 기슭의 겟세마니 동산에서 예수가 체포될 때 베드로는 자신의 스승을 모르는 사람이라고 세 번씩이나 부정하거든요. 물론 예수가 베드로에게 너는 반석(盤石)이니 그 위에 교회를 세우겠다고 했다는 말도 성경에 나오지만, 그러나 그 정도는 후대에 충분히 조작할 수 있었을 것입니다. 우연의 일치겠지만, 시몬의 별명인 베드로가 돌이라는 뜻이거든요.

예수가 십자가에 못박힐 때 도망가지 않은 사람은 마리아와 예수의 친동생인 야고보밖에 없습니다. 여러분 중에 설마 예수가 성령으로 잉태되었다고 믿는 사람은 없겠지요. 예수가 죽은 다음 야고보는 예루살렘에 남아 유다인에게 포교합니다. 반면 예수의 제자는 아니지만 지식인 출신의 개종자 바울로는 그리스를 거쳐 로마까지 이방인에게 포교를 하지요. 그런 과정에서 야고보와 바울로 사이에서 갈등이 발생하는데, 그래서 아마 기독교에서 제3자인 베드로를 예수의 수제자로 간주하는 것이 아닌가 추측해봅니다.

그런데 페이걸스는 한 걸음 더 나아가서 기독교가 마리아를 말살시키기 위해서 베드로를 예수의 수제자로 간주한다고 주장하지요. 사실 성경에는 마리아가 세 명 나옵니다. 그 중 예수의 발에 향유를 붓는 베다니 출신의 마리아는 막달라 출신의 마리아와 동일 인물일 가능성이 높지요. 당시 결혼 의식에서는 신부가 신랑의 발을 향유로 씻겨주거든요. 그리고 물론 성모 마리아는 베드로의 경우처럼 후대에 조작된 것이겠지요. 예수는 어머니와 사이가 아주 안 좋거든요. 그래서 예루살렘에 입성한 자신을 찾아와서 집으로 돌아가자고 설득하는 어머니에게 욕설을 퍼붓기도 한 것이지요.

페이걸스는 이렇게 여러 명의 마리아를 등장시켜 독자를 현혹시키는 것도 기독교가 마리아를 의도적으로 격하시키기 위한 것이라고 주장합니다. 저는 페이걸스의 이런 해석이 나름대로 의미가 있다고 생각하는데, 철저히 반(反)페미니즘적인 기독교를 마리아를 매개로 해서 페미니즘적으로 재구성해보려는 시도이기 때문이에요. 그노시스파의 성경을 읽는 방법에는 여러 가지가 있겠지만, 저는 페이걸스처럼 페미니즘 신학의 단초를 발견하려는 것이 가장 타당하다고 생각합니다.

그런데 『성혈과 성배』나 『다 빈치 코드』는 여기에다가 전혀 엉뚱한 문학적 상상력을 덧칠합니다. 예수와 마리아가 딸을 하나 낳았다는 것이에요. 물론 있을 수 있는 가설이지만, 그 다음부터 아주 황당해집니다. 예수가 죽은 이유가 왕권 다툼 때문이라는 것이에요. 아시다시피 성경에서 예수는 다윗의 직계 자손으로 묘사됩니다. 그런데 『성혈과 성배』나 『다 빈치 코드』는 여사제인 마리아도 왕통을 잇는다고 주장합니다. 그러니까 이스라엘 민족을 대표하는 두 개의 계보가 만나서 딸을 하나 낳는다는 것이지요.

『성혈과 성배』나 『다 빈치 코드』는 예수가 죽은 다음 마리아가 딸을 데리고 이집트를 거쳐서 마르세유로 망명한다고 주장합니다.

게다가 그런 여성의 계보에서 메로빙거 왕조가 출현하는데, 그러나 땅딸보 피핀이 왕권을 찬탈하여 카롤링거 왕조와 신성로마제국으로 이어진다는 것이지요. 그래서 『성혈과 성배』나 『다 빈치 코드』는 유럽의 왕통은 모두 가짜라고 주장합니다. 그리고 그런 가짜 왕통을 바로 잡으려는 것이 마르세유 지방에서 번창하던 카타리파라는 것이고 그런 카타리파의 후예가 아직도 존재한다는 것이에요.

참으로 허무맹랑한 얘기지요. 실제로 예수와 마리아가 딸을 낳았다는 증거도 없고, 설사 그렇다고 해도 그 딸의 자손이 메로빙거 왕조를 창건했다는 증거는 어디에도 없습니다. 지금이 때가 어느 때인데, 왕통 타령을 하는지 한심하다는 생각이 들어요. 게다가 페미니즘 신학의 출발점이 될 수 있는 그노시스파의 성경을 그런 식으로 왜곡하는 것은 아주 큰 문제가 있지요. 그러니까 대중문화라는 것이 늘 그렇지만, 머리 아플 때 심심풀이로 즐기는 오락일 따름이라는 것이 제 생각입니다.

가족과 성매매

— 성노동자라는 개념에 대해서 설명해주십시오.

— 성노동자는 성을 판매하는 여성이 스스로 제기한 개념입니다. 성매매가 더 이상 형법으로 해결할 문제가 아니라는 것이 핵심인데, 판매자가 아니라 구매자만 처벌한다는 것은 별로 중요한 쟁점이 아닙니다. 대신 성노동자라는 개념은 성매매가 상법이나 노동법 같은 민법의 대상이 되어야 한다고 주장하지요. 그래서 성매매도 일반적인 상거래나 노동으로 취급해준다면, 성노동자가 스스로 성매매의 문제를 해결하겠다고 주장하는 셈이에요.

물론 성노동자라는 개념을 사용한다고 해서 미성년자의 경우나 인신매매의 경우도 허용해야 한다고 주장하는 것은 아니지요. 그런 것이 아니라, 대부분의 성노동자가 사기와 협박 같은 강제 때문에 성매매를 하는 것은 아니라고 주장하는 것입니다. 예를 들어 빈곤으로 인한 자발적인 성매매가 대부분이라는 주장이에요. 미성년자나 인신매매 같은 비자발적인 성매매가 확산되는 것은 오히려 금지론 때문이라고 할 수 있습니다.

2004년부터 시행된 성매매방지법에 반대하는 전국성노동자연대(전성노련)의 일각[민주성노동자연대(민성노련)]에서는 성노동자라는 개념과 성매매의 소멸이라는 전망은 모순적이라고 주장하는데, 제 생각으로는 오해가 있는 것 같습니다. 마르크스는 노동력이 상품으로 거래되는 사실을 인정하면서도 노동력의 상품적 성격을 소멸시키는 방법을 모색하는데, 그것이 바로 공산주의입니다. 성매매의 경우도 마찬가지입니다. 페미니즘의 관점에서는 성이 상품으로 거래되는 사실을 인정하면서도 성의 상품적 성격을 소멸시키는 방법을 모색해야 한다는 말이지요.

『역사적 마르크스주의』에서 자세하게 설명한 것처럼, 성매매에 대해서 올바르게 인식하기 위해서는 가족과 성매매의 관계를 분석해야 합니다. 성매매는 가족을 보충하는 것이고, 따라서 가족의 형태가 변화하면 성매매의 형태도 변화하기 때문이지요. 성매매가 창궐한 것은 사실 19세기인데, 예를 들어 당시 영국 식 가족에서는 부부관계의 핵심이 성교가 아니라 재생산에 있었습니다. 그래서 남편은 자신의 성적 욕망을 가족 밖에서 해결하는데, 그것이 바로 성매매였던 것이지요.

그러나 20세기의 미국 식 가족에서는 부부관계의 핵심이 더 이상 재생산이 아니라 성교에 있습니다. 그리고 피임과 낙태가 허용되면서 간통도 일반화되지요. 그래서 성매매의 형태도 많이 달라지는 것입니다. 성교가 아니라 오럴 섹스나 사도-마조히즘 같은 특수한 성매매가 나타난다는 말이에요. 남한에서는 성교를 위한 성매매가 지배적인데, 아직 부부관계의 핵심이 성교에 있지도 않고 또 간통이 쉬운 것도 아니기 때문입니다.

어쨌든 페미니즘 안에서 상당히 오래된 논쟁이지만, 가정주부는 '좋은 여자'이고 성매매여성은 '나쁜 여자'라는 어처구니없는 편견부터 버려야 합니다. 그래서 성매매여성의 처지가 부인보다 '못할 것은 없고 오히려 더 정직하다'(no worse, more honest)는 울스톤크라프트의 주장에 대해서도 검토해야 한다는 것이지요. 제 생각으로 아직도 금지론을 주장하는 남한의 얼치기 페미니스트가 심각하게 자기 반성해야 할 대목인 것 같습니다.

비슷한 경우이지만, 간통죄의 가장 큰 문제도 성인 남녀간의 성관계를 형법으로 처벌한다는 데 있지요. 간통죄를 통해서 여성을 보호한다는 것은 아주 잘못된 사고 방식인데, 결국 가족을 여성의 최후의 도피처로 만들려는 시도이기도 하기 때문입니다. 그렇게 여성을 보호하고 싶다면, 가족법 같은 민법을 개정해야 합니다. 예를 들어 부부의 재산은 무조건 공동명의로 한다든지, 이혼의 귀책 사유가 남편에게 있을 때는 부인의 요구를 우선적으로 고려한다든지 하는 식으로 말입니다.

— 결혼에 대해서도 한 마디 해주십시오.

—『역사적 마르크스주의』에서 자세하게 설명했지만, 대부분의 여성 마르크스주의자는 결혼하지 않았습니다. 로자도 결혼하지 않았고 콜론타이도 결혼하지 않았습니다. 로자의 첫사랑은 그녀의 스승이기도 한 요기헤스인데, 로자가 베른슈타인을 비판하면서 유명해지자 둘 사이가 점차 멀어지지요. 본래 남성이란 밴댕이 소갈머리이거든요. 자신이 로자를 더 이상 이론적으로도 정치적으로도 통제할 수 없다고 생각한 요기헤스의 사랑이 식어버린 것입니다. 그럼에도 불구하고 로자는 끊임없이 사랑에 도전하는데, 마지막 사랑은 자신보다 한참 연하인 체트킨의 아들이지요.

콜론타이도 세 명의 남성과 열렬하게 사랑하지만, 첫사랑과 마지막 사랑은 아주 불행하게 끝나지요. 특히 마지막 사랑은 연하의 수

병인데, 이 놈이 인간 말종이에요. 콜론타이의 명성과 지위를 이용하고 게다가 아주 못된 행패를 부리거든요. 그런 사랑의 경험을 통해서 콜론타이는 자유결합을 이론화하려고 시도합니다. 그러나 콜론타이가 제시하는 남녀관계의 이상은 자유결합이 아니라 동지적 사랑입니다. 남성과 여성이 같이 해서 좋은 것이 섹스만이 아니거든요. 연구를 같이 해도 좋고 또 운동을 같이 해도 좋기 때문이에요. 이것이 바로 콜론타이가 말하는 날개 달린 에로스, 즉 에로스의 승화라는 것입니다.

자랑은 아니지만, 저는 결혼식 주례를 서본 적이 한번도 없습니다. 그리고 10년째 후배 결혼식에도 안 갑니다. 어떤 결혼도 축복받을 결혼은 없다고 생각하기 때문입니다. 제 딸에게도 결혼은 하지 말라고 하는데, 아니면 결혼은 하더라도 애만은 낳지 말라고 하지요. 사실 마르크스의 사생활에서 가장 몰골스런 결함도 모두 애 문제 때문에 발생한 것입니다. 그러나 애 때문에 연구나 운동을 포기하는 것은 결국 남성이 아니라 여성이에요. 페미니스트나 마르크스주의자라고 해도 결국 애한테 지는 쪽은 여성입니다. 그래서 저는 여성 활동가나 연구자는 결혼까지는 몰라도 애는 절대로 낳지 말아야 한다고 생각합니다.

그런데 제 입장에서도 딸 때문에 고민이 없지는 않은데, 딸이 제 생각과 다른 방식으로 산다면 어쩌나 하는 걱정 때문이지요. 저는 애 인생에 개입해서는 안 된다고 강변할 생각은 없습니다. 그러면서 어떻게 남의 애한테 이렇게 사는 것이 옳고 저렇게 살면 안 된다고 가르칠 수 있겠습니까. 그래서 고1 때 며칠 밤을 싸워서 이과로 가겠다는 애를 문과로 돌려놓기는 했는데, 이과에서 제대로 공부하려면 유학을 갈 수밖에 없고 또 귀국하는 것도 쉽지 않기 때문이에요. 지금은 대학 2학년인데, 네 뜻대로 살려면 의절부터 하자고 이미 통보해둔 상태이지요. 제가 설정한 마지노선은 그냥 보통 시민으로 살라는 것입니다. 고시나 유학 같이 지배엘리트가 되려는 못된 짓만은 하지 말라는 뜻이에요.

개정판 후기[*]

  2006-07년 두 해에 걸쳐 진행된 과천연구실의 작업은 헤겔-마르크스주의와 공납제 세계제국이라는 일반화된 마르크스주의의 쟁점 또는 경계를 탐구하려는 시도인데, 그 결과는 네 권의 연구노트로 출판된 바 있다. 두말 할 나위도 없는 일이지만, 이런 작업은 『마르크스주의의 전화와 '인권의 정치': 알튀세르를 위하여』(문화과학사, 1995), 『알튀세르를 위한 강의: '마르크스주의의 일반화'를 위하여』(공감, 1996), 『알튀세르의 현재성: 마르크스, 프로이트, 스피노자』(공감, 1996)부터 『역사적 마르크스주의: 이념과 운동』(공감, 2004), 『일반화된 마르크스주의 개론』(공감, 2006)까지 지난 10여 년 동안 생산된 과천연구실의 성과를 토대로 하는 것이다.

  첫 번째 연구노트 『일반화된 마르크스주의의 쟁점들』은 『일반화된 마르크스주의 개론』과 『역사적 마르크스주의』를 보충하는 몇 가지 추가적 쟁점을 검토한다. '마르크스주의를 위한 철학'으로서 스피노자인가 헤겔인가라는 문제를 둘러싼 쟁점과 현대 자본주의

---

[*] 이 글은 윤소영, 『일반화된 마르크스주의의 쟁점들』, 공감, 2007; 『일반화된 마르크스주의의 경계들』, 공감, 2007; 『헤겔과 일반화된 마르크스주의』, 공감, 2007; 『헤겔과 성적 차이의 페미니즘』, 공감, 2007; 『일반화된 마르크스주의와 대안좌파』, 공감, 2008; 『일반화된 마르크스주의와 대안노조』, 공감, 2008의 서문을 편집·전재한 것이다.

를 대상으로 하는 '유한한 이론'으로서 마르크스주의를 전현대 공납제로 일반화하는 문제를 둘러싼 쟁점이 바로 그것이다.

먼저 「알튀세르를 어떻게 읽을 것인가? (재론)」에서는 일반화된 마르크스주의의 전제가 되는 알튀세르의 철학을 개관하면서 특히 그의 자기비판의 유효성을 확인한다. 알튀세르는 마르크스주의의 위기를 선언하면서 그것이 마르크스주의의 쇄신의 기회가 되려면 경제학 비판(마르크스주의의 '곤란')과 이데올로기 비판('공백')에 주목할 필요가 있다고 주장하는데, 여기서 마르크스주의의 일반화를 위한 단서를 발견할 수 있다.

알튀세르는 철학의 정의를 정정하는 방식으로 자기비판을 수행한다. 이에 따라 과학적 철학('이론적 실천' 또는 '이론의 이론'으로서 마르크스주의적 철학)이라는 정의가 과학과 정치를 위한 철학(마르크스주의를 위한 '투쟁과 봉사'로서 철학 또는 '비철학적 철학')이라는 정의로 변화된다. 자기비판의 핵심은 이데올로기라는 개념의 도입에 있는데, 이는 '상징의 가상화'로 특징지어지는 이데올로기 일반과 '이데올로기적 국가장치'에 의해 지지되는 역사적으로 특수한 이데올로기로 분화된다.

발리바르에 의하면, 이런 자기비판에 따라 초기 알튀세르를 특징짓던 인식론적 절단(과학과 이데올로기 사이의 절단)이 토픽(과학과 이데올로기로서 이론의 이중적 지위)으로 대체된다. 또 '우연의 필연'(우연의 필연으로의 생성)이 강조되면서 구조인과론에 포섭되던 과잉결정론이 복권된다. 나아가 알튀세르의 이데올로기 개념은 사회구성체라는 마르크스의 토픽(구조인과율 셰마)을 해체하고 재생산과 이행이라는 새로운 토픽(과잉결정률 셰마)을 도입하는데, 이제 정치는 사회구성체의 심급으로서 국가가 아니라 경제(생산양식)와 이데올로기(주체화양식)에 의해 결정되는 계급투쟁을 의미한다. 알다시피 바로 이것이 일반화된 마르크스주의의 토픽이다.

「알튀세르를 어떻게 읽을 것인가? (재론)」에 이어지는 「인과론과 결정론」에서는 알튀세르의 구조인과론과 과잉결정론을 논쟁사적 맥락에서 설명한다. 동시에 말년의 알튀세르가 제시하는 '해후의 유물론' 또는 오히려 '우연의 유물론'('우연의 필연'이 아니라 '우연의 우연')에 대한 비판을 시도한다.

아울러 참고자료로 번역된 발리바르의 「보편의 상 아래에서」(2006)는 「정치의 세 가지 개념: 해방, 변혁, 시빌리테」(1996)와 「모호한 보편성」(1994-95)에서 제시된 특수주의적 포스트구조주의에 대한 비판을 더욱 진전시킨다. 그는 보편주의의 복권이야말로 위기에 빠진 철학의 현상황을 타개할 수 있는 유일한 방도라고 주장하면서 스피노자와 비트겐슈타인, 헤겔과 마르크스, 콰인과 벤야민에게 주목한다.

발리바르는 스피노자가 비트겐슈타인과 함께 중세 이슬람 철학자 아베로에스의 전통, 즉 철학적 진리와 종교적 진리의 이중성이라는 '역설'을 주장하는 전통을 따른다고 해석한다. 그는 특히 스피노자의 '아포리아', 즉 실천적 보편성(공화정)을 번역하는 이론적 보편성('신 즉 자연')의 아포리아에 주목한다. 『윤리학』의 결론을 특징짓는 지식인의 아포리아는 『신학-정치론』의 '진리적 종교'라는 가설, 또는 오히려 종교적 신념의 공존으로서 톨레랑스(종교의 자유)라는 관습에 의해 해결될 따름이라는 것이다.

또한 발리바르는 홉즈의 공동체론과 로크의 소유론을 반전시키려는 최초의 시도인 루소(『사회계약론』)의 '아포리아'를 해결하는 것이 바로 헤겔의 주인과 노예의 변증법이고 그 핵심은 보편성과 특수성의 무매개적 동일성으로서 헤게모니의 '역설'이라고 해석한다. 나아가 헤겔(『정신현상학』)이 말하는 개인적 주체로서 '나'와 집단적 주체로서 '우리'의 동일성이나 마르크스(『자본』)가 말하는 소유의 '개인화'와 동일한 소유의 '사회화', 요컨대 현대 정치의 이데올로기적 형식으로서 '인권의 정치'는 모두 헤게모니의 사례라고 해석한다.

나와 우리의 분리 또는 개인적·사회적 소유의 대상이 될 수 없는 지식(또는 자연)은 헤게모니의 '아포리아' 또는 인권의 정치의 한계를 의미한다. 「'인간의 권리'와 '시민의 권리': 평등과 자유의 현대적 변증법」(1989), 「공산주의 이후에 어떤 공산주의가 오는가?」(1998)에서 발리바르는 이미 인권의 정치의 한계로서 성적 차이와 지적 차이(자연의 존재)에 주목한 바 있는데, 여기서는 지적 차이를 언어와 문화의 차이로 확대한다.

인권의 정치의 한계를 지양하기 위해 발리바르는 콰인이나 벤야민의 번역 개념이 전제하는 완전한 번역, 즉 '근원적 번역'이나 '순수 언어'는 번역의 이상이 아니라 오히려 장애일 따름이고, 또 번역의 여건으로서 언어는 폐쇄적 총체성이 아니라 오히려 역사적이고 정치적인 구성물일 따름이라고 주장한다. 여기서 번역의 억압과 독점에 대한 비판과 동시에 분쟁(디페랑)을 표현하고 조정하는 '소멸하는 매개자'로서 번역자(지식인)의 역할에 대한 강조가 나온다.

발리바르의 번역 개념은 초개인적 관계보다는 오히려 초공동체적 관계를 대상으로 설정한다. 예를 들어, 스피노자의 지적 차이가 톨레랑스에 의해 중립화될 수 있는 종교적 신념 사이의 차이라면, 발리바르의 지적 차이는 초민족적으로 지양해야 하는 민족적 공동체 사이의 차이다. 요컨대 세계화의 진전에 따라 민족적 차원에서 해체된 공동체를 초민족적 차원에서 재건하는 것이 톨레랑스, 나아가 헤게모니의 조건이 된다는 것이다.

이런 의미에서 발리바르의 초민족성 개념은 '문화 연구'와 '포스트식민주의 연구'의 '공동체주의'나 '문화다원주의', 나아가 데리다의 포스트구조주의와 '이단점'(정통에 대한 다양한 비판과 그 사이에서 선택이 이루어지는 논점)을 형성한다. 참고로, 이미 「정치의 세 가지 개념」과 「모호한 보편성」에서 그는 니체-푸코-들뢰즈의 포스트구조주의와 이단점을 형성한 바 있다. 즉 헤게모니(인권의 정치)적 해방, 마르크스(『자본』)적 변혁, 헤겔(『법철학』)적 시빌리테는 니체적 해방, 푸코적 변혁, 들뢰즈적 시빌리테와 달리 특수주의가 아니라 보편주의라는 것이다.

『일반화된 마르크스주의의 쟁점들』의 후반부를 구성하는 「물질과 생명의 진화」, 「중국·동아시아 왕조사 개관」, 「전쟁의 원인과 주체」, 「민족주의 비판」은 공납제(넓은 의미의 봉건제)와 자본주의, 세계제국과 세계경제, 전쟁의 상업화와 산업화, 왕조전쟁과 민족전쟁 같은 다양한 개념을 이용하여 전현대(고대·중세)와 현대의 차이를 설명하려고 시도한다.

브로델의 아날학파나 그것을 계승하는 월러스틴의 세계체계론의 한계는 그 대상을 현대 유럽이라는 시공간으로 제한한다는 데 있다. 예를 들어 '물질문명'(일상생활), '시장경제', '자본주의'로 구성되는 브로델의 3층구조는 초기 자본주의로서 중상주의를 묘사하는 개념일 따름이다. 요컨대 브로델이나 월러스틴은 유럽에서 봉건제의 자본주의로의 이행을 설명하는 데만 관심을 갖는 것이다.

현대 유럽이라는 시공간을 넘어 인류사 전체를 설명하기 위해서는 맥닐의 세계사, 나아가 체이슨의 우주사가 제시하는 다양한 개념이 필요하다. 현대 자본주의를 월러스틴의 세계경제 또는 오히려 아리기의 헤게모니적 축적체계의 동역학으로 설명할 수 있다면, 전현대 공납제는 세계제국의 동역학으로 설명해야 할 것이다. 나아가 인류의 선사시대는 생태계(인간과 자연환경)의 동역학으로 설명해야 할 것이다.

먼저 자유에너지율밀도라는 개념으로 복사·물질·생명의 진화를 설명하는 체이슨의 우주사적 관점에 따라 전현대 공납제와 현대 자본주의의 차이와 함께 생태위기의 가능성과 현실성을 설명할 수 있다. 또 세계제국 중국에서 전개되는 왕조의 순환을 중심으로 만주·한반도, 일본, 베트남을 포괄하는 동아시아의 전현대를 설명하면서 중세 무역혁명에 대한 적응의 차이에 따른 동양(중농주의)의 쇠퇴와 서양(중상주의)의 흥륭을 설명할 수 있다.

나아가 맥닐의 세계사적 관점에 따라 전현대와 구별되는 현대의 또 다른 특징을 전쟁의 원인과 주체라는 개념을 통해 설명할 수 있다. 전쟁은 동양의 쇠퇴와 서양의 흥륭을 설명하는 또 다른 방식이기도 하다. 민족국가 사이의 전쟁을 통해 혁신되는 군사기술이 노동절약적인 동시에 자본소비적인 산업기술과 함께 동양에 대한 서양의 우위를 보증하는 토대이기 때문이다.

서양에서 전쟁은 현대 초기의 중상주의적 전쟁과 현대의 자본주의적 전쟁으로 진화하는데, 특히 경제가 전쟁을 결정하는 원인으로 작용하면서 전쟁의 상업화와 산업화가 출현한다. 그러나 중상주의적 전쟁은 또한 중세의 영주전쟁을 계승하는 왕조전쟁이기도 하다. 반면 자본주의적 전쟁은 민족주의적 이데올로기라는 또 다른 원인에 의해 결정되는 민족전쟁이다.

전현대의 전쟁이 조공(무역)·책봉(외교)관계를 요구하는 세계제국과 이를 거부하고 약탈전쟁이나 정복전쟁을 선택하는 유목민이나 반유목·반농경민의 부족연맹 사이에서 발생한다면, 현대의 전쟁은 헤게모니의 위기를 특징짓는다. 아리기에 의하면, 헤게모니 국가는 민족국가 사이의 세력균형을 자유무역(영국) 또는 자유기업(미국)이라는 축적체계와 결합함으로써 '평화의 발명'('팍스 브리타니카' 또는 '팍스 아메리카나')을 시도한다. 따라서 헤게모니적 축적체계의 위기가 금융화와 전쟁으로 귀결된다는 것이다.

참고로, 아리기는 중계무역에 특화하는 네덜란드의 헤게모니를 민족경제적 토대가 없는 순수한 세력균형이라는 의미에서 '아나키즘적 세력균형'으로 특징짓는다. 이런 특이성은 헤게모니의 위기에 따른 전쟁과 축적체계의 위기에 따른 금융화의 불일치로 나타나는데, 양자 사이에는 60-90년 정도의 시차가 존재한다. 반면 영국과 미국의 경우 헤게모니의 위기에 따른 전쟁(제국주의적 전쟁 또는 군사세계화)은 민족적 또는 초민족적 축적체계의 위기에 따른 금융화(제국주의 또는 금융세계화)와 일치한다.

클라우제비츠가 주장하는 것처럼, 민족주의라는 이데올로기에 의해 결정되는 현대의 전쟁에서는 주체라는 쟁점이 제기된다. 마르크스주의에서 혁명론과 전쟁론이 밀접한 관련을 갖는 것도 이 때문이다. 특히 레닌은 '제국주의적 전쟁을 혁명적 내전으로 전환시키자'라는 구호를 통해 전쟁론과 혁명론을 결합한다. 그러나 '혁명의 조건으로서 전쟁'이 아니라 '평화의 조건으로서 혁명'에 주목하는 말년의 엥겔스의 자기비판에 따라 레닌을 재평가함으로써 포스트마르크스주의적 국제주의로서 평화주의라는 쟁점을 제기할 수 있을 것이다.

자유주의와 공산주의라는 현대 정치의 양대 이데올로기와 비교할 때 민족주의에 대한 이론은 거의 존재하지 않는데, 이 때문에 민족주의에 대한 비판은 더욱 곤란할 수밖에 없다(이 점에서 민족주의와 비견되는 인민주의에 대해서는 정인경·박정미 외, 『인민주의 비판』, 공감, 2005를 참조하시오). 그러나 개혁·개방 이후 '중국인민' 개념이 '중화민족' 개념으로 변화하고 중국민족주의가 부상함에 따라 현재 동아시아에서는 민족주의에 대한 비판의 필요성이 전에 없이 절실하게 제기되고 있다.

마지막으로, 「한·미자유무역협정 비판」은 경제위기와 금융화, 세계화와 지역화, 나아가 통치성이라는 개념을 통해 문민정부 이후 남한경제를 개관하면서 한·미자유무역협정에 대한 비판을 시도한다. 동시에 재벌·공기업노조운동으로서 민주노총이 사회운동으로 변모할 필요성을 강조하고 또 공공성 강화를 주장하는 한미FTA저지범국민운동본부의 코퍼러티즘에 대한 반성도 촉구한다. 나아가 주한미군재배치계획에 대응하여 군사동맹 폐기와 일방적 군비축소를 주장하는 평화운동의 정당성을 옹호한다.

아울러 참고자료로 번역된 발리바르의 「대안세계화하는 유럽: 테제」(2007)는 민족적 차원에서의 선거정치라는 기만을 비판하면서 '정치의 초민족화'라는 차원에서 '유럽의 구성'이 갖는 비가역적 의미를 강조한다. 특히 그가 인민주권과 분리된 시민권이 갖는 한계를 비판하면서 민족적 차원에서 해체된 케인즈주의의 초민족적 차원에서의 재건을 통한 경제정책의 역전이 바로 시민권과 결합할 수 있는 인민주권의 '표지'라고 주장한다는 데 주목해야 한다. 1980년대 이후 그가 줄곧 강조해온 이주자의 시민권은 이런 맥락에서 비로소 올바르게 이해될 수 있을 것이다.

두 번째 연구노트 『일반화된 마르크스주의의 경계들』은 『일반화된 마르크스주의의 쟁점들』의 후속작이다. 스피노자인가 헤겔인가라는 철학적 문제와 공납제 세계제국이라는 역사적 문제가 두 책의 일관된 대상이므로 '쟁점들'이나 '경계들'이라는 제목이 주제상의 차이를 의미하는 것은 아니다.

「헤겔-마르크스주의와 변증법」은 특히 이데올로기에 대한 발리바르의 연구 방향이 인권의 정치를 매개로 스피노자-마르크스주의에서 헤겔-마르크스주의로 전환된다는 사실에 주목한다. 이 글은 지난번 연구노트에 번역된 「보편의 상 아래에서」(2006)와 이번 연구노트에 번역된 「목적론 대 종말론: 알튀세르와 데리다의 유예된 대화」(2006)에 대한 해설이기도 하다.

우선 인권의 정치를 위한 철학으로서 헤겔-마르크스주의는 『정신현상학』의 정신·교육·문화론과 『자본』의 개인적·사회적 소유론의 결합을 의미한다. 홉즈의 절대주의적 공동체론을 반전시키는 루소의 인민주권론을 또다시 반전시키는 것이 헤겔의 정신·교육·문화론이라면, 홉즈의 절대주의적 소유론을 반전시키는 로크의 개인적·사적 소유론을 또다시 반전시키는 것이 마르크스의 개인적·사회적 소유론이기 때문이다.

동시에 알튀세르의 과잉결정론이 『자본』의 변증법과 『정신현상학』의 변증법으로 구체화된다고 해석할 수 있다. 이런 이중적 의미에서의 변증법은 들뢰즈의 생기론적 포스트구조주의(스피노자-니체주의), 네그리의 목적론적 포스트구조주의(진화주의·의지주의), 나아가 데리다의 종말론적 포스트구조주의(하이데거-니체주의)에 대한 비판을 통해 마르크스주의의 일반화를 위한 지침을 제시하는 것이기도 하다.

「중국 사상사 개관」과 「기독교사 개관」 및 「『성서』 개관」은 공납제 세계제국의 역사동역학을 구성하기 위해 왕조의 순환에 이데올로기의 순환을 추가한다. 예를 들어 중국에서 왕조가 진·한-북위, 수·당·송-요·금·원, 명-청이라는 세 개의 순환을 갖는다면, 공납제는 진·한의 귀족제·농노제와 송·명의 관료제·지주전호제라는 두 개의 순환을 갖는다. 수·당의 귀족제·관료제·균전제는 진·한의 귀족제·농노제가 송·명의 관료제·지주전호제로 이행하는 것을 매개한다. 수·당은 물론이고 송·명에서도 그대로 유지되는 진·한의 율령제·군현제는 억압적 국가장치의 역사적 연속성을 입증한다.

공납제의 두 개의 순환은 지배 이데올로기로서 유가의 두 개의 순환과 일치하는데, 그것이 바로 경학화된 한대의 유가(동중서)와 철학화된 송대의 유가(주돈이·정호·정이·주희)다. 당대의 유가는 송대의 유가가 아니라 오히려 한대의 유가와 친화성을 갖는다. 유가는 도가와의 경쟁을 통해 발전하는데, 특히 송대의 유가는 도가를 포섭하여 리기론(理氣論)을 발전시킨다. 반면 인도의 브라흐만교를 개혁하려는 불교는 중국에서 교종과 선종으로 토착화된다. 수·당에서 천태종·화엄종 같은 교종이 지배 이데올로기로 채택되지만, 그러나 송대 이후 교종은 소멸하고 선종만이 명맥을 유지한다.

기독교는 공납제 세계제국이 아니라 가톨릭교회('기독교왕국')의 이데올로기다. 유다교를 개혁하려는 원시기독교는 본질적으로 종말론적 메시아운동이지만, 그러나 종말의 지연에 따라 바울로 신학은 점차 교회공동체론을 강조하게 되고, 또 아우구스티누스 신학은 종말론을 목적론으로 대체하게 된다. 반면 유다교와 기독교를 비판적으로 계승하는 이슬람교는 공납제 세계제국의 이데올로기라고 할 수 있다. 이슬람교는 기독교와 달리 율법을 강조하는데, 그러나 종말론을 강조하는 종파도 존재한다. 현재까지 지속되는 순니파와 시아파의 대립은 율법과 종말론의 차이에서 기인하는 것이다.

이제 『일반화된 마르크스주의의 쟁점들』과 『일반화된 마르크스주의의 경계들』에서 도출되는 현대적 자본주의와 전현대적 공납제에서 경제와 이데올로기 사이의 관계, 나아가 이데올로기 그 자체의 차이에 대한 가설을 제시해볼 수 있다. 마르크스가 지적한 대로 자본주의를 특징짓는 '경제적 강제'가 이데올로기에 대한 경제의 우위를 의미한다면, 공납제를 특징짓는 '경제외적 강제'는 경제에 대한 이데올로기의 우위를 의미한다. 나아가 현대적 이데올로기 내부에서 소유가 공동체에 대해 우위를 갖는다면, 전현대적 이데올로기 내부에서는 공동체가 소유에 대해 우위를 갖는다.

요컨대, 현대적 공동체가 내재적 공동체(Gemeinwesen)라면, 전현대적 공동체는 초월적 공동체(Gemeinschaft)라는 것이다. 헤겔이 정신(Geist)—또는 그 형상으로서 교육·문화(Bildung)—이라고 부르는 내재적 공동체란 개인이 동일화하는 보편적 의식을 의미한다. 따라서 보편적 개인으로서 주체를 형성하는 메커니즘인 정신—역사 속에서 세계정신(Weltgeist)으로 생성되는 인민정신(Volksgeist)—이 바로 전현대적 이데올로기와 구별되는 현대적 이데올로기의 특징이라고 할 수 있다.

세 번째 연구노트『헤겔과 일반화된 마르크스주의』는 헤겔-마르크스주의와 변증법에 대한 논의를 한 단계 심화시킨 것이다. 또 그 후속작인『헤겔과 성적 차이의 페미니즘』은 헤겔-페미니즘과 변증법을 검토하는 몇 편의 글을 번역한 것이다.

마르크스의 플란(Plan, 작업의 계획 또는 저작의 구성)과 헤겔의 체계(System) 사이에는 비판적 관계가 존재한다.『철학백과사전』에서 제시된 헤겔의 체계는 논리학과 현실철학으로 구성된다. 현실철학은 자연철학과 정신철학을 의미하는데, 정신철학의 핵심이 객관정신의 철학으로서 법철학(또는 국가론)이고, 그 절정이 정치사로서 세계사(현실의 역사)다. 헤겔의 체계는 절대정신의 역사로서 예술철학사, 종교철학사, 특히 철학사(이론의 역사)로 보충된다.

반면 마르크스의 플란은『경제학·철학 원고』('1844년 원고' 또는 '파리 원고')에서 제시된 정치 및 경제학 비판에서『자본』집필과정에서 제시된 경제학 비판, 경제학설사·사회주의학설사, 경제사로 변경된다(윤소영,『마르크스의 경제학 비판』(개정판), 공감, 2005). 마르크스는 헤겔 법철학 비판에서 출발하여 경제학 비판에 도달한다. 경제학 비판의 방법은 헤겔 논리학에 대한 비판이기도 한데, 그 과정에서 경제학 비판은 경제사로서 세계사(현실의 역사)와 결합하고(윤소영, 『일반화된 마르크스주의 개론』, 공감, 2006), 나아가 경제학설사·사회주의학설사(이론의 역사)와도 결합한다(윤소영, 『역사적 마르크스주의: 이념과 운동』, 공감, 2004).

『헤겔과 일반화된 마르크스주의』에 실린「헤겔-마르크스주의와 변증법 (II)」는 헤겔의 『대논리학』과 마르크스의 『자본』을 비교하면서 경제학 비판의 방법을 설명한다. 반면 최초의 플란에서 제시된 정치 비판 또는 오히려 이데올로기 비판을 위한 방법은 『일반화된 마르크스주의의 경계들』에 실린「헤겔-마르크스주의와 변증법」에서 이미 설명한 대로 헤겔의 『정신현상학』에서 제시되는 주인과 노예의 변증법이다.

난해하기로 악명 높은 헤겔 철학을 위한 최선의 입문은 철학사를 매개로 하는 것인데, 이런 목적을 위해 번역한 것이 켄틴 로어의「헤겔의 『철학사 강의』」(1974)와「헤겔의 체계와 『철학사 강의』」(1971)다. 그러나 서양 철학사에 대해 생소한 독자는「서양 철학사 개관」을 먼저 읽어보는 것이 좋을 것인데, 여기서는 헤겔의 원천으로서 아리스토텔레스(단테가 말한 것처럼 '모든 지식인의 스승')에게 특히 주목한다.

『헤겔과 일반화된 마르크스주의』에서 제시되는 철학사와 헤겔에 대한 관점은 엥겔스의「루트비히 포이어바흐와 독일 고전철학의 종말」로 소급되는 마르크스주의의 전통적인 철학적 관점, 즉 관념론과 유물론의 투쟁으로서 철학사라는 관점과 헤겔의 관념론적 체계와 변증법적 방법의 구별이라는 관점을 대체하려는 것이다. 우선 플라톤적 관념론 또는 실재론·실념론(實念論)에 대한 비판으로서 생기론-원자론-명목론-경험주의-실증주의가 아니라 아리스토텔레스적 현실주의가 복권된다. 나아가 모순('본질과 현상의 모순')의 상보성을 주장하는 헤겔적 변증법에 대한 비판으로서 다양한 '차이의 철학'이 아니라 모순('본질적 모순')의 적대성을 강조하는 마르크스적 변증법이 복원된다.

마지막으로, 포스트구조주의를 포함하는 넓은 의미의 '구조주의'

내부의 이단점에서 들뢰즈의 '차이(특이성 또는 오히려 개별성)의 철학'과 데리다의 '종말론'에 주목하는 발리바르의 「'구조주의' 논쟁: 푸코, 들뢰즈, 데리다, 알튀세르」(2007)는 이미 번역한 「보편의 상아래에서」(2006)와 「목적론 대 종말론」(2006)을 보충하는 참고자료로 번역한 것이다.

『헤겔과 성적 차이의 페미니즘』은 인권의 정치를 위한 철학인 헤겔-마르크스주의와 대비되는 인권의 정치의 한계로서 성적 차이를 위한 철학인 헤겔-페미니즘을 모색한다.

퍼트리셔 밀즈의 「페미니즘적 헤겔 해석: 개관」(1996)과 그것을 보충하는 킴벌리 헛칭스의 「페미니즘적 헤겔 독해」(2003)에서 알 수 있듯이, 헤겔-페미니즘을 대표하는 시도는 보부아르의 젠더 페미니즘과 이리가레의 성차의 페미니즘에서 발견된다. 보부아르가 헤겔의 『정신현상학』에서 제시되는 주인과 노예의 변증법에 주목한다면, 이리가레는 『정신현상학』에서 제시되는 『안티고네』 해석과 『법철학』에서 제시되는 현대 핵가족-부르주아 시민사회-현대 국가라는 윤리적 세계에 주목한다.

알다시피 마르크스의 경제학 비판은 헤겔『법철학』에 대한 비판에서 시작된다. 그런데 부르주아 시민사회와 현대 국가 사이의 관계에 주목하는 마르크스는 현대 핵가족에 대해서는 여전히 맹목적이다. 이 때문에 이리가레의 성차의 페미니즘을 마르크스의 공백을 보충하는 '페미니즘적 경제학 비판'으로 해석할 수 있는 것이다(윤소영,『마르크스의 '경제학 비판'』(개정판), 공감, 2005).

로버트 스턴의 「헤겔『정신현상학』에서『안티고네』」(2002)는 그리스 사회에서 가족과 폴리스 사이의 갈등을 상징하는 안티고네와 크레온 사이의 갈등을 설명한다. 이런 갈등은 결국 그리스 사회에 시민('보편적 개인')과 구별되는 개인('개별적 개인')이 현실적으로 존재하지 않는다는 것을 의미한다. 그러나 그리스 사회가 로마 사회로 이행하면서 개인으로서 인격이 출현한다.

더들리 노울즈의 「헤겔『법철학』에서 가족」(2002)은 추상적 권리

(특히 소유권)의 담지자인 인격이 현대 핵가족(나아가 부르주아 시민사회와 현대 국가)이라는 윤리적 세계에서 보편적 인격으로 구체화되는 과정을 설명한다. 개별성과 보편성의 무매개적 동일성을 요구하는 그리스 사회와 달리 현대 사회는 인격을 매개로 해서 개별성과 보편성의 동일성을 실현한다.

앨리슨 스톤의 「헤겔과 이리가레에게서 가족-국가관계」(2002/2006)는 『성과 계보』(1987) 이후 이리가레가 강조하는 '가족의 문화화', 좀 더 구체적으로 말해서 성별화된 권리에 의한 가족의 제도화를 위한 철학적 근거를 해명한다. 그녀는 『성차의 윤리』(1984) 이후 이리가레의 본질주의 또는 보편주의가 정치·전략적인 것에서 현실주의적인 것으로 이행한다고 주장한다. 문화(상징의 가상화)의 차원뿐만 아니라 또한 자연(현실)의 차원에서도 인식해야 하는 성차는 인간학적 차이인 동시에 존재론적 차이라는 것이다.

이리가레의 현실주의적 본질주의·보편주의는 인권의 정치를 특징짓는 주인과 노예의 변증법과 구별되는 성차의 변증법을 모색한다. 성차의 변증법은 주인과 노예의 변증법처럼 추상적 보편성('류적 보편성')이 아니라 구체적 보편성('종적 보편성')에 주목한다. 그러나 성차의 변증법은 주인과 노예의 변증법과 달리 적대와 비극이 아니라 오히려 사랑과 행복(felicité, 기쁨)을 시사한다.

이미 지적한 대로 발리바르의 「보편의 상 아래에서」는 인권의 정치의 또 다른 한계로서 지적 차이, 나아가 언어적·문화적 차이를 위한 철학을 모색한다. 이를 위해 그는 콰인과 벤야민의 번역 개념을 비판하면서 초개인성이 아니라 오히려 초공동체성으로 특징지어지는 존재론적 차이와 인간학적 차이에 주목한다. 이런 의미에서 그의 초공동체성 개념은 문화 연구와 포스트식민주의 연구가 주장하는 공동체주의나 문화다원주의와 이단점을 설정하려는 시도이기도 하다.

* * *

1994년에 출범한 과천연구실은 마르크스주의의 위기를 인식하면서 마르크스주의의 일반화를 시도한다는 중장기적 과제를 설정한 바 있다. 이런 과제 설정은 1992년 학술단체협의회 전문심포지움에서 발표된「한국에서 '마르크스주의의 위기'와 한국사회성격 논쟁」과 1994년 과천연구실 창립 콜로키엄에서 발표된「'피디의 진실': 또는 어떤 아픈 사랑의 꿈에 대한 해석」(모두『역사적 마르크스주의』에 실림)에서 제시된 비판, 즉 마르크스주의의 위기를 부정하는 나르시소스적 교조주의·종파주의, 마르크스주의의 위기에 대해 마르크스주의의 수정으로 대응하는 청산주의적 실용주의, 나아가 마르크스주의의 위기를 인식하지 못한 채 단지 체험할 따름인 모종의 활동가주의에 대한 비판에서 유래하는 것이다.

그러나 과학과 이데올로기로서 마르크스주의를 재건하려는 과천연구실의 노력과 평행하여 노조와 정당을 사회운동적으로 개조하려는 시도는 발견되지 않는다. 오히려 1997-98년 경제위기·외환위기 이후 노동자운동의 위기가 전개되는데, 이는 민주노총의 만성화된 위기와 민주노동당의 분열로 실현된다.『일반화된 마르크스주의와 대안좌파』와 그 후속작인『일반화된 마르크스주의와 대안노조』는 이런 상황에 대해 초정파적 '의견그룹'으로서 과천연구실의 입장을 제시하려는 것이다.

『일반화된 마르크스주의와 대안좌파』는 일반화된 마르크스주의의 쟁점 또는 경계로서 정세 분석을 주제로 하는 다섯 번째 연구노트다. 우선『헤겔과 일반화된 마르크스주의』에 실린「헤겔-마르크스주의와 변증법 (Ⅱ)」및「서양 철학사 개관」과 짝이 된다고 할 수 있는「마르크스의 '경제학 비판'과 경제학설사」는 스미스와 리카도로 대표되는 고전파 경제학설을 개관하는 동시에 (『경제학 비판 개요』라고도 불리는)『1857-58년 원고』와 (『잉여가치학설사』를 포함하는)『1861-63년 원고』에서 마르크스의 경제학 비판이 전개되는 과정과 그 플란(작업의 계획 또는 저작의 구성)이 변경되는 이유에 대해서 설명한다.

마르크스적인 의미에서 정세 분석이란 경제학 비판 플란의 마지막 6부 '세계시장'을 분석하는 것이다. 물론 세계시장 분석은 『자본』의 논리적이며 역사적인 분석과 관련되기도 한다. 그러나 혁명의 객관적 조건으로서 자본주의의 위기(또는 금융세계화)와 그 주체적 조건으로서 공산주의적 이행(대안세계화)을 대상으로 설정한다는 의미에서 세계시장 분석은 『자본』으로 환원될 수 없는 구체적 정세에 대한 구체적 분석이어야 한다. 알튀세르는 이런 두 가지 조건의 해후, 즉 정세 속에서의 우연한 결합을 과잉결정이라고 부른 반면 해후의 결여를 과소결정이라고 부른 바 있다. 「금융위기와 대안좌파의 과소결정: 2005-08년 세계정세」는 세계적 차원에서 금융위기가 전개되는 동시에 좌파가 분열되는 상황을 분석한다.

현재의 정세를 특징짓는 역설은 자본주의의 위기가 심화되는 동시에 공산주의적 이행의 전망이 소멸될지도 모른다는 데 있다. 만일 2007-08년 금융위기가 2010년대로 예상되는 미국자본주의의 '최종적 위기'에 선행하는 마지막 위기(또는 마지막에서 두 번째 위기)라면, 2005-08년 좌파의 분열은 인류의 미래를 공산주의가 아니라 야만의 지배로 귀결시키는 가장 결정적인 원인이 될 것이다. 이미 『역사적 마르크스주의』에서 주목한 바 있는 이탈리아 공산주의재건당과 유럽좌파당의 경험은 좌파의 위기에서 탈출할 수 있는 거의 유일한 전망이다.

『마르크스의 '경제학 비판'과 대안세계화운동』(공감, 2003)에 실린 「공산주의의 재건과 대안좌파의 건설」(2002)을 보충하는 베르티노티의 「대안사회」(2004-05)는 이탈리아·유럽 좌파의 위기라는 정세 속에서 제출되는 이행강령인 동시에 공동정부강령이다. 이행강령으로서 대안사회강령에 공동정부강령이 포함되는 정세적인 이유는 두 가지인데, 우선 부정적인 이유는 인민주의의 확산이 상징하는 정치의 위기와 반(反)정치의 위험이고, 그 긍정적인 이유는 페미니즘·생태주의·평화주의를 포함하는 대안세계화운동 속에서 공산주의 재건을 토대로 하는 대안좌파 건설이 가능하다는 전망이다.

베르티노티의 두 편의 인터뷰「공산주의 재건에서 대안좌파 건설로」(2006)와「정치의 위기와 반정치의 위험」(2007), 베르티노티의 테제와 제르볼리노의 해설「이탈리아 좌파의 통일과 재건」(2007)은 이런 두 가지 이유를 부연한다. 베르티노티의 대안사회강령과 공동정부강령은 정세 분석에 대한 알튀세르의 입장, 즉 자본과 임노동 사이의 단순한 계급관계가 아니라 계급들 또는 그 분파들 사이의 복잡한 세력관계를 정세 분석의 대상으로 설정해야 한다는 입장을 현정세에서 한층 더 구체화하는 것으로 해석할 수 있다.

제르볼리노의「정치의 재발견, 민주주의의 재발명」(2007)은 공산주의재건당과 발리바르 사이의 이론적 친화성에 대해서 설명해준다. 공산주의 재건과 대안좌파 건설은 알튀세르가 지적한 바 있는 마르크스의 경제학 비판의 아포리아로서 이데올로기 비판, 즉 발리바르가 인권의 정치라고 부르는 이데올로기 비판의 구체적인 사례라고 해석할 수 있다. 바로 여기서 인권의 정치의 '변주'로서 해방·변혁·시빌리테 또는 상징적(이상적)·현실적·가상적(허구적) 보편성의 정치, 나아가 공산주의의 네 가지 역사 특수적 형태로서 기독교적(종교적), 시민적, 노동자적(사회주의적), 페미니즘적·생태주의적·평화주의적 공산주의가 갖는 현재적 의미를 확인할 수 있다. 인권의 정치에서 도출되는 발리바르의 공산주의 변수론은 기독교적 공산주의를 영속화하려는 바디우의 공산주의 상수론이나 통치자에 대해서 인민대중을 특권화하려는 랑시에르의 인민주의 상수론에 대한 비판이기도 하다.『일반화된 마르크스주의의 쟁점들』에 실린 발리바르의 테제「대안세계화하는 유럽」(2007)이 베르티노티의 테제「공산주의의 재건과 대안좌파의 건설」(2002) 또는「대안사회」(2004-05)와 친화성을 갖는 것은 우연이 아니다.

1997-98년 경제위기와 신자유주의적 정책개혁 이후 10년이 지난 2007-08년 남한에서도 경제위기가 지속되는 와중에 민주노동당의 위기가 분열로 귀결되면서 민주노총 내부의 갈등도 심화될 전망이다. 그러나『일반화된 마르크스주의 개론』과『역사적 마르크스주

의』에서 이미 지적한 것처럼, 공산주의 재건이 부재한 상황에서 대안좌파 건설은 요원하기만 하다. 노동자의힘이나 다함께 같은 트로츠키주의 정파에게 엔엘(자주파)과 피디(평등파)의 분열은 '현실사회주의'(국가자본주의)의 붕괴가 그랬던 것처럼 자신의 세력을 확대할 수 있는 절호의 기회일 따름이다. 또 철모르는 네그리주의자는 (하이픈 있는) 코뮨-주의인지 (하이픈 없는) 코뮨주의·코뮤니즘 또는 코뮌주의·코뮈니즘인지를 둘러싼 시비로 날을 지새고 있다.

경제위기와 대안좌파의 과소결정이라는 상황을 타개하기 위해서 다양한 정파 사이의 논쟁은 불가피하겠지만, 그러나 모든 논쟁은 (성실하고 불편부당하다는 의미에서) 정직하고 또 (신뢰할 수 있고 분별력 있다는 의미에서) 신중해야 한다. 알튀세르의 말처럼, '미래는 오래 지속된다'. '과천연구실 세미나'의 표지 그림은 이것을 잊지 말자는 뜻이다.

여섯 번째 연구노트 『일반화된 마르크스주의와 대안노조』도 『일반화된 마르크스주의와 대안좌파』처럼 정세 분석을 주제로 한다. 연구노트의 요지는 「민주노총의 위기와 '6·10 촛불항쟁'」에서 제시되고, 그 논거는 「마르크스의 임금론과 사회운동노조」에서 제시된다. 번역 논문인 피터 워터먼의 「대안노조의 모델로서 사회운동노조 개념」(1993)은 「마르크스의 임금론과 사회운동노조」를 보충하는 참고자료다. 아울러 공개서한 「사회진보연대 활동가 여러분께」는 『일반화된 마르크스주의와 대안좌파』의 사회진보연대 비판을 둘러싼 논란에 대해 해명하는 과천연구실의 입장인데, 사회진보연대의 답변은 6월 19일에 홈페이지 '공지·성명'(http://www.pssp.org/main/statement.php)에 게재되었다.

과천연구실은 노동자운동의 '정세적 조직형태'로서 정당과 달리 노동자연합과 노조는 '원칙적 조직형태'라고 인식한다. 노동자연합의 역사적으로 특수한 형태로서 협동조합·평의회에 대해서는 『역사적 마르크스주의』에서 이미 충분히 설명한 바 있기 때문에, 『일반화된 마르크스주의와 대안노조』에서는 주로 노조에 대해서 연구한다. 우선 국제노동자연합(제1 인터내셔널)과 관련되는 마르크스의 텍스트, 특히 총평의회에서의 강연 원고「임금, 가격, 이윤」(1865)에서 제시되는 노조론이『자본 1권』(1867)의 임노동론, 특히 임금률 분석에 의해 증명된다는 결론이 도출된다. 나아가 볼셰비키 정당에 종속된 노조('전달벨트')를 개혁하려는 대안노조의 모델이 사회운동노조로 개념화될 수 있다는 결론도 도출된다.

사실 과천연구실은 1995년 민주노총이 건설되기 직전에 사회운동노조 개념을 소개하면서 노동자운동에서 인권의 정치라는 문제를 제기한 바 있다. 동시에 당시 합법정당론에서 모델로 설정된 브라질 노동자당이 노동자운동과 해방신학운동을 결합하는 사회운동정당임을 지적하기도 했다(윤소영,『알튀세르를 위한 강의: '마르크스주의의 일반화'를 위하여』, 공감, 1996). 나아가 민주노총 국민파와 중앙파·현장파의 수렴이 완료되는 2003년에는 사회운동노조와 정당의 사례로서 이탈리아의 평의회노조와 공산주의재건당의 경험을 소개하면서 사회운동적 마르크스주의의 재건을 제안한 바 있다(윤소영,『역사적 마르크스주의: 이념과 운동』, 공감, 2004). 그러나 이런 제안은 거의 주목받지 못했는데, 이는 본질적으로 마르크스주의의 일반화에 대한 몰인식에서 기인하는 것이다(윤소영,『일반화된 마르크스주의 개론』, 공감, 2006).

『일반화된 마르크스주의와 대안노조』는 1993년에 워터먼이 제시한 대안노조의 모델로서 사회운동노조 개념으로 되돌아가 이후의 논쟁사를 복원한다. 즉 1997-99년 무디와의 논쟁을 계기로 하는 워터먼 자신의 전환, 이후 트로츠키주의자 및 '개방적 마르크스주의자'의 비판, 특히 매더스의 비판(이른바 '사회변혁적 노동운동론')을 검토한다. 나아가 1995년에 스위니가 총재로 선출된 이후 미국노총이 지향하는 사회운동노조를 시민권운동노조로 개념화하는 존스턴의 시도를 검토한다.

동시에『일반화된 마르크스주의와 대안노조』는 워터먼의 동료인 바야트가 평의회의 전통에서 사회운동노조를 인식하는 데 주목하면서 이탈리아제1노총이 사회운동노조의 사례임을 강조한다. 『역사적 마르크스주의』에서도 이미 지적한 것처럼, 1969년 '뜨거운 가을'에 출현한 평의회노조가 1980년대 이후 신자유주의적 정책개혁을 비판하면서 또 1999년 이후에는 대안세계화운동과 결합하면서 사회운동노조로의 변모를 시도하고 있기 때문이다. 여기서는 특히 이런 시도를 대표하는 제1노총 좌파 '노조답자'와 그 토대인 제1노총 금속연맹에 주목한다.

이탈리아제1노총의 경험은 노조의 초민족화와 관련해서도 중요하다. 이탈리아제1노총이 유럽노조연맹을 추동하여 노동3권을 초민족화하는 동시에 그 조건으로서 '초민족적 케인즈주의'를 통한 경제정책의 역전을 요구하는 것이다. 나아가 유럽노조연맹은 2000-02년 니스조약에서 선언된 '기본권헌장'의 관점에서 2003-05년 유럽연합 헌법조약을 비판하고, 또 2007-08년 '미니 헌법조약'도 비판한다. 아울러 미국노총이 '사회조항'의 관점에서 '대안자유무역협정'이라는 쟁점을 제기한다는 사실에도 주목할 필요가 있다.

이탈리아제1노총, 특히 제1노총금속연맹의 경험을 통해 사회운동과 노사정 협상, 좀 더 일반적으로 말해서 투쟁과 제도의 결합 또는 발리바르 식으로 말하자면 봉기와 구성의 결합이라는 문제를 사고할 수도 있을 것이다. 이는 『일반화된 마르크스주의와 대안좌파』에서 주목한 바 있는 공산주의재건당의 공동정부 구성에 대한 평가와도 관련된다. 공산주의재건당과 제1노총금속연맹은 공동정부 구성과 노사정 협상을 '원칙의 문제'가 아니라 '정세의 문제'로 인식한다는 데 주목할 필요가 있다.

대안노조로서 사회운동노조의 개념과 현실에 대한 이런 연구는 1997-98년 경제위기·외환위기 이후에 전개되는 민주노총의 위기를 둘러싼 논쟁과 직결된다. 1985-87년 이후 남한 노동자운동이 추구해온 노동법 개정투쟁과 노사정 협상이라는 '제도를 통한 대장정'이 결국 민주노총의 위기로 귀결되기 때문이다. 이런 위기를 상징하는 사건이 바로 민주노총 국민파에 의한 1998년 정리해고제·파견근로

제 합의, 나아가 중앙파·현장파에 의한 2003년 변형근로제 합의인 것이다. 1988-89년 노동법 개정투쟁의 성과물인 44시간 노동주에 대응하여 1990년부터 자본가단체가 요구해온 이른바 '3제'에 합의함으로써 노동의 신축화가 실현된다. 이런 관점에서 볼 때 2005년 민주노총 대의원대회의 폭력 사태나 민주노총 간부의 부정·비리에 대한 기획 수사는 민주노총의 위기의 원인이라기보다는 오히려 그 결과라고 해야 할 것이다.

그러나 민주노총의 위기를 해결할 수 있는 전망으로서 사회운동노조를 둘러싼 국민파와 중앙파·현장파 사이의 논쟁에는 이론적으로도 경험적으로도 너무나 오류가 많은 실정이다. 이 때문에 『일반화된 마르크스주의와 대안노조』는 국민파와 친화성을 갖는 바카로에게 주목하면서 그에 대한 비판을 시도한다. 이탈리아제1노총과 민주노총에 대한 비교·연구에서 그는 재벌노조와 민주노총 중앙파·현장파를 약화시킬 수 있는 전략을 제시한다. 즉 노동자간 경쟁을 활용하기 위해서는 2006년까지 유예된 (현재 2009년으로 다시 연기된) 기업별 복수노조를 통해 하청노동자를 조직하고, 나아가 비정규직노동자를 조직하라는 것이다. 또 '노조 민주화'라는 구실로 일반노조원의 직접투표제(referendum)를 통해서 활동가로 구성되는 대의원대회를 무력화할 수 있다는 것이다.

이런 전략을 비판하면서 민주노총을 강화하기 위해서는 단지 산업별 연맹을 건설하는 것만으로는 부족하고, 독일과 달리 이탈리아처럼 노총에게 중앙교섭권을 부여해야 함을 강조할 필요가 있다. 이럴 경우에만 연대임금(정액임금인상제)을 통해 원청노동자와 하청노동자간 경쟁, 나아가 정규직과 비정규직간 경쟁을 특징짓는 임금 격차를 축소할 수 있기 때문이다. 중앙교섭권을 통해 민주노총을 강화하기 위해서는 재벌노조가 사회운동노조로 개혁되어야 함은 물론이다. 반면 민주노총의 주장처럼 노동시간 단축과 일자리 나누기를 통해 비정규직을 정규직화할 수 있다는 가설은 이론적으로도 경험적으로도 근거가 없는 낭설일 따름이다.

참고로, 바카로는 공공부문노조에 대해서는 별로 주목하지 않는데, 이는 이탈리아의 경험에서 그대로 드러난 바 있는 그 기회주의적 속성 때문이다. 이른바 '사회공공성' 투쟁과 관련하여 최근 남한에서도 주목받고 있는 것이 프랑스의 쉬드(연대·통일·민주)다. 쉬드와 본질적으로 동일한 성격인 이탈리아의 코바스(기층위원회)는 1983년부터 시작된 파시스트적 국가지주회사의 사유화로 인한 민간부문과의 임금 격차의 축소에 반대하여 1987년에 결성되는 독립노조다. 전투적 코퍼러티즘을 표방하는 코바스는 평의회노조의 상징인 연동제(정액임금인상제)를 비판하면서 제1노총의 중앙교섭권을 거부한다. 남한의 공공부문노조가 코바스나 쉬드와 달리 독립노조를 조직하는 것이 아니라 노총에 소속되어 있는 것이 본질적으로 사회운동노조적인 성격 때문인지 아닌지는 노총에게 중앙교섭권을 부여함으로써 연대임금을 실현하자는 제안에 대한 찬반으로 판가름 날 것이다.

그러나 중앙교섭권·연대임금을 통해 민주노총을 강화하자는 이런 제안이 얼마나 적합한지에 대한 평가를 떠나, 2008년 현재의 정세에 대해서 결코 낙관할 수만은 없다. 사이버 공간을 통해서 부활하고 있는 '노빠'식 인민주의적 반(反)정치의 위험, 게다가 대중을 특징짓는 '감정의 양가성과 정신의 동요'(스피노자)에 주목할 필요가 있는 것은 바로 이 때문이다. 2007년 12월 대선(경제를 살리는 7·4·7공약)과 2008년 4월 총선(강북뉴타운·재개발공약)에서 드러났던 '민심'이 5-6월 촛불집회(2MB·쥐박이)의 '넷심'으로 반전된 것을 달리 설명할 도리는 없을 것이다. 촛불집회가 전개되는 현정세의 또 다른 '역설', 즉 세계적인 금융위기에 동반되는 에너지·식량 위기에 대해서는 논외로 하자.

'아직 16살이에요', 그래서 '미친 소는 싫어요'라는 여중고생의 항의에서 시작하여 결국 쇠고기 수입 개방 재협상을 요구하는 '6·10 촛불항쟁'으로 귀결된 촛불집회의 쟁점을 검토하기 위해서는 먼저 쇠고기 협상의 경과를 정리해둘 필요가 있다.

2001년 초 김대중 정부가 쇠고기 수입을 개방한 직후에 유럽 전역에서 광우병 파동이 발생한다. 이어서 2003년 말 미국에서도 광우병으로 의심되는 소가 발견되자 노무현 정부는 쇠고기 수입을 중단한다. 그러나 2006년 6월 한·미자유무역협정 공식협상이 개시되면서 노 대통령은 쇠고기 수입 개방을 포함하는 이른바 '4대 선결조건'을 수용할 것임을 선언한다. 또 2007년 4월 협상이 타결되자 국제수역사무국(OIE)의 권고에 따라 쇠고기 수입을 '합리적 수준'에서 개방할 것이라는 특별담화를 발표한다. 그러나 12월 대선에서 여당이 참패한 직후에는 경제참모들의 건의를 묵살하고 임기내 협상 타결을 거부한다. 이에 따라 한·미자유무역협정 비준과 쇠고기 협상 타결이라는 과제가 이명박 정부로 인수·인계된 것이다. 2007년 8월에 시작된 미국의 금융위기가 경기침체로 발전할 가능성이 높다고 판단한 이명박 정부는 2008년 4월 총선에서 압승을 거둔 직후에 개최된 한·미정상회담에서 한·미자유무역협정 조기 비준과 쇠고기 협상 타결을 교환한다.

쇠고기 재협상을 요구하는 5-6월 촛불집회가 제기한 몇 가지 쟁점은 무척 '기이한' 것이다. 우선 유럽과 비교해서 미국의 검역제도가 미비하다는 사실이 '미국 소, 미친 소'라는 주장과 '뇌 송송, 구멍 탁'이라는 구호의 근거가 될 수는 없다. 만일 그런 주장과 구호가 진실이라면, 이미 미국에서도 광우병 위험에 대한 상당한 저항이 발생했을 것이다. 반면 우리는 아직까지도 국제수역사무국에서 미국 같은 광우병위험통제국 등급조차 부여받지 못한 실정이다. 쇠고기가 먹거리이기 때문에 민감한 문제라는 것도 촛불집회의 근거로는 부족한데, 이미 광범위하게 보급된 유전자변형식품(GMO)에 반대한 촛불집회가 열린 적은 없기 때문이다. 특정위험물질(SRM)을 선호하는 우리의 식습관이 오히려 문제라는 지적에 대한 반응도 과도하다. 예를 들어 우리와 식습관이 아주 비슷한 스코틀랜드가 잉글랜드에 비해 발병율이 높다는 것은 사실이기 때문이다. 반면 우리 유전자(MM)의 발병율이 높다는 사실은 강조된다.

마지막으로, 광우병이 인간에게 감염될 확률이 로또 복권에 당첨되는 동시에 벼락에 맞아죽을 확률만큼 낮다는 주장에 대해 '계산·예측이 가능한 위험에 대한 예방'(prevention)이 아니라 '계산·예측이 불가능한 위험에 대한 예방'(precaution)의 원칙, 나아가 건강에 대한 권리를 제시하면서도, 촛불집회가 시작된 5월에 수도권을 비롯해서 전국적으로 확산된 바 있는 조류독감, 그것도 가장 위험하다는 변종바이러스(H5N1)의 토착화 가능성에 대해서는 동일한 원칙과 권리를 제기한 적이 없다. 알다시피 2000년대에 이미 중국과 동남아시아에서 감염자가 발생한 조류독감은 1918년에 전세계에서 유행하여 수천만 명이 사망한 바 있는 스페인독감이 변이된 것으로 추정된다.

촛불집회에서 세계사적 신기원, 즉 네트워크로 소통·연대하는 새로운 '대중지성'(네그리), 네티즌이 주체가 되는 새로운 시민운동의 출현 가능성을 모색하기 전에 오히려 다윗과 불레셋을 구별할 수 없는 '기이한 규칙'에 호소하는 '테코파주의'(베르티노티)로 특징지어지는 사이버 인민주의의 부활에 대해서 의심해볼 필요가 있는 것은 바로 이 때문이다. '과학적 속물주의'에 반대하는 '황빠' 식의 데마고기가 오히려 설득력을 갖는 상황에서는 더욱 그렇다.

쇠고기 재협상론은 결국 노무현 정부가 고수하던 기준에 따라서 월령 30개월 미만의 살코기로 수입을 제한하자는 것인데, 바로 이런 제한적 개방론 때문에 한·미자유무역협정이 양국에서 비준되지 못한 것이다. 참고로, 남한처럼 일본과 중국 사이에서 '샌드위치'가 된 인도네시아·말레이시아·대만은 완전 개방에 이미 합의했거나 합의를 도출하고 있는 중이다. 따라서 쇠고기 재협상이 한·미자유무역협정 재협상으로 귀결될 수도 있는데, 비준반대운동의 세력이 거의 소멸된 상황에서는 사회조항을 요구하는 대안자유무역협정커녕 4대 선결조건 중 하나인 자동차 배기가스 조항에 대한 양보로 인해 그나마 자유무역협정의 경제성장·고용창출 효과가 반감될 가능성이 클 것이다.

비극은 희극으로 반복된다는 마르크스의 경구에 따라 '6·10 촛불 항쟁'이 또 다른 '6·29[속이구] 항복선언'으로 귀결될 수도 있다는 우려는 바로 이런 가능성 때문에 제기된 것이다. 이명박 정부 퇴진 이라는 '환상적'인 요구는 그렇다고 치더라도, 공기업 민영화 반대, 교육 자율화 반대, 보건의료 영리화 반대 같은 '생활상의' 요구조차 일반화되지 못한 촛불집회의 실정을 고려할 때, 이런 우려를 기우라고 단정할 수만은 없을 것이다. 실제로 6월 21일에 쇠고기 추가 협상 결과가 발표되자, 종교계가 6월 30일부터 '릴레이 촛불집회'를 개최하고 또 광우병국민대책회의가 '7·5 촛불문화제'에서 '국민승리'를 선언하면서 촛불집회는 실질적으로 정리되고 있는 중이다.

2008년 7월

윤 소 영

『일반화된 마르크스주의 개론』 비판에 대한 반비판[*]

알튀세르를 어떻게 읽을 것인가?

내일부터 앞으로 세 달 동안 과천연구실에서 진행되는 알튀세르 세미나를 위해 제가 준비한 제안문을 올립니다[윤소영, 「알튀세르를 어떻게 읽을 것인가? (재론)」, 『일반화된 마르크스주의 쟁점들』, 공감, 2007]. 아마 연말쯤에는 세미나 결과를 단행본으로 출판할 수 있을 것 같습니다[윤종희·박상현 외, 『알튀세르의 철학적 유산』, 공감, 2008 (예정)]. 『일반화된 마르크스주의 개론』에서도 알튀세르에 대해서 약간 언급하기는 했지만, 10여 년만에 알튀세르를 다시 읽으니 감회가 새롭군요. 아시다시피 저는 철학자가 아닙니다. 그러나 저 같은 연구자는 물론이고 여러분 같은 활동가도 철학자에게 '착취'당하지 않기 위해서는 철학을 얼마간 알아야 합니다. '아마추어 철학자' 마르크스와 레닌처럼 말입니다. 게다가 알튀세르와 발리바르처럼 마르크스주의는 물론이고 물리학·생물학이나 수학에도 정통한 철학자가 없는 남한의 상황에서는 마르크스주의자가 스스로 아마추어 철학자가 될 수밖에 없겠지요. (2006. 06. 30.)

---

[*] 이 글은 사회진보연대 게시판 '삶의소리'에서 전재한 것이다.

추신 겸 사족

인터넷서점 알라딘에서 『개론』에 대한 논란이 많더군요. 사실 과천연구실의 작업에 대해서는 독자로부터 이렇다 저렇다 별 반응이 없는 것이 특징이라면 특징입니다. 1999년에 출판된『신자유주의적 '금융 세계화'와 '워싱턴 콘센서스': 마르크스적 비판의 쟁점들』에 대해서 충남대 유동민 교수가 '흘러간 옛노래'라고 한 것이 유일한 반응이었던 셈이지요. 그 글을 읽고 무척 난감했는데, 고맙게도(?) 당시 알라딘에 근무하고 있던 박준형 씨가 변호를 해주었지요. 유 교수는 제가 개인적으로도 얼마간 아는 후배였고, 서울사회과학연구소(서사연) 성원은 아니었지만 서사연 사건 이후에 알튀세르와 발리바르 번역 작업에도 참여할 정도로 피디와 친화적이었거든요. 게다가 직접 읽어보시면 아시겠지만, 그 글의 목적은 저와 논쟁을 하자는 데 있는 것도 아니었지요.

이번에 『개론』에 대해서 글을 쓴 두 아무개 씨는 알라딘에서 '철학자'와 '경제학자'로 나름대로 필명을 날리는 이른바 '인터넷 논객'이고, 친분도 돈독해서 서로 글도 퍼가고 퍼오고 하는 사이입니다. 사회진보연대 활동가 여러분과도 모르는 사이가 아닌 것 같은데, 저도 누군지 짐작은 가지만 스스로 실명을 숨기니까 굳이 밝히지는 않겠습니다. 철학자의 필명은 'balmas'이고, 경제학자는 얼마 전에 ['cacophonyinme'(내 속의 불협화음)에서 언감생심] '에로이카'로 필명을 바꾸었지요. 여러분도 짐작이 가시지요?[**)] 어쨌든 두 아무개

[**)] 에로이카는 balmas를 "알라딘의 큰 스승"이라고까지 추켜세우지만, 그러나 balmas가 자신의 필명 앞에 붙인 'FTA 반대'라는 구호로 판단하건대 경제학은 물론이고 마르크스주의에 대한 그의 지식은 "어이없다"고까지 할 수는 없겠지만 "나이브한" 수준임이 분명하다. '반대'와 '비판'을 구별하지 못하니까 하는 말인데, 그러나 balmas 자신의 변명처럼 "경제학[실은 마르크스주의] 비전공자"라는 것이 그 이유가 되지는 못할 것이다.

씨는 유동민 교수보다 훨씬 더 저를 난감하게 만드는군요. 그들도 저와 논쟁하자는 데 목적이 있는 것은 아닌데, 대체적인 논지는 『개론』이 제대로 된 책이 아니라는 것이고, 저를 격분시키기 위해서인지는 모르겠으나 조롱조나 욕설조의 표현도 심심치 않게 섞여 있더군요. 여러분 같은 신세대를 이해하지 못하는 구세대의 선입견이자 편견이라고 생각하셔도 좋지만, 저로서는 익명으로 게시판에 글을 올리는 사람의 심성은 '해커문화'보다는 오히려 '크래커문화', 좀 더 쉽게 말하자면 '(화장실)낙서문화'에 가깝다는 생각입니다. 하여튼 관심이 있으신 분은 두 인터넷 논객의 글을 직접 읽어보셔도 좋겠습니다. (2006. 06. 30.)

최원 씨에게

일면식도 없는 제게 이런 글을 남기시는 것을 보니 역시 생각했던 것처럼 '인터넷 논객'다운 특이한 분이시군요. 전혀 모르는 분과 인터넷으로 논쟁한다는 것이 썩 내키지는 않는 일이고, 게다가 알튀세르가 말한 것처럼 철학은 논쟁의 대상이 될 수 없다고 생각하지만, 그러나 간단하게 답변해보겠습니다.

지적하신 것처럼 제가 철학자 아무개 씨에게 직접 답변하지 않은 것은 『개론』 4장에서 이미 충분하게 설명했다고 생각하기 때문이고 또 그는 분명 이런 설명이 오류라고 생각할 것이기 때문입니다. 아마추어 철학자인 제 설명이 정교하지 않으리라는 점은 저도 물론 잘 알고 있습니다. 그러나 마르크스와 레닌, 심지어 알튀세르와 발리바르의 철학조차도 철학자의 눈에는 짜깁기(레비-스트로스식으로 말하자면 브리콜라주)에 불과하겠지요. [그렇지만 저로서는 아무개 씨가 『개론』을 제대로 읽은 적이 없는 것 같다는 의심을 지울 수가 없는데, 실은 그래서 직접 답변할 필요성을 느끼지 못했던 것이기도 하지요.]

그런데 저로서는 최원 씨(그리고 최원 씨가 옹호하려는 아무개 씨)의 철학이 과학적 이론이자 혁명적 이념·운동으로서 마르크스주의를 일반화하려는 저의 시도에는 별로 도움이 안 된다는 생각이 드는군요. 게다가 20-30년 동안 나름대로 마르크스주의를 연구한 저도 잘 이해하지 못하는 그런 철학을 [사회진보연대] 활동가 여러분이 과연 수용할 수 있을지도 의문입니다. 제가 알튀세르에게 배운 가장 중요한 교훈 중 하나는 철학은 마르크스주의에게 '봉사'해야 한다는 것입니다. 이것을 마치 스탈린주의가 그랬던 것처럼 마르크스주의가 철학을 '착취'하는 것일 따름이라고 주장하신다면, 더 이상 할 말은 없습니다.

최원 씨(그리고 아무개 씨)가 제 후배라면 공부하고 생활하는 태도에 대해서 몇 가지 충고하고 싶지만, 그러나 어차피 그렇게 생각하시지 않을 것이기에 그만두도록 하겠습니다. (2006. 07. 02.)

진태원[balmas] 씨에게

저로서도 더 이상 할 말은 없고, 최원 씨에 대한 답변으로 대신하기로 하지요. 하여튼 철학에 대해서 논쟁한다는 것은 불가능한 일이니까요.

다만 한 가지, "사실 제가 이런 얘기를 처음으로 드리는 것도 아니죠"라는 말은 어폐가 있군요. 지난 10년 동안 언제 우리가 얘기를 나눈 적이 있었던가요? [저와 과천연구실에 대한 진태원 씨의 입장을 좀 더 분명히 해주었으면 하는 생각에서 지적하는 것입니다. 사회진보연대 활동가 중에는 혼란스러워 하는 경우도 꽤 있거든요.] 다른 표현도 대부분 부정확하다는 생각이 들지만, 그러나 소소한 문제이므로 생략하겠습니다. (2006. 07. 03.)

추신 겸 사족 (속)

　정운영 선생에 대한 추도문을 '삶의소리'에 올린 지 벌써 1년 가까이 되는군요[윤소영, 「정운영 선생을 추억하며」, 『일반화된 마르크스주의 개론』(초판), 공감, 2006]. 당시에도 밝혔듯이, 제 추도문을 '삶의소리'(그리고 '밥자유평등평화')에 올린 이유는 사회진보연대(밥자유평등평화)의 후배 여러분이 정 선생을 기억해주시면 고맙겠다는 뜻이었습니다. 『프레시안』의 부고 기사에 대한 댓글에서 벌어진 이른바 '변절' 논란이나 『참세상』에 올린 김수행 교수의 비슷한 논지의 글을 읽고 큰 충격을 받았었거든요. 저로서는 가만히 있을 수만은 없었고, 그렇다고 해서 『프레시안』이나 『참세상』에서 제 생각을 밝히고 싶지도 않았지요. 제 경험으로 볼 때, [주관적인 편견과 선입견에 좌우되는] 그런 종류의 정치적 판단의 차이는 논쟁을 통해서 해결할 수 있는 문제가 아니거든요. [게다가 저는 게시판이 사이버 인민주의의 온상이라고 생각하는 편이지요.]
　그러다가 얼마 전에 박하순 위원장을 비롯한 한·미자유무역협정 작업팀이 제게 [『한미FTA: 이미 실패한 미래』(사회운동, 2006)의 초고에 대한] 논평을 요청해서 짤막한 독후감을 '삶의소리'에 올렸습니다[윤소영, 「한·미자유무역협정 비판」, 『일반화된 마르크스주의 쟁점들』, 위의 책]. 이어서 알튀세르 세미나에 대한 제안문도 올렸는데, 사회진보연대 활동가 중에도 이 세미나에 관심이 있는 분이 많았기 때문이지요. 제안문을 올리면서 '추신 겸 사족'을 쓴 이유는 여러분도 아시리라고 생각한 두 인터넷 논객의 『일반화된 마르크스주의 개론』에 대한 평가를 직접 읽어보시라는 뜻이었습니다. 그런데 [제 글에 대한 댓글에서 벌어진] 논란이 급기야 "짜장면이냐 우동이냐"라는 데까지 이르게 되었군요. 앞으로는 '삶의소리'가 아니라 사회진보연대 회원용 비공개게시판을 이용하라는 어떤 활동가의 권유를 무시한 제 불찰이기도 한데, 그러나 사실 저는 사회진보연대 회원이 아니거든요.

아시다시피 [『마르크스주의의 전화와 '인권의 정치': 알튀세르를 위하여』(문화과학사, 1995)의 논지를 해설하는] 『알튀세르를 위한 강의: '마르크스주의의 일반화'를 위하여』(공감, 1996), 『알튀세르의 현재성: 마르크스, 프로이트, 스피노자』(공감, 1996)라는 강연록에서 '선언'된 마르크스주의의 일반화라는 시도의 '잠정적' 결과를 총괄하는 것이 [『마르크스의 '경제학 비판'』(공감, 2001), 『이윤율의 경제학과 신자유주의 비판』(공감, 2001), 『마르크스의 '경제학 비판'과 소련 사회주의』(공감, 2002), 『마르크스의 '경제학 비판'과 평의회 마르크스주의』(공감, 2003), 『마르크스의 '경제학 비판'과 대안세계화 운동』(공감, 2003)의 논지를 해설하는] 『일반화된 마르크스주의 개론』(공감, 2006), 『역사적 마르크스주의: 이념과 운동』(공감, 2004)이라는 강연록입니다. 강연록이 제대로 된 책인가라고 문제를 제기하는 이유를 저로서는 납득할 수 없습니다. 『마르크스를 위하여』만이 알튀세르의 진정한 저서라고 말하는 발리바르의 뜻을 모르는 바는 아니지만, 그러나 저는 개인적으로 『철학과 과학자의 자생적 철학』, 「레닌과 철학」, 「아미앵의 주장」, 그리고 무엇보다도 「마침내 마르크스주의의 위기가 폭발했다!」 같은 강연록을 읽고 배운 바가 오히려 훨씬 더 많았거든요.

어쨌든 이번 알튀세르 세미나의 목적은 역사과학으로서 경제학 비판과 인권의 정치로서 이데올로기 비판이라는 두 축으로 구성되는 일반화된 마르크스주의가 알튀세르의 철학과는 어떻게 관련되는지를 정리해보려는 데 있습니다. 그러나 물론 마르크스주의를 일반화하려는 시도가 알튀세르나 발리바르의 철학에 의해서 실현되는 것은 아닙니다. 달리 말하자면, 역사과학으로서 경제학 비판은 발리바르 이래 브뤼노프를 거쳐 뒤메닐과 폴리와 아리기의 작업을 통해서 이루어지는 것이고, 인권의 정치로서 이데올로기 비판은 유토피아 사회주의 이래 파리 코뮌과 평의회 마르크스주의를 거쳐 잉그라오 좌파와 공산주의재건당의 작업을 통해서 이루어지는 것이기 때문이지요.

게다가 알튀세르가 [『철학과 과학자의 자생적 철학』의 첫 번째 테제와 두 번째 테제에서] 강조하듯이, 논쟁이란 진리(truth) 여부가 문제가 되는 과학에서나 가능한 것이지, '정치적' 정당성(correctness) 여부가 문제가 되는 철학에서는 불가능하다는 것이 제 생각입니다. 예를 들어 남한에서 철학에게 주어진 과제가 있다면, 네그리와 푸코·들뢰즈와 데리다 같은 포스트구조주의자에 대한 비판일 것 같습니다. [balmas, 즉 진태원 씨처럼] 알튀세르나 발리바르와 포스트구조주의자 사이의 친화성을 강조하는 대신 이단점을 검출하려는 노력이 필요하다는 것이 제 생각입니다. 그리고 물론 [영국과 프랑스에서 알튀세르나 발리바르를 대신하는 마르크스주의 철학자로 새로이 주목받고 있는] 캘리니코스나 벤사이드 같은 트로츠키주의자에 대한 철학적 비판도 필요하겠지요. 이런 다양한 비판을 통해서 비로소 철학이 마르크스주의를 일반화하려는 시도에 '봉사'할 수 있을 것입니다.***) (2006. 07. 05.)

***) 사회진보연대 일부 신세대 활동가를 특징짓는 기질적 '포스트아나키즘'을 생각할 때 포스트구조주의에 대한 비판은 아주 긴요하다. 포스트구조주의적으로 쇄신·재건된 아나키즘이라는 의미에서 포스트아나키즘은 '직접행동'으로 마르크스주의적 '인권의 정치'를 대체할 수 있다고 주장한다. Richard Day, *Gramsci Is Dead: Anarchist Currents in the Newest Social Movements*, Pluto, 2005. 그런데 2008년 '6·10 촛불항쟁'을 전후로 해서 포스트아나키즘이 사회진보연대 활동가 전체로 확산되고 있는 것 같다. 직접행동으로서 촛불집회가 신자유주의적 정책개혁 반대와 이명박 정부 퇴진, 나아가 이른바 '사회변혁적 노동운동'의 계기가 될 수 있다고 강변하는 사회진보연대의 '불레셋적 환상'(마르크스) 또는 '테코파적 예상'(베르티노티)은 현정세를 프랑스의 68년혁명, 심지어 중국의 문화혁명에 유비하는 몰역사적 의지주의에 기인한다. 『사회운동』, 2008년 7-8월 참조.

'과천연구실 세미나' 개관

I. 일반화된 마르크스주의와 성적 차이의 페미니즘

윤소영, 『마르크스주의의 전화와 '인권의 정치': 알튀세르를 위하여』, 과천연구실 세미나 1, 문화과학사, 1995; 『마르크스의 '경제학 비판'』, 과천연구실 세미나 15, 공감, 2001; 『마르크스의 '경제학 비판'과 소련 사회주의』, 과천연구실 세미나 16, 공감, 2002; 『마르크스의 '경제학 비판'과 평의회 마르크스주의』, 과천연구실 세미나 18, 공감, 2003; 『마르크스의 '경제학 비판'과 대안세계화 운동』, 과천연구실 세미나 20, 공감, 2003.

윤소영, 『알튀세르를 위한 강의: '마르크스주의의 일반화'를 위하여』, 과천연구실 세미나 3, 공감, 1996; 『일반화된 마르크스주의 개론』, 과천연구실 세미나 28, 공감, 2006; 『역사적 마르크스주의: 이념과 운동』, 과천연구실 세미나 22, 공감, 2004; 권현정, 『마르크스주의 페미니즘의 현재성』, 과천연구실 세미나 17, 공감, 2002; 권현정 외, 『페미니즘 역사의 재구성: 가족과 성욕을 둘러싼 쟁점들』, 과천연구실 세미나 19, 공감, 2003.

에티엔 발리바르, 『마르크스의 철학, 마르크스의 정치』, 과천연구실 세미나 2, 문화과학사, 1995; 에티엔 발리바르·피에르 마슈레, 『스피노자의 철학, 스피노자의 정치』 (윤소영, 『알튀세르의 현재성: 마르크스, 프로이트, 스피노자』, 과천연구실 세미나 5, 공감, 1996에 실림); 에티엔 발리바르 외, 『'인권의 정치'와 성적 차이』, 과천연구실 세미나 21, 공감, 2003; 뤼스 이리가레 외, 『성적 차이와 페미니즘』, 과천연구실 세미나 8, 공감, 1997.

II. 포스트구조주의 비판

윤소영, 「발리바르의 『마르크스의 철학』에 관하여」 (윤소영, 『알튀세르를 위한 강의: '마르크스주의의 일반화'를 위하여』, 과천연구실 세미나 3, 공감, 1996에 실림); 「알튀세르와 라캉: 마르크스주의 전화를 위한 쟁점들」 (루이 알튀세르 외, 『알튀세르와 라캉: '프로이트-마르크스주의'를 넘어서』, 과천연구실 세미나 4, 공감, 1996에 실림); 「뤼스 이리가레의 '성적 차이의 윤리'」 (윤소영, 『마르크스주의의 전화와 '인권의 정치': 알튀세르를 위하여』, 과천연구실 세미나 1, 문화과학사, 1995에 실림); 「데리다의 『마르크스의 유령들』에 관한 단상들」 (윤소영, 『알튀세르를 위한 강의: '마르크스주의의 일반화'를 위하여』, 과천연구실 세미나 3, 공감, 1996에 실림); 「스피노자-마르크스주의와 포스트구조주의 비판」 (메이너드 솔로몬 외, 『베토벤: '윤리적 미' 또는 '승화된 에로스'』, 공감, 1997에 실림).

윤소영, 『알튀세르의 현재성: 마르크스, 프로이트, 스피노자』, 과천연구실 세미나 5, 공감, 1996.

에티엔 발리바르, 『마르크스의 철학, 마르크스의 정치』, 과천연구실 세미나 2, 문화과학사, 1995; 에티엔 발리바르·피에르 마슈레, 『스피노자의 철학, 스피노자의 정치』 (윤소영, 『알튀세르의 현재성: 마르크스, 프로이트, 스피노자』, 과천연구실 세미나 5, 공감, 1996에 실림); 메이너드 솔로몬 외, 『베토벤: '윤리적 미' 또는 '승화된 에로스'』, 공감, 1997; 루이 알튀세르 외, 『알튀세르와 라캉: '프로이트-마르크스주의'를 넘어서』, 과천연구실 세미나 4, 공감, 1996; 뤼스 이리가레 외, 『성적 차이와 페미니즘』, 과천연구실 세미나 8, 공감, 1997; 에티엔 발리바르 외, 『'인권의 정치'와 성적 차이』, 과천연구실 세미나 21, 공감, 2003.

III. 신자유주의 비판

윤소영, 「쉬잔 드 브뤼노프의 신자유주의 비판」 및 「뤼스 이리가레의 '성적 차이의 윤리'」 (윤소영, 『마르크스주의의 전화와 '인권의 정치': 알튀세르를 위하여』, 과천연구실 세미나 1, 문화과학사, 1995에 실림); 『일반화된 마르크스주의와 역사적 자본주의 분석』, 과천연구실 세미나 6, 공감, 1998; 『이윤율의 경제학: 헨릭 그로스만(1881-1950)을 위하여』(『이윤율의 경제학과 신자유주의 비판』, 과천연구실 세미나 13, 공감, 2001에 실림);『마르크스의 '경제학 비판'』, 과천연구실 세미나 15, 공감, 2001.

윤소영, 「브뤼노프의 신자유주의 비판」 및 「이리가레의 '성적 차이의 윤리'」 (윤소영, 『알튀세르를 위한 강의: '마르크스주의의 일반화'를 위하여』, 과천연구실 세미나 3, 공감, 1996에 실림); 『신자유주의적 '금융 세계화'와 '워싱턴 콘센서스': 마르크스적 비판의 쟁점들』, 과천연구실 세미나 11, 공감, 1999; 『신자유주의 비판』(『이윤율의 경제학과 신자유주의 비판』, 과천연구실 세미나 13, 공감, 2001에 실림);『일반화된 마르크스주의 개론』, 과천연구실 세미나 28, 공감, 2006; 김석진 외, 『자본주의의 위기와 역사적 마르크스주의』, 과천연구실 세미나 14, 공감, 2001; 이미경, 『신자유주의적 '반격' 하에서 핵가족과 '가족의 위기': 페미니즘적 비판의 쟁점들』, 과천연구실 세미나 12, 공감, 1999.

장 로블랭 외, 『세계화와 신자유주의 비판을 위하여』, 과천연구실 세미나 7, 공감, 1997; 조반니 아리기 외, 『발전주의 비판에서 신자유주의 비판으로: 세계체계론의 시각』, 과천연구실 세미나 9, 공감, 1998; 다이앤 엘슨 외, 『발전주의 비판에서 신자유주의 비판으로: 페미니즘의 시각』, 과천연구실 세미나 10, 공감, 1998; 에티엔 발리바르 외, 『'인권의 정치'와 성적 차이』, 과천연구실 세미나 21, 공감, 2003.